国家社科基金后期资助项目
出版说明

后期资助项目是国家社科基金设立的一类重要项目，旨在鼓励广大社科研究者潜心治学，支持基础研究多出优秀成果。它是经过严格评审，从接近完成的科研成果中遴选立项的。为扩大后期资助项目的影响，更好地推动学术发展，促进成果转化，全国哲学社会科学工作办公室按照“统一设计、统一标识、统一版式、形成系列”的总体要求，组织出版国家社科基金后期资助项目成果。

全国哲学社会科学工作办公室

国家社科基金
GUOJIA SHEKE JIJIN HOUQI ZIZHU XIANGMU
后期资助项目

近代史学转型视野下的民国清史学（1912—1949）

Qing Historiography during the Republic of China Period on the View of Modern Historiography Transformation (1912-1949)

庚向芳　著

上海三联书店

序一

庚向芳君于2005年报考南开大学历史系近现代史博士研究生，考试成绩合格，但因同一专业内人数众多，选择向其他专业调剂，鬼使神差地来到史学史专业，系于我的名下。此前，我与庚君素不相识，只是按一般规则和寻常情理予以接收，不料想却是从天上降落一个好学生！庚君不仅学习刻苦，而且颇具灵性、悟性，在学期间，毕业论文的选题，以及作为毕业条件之一撰写论文发表，虽然都会与我切磋、商议，但其自己很有主见，说明经过开动脑筋细细思索，主攻方向对路，学位论文选题优良，即能保证学业顺利乃至于学术前景开阔。庚君的学位论文题为《民国时期的清史学》，这种类型的学位论文模式，也是我南开史学史专业学术创述的风格之一。想当初，我是先师杨翼骧教授的第一个博士生，姜胜利君后我半年报考，为杨先生的第二名弟子。我的博士论文题为《清朝官方史学研究》，开本专业以"官方史学"入题的新域，成为史学史研究的一块沃土；姜君选题为《清人明史学探研》，首创本专业极其聪明又极有意义的学位论文类型，皆得导师赞赏。后来模仿和受到启发的论撰，都是络绎呈现，这里仅简述姜君选题类型所发挥的影响。

姜胜利《清人明史学探研》出版之后，最先受到很强启发的学者是东吴大学(台)黄兆强先生，在多次与我在学术会议见面时，每每提起，他自己著有《清人元史学探研——清初至清中叶》，即为直接得自姜君著述之启迪。中国自古有改朝换代之后为前朝修史的传统，例如唐朝纂修《隋书》，不仅述其人物、史事，而且论其兴亡、得失，一定意义上即可称之"唐代的隋史学"。当然，唐官修《晋书》也可视为"唐代的晋史学"，但还是紧接着的后朝直接修前一代历史更有意义。因此平心而论，庚向芳君博士论题《民国时期的清史学》，更得姜君立意的正宗。

庚君博士学业圆满结束后，到上海继续从事博士后学业的深造，随即在上海的高校任职，其间对博士学位论文力加锤炼，又以修订后的内容和形式定名《近代史学转型视野下的民国清史学》，申请了国家基金资助，再经悉心修改,即将出版。从2008年博士学位论文答辩通过计起,这中间已然过了十三年,竟然比熟语所谓"十年磨一剑"而超越之,体现出学术上严慎、认真的精神。民国时期的清史编纂与研究,与古时的易代修史不同,整个政治体制划时代的改变,历史学也进行着整体性转型,所以书名添加"近代史学转型视野下"这个定语,就使立论的角度更为明晰,也切合并且显示了20世纪20至40年代之间中国历史学发展的本质特征。

本书是全面梳理和研究民国时期清史学的第一部著述,其开创性意义不言而喻。而具体的学术新见解,也俯拾皆是,扼要而言,有以下几项值得注意:

第一,对于民国时期整理、利用清内阁大库档案问题的研究,是本书内容的重中之重,作者对于清内阁档案流移过程的论述是最为全面和准确的,纠正此前一些不正确的说法,例如关于罗振玉是否将档案卖给日本,本书做了详细而缜密的考证,否定加在罗氏身上的不实之词,还历史的本来面目。又如陈垣购买清官僚端方档案的时间,学界普遍依从某权威学者和陈垣先生后人之说,而作者追寻原始资料,发现了上海图书馆所藏故宫博物院理事会的会议记录,因而考证出陈垣购买端方档案的确切时间,以无可辩驳的证据纠正了误传。

第二,在整理清内阁档案的机构和作出贡献的学人方面,本书超越以往的研究和论述,更为全面和细致地予以评述,例如指出除故宫文献馆、史语所、北京大学国学门之外,清华大学、禹贡学会等等,都做了不可忽略的工作。关于整理档案的学者,作者指出沈兼士、方甦生等人的贡献,特别是方甦生,因其英年早逝,几乎被学界遗忘,而实际上他的贡献突出,在实际整理工作和档案学建设上,都是当时首屈一指的学术水平,在《清实录》的研究上也有客观、中肯、深刻的论述,足以纠正注明清史学家孟森的疏失。这种发微阐幽的创见,是本书的学术亮点。

第三,作者发现上海图书馆珍藏有北京故宫博物院及其文献馆的档案,并且考察了来源和重要价值。这开阔了相关学术研究的眼界,扩展了史料搜集的范围,启发后来学者,有功于学术界。

第四,开拓了对于清代一些专史研究的论述,例如清代宗教史,清代经济史,使民国时期清史学的内容更为全面。

第五,民国时期清史学的一个与时代精神不大协和的现象,是《清史稿》的编纂成书。本书对其始末和思想倾向做了论述,评议了民国时期学界关于此书废弃与保留问题的争论。不仅如此,作者还分析了参与《清史稿》诸人并非所有问题思想一致,也有较为开明的史学观念隐含其中,特别指出王树枏在一些问题上的议论值得肯定。这些新发现、新见解是正确的，但论述尚显薄弱，还应当进一步深入阐发。

类似的学术创新还有很多，不一一列举。要之本书的成功在于三点，一是充分利用原始资料，以掌握最坚实和可靠的论据；二是掌握和参考学术界已有的相关成果，但绝不墨守，敢于在深入研究基础上将之突破；三是学术研究站在新时代的理论高度审视历史文化，视野开阔，考察缜密。历史学是每个人都能够取得学术成就的学科，只要树立求真、求是的学术宗旨，下功夫、善思考、抓机遇，成功之路就在眼前。近日因事作七言律诗一首，谨附于本序言之末，以与同道诸君共勉：

七律　治史有感

天运时机四五遭，
人寰理路两三条。
舌耕永助思维广，
身教良然心气高。
一代荣华随尔去，
千年青册在吾曹。
孰言旧事难分解？
史笔犹如柳叶刀！

乔治忠

2021年4月于南开园上思斋

序二

易代修史，本为中国史学一大传统，历朝建立伊始，总不忘设立专门机构编纂前朝史，其意既在自我标榜天下正统之所在，也欲从中观其存亡得失而自为鉴戒。清亡后，北洋政府于 1914 年设馆修纂清史，实亦沿袭此制。惟时移势迁，其所处境况已与前代大为不同。盖帝制时代，大抵前朝和当代国史之修纂，全由官方机构垄断。这一方面是因经历鼎革之变后，前朝的档案实录等大宗史料此时多落入新朝官方之手，私家既无缘接触此等重要原始资料，自难参与其中；更主要的是，此类史书的书写，向被认为直接关系到当政者的“正统”地位能否信今传后，职是之故，历代统治多将此列为私家修史禁地。但辛亥革命后，中国毕竟进入了“民主共和”时代，前朝史编纂已非官方独家所能垄断，而是朝野各方共同关注的一片史学新领地，除官方修史机构外，不但各文史机构、大学和专业学会纷纷加入清代档案史料的发掘整理，私家著述亦几于诸体皆备。同时，由于民国时期正值中国史学走向现代化之际，史学专业的理论、方法、视野和价值判断，无不经历着深刻的剧变。此期的清史研究，无论在观念、规模，还是基本路径上，也都表现出这一趋势，因而实为考察整个民国史学史不可忽略的一个侧面。

庾向芳同志自读博期间就开始研治与民国清史学相关的问题，在我校做博士后及出站担任高校教职的十多年间，在繁忙的教学与行政工作之余，依然锲而不舍，不断拓展对该专题的研究范围与深度，历经甘苦，而今终成正果，完成了这部颇具份量的《近代史学转型视野下的民国清史学》。

综观全书，可以感受到两个鲜明的特点：一是对民国清史学的考察力求面广而具系统性，不但内容涉及史料学、断代史和专史编著，以及专题论文等多方面，且对清史学兴起和发展过程也有相当的梳理，其中对清代内阁档案的整理与研究，以及参与这项浩大学术工程的诸多新兴学术机构和学者贡献的探讨，用力尤勤。二是注重从理论上把握其演变的轨迹与特点，努力在厘清基本史实的基础上，将民国清史学置于整个中国史学的现代化进程中,从新材料、新方法、新问题、新史观与新载体等角度,对其特点展开多维度的考察与阐释。就此而言,本书可以说是第一部较全面反映民国清史学的专著。

当然,本书的作者比较自谦,在和我谈到书稿的写作时,一再表示:其内容尚不足涵盖民国清史学的各方面,诸如清史学科建设、民国时期海外清史研究成果,以及发表在期刊上的众多清史论文等,书中均讨论不够甚或鲜少提及,对于纲目体、纪事本末体等其他类型的清史编著及作者,也几乎未触及。凡此,皆是以后有待改进或深化的。

我觉得庾向芳同志正当盛年,只要努力,今后一定会在这方面取得更大的成绩。

胡逢祥

二零二一年十月十六日

目　录

绪　论

一

20世纪前半叶是风云际会、波诡云谲的中国社会发生翻天覆地重大变化的时代。在社会发生急剧变化的时候，学术转型与社会转型紧密相连，史学转型也发生在这一时期。一般认为近代史学转型，发轫于20世纪初，基本完成于“五四”新文化运动深入发展时期。这30年间，中国史学发生了根本性变化。近代史学，无论在政治立场、指导思想、学术内容、体例形式等方面，都与传统史学迥异。两种史学属于不同的思想体系。这是一种质的区别、变化[①]。自“五四”运动至1949年，中国近代史学逐渐形成并且飞速发展，大家辈出，作品众多，是中国近代学术门类中进步最快、最有成就的一门学科。“中国的史学，由破坏的进步进展到建设的进步，由笼统的研究进展到分门的精密的研究，新面目层出不穷，或由专门而发展到通俗，或由普通而发展到专门；其门类之多，人材之众，都超出于其他各种学术之上”[②]。中国史学由传统走向近代，近代史学与传统史学呈现出根本不同的性质，是在继承发展传统史学的基础上吸收借鉴西方史学理论与方法形成的具有中国特色的史学体系，充分体现了中华民族文化创新的能力。近代史学转型在20世纪中国史学发展史上具有承前启后的重要作用，直接影响了20世纪中国史学发展的方向。

重视撰写前代历史，是中国古代长期形成的优良史学传统，是历史得以完整保存的基本方式。清王朝是我国历史上最后一个封建王朝，纵跨四

---

① 何龄修：《中国近代清史学科的萌生》，《五库斋清史丛稿》，北京：学苑出版社，2004年，第9页。

② 顾颉刚：《当代中国史学·引论》，《当代中国史学》，沈阳：辽宁教育出版社，1998年。

个世纪。不计入关前,统治中国达268年,却在辛亥革命后迅速丧失统治权。民国取代清朝,与中国历史上任何时期的朝代更替均不同,传统的社会结构、生产方式逐渐瓦解,随之而来的是整个中国的政治、经济、学术等各方面向近代转型。20世纪初的中国史学也在传统向现代的过渡中寻找自己的方向。因此考察清史的书写,必须了解当时的学术背景,“清朝正加速衰败,走向灭亡,资产阶级民主革命正蓬勃展开。在政治上,革命和社会对了解本朝历史的要求普遍加强了,清史研究和编纂有了最迫切的现实意义,而随着清朝统治的削弱,‘国史’研究的环境也渐渐宽松化;在学术上,中国学术近代化变革潮流开始涌动,留学东、西洋输入近代学术理论和方法,梁启超、夏曾佑、严复等代表了这一潮流,在历史学方面也鲜明表现出来。”[①]此时的中国史学,在进化论的指导下开始用理性审视传统史学,从西方传入的史学理论,推动了各种史学思潮的涌动。

中国传统史学源远流长,但是经过两千年演变,日益显示出其封闭性与保守性。19世纪末20世纪初,中国社会处于急剧变化时期,在革新政治、革新观念、革新文化的呼声中,史学革命的呼声最高。至19世纪末,传统史学已经到了强弩之末,无法适应时代的潮流。新史学呼之欲出,1902年梁启超在《新民丛报》上连续撰文,对旧史学发出振聋发聩的批判。他以进化史观为理论基础,吸收外国史学理论,尤其是日本学者浮田和民的《史学通论》阐述的史学理论,构筑起新史学的理论体系。他痛陈中国传统史学的四弊二病,四弊即“知有朝廷而不知有国家”、“知有个人而不知有群体”、“知有陈迹而不知有今务”、“知有事实而不知有理想”;二病是“能铺叙不能别裁”、“能因袭不能创作”[②]。梁启超的《新史学》是“新史学”诞生的宣言,20世纪初“新史学”由此开始起步。此后,众多西方史学潮流随民主自由的西方思想传入中国,传统史学开始向近代史学转型,清史学就是在这样的学术背景下孕育的。

民国时期清史学是指民国时期(1912—1949)的学术组织和学者,研究清朝历史、编纂清史的活动,是“中国近代史学的一个组成部分、一个分支……它的萌生,大体上与世纪同步。”[③]民国时期的清史学,体现了东西方文化的激烈碰撞下转型期中国史学的特征:不同的历史观交相辉映、新材料与新的研究方法层出、多样性的编纂体例、新的研究内容与领域的开拓、新的史学著作出版等,同时又与传统史学有着千丝万缕的联系。因此民国时

---

① 何龄修:《清史研究的世纪回顾与展望》,《中国史研究动态》2002年第1期。

② 梁启超:《新史学》,《新民丛报》1902年第1期。

③ 何龄修:《清史研究的世纪回顾与展望》,《中国史研究动态》2002年第1期。

期清史学以其鲜明的转型期史学的特点，成为中国新旧史学的一个重要的分界线[①]。民国时期清史学在新史料的发掘与整理，史学观念的转变以及研究方法的革新等方面带有突出的转型期史学的特点。虽然是百年清史学步履维艰的第一步，却脚踏实地，为今天清史学术园地的繁荣起到奠基性作用。

民国时期清史学的创建与近代史学转型相辅相成，充分体现出近代史学在转型过程中以新材料、新方法与新问题为中心形成的，迥异于传统史学的中国史学"新潮流"[②]。

"易代修史"是中国古代史学的传统。从修史的角度看，易代修史为公正客观地修史提供了空间，但是也会产生孔子所慨叹的"文献不足"的问题（《论语·八佾》）。民国时期的清史编纂却有得天独厚的条件，"文"既充足，"献"也众多。首先在时间上，民国与清朝衔接紧密，很多重要历史事件的当事人、见证人仍然在世，"就史料而言，则年代近者，比较上易得真确。"[③]其次20世纪初清代档案是与殷商甲骨、敦煌卷牍并列的中国文化遗产的三大发现，为清史研究提供了数量惊人的第一手资料，同时也对清史的研究方法、研究领域产生了深刻影响。当时新型的学术机构如北京大学研究所国学门（以下简称国学门）、中央研究院历史语言研究所（以下简称史语所）、故宫博物院文献馆等都参与了发掘、整理、研究工作。由于清代档案巨大的数量以及整理工作的繁重，各学术机构开始探讨新的工作模式；众多学者投身于这项浩大的工程，其中一些学者甚至以整理清代档案为契机走上了清史研究的学术道路。这一批学者的史料观随着清代档案的整理发生了变化，以更宽阔的学术视野发现档案巨大的价值，建立起全新的、科学的史料观，开创了以档证史的研究方法，这种扎实严谨的学风对此后的清史学影响深远。详细梳理、比较北大国学门、史语所、故宫博物院文献馆、清华大学、禹贡学会等学术机构以及众多学者搜集、整理清代档案的过程，通过研究清代档案对民国清史学发展的推动作用，可为新史料成为近代史学转型的直接原因提供有力的学理支撑。

中国近代史学转型过程中，历史观的进步是中国史学发展过程中具有根本性质的变革[④]，而历史观的变化在清史的撰述中表现得尤为显著。进

---

① 王戎笙：《赵尔巽与中国古典史学的终结》，蔡美彪主编：《庆祝王锺翰先生八十寿辰学术论文集》，沈阳：辽宁大学出版社，1993年，第302页。

② 张越：《论中国近代史学的开端与转变》，《史学理论研究》2017年第4期。

③ 陈训慈：《清史感言》，《史地学报》1922年第1卷第3期。

④ 张越：《绪论》《五四时期中国史坛的学术论辩》，南昌：百花洲文艺出版社，2004年，第2页。

化论史观、革命史观乃至唯物史观成为这一时期清史著述的突出特点，相比较传统史学的英雄史观、循环论史观，不论是进化论史观还是唯物史观的进步性不言而喻。民国时期的清史学，是在新的历史观指导下诞生的史学著作。这一时期清史修纂呈现的多样性、复杂性是中国史学史上比较特殊的现象。从1912年到1949年之前出版的清史著述约19部[①]，晚清史的著作大约23部[②]。这些清史撰述中历史观出现了"三变"：从封建唯心史观　变为资产阶级进化论史观，从资产阶级史观再变到马克思主义唯物史观，完成了由"英雄创造历史"到"人民创造历史"的唯心史观到唯物史观的飞跃。多种不同史观的出现，体现了近代史学与传统史学的显著变化。

纵观这一时期的史学撰述，既有传统意义的官方史学，又有大量的私人纂修；既有传统的纪传体、编年体史书，又有新式的章节体史书；既有清代遗老本着效忠清室撰述整理清史，也有革命志士为清算"满清"而考述其史，还有学者为多灾多难的中华民族寻找道路……总之，不论是史学思想还是编纂形式，不论是断代清史的撰述还是专门史研究，民国时期的清史研究都呈现出百花齐放的特点。这些清朝历史的著述囊括了几乎中国史学所有的编撰体例，既有中国古代官方史学的终结——《清史稿》，又有新式断代史的典范——《清代通史》；包含了当时学界主要的历史观和史学思想，既有承袭传统的循环论史观又有当时最流行的进化论史观、唯物史观，导致对于同一历史事件、历史人物的评述甚至出现的尖锐对立与矛盾，这些著述的研究内容及研究方法均呈现出丰富多彩的风貌。一个朝代的历史出现众多版本，乃至众多截然相反的记述，在史学史上是一个独特的景象，这种现象和造成这种现象的原因，值得我们关注和研究。通过对这些著述进行比较研究，可以清晰地看到近代史学在继承传统中有创新，在吸收西方新思潮中又融合了具有中国特色的史学特点。

20世纪初，西方学术分科体制进入中国，1902年《钦定学堂章程》与隔年的《奏定学堂章程》的颁布，正式宣告20世纪中国学术分科时代的来临[③]，学科体制的逐渐建立成为近代学术体系转化的重要环节，中国传统史学也逐渐走上近代转型的道路。民国清史学的学术建设几乎与近代史学的学术建设同步。无论是纂修《清史稿》的旧式史馆，还是近代化的大

① 详见附表三《民国时期清史著述列表》。

② 详见中国社会科学院历史研究所编：《八十年来史学书目》，北京：中国社会科学出版社，1982年，第44—45页。

③ 刘龙心：《学术与制度——学科体制与现代中国史学的建立》，北京：新星出版社，2007年，第313页。

学、研究所、博物馆，无论是旧式的私家笔记、纪事，还是近代化的报刊论文，都构成民国时期清史学的组成部分。民国清史学无论是史观的变化，还是编纂体例、研究成果发表方式的变化，乃至史学研究机构的变化，无不体现了近代史学逐渐向科学化、专业化、制度化发展的特征。因此探讨民国清史学这种具有丰富包容性的学术构成，对于研讨近代史学研究范式的形成，具备一定的示范意义。

二

任何学科的发展，都犹如积薪，总是后来居上。中国近代史学史上，民国清史学无疑有着自己的地位，它对中国史学发展作出的贡献，不容忽视。同时，研究民国时期清史学的发展线索，是考察中国史学近代转型的内容之一。特别是当前中国史学再次面对西方史学的冲击，从传统走向现代的清史学，在某些方面的经验可以为我们提供有益的借鉴。近年来，随着清史编纂工程的进行，清史学越来越受到学界的关注，涌现出来一批年轻学者。除了近20年《中国史研究动态》《中国历史年鉴》等刊发的年度与专题评述外，各类专题综述甚多。但是放宽学术视野，从整体性研究的角度出发，对民国清史学进行全面总结的成果尚不多见。将民国清史学发展，放入20世纪中国近代史学转型的框架下进行探讨，对民国清史学与近代史学转型的关系予以考量的成果暂付阙如。

回顾清史学研究史，顾颉刚的《当代中国史学》(胜利出版公司，1947年)是第一本关注清史学的史学史专著。顾颉刚以史学大家的学术视野，对百年(1845—1945)中国史学研究进行了提纲挈领的概括。顾氏认为“清史的研究，以孟森及萧一山先生的贡献为最大”，并对两位学者的贡献加以精辟评述。“孟氏的贡献在清初及清人开国前历史的研究，有《八旗制度考实》(《历史语言研究所集刊》六本三分)，《清初三大疑案考实》，《香妃考实》。其成就最大的，则为《明元清系统纪》”。“萧一山先生致力于清代史事二十余年，有：《清代通史》(上、中两册)，《清史大纲》，《清代学者著述表》，《曾国藩》等书……《清史大纲》一册则本其民族革命史观，作简略的叙述，可与通史相辅而行”①。该书对清代内阁大库档案做了简要介绍。

萧一山以清史学者的视角，撰写《近代史书史料及其批评》，梳理与评

① 顾颉刚：《当代中国史学》，第86页。

述清代以来的史书、史料。萧氏认为清末民初清史著作多失之简略,无法反映清代社会的状况,《清史稿》成了"烂尾工程",日人稻叶君山的《清朝全史》捷足先登,促使萧一山发奋撰述《清代通史》。但是清开国史、太平天国史、清代学术史、清代外交史等专门史的成果较丰富,萧氏列举了代表性学者与著述,并做出评论。萧一山在北大期间恰逢北京大学整理清代内阁档案,因此他对清代内阁大库档案的史料价值给予充分肯定,"为近代史料辟一新纪元,真迹秘录可证传闻之辞,异籍遗书足补文献之阙。十余年来,广搜博采,陆续发现,资料增加,奚止百倍,园地之广之美,盖无逾于此者矣。"[①]萧氏不仅介绍了内阁大库档案的种类以及发掘整理,还兼顾外交史料、英国政府文书、英美人之著作、德法档案及文籍、其他诸国资料等档案史料的搜集与整理,并将太平天国史料、写本手稿及日记、以及建筑、遗骸遗器、古代仪式制度风俗、歌谣、神话等等都视为新的史料。对新史料价值的充分认识,是史学由传统走向现代的重要特征。但是,囿于萧一山的民族革命史观,这篇文章对清代实录等史料的评价有失偏颇,认为清人"因尊祖而为其祖讳,随时修改,惟意所欲,毫无留存信使之念"[②],此为该文之学术缺陷。

1949年以后,清史学的研究成果集中出现于改革开放之后。有关民国时期清史学的论述,多散见于总结20世纪清史研究的专著和论文。

最新研究成果是黄兴涛、夏明方、杨念群主编的十卷本《百年清史研究史》(中国人民大学出版社,2020年),该书分为导论、政治史、经济史、思想文化史、社会史、中外关系史、边疆民族史、历史地理、文献档案、海外研究十卷,基本上反映了百年间清史研究在这些领域中取得的重要成就。但是将民国时期清史学的成果散入到各分卷中,导致无法从整体上厘清民国时期清史学的发展脉络。比较翔实地评述20世纪清史研究成果的专著,是陈生玺、杜家骥合撰的《清史研究概说》(天津教育出版社,1991年)。第一编专门列有《辛亥革命(1911年)以来我国清史研究的历程》一章。该章对1911年到1949年的清史研究进行了总结,将1911年到1949年的清史研究以十年为期分成四节。该文首先评述民国时期具有代表性的清史著作:《清史稿》《清史讲义》(汪荣宝、许国英)、《清史纂要》(刘法曾)、《清史要略》(陈怀)、《清代通史》(萧一山)、《清史纲要》(吴曾祺)、《清鉴辑览》(佚名)、《清史纪事本末》(黄鸿寿)、《清史大纲》(萧一山)等,对这些著述中作者的

---

① 萧一山:《近代史书史料及其批评》,《志林》1942年第3期。

② 萧一山:《近代史书史料及其批评》,《志林》1942年第3期。

思想立场、采用的编纂体例、取得的成就与不足等方面作了客观评价。其次，对民国时期重要的清史研究学者进行比较详细地介绍和评价。如萧一山、孟森、郑天挺、谢国桢、金兆丰等，不仅介绍了他们的生平，还对他们为清史研究作出的贡献给予评论。该书在第四编中专门介绍了清代的档案。①

此外，郑天挺主编的《清史》(天津人民出版社，1991 年)对清史研究有独到论断，从历史研究的连续性和矛盾的普遍性与特殊性关系两方面，阐述研究清代全史的意义，回顾清代史的研究历程。该书认为“自 1911 年清朝灭亡到 1949 年全国解放，可以划为关于清史研究的第二阶段……在这一阶段里的史学研究，最有代表性的事情是《清史稿》的编纂、萧一山《清代通史》的出版、孟森及其他一些人的辛勤努力，和清朝档案的初步整理。”②

钞晓鸿的《明清史研究》(福建人民出版社，2007 年)将明清史学作为一个研究对象，通过考察明清史研究的社会环境、研究取向、时代特征、表示方式以及时代风格、争议等内容，重点归纳总结了 20 世纪明清史研究的一些时代特征与研究线索。该书对明清史学上溯到了 1368 年，时间跨度大，涉及史事多，是一本明清史学史力作。其中对 20 世纪上半叶的清史学有所关注，但是囿于研究对象的统一性，不能单独将清史学的发展特征充分展示，与明史的差异性、不同步性不能很好地表现出来。

谢保成在《民国史学述论稿(1912—1949)》(上海人民出版社，2011 年)中，将民国时期清史学的成果分别放入不同的章节，如《清史稿》放入《旧体史书编纂》，明清档案放入《本土文化遗存发见与“国学”、“国故”之争》，清史撰述放入《新体史书涌现》，明清史研究放入《史书撰著与历史文献整理》。这样的编排方式比较新颖，从几个不同的侧面反映了民国清史学的成果，但是没有形成系统的研究。

《百年清史纂修史》(安徽人民出版社，2014 年)是青年学者刘海峰从史学史的角度，系统展示 1914 年至 2013 年国家《清史》初稿基本完成，百年来清史纂修的经过。该书重点对《清史稿》、台湾版《清史》及国家《清史》进行述评。这本书正如有学者指出的存在着对国家《清史》评价过高、所占分量过重、对其存在的问题几乎避而不谈等值得商榷的问题③。虽然重点关注百年间的 19 家《清史》，但比较遗憾的是仅用一章对 19 家《清史》进行

---

① 陈生玺、杜家骥：《清史研究概说》，天津：天津人民出版社，1991 年，第 6—51 页。
② 郑天挺主编：《清史》(上编)，天津：天津人民出版社，1989 年，第 3 页。
③ 郭超：《跨越百年的清史对话——读刘海峰〈百年清史纂修史〉》，《史学月刊》2015 年第 9 期。

概述。这些清史著作中不乏在民国清史学领域中地位很高的史著，如孟森的《清史讲义》、萧一山的《清代通史》，均为百年清史学中具有划时代意义的著述，作者并未予以重视，仅一笔带过，此乃该书之遗憾。

总结20世纪清史研究的论文多提及民国时期的清史学，其中最具代表性的是《清史研究的世纪回顾与展望》。何龄修对民国清史学的研究具有开拓性意义，他不仅仅专研清史，且曾编辑《孟心史学记》，对推动学界关注民国清史学研究做出极大努力。《清史研究的世纪回顾与展望》站在世纪之交，对清史学进行回顾。文中将百年清史学分为四个阶段，将民国时期清史学分为两个部分。1901年到1938年孟森去世，为近代清史分支学科萌生和奠基阶段。产生了为近代清史分支学科奠基的两部断代清史，萧一山的《清代通史》、孟森的《清史讲义》；专题研究的成就，首推孟森的《明元清系通纪》；史料方面的大事是抢救清朝档案，并开始整理出版。1937年至1949年为清史研究初步发展阶段。清史学在史学界被视为不古不今之学，清史的重要性没有被认识，它在断代史中的特殊地位没有得到承认，这一时期全局意义的成果较少，但是史学研究队伍扩大，史料发掘继续进行，因此研究仍有发展①。何龄修的另一篇力作《中国近代清史学科的萌生》是探讨清史学科创建的第一篇论文。该文从清史学发轫的角度立论，对辛亥革命前后，中国史坛上集中涌现出的一批清史著作进行了详尽分析和总结。从政治立场、指导思想、学术内容、体例形式等方面分别阐述这些著作的特点和不足，指出“它们的出版，标志着中国近代清史学科的萌生；它们是中国近代清史学科的第一批作品，属于近代历史科学的一部分，即中国资产阶级史学的一部分。中国资产阶级性质的断代史著作，是从清史开始的。”②

《二十世纪的清史研究》视野开阔，立足于全面反映20世纪清史学。文章将1949年之前的清史学以20年为界分为两个时期，分别总结两个时期清史学的成就与不足。一、二十年代的清史研究成绩与特点是公开了部分历史真相，澄清了一些耳食之谈，完成了清史著作，贡献了孟森这样对清史学具有奠基性意义的史家，一些清史资料逐渐整理出版。但是这一时期的清史学理论并不完善，一些传闻仍然影响清史学者的撰述，一些著述有排比资料之嫌。第二个阶段，清代档案的整理取得了初步成就，学术论文与专题清史研究代替了上一时期的通史撰述，以附会传说为信史的做法得

① 何龄修：《清史研究的世纪回顾与展望》，《中国史研究动态》，2002年第1期。

② 何龄修：《中国近代清史学科的萌生》，《五库斋清史丛稿》，第9页。

到了纠正,唯物史观逐渐应用在清史学中①。《清史研究八十年》提到20世纪初的清史研究有两件大事,“其一是《清史稿》的编纂,再一个就是清内阁大库档案价值的发现。”②此外,简要评述了萧一山和孟森的清史研究成果。

《二十世纪前中期政治话语统摄下的清史研究》③视角独特,从政治话语权对学术研究的统摄角度入手,考察1911年到1966年的清史研究与撰述,认为二十世纪前中期,清史研究中的分歧、局限与转向,都是随着政治话语权的转换而变化。但是该文重点突出政治对清史研究的影响,并未关注20世纪上半期清史学的发展是在努力挣脱政治影响,逐渐走向学术独立的内在理路。蔡炯昊的博士学位论文《共和时代的清代历史记忆与政治文化——以清史馆、〈清史稿〉、故宫为中心》(华东师范大学思勉人文高等研究院,2017年),通过梳理民国初年清史馆的开馆修史历程、《清史稿》在民国的刊行、查禁以及最终成为“史料”的命运、故宫在民国初期由紫禁城变为国家博物馆的过程,围绕民国初期与清史研究相关的事件与场景,对民国清史学的研究做了点与面的梳理和总结,试图勾勒出辛亥革命之后中国文化转型视野下的官方及民间清代历史记忆的境况,以及针对《清史稿》的审查、禁止刊行、检正等过程背后,当时多歧的清代历史认知,但是该文的论述多集中于清史研究点与面,未将20世纪前期的清史研究进行系统化梳理,未将其置于20世纪近代史学转型的学术背景下考量。

除了上述专著和论文,关于民国清史学的论著索引,有中国社会科学院历史研究所清史研究室与中国人民大学清史研究所合编的《清史论文索引》(中华书局,1984年),收录20世纪初到八十年代初发表在报刊、文集上的所有清史论文、书评、通讯报道、史料等篇目,并将这些篇目分为十二大类,为研究民国时期清史学提供了丰富的资料线索。黄爱平主编的《清史书目(1911—2011)》(人民大学出版社,2014年),收录从1911年以来的清史学书目,是目前比较全面的研究百年清史发展的工具书,收录了国内外各大图书馆以及海外清史研究的目录。

民国时期清代档案整理与研究,自清代档案被发现之后就引起学者关注,并取得一些成果,可以1949年为界分为两个时段,1949年之前学界研究清代档案整理的成果多为论文,专著较少,仅顾颉刚《当代中国史学》对内阁大库军机处档案进行了记录,具有开启山林的意义。

---

① 钞晓鸿、郑振满:《二十世纪的清史研究》,《历史研究》2003年第3期。

② 李文海:《清史研究八十年》,《清史研究》1999年第1期。

③ 朱博宇:《二十世纪前中期政治话语统摄下的清史研究》,《北京社会科学》2017年第2期。

民国时期关于清代档案的论文有一个显著特点，是作者多从事过档案整理与研究工作，因此他们的文章更具历史价值。这些文章大致可分为两部分。一部分是对民国时期内阁大库档案整理进行总体研究的成果，以《清内阁大库明清旧档之历史及其整理》①最具代表性。罗福颐是罗振玉之子，又协助罗振玉整理清代内阁大库档案，他的记录从历史见证人与研究者的双重视角，系统梳理民国时期清代内阁档案的整理，是不可多得的学术性与资料性俱佳的文章。此外，《内阁大库档案访求记》《明清两朝档案考略》及《北平文化机关明清档案考察记》《清档之价值及其整理》②等文章，均对当时学术机构及学者整理内阁档案进行简要介绍。

第二部分主要是专门论述学术机构整理内阁大库档案的工作，多发表于各学术机构创办的专业刊物。如文献馆创办的《文献特刊》《文献论丛》《文献专刊》《国立北平故宫博物院年刊》等，发表的论文主要围绕文献馆整理档案工作展开，包括档案分类、档案整理、保管等多方面问题。文献馆学者还在《辅仁学志》《中国近代经济史研究集刊》等期刊上广泛介绍文献馆藏的各类别档案等。文献馆历年工作报告也发表于这些刊物，这些报告完整保存了文献馆整理档案的工作实况，实为研究民国清史学、档案学不可多得的第一手资料③。

徐中舒对史语所整理清代内阁大库档案的文章《内阁档案之由来及其整理》《再述内阁大库档案之由来及其整理》被称为内阁大库档案研究的开山之作，均发表于史语所创办的期刊。这两篇文章详细记述史语所对内阁档案的整理方法、过程，并总结了史语所整理档案每一阶段的成果④。李光涛《记内阁大库残余档案》(《明清档案》第一册，台北联经出版事业公司，

① 罗福颐：《清内阁大库明清旧档之历史及其整理》，《岭南学报》1948 年第 9 卷第 1 期。

② 详见金梁《内阁大库档案访求记》(《东方杂志》1923 年第 20 期第 4 号)，君石《明清两朝档案考略》(《新东方杂志》1941 年第 2 卷第 5 期)，王培仁、高良佐、陆舒农《北平文化机关明清档案考察记》(《建国月刊(上海)》1935 年第 12 卷第 2、3 期)，刘官谔《清档之价值及其整理》(《中法大学月刊》1934 年第 4 卷第 3 期)。

③ 关于文献馆的工作报告详见沈兼士《文献馆整理档案报告》(《文献特刊》1935 年)，关于文献馆整理档案的工作详见方甦生《清代档案分类问题》(《文献论丛》1936 年)、《整理档案方法的初步研究》(《国立北平故宫博物院年刊》1936 年)，张德泽《整理档案问题》(《文献专刊》1945 年)、《档案分类研究》(《文献论丛》1948 年)，文献馆学者发表于其他刊物的论文详见单士元《故宫博物院文献馆所藏档案的分析》(《中国近代经济史研究集刊》1934 年第 2 卷第 2 期)，张德泽《故宫文献馆所藏之清代外交史料》(《辅仁学志》1939 年第 8 卷第 2 期)等。

④ 详见徐中舒《内阁档案之由来及其整理》(《明清史料》1930 年首本第一本)、《再述内阁大库档案之由来及其整理》(《国立中央研究院历史语言研究所集刊》1933 年第三本第四分)。

1986 年)，为史语所整理工作留下工作日记。其他学术机构如北大国学门、清华大学、禹贡学会等整理清代档案的情况，均有详细论述的文章，发表于《中国近代经济史研究集刊》明清档案专号[①]，及《文献论丛》《禹贡》[②]等。

1949 年至上世纪 80 年代关于民国时期清代档案整理研究的成果寥寥无几。20 世纪 80 年代之后，海峡两岸学人均对此有所论述。首先是两岸亲历清代档案整理的学人留下的第一手史料。吴瀛 1924 年受聘为清史善后委员会顾问，1933 年离开故宫，他的著述以当事人的视角，记载故宫博物院建馆初期的故宫历史[③]，但并非学术专著。单士元与那志良在故宫博物院初建时都是小字辈，但是在两岸故宫博物院分别成长为著名学者，毕生精力都奉献给了清史研究与档案事业。两人的专著《故宫札记》《我在故宫七十年》[④]、《故宫四十年》《典守故宫国宝七十年——南迁回忆录》《我与故宫五十年》[⑤]可谓两岸学界互为补充交相辉映的学术精品，却是写作旨趣完全不同的故宫博物院的历史。他们的著述均涉及故宫博物院在民国时期的开创与发展，既有学术专论，也有个人回忆，留下亲历者最为直接与鲜活的史料。《清代档案丛谈》(紫禁城出版社，1987 年)是单士魁普及与研究清代档案的文集，详细介绍了清代档案的由来与史料价值，并考证了多种档案的形式、制度、机构，是兼具学术性与普及性的文集。

其次是档案学界的学者关于清代档案的专著。张会超从档案学角度立论，论述明清档案整理工作对近代档案学创建的重要作用，是目前较为详实记载清代档案整理的档案学专著[⑥]。梁继红的硕士学位论文《故宫博物院文献馆史料编辑研究》(中国人民大学档案学系，2000 年)是较早关注文献馆的档案编辑工作的学术成果。因受篇幅的限制，未能详述文献馆对清代档案的整理工作。此外，《明清档案概论》《明清档案学》《中国档案事

① 详见赵泉澄《北京大学所藏档案的分析》(《中国近代经济史研究集刊》1934 年第 2 卷第 2 期)，吴晗《清华大学所藏档案的分析》(《中国近代经济史研究集刊》1934 年第 2 卷第 2 期)。

② 详见顾颉刚《禹贡学会的清季档案》(《文献论丛》1936 年)，赵泉澄《本会最近得到之清季档案》(《禹贡》1936 年第 6 卷第 2 期)。

③ 详见吴瀛《故宫博物馆前后五年经过记》(上海：上海书店出版社，2002 年)、《故宫尘梦录》(北京：紫禁城出版社，2005 年)。

④ 详见单士元《故宫札记》(北京：紫禁城出版社，1990 年)、《我在故宫七十年》(北京：北京师范大学出版社，1997 年)。

⑤ 详见那志良《故宫四十年》(台北：商务出版社，1980 年)、《典守故宫国宝七十年——南迁回忆录》(北京：紫禁城出版社，2004 年)、《我与故宫五十年》(合肥：黄山书社，2008 年)。

⑥ 张会超：《民国时期明清档案整理研究》，上海：世界图书出版公司，2011 年。

业史》《中国档案史》[①]等档案学专著,均不同程度涉及到清代档案的整理工作。上述专著从档案学角度出发,对清代档案的史学价值论述不够充分。

史学界关于清代档案的研究成果并不丰硕。从历史文献学的角度,对清代档案进行介绍与研究的海峡两岸学者庄吉发和冯尔康[②],均有专著着重对故宫博物院和第一历史档案馆所藏内阁档案的介绍。王汎森以新旧史料观为切入点,探讨民国时期新旧史料观点的不同,论证新史学观对新史料观的影响[③];陈以爱则通过学术机构兴起的角度,对北大明清史料整理会对内阁大库档案的整理进行探讨[④]。对于罗振玉、傅斯年、陈垣、郑天挺等知名学者对内阁大库档案整理与研究的贡献多为档案学界学人的论文[⑤],笔者近十年来致力于从史学史角度,对从事清代档案整理与研究的学者、学术机构进行探研,陆续发表多篇论文,对民国时期清代档案整理的具体问题进行研究[⑥]。但是上述文章多为个案研究,未能从宏观上整体把握民国清史学界的这件盛事。

总结20世纪清代专门史研究的论文,基本都包含了民国时期该专门史研究的概述。民国时期清代学术史是学界研究热点,并出现重量级学术成果《清代学术概论》、两部《中国近三百年学术史》,海峡两岸学者在总结

---

① 具体内容详见倪道善编著《明清档案概论》(成都:四川大学出版社,1990年),秦国经《明清档案学》(北京:学苑出版社,2005年),周雪恒主编《中国档案事业史》(北京:中国人民大学出版社,1994年),杨小红编著《中国档案史》(沈阳:辽宁大学出版社,2002年)

② 详见庄吉发《故宫档案述要》(台北:台北故宫博物院,1983年),冯尔康《清史史料学》(沈阳:沈阳出版社,2004年)。

③ 王汎森:《什么可以成为历史证据——近代新旧史料观点的冲突》,《新史学》(台北)1997年第8卷2期。

④ 陈以爱:《中国现代学术研究机构的兴起——以北大研究所国学门为中心的探讨(1922—1927)》,南昌:江西教育出版社,2002年。

⑤ 代表性成果详见赵彦昌《傅斯年与明清档案》(《山东档案》2006年第5期)、《沈兼士与明清档案》(《兰台世界》2008年第19期)、《单士元与明清档案》(《山东档案》2010年第2期)、《单士魁与明清档案》(《山东档案》2010年第1期)、《徐中舒与明清档案》(《兰台世界》2009年第5期)等。

⑥ 详见拙作《陈垣为故宫文献馆购入端方档案时间考》(《历史档案》2007年第2期)、《一份珍贵的故宫博物院档案——上海图书馆藏故宫博物院理事会议纪录评述》(《图书馆工作与研究》2007年第4期)、《陈垣与故宫博物院文献馆》(《档案学研究》2007年第4期)、《试论民国时期史语所对内阁大库档案史料的整理及贡献》(《历史教学(高校版)》2009年第12期)、《蔡元培与明清档案史料》(《历史档案》2010年第1期)、《徐中舒与清代内阁大库档案的整理和研究》(《安徽大学学报(哲学社会科学版)》2010年第1期)、《民国故宫博物院文献馆清档出版物时间订正》(《齐鲁学刊》2010年第1期)、《论方甦生的学术贡献》(《档案学研究》2012年第5期)、《试论北大国学门内阁大库档案整理的成就与不足》(《史学史研究》2016年第1期)。

20 世纪清代学术史、思想史研究的文章中，对民国时期清代学术史予以关照，既有关于学术思想的回顾，也有对研究范式、学术流派、重要史家著述进行评述，学术成果颇丰①。关于 20 世纪的清代财政史、盐业史、经济史论文也会关注 20 世纪上半叶该专门史的发展情况②，或详尽或简略地介绍民国时期清代财政史、经济史、社会史等相关专史的研究成果。对于民国时期清史学的个案研究，成果相对丰富，学术论文数量较多。既有研究《清史稿》《清代通史》《清史讲义》等清史的专著，也有研究清史名家孟森、萧一山、郑天挺等人的历史观、史学思想、史学成就的专著。比较值得注意的是近年来一些青年学者的成果比较突出，如张光华《萧一山史学研究》(博士学位论文，南开大学历史学院，2009 年)、蔡炯昊《共和时代的清代历史记忆与政治文化——以清史馆、〈清史稿〉、故宫为中心》(博士学位论文，华东师范大学思勉人文高等研究院，2017)、王志国《〈清史稿〉的编修情况及其史学价值》(硕士学位论文，山东大学历史文化学院，2008 年)、陈军伟《孟森史学研究》(硕士学位论文，华东师范大学人文社会科学学院，2010 年)等。这些著作和文章在前人的研究成果上，对《清史稿》及其作者群、孟森、萧一山等学者进行了较全面的研究。

纵观上述这些专著和论文，对民国时期的清史学研究各有侧重，皆有精辟论述。前人的研究成果，为后学者奠定坚实的基础，对本书的写作亦有很大启发。但是这些专著和论文，也存在一些不足和薄弱环节。

第一，缺乏全景式视角研究民国清史学。清史研究在民国被视为不古不今之学，这一思想影响深远。多数梳理清史研究流变的著作，重心都在 1949 年后，民国时期清史研究仅占极少部分，且偏重于几部书或几位学者，民国时期清史学全景式的研究成果并不丰硕。从史学史的角度全面论

---

① 代表性成果详见陈居渊《20 世纪清代学术史研究范式的历史考察》(《史学理论研究》2007 年第 1 期)，雷平《20 世纪清代学术史研究述略》(《湖北大学学报(哲学社会科学版)》2004 年第 31 卷第 5 期)，武少民《20 世纪清代学术史研究回顾》(《东北师大学报(哲学社会科学版)》2002 年第 3 期)，王俊义《二十世纪清代学术思想史研究之回顾》(《中国社会科学院研究生院学报》1997 年第 3 期)，张昭军《20 世纪上半期清学史研究的正反合》(《北京师范大学学报(社会科学版)》2017 年第 5 期)，张瑞龙《学术与世变：20 世纪上半期清学史论述的形成与演变》(《齐鲁学刊》2014 年第 2 期》)，杨念群《近百年来清代思想文化研究范式的形成与转换》(《上海交通大学学报(哲学社会科学版)》2019 年第 4 期)，丘为君《清代思想史“研究典范”的形成、特质与义涵》(《清华学报(台)》1996 年第 24 卷第 4 期)，刘海静《20 世纪前半期的清学史研究——以章太炎、刘师培、梁启超、钱穆为中心》(博士学位论文，上海大学文学院，2011 年)等。

② 代表性成果详见陈峰《20 世纪的清代财政史研究》(《史学月刊》2004 年第 2 期)，朱浒《20 世纪清代灾荒史研究评述》(《清史研究》2003 年第 2 期)，吴敏超《筚路蓝缕 开启山林——20 世纪上半期的中国近代经济史研究》(《兰州学刊》2014 年第 11 期)等。

述民国清史学，并将其置于20世纪近代史学转型的框架下加以研讨的成果更为少见。民国清史学虽然只是百年清史学的第一步，但却是清史学重要的组成部分。通过对民国时期清史学整体性研究，特别是将民国清史学纳入近代史学转型的框架下进行探讨，理清民国时期清史学的发展与近代史学转型之间的互动关系，从史学史的角度总结这些成果，进而升华到史学理论性概括，可以为近代史学转型研究提供理论与实践的基础。

第二，缺乏从史学史角度关照清代档案的发掘与整理。现有的研究成果虽然丰硕，但多局限于档案学史的角度，从史学史的角度对这一学界盛事的评述较少。内阁档案的发现是与殷商甲骨、敦煌卷牍并列为20世纪初有关中国文化遗产的三大发现。内阁大库档案为清史研究提供了数量惊人的第一手资料，同时也影响了清史学的研究方法与研究内容，清史学因此也拓展出众多研究分支，如清代外交史、宗教史、经济史等领域都取得了一定的研究成果。从史学史角度总结清代档案与民国清史学的这种良性互动，深入探讨清史学发展与清代档案之间的关系，可以对新史料如何成为近代史学转型的直接原因有更深入与直观的了解。此外，一些学术机构整理内阁档案的第一手史料需要进一步发掘和梳理，如上海图书馆馆藏故宫博物院理事会会议记录等鲜为人知的原始材料，这些容易被人忽视的材料可以为准确定位与表彰参加整理内阁大库档案的学者与学术机构提供可信的依据。

第三，缺乏对从事清史研究学者的深入发掘与评述。关于清史研究的学者，多数专著的研究对象限于萧一山、郑天挺等几位代表人物，对于其他清史研究学者没有过多提及。从20世纪初到40年代末，投身于清史研究的学者并不仅限于上述几位，有一些学者因为早逝或者其他原因，被湮没在历史的长河里。如故宫博物院文献馆早逝的学者方甦生，对于清代档案史料的整理、分类、出版都作出过巨大贡献。他撰写的《内阁库贮旧档辑刊叙录》《清代档案分类方法》《整理档案方法的初步研究》等文章，对清代档案史料的分类进行了有益的探讨，并在文献馆的整理实践中发挥了重要作用。方甦生于清史研究也多有精辟见解。因为长期从事档案整理工作，他的清史研究从确凿的史料出发，史档结合，得出令人信服的结论。确定四卷本《清太祖武皇帝实录》为顺治改缮本的论断，显示出他熟练驾驭史料的能力与深厚的史学功力。然而由于英年早逝，至今他的重要贡献并不为学界所熟知。类似这样的学者还有很多，有待进一步发现与研究。

第四，缺乏对清史学科建设的研究。清史的撰写与研究在民国时期并未受到足够重视，目前尚未见到有关清史学科建设的相关文章。但是清史学的发轫与近代史学转型几乎同步，北大国学门率先对内阁大库档案的整理，首开学术机构大规模整理史料的先河；20 世纪 30 年代，一些大学的历史系开始设置清史课程，大量的清史研究论文发表在学术期刊上；专业学术机构的兴起推动清史学新领域的开拓。这些与传统史学大不相同的学习与研究方法、发表方式，也是近代史学走向专业化过程中的表现。因此探讨清史学的学科建设，可以为研究近代史学的学术建制做一个可供参考的范本。

第五，缺乏对报刊杂志发表的学术论文的关注。以往的研究多注重于民国时期重要的著作和学者，对众多在报刊杂志上发表的论文关注较少。民国时期的史学一个显著特点是史学研究与期刊杂志相辅相成，民国清史学发轫于近代报刊，但焘撰《黄黎洲》一文，刊于 1903 年 1 月《湖北学生界》创刊号，是目前所知的中国第一篇近代性质的清史论文①。《文献专刊》是故宫博物院文献馆编印的专门性期刊，主要刊发与清代史料整理相关的研究性文章，可称为史料学第一份专业杂志。很多清史研究论文最初都发表在报刊杂志上，这是一个非常大的研究空间，有待进一步拓展。

第六，一些缺陷、错误和思想方法需要纠正。民国清史学因为历史的客观原因，出现了一些缺陷、错误和思想方法的问题，这是史学发展在时代变迁中形成的教训。例如萧一山民族革命史观促成记史中某些失实的教训；孟森随意指责《清实录》随便修改、不可据信，方甦生力矫其失却因年轻位微未被重视等等，均值得鉴戒。对这些经验教训进行认真研讨，以求实现其借鉴意义。

第七，学术研究中学者的政治理念影响学术客观性的问题需要关注。民国清史学研究呈现出来的百花齐放的历史观、史料观、史学思想乃至纂修特色，都是此前史学研究中不多见的。正是由于这种相对自由的表达，导致了史家的政治理念影响了史学的客观表达。诸如水经注案中，胡适对戴震的辩护、孟森对于《清实录》真实性的质疑、萧一山在《清代通史》中应用诋毁清廷的传说等等。这些做法偏离了中国传统史学追求的秉笔直书，最终虽然都成了一家之言，但是也仅仅只是一家之言。这些现象需要进一步研究。

有鉴于此，本书在充分吸收前人成果的基础上，对上述研究的不足与薄弱环节进行有针对性的考察，尝试对民国时期清史学的发展进行较为系统地梳理，力图补充描绘出民国时期清史学的一些场景，使之更能较为全

① 何龄修：《清史研究的世纪回顾与展望》，《中国史研究动态》2002 年第 1 期。

面地展示其完整面貌。同时将民国时期清史学的发展，置于近代史学转型的学术背景之下，力图探讨清史学的发展与近代史学发展之间的关系。全书在以下几个方面力图有所创新。

第一，新视角与新方法的转换。虽然民国时期的清史学在百年清史学发展中占了近一半的时间，但是专门论述其发展过程的著述尚不丰富。本书从对民国清史学发展产生深远影响的几个关键点入手，以点带面，从微观的角度剖析清史学发展中的事件与人物，从宏观的角度概括民国时期清史学发展的历程。第一次从史学史的角度全面论述民国清史学，并将其置于20世纪近代史学转型的框架下加以研讨，这是全新的研究视角与方法。

第二，理论层次的提升。通过对民国时期清史学整体性分析，理清民国时期清史学与近代史学转型发展之间的互动关系，从史学史的角度总结这些成果，进而升华到史学理论性概括的标本。

第三，第一手资料的广泛搜集与整理。全面梳理有关民国内阁大库档案整理与研究的文献史料，对新的第一手资料有所发现与研讨，特别是发现上海图书馆馆藏故宫博物院理事会会议记录等鲜为人知的原始材料，在此基础上对整理研究内阁大库档案的学者与学术机构的贡献进行准确定位与表彰。

第四，考订并纠正学界误说。清代档案的发现与整理是民国时期清史学中的重要事件，有力地促进了清史学的发展与建设。但是围绕清代档案史料的整理，存在一些不实之说。如罗振玉是否倒卖内阁大库档案与日人、陈垣为故宫博物院文献馆购入端方档案时间、以及故宫博物院文献馆出版物的版本与出版时间等，都存在着不同的误说。本文在大量搜集资料的基础上，仔细考辨，勘正讹传，以澄清事实。

第五，对一些极少被人关注的清史学者的重要成就，予以发掘和研究，表彰其贡献。

民国时期的清史学，虽然是百年清史学步履维艰的第一步，但是为今天清史研究的繁荣作了奠基性的工作。清朝灭亡、民国建立，与此前的改朝换代大不相同，研讨清代历史的治学活动不仅迅速兴起，而且表现出思想、方法、立场、观点的多样性，使民国时期清史学内容丰富、五彩纷呈。自中国近代以来，研究前一时代的历史而积累了丰富成果，继而从史学史角度总结这些成果，以推动学术发展及其经世致用的深化，乃历史学合乎逻辑规律的演进途径，但是至今史学界尚未对民国时期的清史学作出全面、系统的总结和评析，则是亟须加强的环节。

三

本书力图围绕新材料、新方法、新史观、学术机构与新载体等几个关键性的问题，梳理出民国时期清史学由萌芽到发展的脉络，为研究20世纪近代史学转型提供一个典型的研究样本。全书分为六章，除绪论、余论之外可分为三部分。第一章、第二章、第三章、第四章是第一部分，第五章是第二部分，第六章为第三部分。

王国维曾说："古来新学问之起，大都由于新发见。"[①]清代档案的发现是民国时期学术界的一件盛事，成为推动清史学发展的关键性因素，本书第一章主要围绕清代档案的发现与整理，详细叙述内阁大库档案在清末民初多舛的命运，以及在20世纪内忧外患、战乱纷飞的情况下，学术界同仁如何团结一心，不畏艰难，将内阁大库档案完整保存下来并开展研究工作，同时探索20世纪初随着清代档案的出现引起的新旧学者史料观发生的变化，以及这种变化对清史学的重要作用。

20世纪随着中国社会制度的巨大变化，文化体制也经历了从解体到重构的转型，中国现代学术的发展也深受影响。史学专业机构的建制与运作，是史学转型过程中的不可忽视的一个环节。史学专业学术机构提供的不仅是新学术理念的研究平台，也是培养和训练专业人才的良好实践机制，与大学史学系与专业学术社团组织等要素共同构建了近代史学制度的基础。我国现代专业史学机构的设置由北大国学门始，国学门的成立是近代史学专业化建设的重要标志。此后专业的学术研究机构如雨后春笋，与各个大学的历史系、研究所等机构成为近代史学发展的重要推动力量。北大国学门率先对内阁大库档案的整理，首开研究机构大规模整理史料的先河，故宫博物院文献馆、史语所等学术机构均参与了清代档案的保护、整理与研究工作，清史学也有赖于诸多学术机构与这些机构中的学者才能顺利发展。因此探讨史学转型中专门学术机构的重要作用，新兴的学术机构对清代档案的整理与研究是极具典型意义的个案。本文第二章围绕近代专业学术机构的出现及其对清代档案的整理工作，对于近代学术机构在清史学发展中的地位予以评析，对于这些学术机构奠定的清代档案整理方法予以梳理与总结。

民国时期清史学由发轫到逐渐发展，是一批批学者不断努力的结果，

---

① 王国维：《最近二三十年中中国新发见之学问》，《清华周刊》1925年第350期。

20世纪初几乎所有史学界知名的学者都参与了清代档案的整理与研究工作,如罗振玉、蔡元培、陈垣、傅斯年、孟森、萧一山、郑天挺、蒋廷黻等,其中有一些学者如萧一山、郑天挺、单士元等借此走上了终身研究清史的学术道路。但是对这些学者的研究,还仅限于部分知名学者,一些年轻的学者在清史学的各个专门研究领域中也曾大放异彩,只是因为英年早逝或者此后离开了清史学术研究领域,他们的名字被湮没在历史的尘埃里,对有些知名学者的研究也存在一些讹误。因此本书第三章着重介绍了从清代档案发掘整理工作中走向清史研究的一些年轻学者,他们也为民国清史学的发展贡献过才智,结出过学术硕果,同时对于一些学界长期存在的讹误,以第一手史料为基础进行纠正。

陈寅恪说:“一时代之学术,必有其新材料与新问题。取用此材料,以研求问题,则为此时代学术之新潮流。”[①]新材料的发现推动新的学术领域的开拓已经成为学界共识。清史学研究领域中文字狱、外交史、宗教史、经济史的兴起均建立在清代档案的基础之上,这些研究领域的开拓为清史学学科的建设奠定了基础。有清一代,学术发达,清代学术史是清史学领域中最有吸引力的研究对象,清代学术上承中国古代学术的衣钵,同时又是受到西方影响下的现代学术的开端,致使这一时期的学术呈现出古代传统与现代因素交缠重叠的复杂状况。随着民国时期清代丰富的史料不断被发掘,清代学术史也成为民国清史学具有代表性的重要组成部分,涌现出《清代学术概论》、两部《中国近三百年学术史》等一系列清代学术史研究具有奠基意义的专著。因此对清代学术史的梳理总结也是本章关注的内容。

中国近代史学转型中历史观的变化贯穿始终,从循环史观到进化史观的流行,到民族主义史观、民生史观、文化形态史观、再到唯物史观,历史观的多元化成为民国时期历史书写的突出特点。清史的写作反映出史观变化对史学书写的指导性作用。本书第五章通过对民国时期清史著作以及晚清史著述的评析,对于清史学最重要的三部著作——《清史稿》《清代通史》《清史讲义》以及晚清史代表性著作《中国近代史》的研讨,从这些著作的历史观念、撰述过程、政治立场、指导思想、学术内容、体例形式等角度,探讨这些在不同的史观指导下完成的,分别代表传统史学与近代史学的清史的特点。《清史稿》作为“二十五史”的最后一部,它的撰述过程充满曲折,后来的命运随着历史的变迁不断沉浮,《清史稿》本身的撰述与传播就

① 陈寅恪:《敦煌劫余录序》,《国立中央研究院历史语言研究所集刊》1930年第一本第二分。

是近代史学史值得研究的范例。而这部成于众手的最后一部传统官方史学巨著,其作者群的生平与史学思想也值得重新考量与定位。萧一山的《清代通史》(上中下)三卷全部出版跨越 40 年,这套书强烈的民族主义史观体现在内容编排、体裁体例、语言表述等方面,均有独到之处,而 40 年间萧一山史学思想的演变及其种种经历也值得认真研究。孟森被称为"中国近代清史学科的一位杰出奠基人"①,他的清史研究成就能够代表第一代清史研究学者的最高水平。《清史讲义》由他在北京大学授课的讲义编辑而成,这部书讲授清朝前期的政治、经济、文化,是孟森清史研究的重要著作。孟森作为史学系教授,在北京大学讲授清史以及由讲义编辑而成的清史著作,均可视为近代史学转型的具体体现。20 世纪 30 年代后,学术界的研究重心由清朝断代史转向晚清史,几乎在同一时期出现的几部《中国近代史》成为晚清史的奠基之作,这几部专著的历史观既有文化形态史观,也有唯物史观,奠定了此后晚清史的"革命史范式"与"现代化范式"。对《清史稿》及其作者群、《清代通史》与萧一山、《清史讲义》与孟森进行比较研究,对《中国近代史》与李鼎声进行深入探讨,可以深刻反映出民国时期清史学者的历史观与史学思想发展脉络,从而深入了解近代史学转型过程中史观的变化对清史撰述的指导性与决定性作用。

在中国近代史学转型的过程中,学术期刊的出现对于近代史学转型发展至关重要。中国近代史学与近代报刊在学术史上像孪生兄弟一样如影随形,近代报刊与近代史学的关系密切②,互相促进与共同发展的良性互动,可以视为近代史学转型过程中出现的具有全新特质的现象。近代报刊是清史学发轫的土壤,是推动清史学发展的重要力量。第六章围绕近代史学转型过程中报刊杂志的作用做有益的探讨。报刊作为一种现代社会的制度性设置,为近代知识分子提供了自我想象和表达的空间,中国儒家文化长期以来形成的"天下兴亡,匹夫有责"的忧患意识,深刻影响了中国的知识分子。中国近代报刊呈现出独特的"史家办报"特点,与中国拥有几千年的史学传统有着密不可分的联系。中国史学的经世致用思想、史论以及良史的传统对近代报刊的办报宗旨、报刊问题与新闻记者的道德都有着不

① 何龄修:《中国近代清史学科的一位杰出奠基人——试论孟森的清史研究成就,为纪念他的诞辰一百二十周年而作》,《五库斋清史丛稿》,第 24 页。

② 论述近代史学与近代报刊密切关系的专著和论文详见刘兰肖《晚晴报刊与近代史学》(北京:中国人民大学出版社,2007 年),程文标《新媒体与近代史学的转型——以二十世纪二三十年代史学期刊为例》(天津:南开大学出版社,2015 年),张越、叶建《近代学术期刊的出现与史学的变化》(《史学史研究》2002 年第 3 期)等。

容忽视的影响。近代报刊与近代史学的转型有着互相促进的、共同发展的经验。清史学的发轫与报刊有着不解之缘。近代报刊是早期清史论文的重要阵地,但焘撰写的《黄黎洲》是中国第一篇发表在期刊上的近代性质的清史论文,《文献专刊》是故宫博物院文献馆编印的专门性期刊,《中国近代经济史研究集刊》则是专门的经济史期刊。专业性学术期刊的出现,推动了史学的发展。民国清史学的研究成果大多数发表于学术期刊,专业学术期刊与史学的良性互动是清史学由萌芽到成熟的重要推手。第六章围绕新载体对清史学学术建设的影响,以《中国近代经济史研究集刊》为例,探讨清史学的学术建设与报刊之间的关系。

民国清史学是内容极其丰富且时代特色明显的史学研究,本书的撰写着意于清史学与近代史学转型之间的关系。民国时期清史学跨越近半个世纪,研究领域广泛,内容丰富,相关资料浩繁。虽然民国离我们并不遥远,但是很多清史研究者与清史研究论文已经风流云散。因此本书尽可能在北京、上海、南京乃至台湾地区,搜集 1912 年到 1949 年之间关于清史研究的种种资料,及史家个人的研究撰著,从中了解民国清史学的发展脉络。但是作者学识有限,因此本书的研究范围仅按照年代顺序,围绕清代档案的发掘整理、清代专门史研究、清代史著作的编撰、清史学术建设等问题展开。本书认真梳理民国时期清史学的发展脉络,将民国时期清史学的发展置于近代史学转型的学术背景之下,通过清史学的发展探讨近代史学转型发展的规律,力图还原 20 世纪史学转型过程中清史学的发展真实样貌。当中国史学再次面对西方史学的冲击,从传统走向现代的清史学在某些方面或可以为我们提供有益借鉴。

本书的民国时期指 1912 年到 1949 年之间,在中国大陆地区存在的中华民国(包括北京政府时期)。关于本书时间的断限,始于 1912 年,系因这一年是中华民国成立的时间,但是由于清史学发轫于辛亥革命前后,反清排满的革命需要是清史学诞生的重要原因,因此在书中某些具体时间可能会追溯到辛亥革命前。关于清史的范畴界定,一直众说纷纭。半个多世纪来,第一次鸦片战争之后的晚清史,被作为"中国近代史"的主要内容,是拥有自己完整体系的独立学科。本书关注民国时期清史学的主要线索、时代特征以及重要的学术积累,但是民国时期清史学本身并无鸦片战争之前的"清史"与之后的"中国近代史"之区分,因此本书的"清史"概念,包括清朝从兴起至衰亡的整段历史。一些近代史、近世史的相关撰述一并纳入晚清史的研究范畴。囿于作者的研究视野与学术功力,本书难免挂一漏万,不足之处还乞各位方家指正。

第一章　新史料观的确立与清代档案的流失

清代档案，是指“清代二百余年间之公家文书”①，不仅包括人们熟知的内阁大库档案，还包括军机处档案、宫中、内务府等内廷档案、隶属于中央政府各部院的档案、清朝地方政府的档案以及大量的私人档案。仅故宫博物院文献馆在民国期间就接收过军机处档案、清史馆档案、刑部档案，以及溥仪、端方等私人档案。档案在中国古代修史过程中虽然多被应用于史书的编纂，但在史书修撰完毕之后，多数未被很好的保存。“历代官署档案，汗牛充栋，其有关史迹者，千百中仅一二，而此一二或竟为他处所绝不能得。档案性质，本极可厌，在平时固已束诸高阁，听其蠹朽，每经丧乱，辄荡无复存。旧史纪、志两门，取材什九出档案。档案被采入者，则附其书以传，其被摈汰者，则永永消失。而去取得当与否，则视乎其人之史识。其极贵重之史料，被史家轻轻一抹而宣告死刑以终古者，殆不知凡几也。二千年间，史料之罹此冤酷者，计复何限！”②

戴逸曾说：“中国历朝历代档案已丧失殆尽（除近代考古发掘所得甲骨、简牍外），而清朝中枢机关（内阁、军机处）档案，秘藏内廷，尚称完整。”③至清代，内阁大库档案由于数量众多、保管不善，且定期集中销毁，损坏极为严重，一如历史上众多散失殆尽的档案。“自春秋标笔削之义，笔与削并重，后之作史者，欲效法先哲，往往注意材料之去取，过于其注意材料之完全。吾国历来史书，不可谓少，其所根据之材料，皆散失不传，无由比照对勘，良为可惜。此不但轻视史料无意保存，而亦数量太多无法保存之故也。”④梁启超作为历史的见证人以及史学家对此深有感触，“吾三十年前在京师，曾从先辈借观总理衙门旧档钞本千余册，其中关于鸦片战役

① 沈兼士：《文献馆整理档案报告》，《文献特刊·报告》1935年。

② 梁启超：《中国历史研究法》，《中国历史研究法（外二种）》石家庄：河北教育出版社，2000年，第63页。

③ 戴逸：《清史〈文献丛刊〉、〈档案丛刊〉总序》，《光明日报》2004年7月20日，B4。

④ 蔡元培：《清内阁汉文黄册联合目录序》，《文献论丛·论述一》1936年。

者便四五十册,他案称是。虽中多极可笑之语,然一部分之事实含在焉,不可诬也。其中尤有清康熙间与俄、法往复文件甚多,其时法之元首则路易十四,俄之元首则大彼得也。试思此等文件,在史料上之价值当居何等?今外交部是否尚有全案,此钞本尚能否存在,而将来所谓'清史'者,能否传其要领于百一,举在不可知之数。此可见档案之当设法简择保存,所关如是其重也。"①

20世纪初,清代档案引起人们的关注,正是由于内阁大库档案的流失。而内阁大库档案的发现,才使众多学者和学术机构开始认识到清代档案的价值,积极投身于整理清代档案的艰苦工作,从而掀起了20世纪20—30年代发掘整理清代档案的高潮。近代史学发展史上,每一次大规模的史料发现,随之而来的必然是史学的发展,就像陈寅恪所说古今学术史的通义都是运用新材料研求新问题。

第一节 内阁大库档案的流失

王国维将清代内阁大库之元明以来书籍档册与殷墟甲骨文字、敦煌塞上及西域各处之汉晋木简、敦煌千佛洞之六朝及唐人写本书卷并列,同孔子壁中书、汲冢书一起,称作"汉代以来,中国学问上最大的三个发现"。作为"中国纸上之学问赖于地下之学问"②的最好注脚,清代档案的史料价值在当时得到了学界广泛的重视。人们普遍认为,"久禁在内阁大库,永不能和人们见面的档案,因清朝的颠覆而出世,是最完全,最道地的历史材料。"③但是内阁大库档案在清代并未得到妥善管理,大库房屋有限,历年积累下来的档册,被时人视为断烂朝报,并不以为珍贵。甚至光绪二十五年(1900),因大库倒塌,要将档案焚毁。后虽经张之洞上书抢救,但是内阁大库档案从此流出大库。辛亥革命以后,北京政府政权更迭频繁,存放在教育部的内阁大库档案因财政紧张,竟然卖到纸商手中,成为造还魂纸之材料。最终这批档案被罗振玉以高价购回,但是几经周折以后,损失已不可估算。

清代内阁大库档案,原为清代内阁大库所藏,囊括了清代二百余年的

---

① 梁启超:《中国历史研究法》,《中国历史研究法(外二种)》,第63页。
② 王国维:《最近二三十年中中国新发见之学问》,《清华周刊》1925年第350期。
③ 蒋彝潜:《论档案的售出》,《北新》1927年第2卷第1号。

公家文书，“所存档案，都是当时构成史迹者自身的叙述”。清代内阁“在雍乾以前为国家庶政所自出之地，在雍乾以后犹为制诰典册之府”①。内阁大库是贮藏清代档案文献最重要的库房，“藏历代册籍，并封贮存案之件，汉票签之内外纪，则具载百余年诏令陈奏事。”但是内阁库物，旧称秘藏，“直九卿、翰林部员有终生不得窥见一字者”②，“三百年来，除舍人省吏循例编目外，学士大夫罕有窥其美富者。”③因此，对于内阁大库的记载，官书记载多简。私人著述中，王正功有《中书典故汇记》记载颇详：“大库在内阁后门外之东，文华殿之南。其北面有围墙一带，开门二。其西为典籍厅请送关防及查取红本出入之门；其东为满本堂请送实录出入之门。库坐南向北，共二十间，开门四，每间深四丈，重之以楼。北面有窗，窗中用铁柱，柱内有罳罘，外有铁板窗，窗开而不阖……西二门共库十间，可通往来，楼上楼下皆贮红本，典籍关防亦贮其中。东二门内库各五间，一为满本堂，存贮实录、史书、录疏、起居注、及前代帝王功臣画像等物；一为存贮书籍及三节表文表匣，及外藩表文之所。近因西二库红本已贮满，乾隆十三年以后红本亦贮于此。”④王氏从雍正十三年(1735)开始，在内阁自中书转典籍，先后二十年，他的说法出自亲眼所见，因此较为可信。

从乾隆朝到民国，斗转星移，一百七十余年过后，内阁大库的庋藏变更多次。1931 年，当故宫博物院文献馆的工作人员开始整理内阁大库档案时，已非当年旧貌。“东库十间，全无分隔之迹，楼上除元、亨、利、贞四柜书籍物件外，全庋实录、圣训。楼下书籍档案，占偏东六间；西偏四间，则贮六科史书及起居注箱(史书间杂庋於红本库楼下者)，而所谓三节表文表匣，则尽以堆于西库之红本架顶。”⑤由于内阁档案多有缺失，从乾隆年间到民国，大库内库物移动的详情已不可考。

内阁大库档案储藏丰富，包括部分明末档案，有清一代的各类文书档案。清代文档可大致分为清入关前的档案和清入关后的档案。清入关前的档案主要为盛京移来旧档，包括满文木牌、满文老档等清未入关以前的档册案卷，是研究清朝开国前历史的重要史料。此外，还包括清入关前与明人、朝鲜、蒙古往来书信，稿件、档册及臣工上的本章表文。清入关后的

---

① 徐中舒：《内阁档案之由来及其整理》，《明清史料》1930 年首本第一本。
② (清)阮葵生：《茶余客话》卷二，上海：商务印书馆，1936 年，第 11 页。
③ 王国维：《库书楼记》，《王国维遗书》第四册，上海：上海古籍书店，1983 年，第 35 页。
④ (清)王正功：《中书典故汇纪》卷六，嘉业堂刊刻本，第 15 页。
⑤ 方甦生：《清内阁库贮旧档辑刊叙录》，文献馆编：《清内阁库贮旧档辑刊》(一)，北平：北平故宫博物院文献馆，1935 年，第 6 页。

档案，按照内阁的职掌，可分为四类：一、内阁承宣或进呈之官文书，内阁承宣的文书包括由内阁发出的制、诏、诰、敕、谕、旨等文书，内阁呈给皇帝的启、奏、题、表、笺及其副本和随本进呈的图册、单签、殿试卷等；二、帝王言行，国家庶政之当时记载，包括起居注和六科史书；三、官修书籍及修书征集的参考资料，官修书籍贮于内阁的有实录、圣训、会典、史志，及其他奉敕编修的书籍，以及为编纂这些书籍收集的稿本档案等文件；四、内阁日行公事之档案稿件。

内阁大库档案虽然记载着清朝的历史，但是没有得到清政府的重视。由于档案管理不善造成的档案散失，是清末档案流出大库最重要的原因。

自清入关后，内阁大库二百余年从未拆盖修理，库房年久木料糟朽，墙壁闪裂，院内地沟堵塞，每遇大雨时行，积水盈尺，无处宣泄，日久雨水灌注，地基蛰陷，墙壁颓坠，……渗透坍塌，几无完室[①]。宣统元年(1909)内阁大库有一库坍塌一角，大学士孙家鼐等奏："查内库恭存圣训、诏敕、御笔以及经、史、子、集、碑版、图绘等，业经臣等派员检查，分别完缺，包裹签排，暂移文华殿两厢恭存，俟工竣再行移回大库尊藏。其历年存积之红本等项，为数尚多，非全行挪出，实属有碍工作。且多糟烂之件，一经移动，即破碎不堪。臣等公同商酌，拟择要拣存，其年久潮湿霉烂之本章等项，拟照从前办法，派员捡出，运往空闲之处，一律焚化，腾出库房，以便兴修。"[②]所谓"从前办法"，即清朝曾实行的择要拣存、大批销毁档案的传统，这曾给内阁大库档案带来了无法弥补的损失。于是将实录、圣训移到红本库南面的内银库，当时认为重要的档案，移存到文华殿两庑，大部分留在库内。其中的无用旧档，主要是书籍表章库与红本库的档案，奏请焚毁。"宣统元年八月初一至二十九日，逐日检出之红本捆数，计乾隆至同治五朝约万余捆，其末尚有'九月初一检出红本'一目，未填捆数，知拟焚之数，尚不止此。"[③]大库修缮从宣统二年(1910)年正月二十七开始，到六月底完工。实录、圣训又搬回大库，大库内的书籍经大学士、军机大臣张之洞奏请，以大库藏书籍设学部图书馆，未被送回。

大量内阁大库档案文书被视为无用旧档，堆积在一起准备焚毁。这时

① 邹家炜、董俭、周雪恒编著：《中国档案事业简史》，北京：中国人民大学出版社，1985年，第96页。

② 内阁奏稿(道光朝)，转引自李鹏年：《内阁大库——清代最重要的档案库》，《故宫博物院院刊》1980年第2期。

③ 方甦生：《清内阁库贮旧档辑刊叙录》，文献馆编：《清内阁库贮旧档辑刊》(一)，第53页。

候，罗振玉以学部参事，被派到内阁接收书籍，他到内阁视察库书时，发现“庭中堆积红本题本，高若邱阜，皆依年月顺序结束整齐。随手取二束观之，一为阳湖管公干贞任漕督时奏，一为阿文成公用兵时奏。询何以积庭中，始知即奏请焚毁物也。”罗振玉以史学家的敏锐意识到这些档案的价值，“此皆重要史稿，不应毁弃。”①他请侍郎宝熙转陈张之洞，请奏罢焚毁。张之洞虽同意罗振玉的意见，但是已经奏准焚毁的决定不能改变，就让宝熙转告罗振玉，速设法将档案运回学部，不得将消息走漏。

罗振玉回到学部，请学部拨款将档案运出内阁，如果学部不出钱，罗振玉表示他愿意出钱买装档案的木箱。但是木箱价格比较贵，如果全部装箱要五、六千个木箱，需要一笔庞大的经费，于是想到用破了小洞不能再装米的麻袋，价格只有木箱的十分之一，经承请学部唐尚书(景崇)得到拨款之后，罗振玉带人用了三天时间，共装了八千麻袋档案②，陆续运到学部堂后的空屋里。由于学部不能将档案久存，几经周折后这批档案放到了国子监的敬一亭。后世学者多将抢救这批档案的功劳归于罗振玉，其实张之洞在此过程中也起到重要的作用，他若畏事，大可断然回绝罗振玉，但是他在“低回久之”后，要罗振玉“速设法移入部中，但不得漏于外间”，且在上奏时“言片纸只字不得遗弃”③，这才有后面的八千麻袋档案之事。

罗振玉将这部分准备焚毁的档案抢救出来时，不会想到他尽心尽力维护的珍贵史料，十年后再遭劫难。

民国建立后，北京政府政权更迭，时局变化莫测，存放于国子监的大内档案屡次迁移。民国初年，拟改清国子监为图书馆，于是将保存在国子监的史料移到午门与端门门洞里。民国二年(1913)，午门城楼改为历史博物馆，存在门洞的所有旧档就成为历史博物馆的藏品。但是历史博物馆并没有对这批档案进行认真整理，“胜朝内阁红本，未清厘者，贮麻袋九千余，移午门博物图书馆理之，司其事者部曹数十人，倾于地上，各执一杖，拨取其稍整齐者，余仍入麻袋，极可笑”④。历史博物馆仅将整齐的档案检出，存放在午门楼上，其余仍然装入麻袋，置于端门门洞。北京政府教育部和历史博物馆对这些档案如何处理，一直举棋不定。因是宫内的东西，于是谣言四起，传说档案里有宋版书，有什么妃的绣鞋等等。这引起了当时教育

---

① 罗振玉：《集蓼编》，《雪堂自述》，南京：江苏人民出版社，1999 年，第 35 页。

② 八千麻袋，也有九千麻袋、七千麻袋之说法，具体数字有待详考，本文采用八千麻袋之说法。

③ 罗振玉：《集蓼编》，《雪堂自述》，第 34—35 页。

④ 邓之诚：《红本》，《骨董琐记》，北京：北京出版社，1996 年，第 49 页。

总长和次长的关心,很多人在旧纸堆里拣出他们认为有用的东西。

直到1921年,教育部因发不起工资,决定将这批档案卖给纸商,几年中丢失的珍贵档案不可计算。历史博物馆将较为整齐的档案留下一部分,剩下的分两次卖出:第一次卖的是明朝永乐到万历年间的十几斤纸,当作烂纸,以三千多元的标价卖给乐白纸坊的商人,这批明代的文件从此荡然无存。第二次卖的是明朝崇祯和清顺治至宣统的文件档案,共计148000公斤,以银元4050元卖给了同懋增纸店。这些档案存放在同懋增租好的善果寺各大殿和配殿。拉运完毕,经理派两位售货员在善果寺零售。零售大概只有几天,大约卖了1000斤,就停下来了,说有新的主顾愿意全部购买①。这些主顾里就有因事返京的罗振玉。

首先发现这批档案的是罗振玉的朋友——清朝遗老金梁,"壬戌春,有持硃笔抄谕题本之类,诣梁求售。审系大库存件,询其来处,坚不言,亟以重价饵之。宝沈庵宫保亦见数纸。梁展转访求,终不可得;后忽忆前数年,在悦古斋主人韩某处,曾购题本经筵讲义高宗硃笔批改联语等件,亦大库物。立往访韩,竟能知其详,谓同懋增纸店,实购自历史博物院,八千袋费四千金,将运往定兴县纸坊,重造纸料。"②与此同时,罗振玉也在市场上发现了大库档案,"于市肆见洪文襄揭帖及高丽王贡物表,识为大库物"③,罗振玉决定将这批档案再赎回来,与金梁一起到了同懋增,但是这些档案半数已经运往定兴、唐山的造纸坊,"仅检留数袋,立许五百元携归,并嘱速追余件,当三倍其值酬之。"④同懋增与金梁签订的买卖合同如下⑤:

> 立此合同人程林坡,今有字纸折奏杂烂书本废纸一宗,约数在十二、三万斤,经中人韩益轩说合,全数卖与金息侯名下自用,言明每百斤价现大洋十元,言定两造并无反悔,以过斤秤为付价准数,期至不过三五日为度,当交定洋五百元,言明不准不卖,不能不要,言定价各无增减,两厢情愿,各无异说,恐口无凭,立此合同两张为据。
>
> 另外,先取出各古物麻袋十一袋,合洋五百元。
>
> 出卖人　程林坡　盖章
>
> 说合人　韩益轩　(画十字)

---

① 朱伟武:《故宫明清文件档案流失的见闻》,北京市政协文史资料委员会选编:《文苑撷英》,北京:北京出版社,2000年,第30页。

② 金梁:《内阁大库档案访求记》,《东方杂志》1923年第20卷第4期。

③ 王国维:《库书楼记》,《王国维遗书》第四册,第36页。

④ 金梁:《内阁大库档案访求记》,《东方杂志》1923年第20卷第4期。

⑤ 雷梦水:《也谈八千麻袋》,中国人民政治协商会议北京市委员会文史资料研究委员会编:《文史资料选编》第19辑,北京:北京出版社,1984年,第316页。

买物人　金息侯　盖章

民国十一年 旧/阳 历 三月初十日/四月六日

铺主 北京西单牌楼南路西同懋增南纸笔墨老店 (章)立

这一批档案经过金梁与罗振玉的抢救，“往返兼旬，居然陆续运还，堆置彰仪门货栈，卅余屋连前后五院，露积均满高与檐齐。”罗振玉用三倍的价钱将档案赎回后，先是寄放在商品陈列所大楼，招十余人进行整理，检出很多珍贵档册，“如满蒙文《辽事例》《金事例》《元事例》，皆史册秘稿；明题本行稿等，皆有关边防战事；清初档册，皆开国要略；硃谕批折，亦至可宝；如朝鲜琉球安南等题表，有言事者，亦关掌故。又见苏禄国表献版图，高宗硃批嘉奖，末言愿献版图一节，著毋庸议，尤所未闻。余不胜举，当另编目录。”①因商部不许档案继续存在商品陈列所，遂将这批档案迁到善果寺，后又运到天津一部分进行整理。因时局混乱，罗振玉以个人之力不能支撑保存整理档案的重任，于 1925 年②将大部分档案以一万六千元卖给著名藏书家李盛铎③。李盛铎将档案迁到天津某家大院，后又转移到谦信货栈。在北京的档案，由善果寺迁到遂安伯胡同和顶银胡同。1928 年，史语所成立，经当时北大教授马衡联系，从李盛铎处以一万八千元买回这批档案。此时的档案“包扎迁移，尘埋湿烂，鼠啮蛀蚀，种种损失不计外，在历史博物馆卖出时，重十五万斤，及天津档案装车运平时，秤得约六万余斤。在北平的数量大约也相差不远，即散佚之件，合计已损失二万余斤了。”④

中央研究院历史语言研究所将这批档案购回，流散在外的“八千麻袋”找到了真正的安身之处。另外一部分留在历史博物馆的内阁大库档案，于 1922 年归北京大学国学门保管、整理。沸沸扬扬的“八千麻袋”事件，终于有了结果。但是几经周折以后，流散的内阁大库档案具体数量不可考，损失已不可估算，给学界造成了重大损失。

---

① 金梁：《内阁大库档案访求记》，《东方杂志》1923 年第 20 卷第 4 期。

② 据王庆祥、萧文立校注，罗继祖审订《罗振玉王国维往来书信》（北京：东方出版社，2000 年，第 641 页），1925 年 5 月 22 日罗振玉致王国维信，“弟迩日料理去秋以前排印未完各书，虽长日如年，然成绩甚罕，如何如何。库籍苦无清厘之力，近李木斋以原价购去（此事暂且勿宣，价尚未收），深望其能善处置之。虽损失运费、息金、房价一二千元，亦不计也。”

③ 李盛铎（1859—1935），字义樵，又字椒微，号木斋。江西德化人，清光绪十五年（1889 年）乙丑科榜眼。清末至民国初年历任显职，也是中国近代知名藏书家，版本、目录学家。

④ 徐中舒：《内阁档案之由来及其整理》，《明清史料》1930 年首本第一本。

第二节　新旧史料观念的变化

“任何科学或学科都包括材料与理论二者的统一。历史事实一旦如此就永远如此而无可更改,但历史学(即对历史事实的理解和诠释)却必然不断地在更新。一旦我们的思想观念更新了,原来的史料就被转化为新史料并被给予新的诠释而获得新的意义。”[①]虽然我国古代史学有重视搜集、整理史料的传统,但是对于史料的概念和范围并没有明确的定义,甚至对史料与史学著作的区分都不够严格。因此,学者们对清代内阁大库档案价值的认识,也随时代的变迁而变化。

对档案价值的认识,新旧学者存在巨大差异。清代学者重文献轻实物的史料观念根深蒂固。特别是注重考据学的学风之下,“所用的方法及材料是内循环式的,基本上是从文字到文字,从文献到文献,间有实物的研究,也是为了佐证或者厘清文献里的记载,尽可能地将它与六经三史或与文字史料相联系,所以重视的是铭文、著录之校勘、传递源流等等,而不大留意这实物还可以告诉我们什么其他的知识。在这一个封闭的典范中,重的是功力,不是理解,重的是如何在有限文字证据中作考证与判断,而不是去开发文字以外的新史料。”[②]五四时期新一代的学者,他们的史料观已经跨越了旧式学者“古董式”的学术观念,以更宽阔的学术视野发现档案巨大的价值,建立起了全新的科学史料观。史料观的变化是近代史学转型的重要标志之一,也是史学由传统走向现代的重要特征,新史料是 20 世纪前二三十年代中国史学的“关键词”[③]。

20 世纪初,内阁大库档案随着“八千麻袋”事件进入公众视线。这批档案在教育部存放多时,传统学者只注意夹在其中的宋版书。如时任教育部长的傅增湘“以为麻袋里定有好的宋版书‘海内孤本’”[④],于是派人试行整理。宋版书“只要能够找出书册一本,便会现钱交易,立时赏以铜元四十

① 何兆武:《〈历史与历史学〉自序》,《何兆武学术文化随笔》,北京:中国青年出版社,1998 年,第 325 页。

② 王汎森:《什么可以成为历史证据——近代新旧史料观点的冲突》,《新史学》(台北)1997 年第 8 卷 2 期。

③ 张越:《论中国近代史学的开端与转变》,《史学理论研究》2017 年第 4 期。

④ 李光涛:《明清档案与清代开国史料》,《明清档案论文集》,台北:联经出版事业公司,1986 年,第 3 页。

大枚。其余的乱纸，自然，也就视同废纸了。”[①]后来著名藏书家李盛铎购得这批档案，也仅关注其中的宋版书。他将档案售予史语所时与史语所有约：“大库档案中如检得宋版书籍残页，须交还渠”[②]。以傅增湘、李盛铎为代表的传统学者，从以经学为中心的“古董式”学术观念出发，认为书本文献高于一切，只注重宋版图籍，对档案的史料价值认识严重不足。

北大国学门、史语所的很多学者都有留学背景，学贯中西，他们对待史料的眼光与旧式学者迥异。在他们眼中，一切学术和材料都是平等的，要以平等的观念看待所有史料，史料的范围要从书本文献扩充至更广阔的范围。胡适在《国学季刊发刊宣言》中指出：“在历史的眼光里，今日民间小儿女唱的歌谣，和《诗三百篇》有同等的位置；民间流传的小说，和高文典册有同等的位置；吴敬梓、曹霑和关汉卿、马东篱和杜甫、韩愈有同等的位置。”[③]顾颉刚也强调“平等的眼光”，在这种眼光下，史料范围大为扩充。他在为《北京大学研究所国学门周刊》撰写的《一九二六年始刊词》中指出：“我们对于考古方面，史料方面，风俗歌谣方面，我们的眼光是一律平等的。我们决不因为古物是值钱的骨董而特别宝贵它，也决不因为史料是帝王家的遗物而特别尊重它，也决不因为风俗物品和歌谣是小玩意儿而轻蔑它。在我们的眼光里，只见到各个的古物、史料、风俗物品和歌谣都是一件东西。”[④]平等的眼光下，以往被忽略的材料引起了学界的重视，而以往被膜拜的经典则受到了质疑，这种变化是一场史料观的革命。

在这场革命中，档案的史料价值得到了充分的认知与高度的肯定。陈寅恪 1929 年 3 月 1 日致傅斯年的信，充分体现了新一代学者对档案价值的认识：“我辈重在档案中之史料，与彼辈异趣，我以为宝，彼以为无用之物也。”[⑤]他们认为这些与传统文字记载不同的资料，犹如科学家面对自然界一样，为历史研究提供了取之不尽的资料源泉。“明末及清代内阁档案，如奏本、謄黄、报销册、试卷等甚伙，皆为清代历史真确可贵之材料”[⑥]。此外，他们普遍认为档案可以作为第一手资料校勘旧史、重修旧史，为学者开

---

① 李光涛：《明清档案与清代开国史料》，《明清档案论文集》，第 4 页。

② 李光涛：《记内阁大库残余档案》，张伟仁主编：《明清档案》第 1 册，台北：联经出版事业公司，1986 年，第 135 页。

③ 胡适：《发刊宣言》，《国学季刊》1923 年第 1 卷第 1 号。

④ 顾颉刚：《一九二六年始刊词》，《北京大学研究所国学门周刊》1926 年第 2 卷第 13 期。

⑤ 陈寅恪：《致傅斯年函之八》，《陈寅恪集·书信集》，北京：生活·读书·新知三联书店，2001 年，第 26 页。

⑥ 蔡元培：《请将清内阁档案拨为北大史学材料呈》，中国蔡元培研究会编：《蔡元培全集》第 4 卷，杭州：浙江教育出版社，1997 年，第 621 页。

辟新的研究理路。他们认为"旧史所录档案,经过选择删节或改窜之后,当然不及原本的可信。现在我们重行整理这些档案,也就是利用原本史料,将旧史重新校对一番"[①],"此后《明史》改修,《清史》编纂,此为第一种有价值之材料"[②]。而新史料的发现,"一方面可以补充过去史籍的不备,一方面却又决定了后期史学的途径。"[③]北大国学门主任沈兼士概括国学门的研究工作"于古代研究,则提倡考古学,注意古器物之采集;于近代研究,则侧重公家档案及民间习俗。持此纵横两界之大宗新资料,以佐证书籍之研究,为学者辟一新途径。"[④]清代档案的发现成为促进民国学术发展的直接因素,史学进步的重要条件。顾颉刚认为民国时期学术进步的"泉源固不止一端,而其最重要的则为直接史料的发现和利用……清代档案的保存,这是近代直接史料的大本营"[⑤]。傅斯年则认为"新史料之发现与应用,实是史学进步的最要条件[⑥]。"

新一代的学者们对于档案史料价值的高度重视,是由于他们普遍留学欧美,接触到西方近代学术观念,新史学思潮中学术为天下之公器的思想深入人心。他们普遍具有强烈的责任心与公共意识,重视档案、图书、文物等"公共"资源,而来自于西方的"科学方法"也产生了重要影响。胡适认为"西洋近百年史学大进步,大半都由于审定史料的方法更严密了"[⑦],并将之运用于历史研究上。故要建设中国的现代史学,必须首先推进方法的科学化。

在"科学"大旗的号召下,北大国学门学者提出要在平等的治学理念下对待一切的学术,扩展学术研究的范围。1923 年胡适在被称为"新国学研究大纲"的《国学季刊发刊宣言》中指出,国学门的研究方向是"第一,用历史的眼光来扩大国学研究的范围。第二,用系统的整理来部勒国学研究的材料。第三,用比较的研究来帮助国学的材料的整理与解释。"[⑧]胡适将史学与自然科学相比较,认为"文字的材料是死的,故考证学只能跟着材料

① 徐中舒:《再述内阁大库档案之由来及其整理》,《国立中央研究院历史语言研究所集刊》1933 年第三本第四分。

② 傅斯年:《致蔡元培》,欧阳哲生主编:《傅斯年全集》第 7 卷,长沙:湖南教育出版社,2003 年,第 70 页。

③ 顾颉刚:《当代中国史学·引论》,《当代中国史学》。

④ 沈兼士:《方编清内阁库贮旧档辑刊序》,《沈兼士学术论文集》,北京,中华书局,1986 年,第 343 页。

⑤ 顾颉刚:《禹贡学会的清季档案》,《文献论丛》1936 年。

⑥ 傅斯年:《史学方法导论》,欧阳哲生主编:《傅斯年全集》第 2 卷,长沙:湖南教育出版社,2003 年,第 335 页。

⑦ 胡适:《导言》,《中国哲学史大纲》卷上,上海:商务印书馆,1919 年,第 19 页。

⑧ 胡适:《发刊宣言》,《国学季刊》1923 年第 1 卷第 1 号。

走，虽然不能不搜求材料，却不能捏造材料。从文字的校勘以至历史的考据，都只能尊重证据，却不能创造证据。自然科学的材料便不限于搜求现成的材料，还可以创造新的证据。”[①]因此当“八千麻袋”事件出现之后，国学门学者将收集整理内阁档案视为突破传统学术藩篱，走向外拓展之路的重要契机，“本校研究所国学门及史学系知近世史之重要，特设专科研究，现在广搜材料，用科学之方法，作新式之编纂”[②]，并强烈要求学部将“八千麻袋”之外剩余的档案拨给北大保存与整理。

其次，这一代学者们幼年受晚清革命宣传，普遍认为“明清历史、私家记载，究竟见闻有限；官书则历朝改换，全靠不住。政治实情，全在此档案中也。且明末清初，言多忌讳，官书不信，私人揣测失实”[③]，“我们晓得清初《实录》，曾经数次涂改，同时又大兴文字之狱，屡申禁书之令，凡与《实录》相抵触的史料，无不摧毁殆尽。易世之后，往日违碍禁书，稍稍间出，然存者不过千百之十一。而此数百载严扃之大库秘藏，其中有未经涂改的《实录》，有两次涂改的《实录》残稿，有沈阳移来的开国期旧档。我们不但藉此可以看到《实录》的底本；我们还可以利用沈阳旧档，来校对这个底本。”[④]他们寄希望于从内阁档案中找到重大发现，以校订史书，重新书写历史。

此外，新一代学者重视档案史料的价值，还源自强烈的民族主义情结。20世纪初期，欧美、日本学者凭借从中国流失的大量珍贵文物，在学术研究领域不断取得新成果，有些领域甚至领先中国。这给民国学人以强烈的冲击。陈寅恪在《敦煌劫余录序》中对敦煌学所发出的感慨极具代表性：“敦煌学者，今日世界学术之新潮流也。自发见以来，二十余年间，东起日本，西迄法英，诸国学人，各就其治学范围，先后咸有所贡献。吾国学者，其撰述得列于世界敦煌学著作之林者，仅三数人而已。夫敦煌在吾国境内，所出经典又以中文为多，吾国敦煌学著作，较之他国转独少者，固因国人治学，罕见通识，然亦未始非以敦煌所出经典，涵括至广，散佚至众，迄无详备之目录，不易检校其内容，学者纵欲有所致力，而凭藉末由也。”[⑤]沈兼士也

① 胡适：《治学的方法与材料》，欧阳哲生主编：《胡适文集》第4册，北京：北京大学出版社，1998年，第110页。

② 蔡元培：《请将清内阁档案拨为北大史学材料呈》，中国蔡元培研究会编：《蔡元培全集》第4卷，第621—622页。

③ 傅斯年：《致蔡元培函》，欧阳哲生主编：《傅斯年全集》第7卷，第70页。

④ 徐中舒：《再述内阁大库档案之由来及其整理》，《国立中央研究院历史语言研究所集刊》1933年第三本第四分。

⑤ 陈寅恪：《敦煌劫余录序》，《国立中央研究院历史语言研究所集刊》1930年第一本第二分。

曾经说:"窃惟东方文化自古以中国为中心,所以整理东方学以贡献于世界,实为中国人今日一种责无旁贷之任务……如敦煌石窟之秘籍发见于外人后,法、英、日本,均极重视,搜藏甚夥,且大多整理就绪;中国京师图书馆虽亦存储若干,然仅外人与私家割弃余剩之物耳;又如英人莫利逊文库,就中收藏中国史学上贵重之材料极多,中国亦以无相当机关主持收买,遂为日人岩崎氏所得;近闻已嘱托东京帝国文学部整理研究,不久当有报告公布。以中国古物典籍如此之宏富,国人竟不能发挥光大,于世界学术界中争一立脚地,此非极可痛心之事耶!"①

当清代档案"八千麻袋"事件在社会上造成巨大反响,学术界纷纷谴责北京政府倒卖档案。内阁大库档案的去向成为国学门同仁关心的焦点,"当民国十一年余方主持北京大学研究所国学门,闻罗叔言斥赀赎内阁大库档案,有慨于心,因与马叔平、陈援庵、朱逷先诸君共谋以其劫余归于研究所,此为学术机关整理档案之嚆矢"②。这部分内阁档案经过蔡元培、陈垣等人共同努力,最终使北京政府教育部接受了北大的请求,于1922年5月运到北京大学。"本年五月二十二日,得教育部指令许可;校长乃嘱托沈兼士、朱希祖、马衡、单不庵、杨栋林诸教员前往历史博物馆办理接收事宜。此项档案,自明迄清之题本,报销册,揭帖,贺表,謄黄,金榜,起居注,实录……等均在其中。共计装运六十二木箱,一千五百零二麻袋。"③

到了1928年,史语所与李盛铎接洽购买他手中的清代档案时,日本满铁公司与燕京学社也插手期间,当时陈寅恪写信给傅斯年,"若此项档案归于一外国教会之手,国史之责托于洋人,以旧式感情言之,国之耻也"④。在蔡元培、傅斯年、陈寅恪等学者的努力下,史语所在经费非常紧张的情况下,将这批档案购入,"此项档案,自售出后,数经灾厄,最后仍为公家所有;其中虽不免遭遇种种的损失,但在近代学术史上,毕竟是一件可欣慰的事。"⑤这些清代档案运到北大及史语所之后,拉开了近代学术机构整理研究档案的序幕,不仅为清史学的发展提供了大批第一手资料,奠定了扎实的史料基础,同时也为近代档案学的建立奠定了基础。

---

① 沈兼士:《筹画北京大学研究所国学门经费建议书》,《沈兼士学术论文集》,第362页。
② 沈兼士:《方编清内阁库贮旧档辑刊序》,《沈兼士学术论文集》,第343页。
③ 《研究所国学门重要纪事》,《国学季刊》1923年第1卷第1号。
④ 陈寅恪:《致傅斯年函》,《陈寅恪集·书信集》,第24页。
⑤ 徐中舒:《再述内阁档案之由来及其整理》,《国立中央研究院历史语言研究所集刊》1933年第三本第四分。

第二章　新式学术机构的勃兴与清代档案的整理新法

中国传统学术中并没有现代意义上的专门学术机构，欧美式专门研究机构在中国的兴起，标志着近代学术研究的组织化、制度化、专业化的趋向，是中国近代学术转型的表现。专门学术机构在中国近代学术的转型过程中，对近代学术发展起到过重要推动作用。“综观所述新文化的萌芽，在这三十五年中，业已次第发生；而尤以科学研究机关的确立为要点。”[①]专门学术机构的出现作为近代学术组织化、制度化、专业化的标志，是推动学术发展的重要载体。

学术机构对于学者研究成绩的影响，罗伯特·金·默顿(Robert K. Moton)在20世纪30年代就指出，17世纪英国科学家彼此间的会面、通信及期刊的出版，提供了思想交流的机会，因而有助于创造性研究的出现[②]。20世纪初，中国知识界的有识之士对设立研究机构呼声日益高涨，蔡元培指出：“知识阶级，已觉悟单靠得学位，图饭碗，并不算是学者，渴望有一种研究的机关。”[③]朱光潜在1922年发表《怎样改造学术界》，抨击当时知识界“学殖荒落”的状况，提出改造学术环境、培养学术领袖人才的建议，“希望将来各大学都设有研究所”[④]。很多学者认为欧美学术发达的重要原因，在于学术研究机构广泛设置，以及各国学者的合作联络。

中国近代学术机构的设置由北京大学国学门开始，国学门的成立是近代史学专业化建设的重要标志，中央研究院历史语言研究所是第一个专业史学研究机构，故宫博物院文献馆则是近代第一个国家档案馆，这三个学

---

① 蔡元培：《三十五年来中国之新文化》，中国蔡元培研究会编：《蔡元培全集》第7卷，第79页。

② [美]罗伯特·金·默顿著，范岱年等译：《十七世纪英格兰的科学、技术与社会》，北京：商务印书馆，2000年，第216—224页。

③ 蔡元培：《吾国文化运动的过去与将来》，《中山文化教育馆季刊》1934年创刊号。

④ 朱光潜：《怎样改造学术界》，《时事新报(上海)》1922年3月31日，第1版。

术机构都在中国近代学术史上占有重要地位，同时这三个机构都参与了清代档案的发掘、整理、保护与研究，此外禹贡学会、清华大学历史系等学术机构都对清代档案的保护与整理做出了不同程度的贡献，这些学术机构对清代档案的整理与研究，不仅奠定了清史学与档案学的基础，也为清史学的研究队伍培养了人才，有力推动了近代史学与学术的转型。

第一节　整理清代档案的第一个学术机构——北大国学门

北京大学研究所国学门是中国近代大学中最早建立的研究机构。北大国学门诞生于“五四”运动之后“科学主义”思潮盛行之时，在用科学方法“整理国故”潮流中，对史学的科学化进程有开启山林之功。其中国学门对清代内阁大库档案的整理与公布，是受近代科学观念影响最为直接且成就最突出者。

北大国学门诸位学者率先确立了新的史料观，开创了内阁大库档案整理的四个第一：开国内学术机构整理内阁大库档案之先河；首次对内阁大库档案进行编目分类整理；首次将整理档案与公布档案同时并行；率先用档案训练学生。这四个第一充分体现了北大敢为天下先的学术风范，为20世纪二十、三十年代整理内阁大库档案高潮的出现奠定了理论、方法、人才的基础，为研究清代史学提供了丰富的史料。同时，北大国学门作为最早的整理内阁大库档案史料的学术机构，在整理档案过程中也为后来者留下了诸多值得借鉴的经验。

一、首开学术机构整理清代档案范式

中国传统史家虽然重视对史料的搜集和整理，但是对于史料的收集整理并没有专门的学术机构来承担，因此当学术界面对“国史之整理，与本国地理之裁订”①这类需要大规模协作才能完成的学术项目时，学者们深刻认识到成立专门学术机构的迫切性。学者罗振玉在整理内阁档案时，对以一己之力整理档案的无奈体会深刻，“检理之事，以近数月为比例，十夫之力约十年当可竟。顾检查须旷宅，就理者需部署庋置，均非建专馆不可，顾以前称贷，既竭吾力，将何从突兀见此屋耶？即幸一二年间，此屋告成，天假我年，俾得竟清厘之事，典守传布，又将于谁望之？私意此事，竟非一二

① 叔谅：《中国之史学运动与地学运动》，《史地学报》1923年第2卷第3期。

人之力所能及。"[①]国学门的成立,开启了以学术机构为单位的研究范式,对于推动近代学术沿着科学化专业化道路发展起到了开创性的作用。在整理内阁大库档案的工作中,国学门首开学术机构的集体工作范式,并且第一次尝试为内阁大库档案整理编目。

从成立初期,国学门就将"整理旧学"[②]作为宗旨。为了整理档案,国学门特别在1922年5月成立了内阁大库整理档案会(后改称明清史料整理会),专门负责整理及研究档案。国学门史学系、中国文学系的教职员"沈兼士、朱希祖、马衡、单不庵、杨栋林、沈士远、马裕藻、陈汉章、李泰棻、胡鸣盛、滕统音、刘绍陵、刘澄清,及毕业生王光玮,在校学生连荫元、魏建功、张步武、潘傅林、傅汝林、魏江枫、陈友揆……等富有整理档案之兴趣者,组织一整理档案会;于七月四日着手整理。"[③]

大规模的档案整理,在中国古代并无成法可以借鉴。因此内阁大库档案整理的方法成为摆在学者面前的首要问题。在整理档案会讨论方法期间,有两位学者提出整理意见。一位是历史博物院在国子监时代的职员胡绥之,曾经参与过档案的整理。他认为整理工作应分三部:"一,先去尘垢,铺平,掖直,将某朝某年为若干束,分别插架;二,将每年中月日先后排次,仍旧插架……然后由有学识者阅之,如为编年史,但须去其无大关系者,如为纪事本末或别为类纂,则需将事目标明,分别插架。其中大率命盗案居多,如遇巨案,可将东华录一勘,倘有异同,可记出以备考证。余似无甚大用,惟中有秘事,又有非档案各件,是宜留意耳。"[④]胡绥之的方法,虽可供参考,但仍然承袭前人编年史和纪事本末体的编撰方法,并未对档案的史学价值有全面认识。特别是他认为除命盗案外,大多档案为无用记录,按照他的方法很多有价值的档案会被忽略甚至被扔掉。

另外一位学者是袁同礼,在致蔡元培的信中,他提到的整理方法也分为三部分[⑤]:

> 一、档案去取 敝意以为应全部保存。盖今日认为不重要之史迹,或为他日所最宝贵者。况各人眼光不同,我所摒弃者,又焉知不为他人所乐取……

---

① 罗振玉:《史料丛刊初编·前言》,罗振玉编:《史料丛刊初编》,东方学会,1924年,第1页。

② 《研究所国学门启事》,《北京大学日刊》第964号,1922年2月22日,第1版。

③ 《研究所国学门重要纪事》,《国学季刊》1923年第1卷第1号。

④ 《胡绥之先生与校长书》,《北京大学日刊》第1062号,1922年7月1日,第3版。

⑤ 《袁同礼君致校长函》,《北京大学日刊》第1090号,1922年10月25日,第1—2版。

二、分类　档案性质,与书籍不同,往往一文件而所涉之事甚多。故在若干时期内,仅能为概括的分类。每类之中,以其事件发生之先后为次。如卷帙极繁,再以区域分之,……其只有年而无月日者,则列于该年之末。只有年月而无日者,则列于该月之末。其无年月日者,及年分错误者,则自立一类。内中如有年分可考者,则附于括弧之内注明之。

三、编目　编目手续,可略分下列数项:

甲,编目登记,宜用 3×5 寸之纸片。我国编目录,往往用红格本,笨拙极矣。亟须采纸片式之目录,俾先后部次随时便于更动。

乙,标定格式,目录片上,仅能择要登记。惟一张不能容时,亦可用二张或三张。故格式宜先标定,以期一律。格式大致可参照美国图书馆协会编定之条例,稍予变通。

丙,登记毕,并择要摘由。

丁,目录片编竣,以部类相从,再印成"书式"目录,目录片便于检阅,应一律保存,制木箱以储之。

四、索引……整理清代内阁档案,原为便于编史或他项研究起见。既不能依据事实分类,则索引之用尤巨。目录片之登记,及摘由中最扼要之字,皆须编入索引。又须采互注之法,以便稽检。

袁同礼的方法显然要比胡绥之的方法科学,但是这封信到达北京用了三个月时间,整理档案会的工作已经开展了三个月左右。关于档案整理方法的确定,再次显示出学术机构群策群力的优势。整理档案会汇集当时北京大学文、史、哲等文科系别的学者,经过讨论,制定出中国档案史上有记录可查的第一次科学的整理方案,整个整理工作依照三步展开:"第一步手续为形式分类及区别年代;第二步手续为编号摘由;第三步手续为报告整理成绩,研究考证各重要事件,及分别编制统计表。"①在此基础上,作为国学门导师、档案整理会主席的陈垣,总结北大国学门整理档案的经验,提出了档案整理八法,即"分类、分年、分部、分省、分人、分事、摘由、编目"②,这八法是近代档案整理工作的奠基性理论,是国学门及此后参与整理内阁大库档案各学术机构的指导方针。

国学门的档案整理工作从开始就显示出学术机构集众工作的优势,不

① 《整理清内阁档案之始末》,《国学季刊》1923 年第 1 卷第 1 号。

② 陈垣:《中国史料的整理》,此文最早由翁独健据 1925 年 5 月 27 日陈垣在燕京大学的讲演记录,后刊于燕京大学《史学年报》1929 年第 1 期。

论整理方法的确定、整理工作的顺利进行、还是整理结果的公布出版，都比罗振玉依个人力量整理档案有了很大进步。罗振玉也一度与北大国学门建立联系，并参观了北大国学门的整理工作。“对于本校整理方法，颇为赞许。并由本会商准罗先生以后将私人购得之八千麻袋整理所得之目录，抄送本校一份。”①

整理档案会仅仅通过三个月的工作就已经成果斐然，“自七月四日，以迄九月三十日，先后摘编誊黄，题本，报销册，金榜……等类已近万件。其中发现要件不少……现拟于本校二十五年成立纪念日，将暑假期内整理之成绩，分类陈列，开第一次展览会，以供留心史学者之研究。”②北大庆祝成立25周年内阁大库档案的首次展出，受到了参观者的称赞，极大的激发了学者们对内阁档案的兴趣。到1924年，整理档案会已经厘清了这部分档案的内容，进行了大致分类，将全部档案分为两部分，一部分是要件，一部分是报销册。并对所有的档案进行过一次估计，把档案分成九种，每一种下面都有约数，共五十二万三千二百余件又六百余册。

国学门对内阁大库档案的整理贯彻了科学化、专业化的集众式整理方式，实为整理档案的一大创举，这种研究工作的范式影响了此后包括故宫博物院文献馆、中央研究院史语所、清华大学历史系等几乎所有参与清代档案整理的学术机构。正是有这些学术机构的共同努力，才使清代内阁大库档案得以基本保存。在这项浩大的学术工程中，国学门的楷模作用不可忽视。而国学门对内阁大库档案整理和研究的成绩，也充分显示出了学术研究一旦纳入了现代学术体制后，其传播与成长的速度确有革命性的变化。

二、清代档案整理与公布并行

中国古代学者视稀有文献为“古董”的观念，造成了他们将藏书秘不示人的学术作风。国学门的学者受到西方学界重视档案史料思想熏陶，对图书馆、档案馆都有充分了解，因此他们普遍认为学术乃天下公器。蔡元培主张著史与保档相结合，他认为“近世学者对于基本史料，如档案一类，愈益重视，而保存及编目各方法，亦日渐精密。于是史料与修成之史，有并存共有之可能，故各国皆有大规模之档案馆。”③蔡元培认为整理档案的目

① 《整理档案第二次公布·附志》，《北京大学日刊》第1066号，1922年7月29日，第2版。

② 《研究所国学门重要纪事》，《国学季刊》1923年第1卷第1号。

③ 蔡元培：《清内阁旧藏汉文黄册联合目录序》，国立北平故宫博物院文献馆、国立北京大学文科研究所、国立中央研究院历史语言研究所编：《清内阁旧藏汉文黄册联合目录》，北平：国立北平故宫博物院、国立北京大学、国立中央研究院历史语言研究所，1947年。

的,一是要更好地保管档案,二是公布于世,用于学术研究。因此在整理档案工作开始之初,国学门就秉承档案资料应对外开放、供学者共同利用的观念,将一面整理一面公布作为整理准则。"国学门搜集整理之各种材料,完全系公开的贡献于全校全国以至于全世界的学者,利用作各种之研究,毫无畛域之私见。惟以资力限制,未能使搜集整理所得之成绩,从速出版,为憾事耳。"①

整理档案会从开始整理工作起,对于"有关于历史之重要文件"一经发现,立即刊出"以供为研究史学者之参考"②。1922 年 7 月 4 日开始整理档案,每个星期整理档案会都将整理成果公布,刊登于《北京大学日刊》。第一次公布整理结果在 1922 年 7 月 22 日:"兹将本校整理内阁档案等件,自本月四日起,至二十日止,所有已经分类、择由(择由另有详细之登记)编定号数者,略举各类之总数,宣布于左"③。从 7 月 22 日到 9 月 16 日,整理档案会在《北大日刊》先后公布 7 次档案整理结果,前五次公布的档案多为档案整理的分类及卷数,具体内容较少,第六次公布由于"发见关于历史上之重要文件,为数甚众,兹将原文摘其大概,宣布于左"④。这些档案的公布,为史学界研究清代历史的重要问题提供了珍贵的第一手资料。

1922 年 9 月 16 日,档案开始以要件形式随时登载,不再有时间限制⑤,到 1924 年,档案整理告一段落,各种档案储存于陈列室内,上架储存。陈列室有十五间,题本占五间,报销册占两间,杂件占一间,要件陈列室及要件保存室共占五间⑥。同人一面欢迎国内外学者到所参观、研究,一面将摘录的档案目录与重要资料,陆续在《北大日刊》上发表,然后汇编成册出版。到 1926 年 10 月 16 日,全部《北京大学整理内阁档案报告》刊载结束,公布了 2058 件档案,内容包括摘由编号的明末题行稿、清朝题本、报销册等内容。此外,《北京大学国学门周刊》连续登载胡鸣盛整理《清太宗圣训底稿残本》、陈垣整理《宁远堂丛录》、王光玮整理《乾隆四十八年九月红

---

① 国立北京大学研究所编:《国立北京大学研究所国学门概略》,北京:国立北京大学研究所,1927 年,第 23 页。

② 《整理档案会第三次公布(续)·附志》,《北京大学日刊》第 1068 号,1922 年 8 月 12 日,第 2 版。

③ 《整理档案会第一次公布》,《北京大学日刊》第 1065 号,1922 年 7 月 22 日,第 1 版。

④ 《整理档案会第六次公布》,《北京大学日刊》第 1070 号,1922 年 8 月 26 日,第 1—2 版。档案原件包括:顺治元年崇封摄政王册文、顺治七年上摄政王生母尊号之诏、顺治七年摄政王上宾之哀诏、顺治十三年封鄂硕之女董氏为皇贵妃之诏、顺治十八年招降郑成功官属之诏等。

⑤ 《整理档案会启事》,《北京大学日刊》第 1073 号,1922 年 9 月 16 日,第 3 版。

⑥ 《国立北京大学研究所国学门报告》,《国学季刊》1925 年第 2 卷第 1 号。

本处查办应毁书目》、及明清史料整理会编《清九朝京省报销册总目导言》。

整理档案会虽然在1924年以后不再继续大规模整理活动，但是在改为明清史料整理会后，出版了部分重要史料汇编①。整理档案成就以最快的速度公布，引起学界的广泛关注。当时的档案保管机构，“都忙于传抄出版和利用”档案史料，学术界则利用档案史料从事“各种有价值的研究”②。校内外学者纷纷与整理档案会合作，希望能找到珍贵史料，“胡适之先生托查康熙雍正间，关于曹氏在(江)南织造局任内各案。陈援庵先生托查清代关于天主教之案件。杨恩元先生(贵州特派来京调查收集续修贵州省志材料者)托查贵州省自乾隆六年至道光二十一年乡试题名录，并清代关于贵州一切政务之题本。”整理档案会在工作中，对于这些学者的要求尽力满足，“上列诸件，务乞请摘由之时，特别注意，一经发现，即当通知嘱托诸君雇人来会抄写。”③整理档案学会以学术为天下公器的做法，开一代学术风气，为此后整理清代档案的学术机构所延续，并推动了近代档案事业的发展。

三、用整理清代档案训练学生

内阁档案“积久尘封，卷帙又复繁重，整理良非易事”，因此整理内阁档案“非有多数具有兴会之人，按日排比，断难克期成功。”④整理档案会从开始工作就聚集了北大众多教师及学生，他们既可以与这些珍贵史料近距离接触，同时整理档案也为他们提供了绝佳的实践机会。“史学系的学生多数加入整理，作为实习功课。”⑤共有52名史学系学生参加整理工作，这些学生按照《千字文》编号，“以后各该生所整理之件，即用排定之字编列件数。”排列情况如下表⑥：

---

① 据《国立北京大学研究所国学门概略》第15—17页记载：已编成而急待付印者计有：《要件陈列室目录》(已出版)、《明季兵科题行稿摘要汇编》(内关于关东战事及流寇事件甚多)、《清九朝京省报销册目录》(顺治康熙朝已出版)、《清代官印谱》；题本拟单行付印的有《明宣宗实录底稿(残)》《明世宗实录底稿(残)》《明代南京羽林卫世袭档册》《明史稿残本》《明清史传稿残本》《清太宗圣训底稿(残)》《清顺治元年册封摄政王等底册》《清雍正七年上谕底稿(残)》；以及明崇祯四年缺官咨文，清太宗伐明誓师墨谕，高宗赐暹罗国王礼物敕谕，征大小金川军用地图，尼泊尔贡表，俄罗斯国书，以及叙利亚文，猓猡文等件，虽属片鳞只爪，亦拟汇编为《史料拾零》一书行世。

② 顾颉刚：《禹贡学会的清季档案》，《文献论丛・论述一》1936年。

③ 《整理档案会启事》，《北京大学日刊》第1070号，1922年8月26日，第2版。

④ 蔡元培：《请将清内阁档案拨为北大史学材料呈》，中国蔡元培研究会编：《蔡元培全集》第4卷，第621—622页。

⑤ 《整理档案会纪事》，《国学季刊》1923年第1卷第2号。

⑥ 《整理档案会布告》，《北京大学日刊》第1185号，1923年3月13日，第1版。

天赵维贞	地秦树棠	玄何尤	黄刘濂
宇张爱松	宙王祝庆	洪朱相尧	荒吴鹤龄
日刘儒林	月邢寿彭	盈郭瑾	昃韦奋鹰
辰张国威	宿张俊杰	列白启明	张黎杰
寒冯文启	来黄金铭	暑许治	往张步武
秋张庚乾	收李振郑	冬张松涛	藏吕书垒
闰夏德仪	余秦志壬	成郑振夏	岁郑宝临
律赵仲滨	吕李允宰	调季道桓	阳张绍詠
云杨汝璋	腾陈友揆	致郭怀璋	雨舒传轼
露凌杏明	结刘庆瑄	为聂开维	霜伍家宥
金傅汝霖	生常守信	丽李丕讓	水王鸿德
玉靳作梅	出姚揖讓	昆韩树模	冈褚垠昌
剑袁庆清	号汪荣荫	巨张俊杰	阙梁佩衮

这些同学编号以后，每人每周工作二至四小时，各自认定时间到整理档案会工作。“再由助教胡鸣盛，毕业生王光玮，郭振唐，学生潘傅霖，李开先，傅汝霖……等专责照料，并摘录要件事由。教授沈兼士，朱希祖，单不庵，陈汉章，马衡，杨栋林，马裕藻，沈士远，张凤举，李革痴及导师陈垣……亦皆认定时间到会指导。”[①]在整理工作已经积累了一些经验之后，按照上次的整理方法先分类别及朝代，装架（大部分为题本，报销册），然后抽出某种若干件分交史学系学生在整理室据文填表，并将每个人的《千字文》编号及数目，记在原件背面，以便查核。“填表手续既完，乃按字号，再行装架；复由照料指导者审查一通，如遇事由异常者，特别提出加以考证，或付装潢；若有错误遗漏，再付修改，俾归完善，然后搬置陈列室，依时代先后，事类异同，排比陈列。至各人所填之表，则录副登载日刊，底稿仍与原件并陈。”[②]

整理档案会为方便学生摘录事由设计了专门的表格，下表为一例[③]。

---

① 《整理档案会纪事》,《国学季刊》1923 年第 1 卷第 2 号。

② 《整理档案会纪事》,《国学季刊》1923 年第 1 卷第 2 号。

③ 《整理档案会纪事》,《国学季刊》1923 年第 1 卷第 2 号。

临时号数

编号		1
品名		题稿，
时间		明代崇祯朝四年八月二十四日，
地方	中央	
	各省	广东澳门，
	藩属	
	外国	
人员	官职 姓名	兵部尚书， 熊明遇
事由	题目	摘陈葡人与奸商交接，酿患可虞，宜分界讥防盘验申报等事，
	说明	据广东巡按高钦舜题称：夷之来我壕境，国家利其岁输二万，可以充饷，暂许栖息，彼亦无能为患，乃奸商榄棍，饵其重利，相与勾结，从中挑拨，隐然为岳腹心之疾，今宜以澳关分内外之界，以香山严出入之防，凡船货往来，县官亲自抽盘，单报督按查考，不许奸商榄棍肇祸等因，奉旨具题，
备考		此件于外交史上有重要关系，宜付裱存，

北京大学整理档案会

随着档案整理工作的深入进行，需要更多人员参加，整理档案会再发启事，“其他各系之同学，对于整理此项档案，具有兴趣情愿加入者，请到第三院共字楼整理档案办公处报名，并请注定到会整理时间，以便编入号数。”①由于整理人员增加，整理工作进度加快。到 6 月份，已经编摘明题本、行稿共四百五十余件，报销册四百三十余件②。暑假期间，整理工作在第三院的大礼堂继续进行，每天上午 7 点半到 11 点半，有 30 余人分组工作。题本整理改变了以前整理拆开即摘由的方式，改为将所有被整理的档案全部拆开，“将第三院大礼堂之桌椅分为二十余组，每组列成⊓形，桌面帖有顺治……等九朝年号，与满文，杂件，残件等标识；令校役一人坐在⊓内，先将档案去垢，验明，分别阁置。由照料员巡视检查，并随时告以整理方法。自七月十八日起，至十月三日止，整理结果，解分七百余麻袋，所存仅五分之一。”此外，无法归类的杂件档案，也进行了分类，“杂件一项，则先分为刑事案件，考功簿记及行文档册等类；再由考功类中，分为考核，

① 《整理档案会启事》，《北京大学日刊》第 1221 号，1923 年 4 月 24 日，第 1 版。
② 《国立北京大学国学门重要纪事》，《国学季刊》1923 年第 1 卷第 3 号。

履历，议叙，画到簿，名册……等；行文类中，分为行文底账目，画行薄，移会，知会，杂项账目，缴奏清册，注销册，挂号簿，丝纶簿……等，皆按照原件标目，登记编号，清理无遗。”①

以整理档案接触史料来训练学生，虽是一时应急之举，但是却带来意想不到的结果。通过整理档案会的工作，很多学者积累了档案的整理经验，成为我国档案事业的第一批拓荒者，并且拓宽了自己的学术领域，如陈垣、沈兼士、朱希祖等。陈垣曾任北大国学门整理档案会导师，又是故宫博物院文献馆的导师，他先后发表《汤若望与木陈忞》《语录与顺治宫廷》《顺治皇帝出家》《雍正间奉天主教之宗室》等论文，对清初的皇室与宗教做详细考证。陈垣并不专治清史，他对清史的重视应该始于整理内阁大库档案。许多学生在接触档案过程中培养了对史料的兴趣，掌握了整理史料的方法，为他们从事清史研究工作打下基础，如萧一山、郑天挺都参加过史料整理工作。郑天挺曾回忆：“我在作研究生期间，在研究所加入了‘清代内阁大库档案整理会’，参加了明清档案的整理工作，这无论对国家、对我个人都是一件大事情，从而奠定了我以后从事明清史研究的基础。”②

1924年清朝末帝溥仪被驱逐出紫禁城，清室善后委员会于11月成立。善后委员会由政府各部部长的代表、社会名流及北大教授组成，最初参与筹备委员会的干事二十八人，大部分是北大教授。这些人中，以国学门委员及明清史料整理会成员为主体，如蒋梦麟、胡适、钱玄同、马裕藻、沈尹默、陈垣、马衡、皮宗石、朱希祖、单不庵、徐炳昶、李宗侗、胡鸣盛、顾颉刚、罗庸、黄文弼等③。清室善后委员会下设的“事务会”，由四位北大国学门的助教任职，分别是董作宾、魏建功、潘传霖、庄尚严，其中魏建功和潘传霖都是北大整理档案会成员④。1925年10月10日故宫博物院成立后，设立专责保管档案史料的文献馆，沈兼士先后任副馆长、馆长，陈垣和朱希祖任导师。北大国学门的助教及学生庄尚严、朱家济、单士元、傅振伦、董作宾、魏建功、潘传霖、刘儒林等都在故宫博物院任职。文献馆整理清代档案的工作与北大明清史料整理会一脉相承，北大国学门对于故宫博物院文献馆的支持与影响巨大而深远。

---

① 《国立北京大学国学门重要纪事》，《国学季刊》1923年第1卷第4号。

② 郑天挺：《郑天挺自传》，冯尔康、郑克晟编：《郑天挺学记》，北京：生活·读书·新知三联书店，1991年，第378页。

③ 单士元：《我在故宫七十年》，北京：北京师范大学出版社，1997年，第390页。

④ 吴十洲：《紫禁城的黎明》，北京：文物出版社，1998年，第129页。

四、整理清代档案工作之不足

北大国学门明清史料整理会的工作虽然取得了令人瞩目的成绩，但是由于各种客观原因，也存在许多遗憾与不足。这些遗憾与不足，作为史料整理会整理内阁大库档案经验的一部分，同样为后来的档案整理工作起到了很好的警示作用，同样值得重视。

沈兼士先后领导过北大国学门、故宫博物院文献馆的清代内阁大库档案整理工作，是中国近代档案学的奠基人之一，他曾经非常精辟的总结过北大国学门整理档案的教训。认为北大国学门整理档案的时候，大部分精力和时间，都消耗在初步的形式整理[①]。整理档案会虽然在三年内将众多档案初步进行了整理，但是并没有完成整理档案之初预定的三个步骤：第一步区别种类，分列朝代；第二步编号摘由，第三步内容的研究。整理档案会仅仅完成了第一步，对档案进行形式分类及区别年代。“严格的说，就是这第一步也未完全做到，如以各机关所属之事务为分类及依地区为分类等，一直还没有做到。至于第二步，实只有把明季的题行稿等摘略一番，报销册仅按字面的名目分了类，第三步的编纂研究统计等，则更谈不到了。”造成北大整理档案会的计划没有完成的原因主要是经费问题，“据沈兼士先生说彼时经费至为困难，一切原定的计划，终不得继续做去。胡文玉先生也说，当时经费支绌到了极点，政府对于教费是一扣再扣，一折再折，结果整理的工作无法进行下去。”[②]

北大国学门档案整理当中最令人心痛的一个错误，是档案的满文与汉文两部分被强行分开。清代入关之后，满文汉文都是国家法定文字（此前，蒙文也是一种），所有宫殿、城门、坛庙、陵墓的牌匾，太庙的神牌，以及印玺、关防等全部是满汉文并列。满文在右行，汉文在左行，两种文字是并列的，不分尊卑，称为满汉合璧，也叫清汉合璧。因此内阁大库档案中的题本也是满汉合璧，左边一半是满文，右边一半是汉文，合成一件公文。满汉文的内容是一样的。只有内务府、满洲八旗少数几个部门，由于主官不识汉文，或者事情太过机密，才单独用满文题奏，但是为数很少。直到清代后期，大致从咸丰之后，满文才比较少用，因为同治皇帝、光绪皇帝、慈禧太后都不懂满文。而北大国学门在当时整理时，为了减少占用的空间，一是认

---

① 沈兼士：《文献馆整理档案报告》，《文献特刊·报告》1935 年。

② 赵泉澄：《北京大学所藏档案的分析》，《中国近代经济史研究集刊》1934 年第 2 卷第 2 期。

为满汉文的内容既然一致,只研究汉文的就够了,因此将满汉合璧的题本拆分开来,导致现在看到的满文与汉文题本都是独立的文件,“不但破坏了文物的完整,违背了清代制度,而且造成了误解,以为满汉文文件都是独立单行的。”①这一错误造成的损失,至今无法弥补。

在整理方法上北大国学门也存在一些缺陷:“(一)太重形式,只知区别名称,排比时代,而忽略档案的内容。(二)只知注意档案本身,而忽略衙署职司文书手续之研究,遂使各类档案,均失掉它们的联络性。(三)过于注意搜求珍奇之史料,以资宣传,而忽略多数平凡材料之普遍整理。”②整理档案会虽然对档案进行分类整理,但在开始工作时,并没有科学的整理方法,因此档案本身次序和分类都很混乱,造成了不可挽回的失误。多年以后,郑天挺对此有很深刻总结,“过去我们在北大整理的历史档案,也有分类,但是不十分科学,有些是主观的。为什么这样分?因为当时心目中有几个对清史大概了解的问题和自己所关心的历史事件,如文字狱等,因此就照这样来分类,不是客观地根据历史档案内容去分,而是凭一点历史知识和主观的爱好去分。也编了号,分了类。分类有的太宽,有的太细,许多分类很难划清,分错的也有,可能一个问题分入两类了。这都不是从历史档案本身来分的,主要是没有按档案科学办事。”③

北大是最早进行整理档案的学术机关,众多档案让参与整理工作的学者与学生都很好奇,特别是青年学生,他们的好奇直接导致档案整理工作中的失误。据在北大借阅过档案的学者李光涛回忆,“这些档案自经北大整理后,据我于民国二十五年暑假在北大图书馆二楼研究室借阅顺治年题本、揭帖时,查出有好多本系一全件而乃至分为多数的残件者,而且每一残件也和整件一样的登记,均各装了一个摘由的目录袋。当时我凭经验所得,将我所见的这类的残件,可以归并一起的都为之一一归并了。这事我曾经向北大研究所导师孟心史先生谈过,孟氏说这些题本、揭帖分家的原因,都是当初的一群史学系学生干的事,因为他们对于档案都特别好奇,一经奉到学校方面令他们都来帮忙整理博物馆移来的档案,他们便都一窝蜂似的参加整理,打开木箱或麻袋,大家便七手八脚的你也抢,我也抢,抢得‘不亦乐乎’,于是档案就遭殃了,往往原是一件有头有尾的本章,被扯得张也拿一段在手,李也拿一段在手,结果残件自然也就变多了。”④

① 郑天挺:《清史研究和档案》,《清史探微》,北京:北京大学出版社,1999年,第313页。
② 沈兼士:《文献馆整理档案报告》,《文献特刊·报告》1935年。
③ 郑天挺:《清史研究和档案》,《清史探微》,第314页。
④ 李光涛:《记内阁大库残余档案》,张伟仁主编:《明清档案》第1册,第131页。

沈兼士领导故宫博物院文献馆的内阁大库档案整理，继承了北大国学门的方法，同时也对北大国学门在整理工作中的种种失误进行反思，他认为造成这些失误的原因“由于没有把各种档案综合的研究，深刻的观察，所以结果仅知其形式而不知内容，仅知其区别而不知贯通，仅知有若干不相连属之珍异史料，而不知统计多量平凡之材料，令人得一种整个的概念，以建化腐朽为神奇之功。这样做法是不容易将档案整理出一个系统来的，档案学更是没有成立的希望。”[①]沈兼士能够对北大国学门整理内阁大库档案的失误上升到档案学建立的高度，足以体现北大国学门诸学者高远的学术眼界与视野。

虽然北大整理档案会的工作有诸多失误与不足，但是并不影响他们为保存、整理内阁大库档案作出的开创性贡献。作为近代学术史上第一个学术研究机构，北大国学门在上世纪20年代初勇于承担整理传统文化的重任。正如梁漱溟所言“盖自鸦片战争以来，随帝国主义势力之入侵，西方文化传入，中国传统文化价值受到怀疑，似中国之有今日全由我们的文化。这明明是逼着中国人讨一个解决。试想，如果中国传统文化果真不能与西方文化并存，而要根本绝弃，我们应赶快自觉改革，不要与它同归于尽。如果中国传统文化受西方文化压迫，并不足虑，而中国文化终有翻身之日，那也应积极去做，不要再做梦发呆。又如果确如一些人所说，东西文化可以融通调和，那也应弄清调和之必要及调和之道，绝不应消极等待。”[②]北大国学门勇于为中国文化的整理作出努力，不论成败，都是宝贵的尝试。

国学门的学者敢于开风气之先，为此后的史学发展开辟了新的路径。特别是对故宫博物院文献馆、史语所等学术机构的档案整理工作产生了深远影响。他们用现代方法对文化传统进行整理与改造，这种积极探索与尝试的精神今天仍值得借鉴。北大国学门对于档案的整理为后来的档案整理积累了宝贵经验，在北大整理清代档案十几年后，方甦生总结北大的整理分类“为近年来整理档案的分类方法的开山之作，有几点是直到现在所不能废的。”[③]北大国学门培育了多位优秀的档案整理人才，奠定了此后档案整理工作的人才基础。总之，不论从组织系统、专业方法还是人才培养，北大国学门对清代档案的整理培育作出了奠基型的贡献，正因为有了这些学者筚路蓝缕的开拓，清代档案整理工作得以迅速开展。

---

① 沈兼士：《文献馆整理档案报告》，《文献特刊·报告》1935年。

② 梁漱溟：《梁漱溟自传》，南京：江苏文艺出版社，1998年，第119页。

③ 方甦生：《清代档案分类整理问题》，《文献论丛·论述二》1936年。

第二节　整理内阁大库残破档案之学术机构——中央研究院史语所

中央研究院史语所成立于1928年10月,为中央研究院下属的九个研究所之一,是中国近代史上第一个专业史学研究机构。设立史语所,是想"以自然科学看待历史语言之学。"并以"扩充材料,扩充工具,以工具之施用,成材料之整理,乃得问题之解决,并因问题之解决,引出新问题,更要求材料与工具之扩充。如是伸张,乃向科学成就之路。"[①]史语所从1928年3月开始筹备,"即思利用可逢著之原史料为研究对象"[②],内阁大库档案因在史学上极为珍贵,若不及时整理保存,随时均有湮灭散佚之患,故得到史语所的特别重视,但是这批档案得来并不容易。

一、内阁大库残破档案的收购

史语所存内阁大库档案,是罗振玉卖给李盛铎"八千麻袋"中的大部分。1925年,以一己之力拯救内阁档案的罗振玉终因财力不支,将这批档案转售给李盛铎。1927年,李盛铎也因经费问题欲出售这批档案。这批档案最后被史语所收藏,不仅过程颇为曲折,且有赖于近代学术史上的几位著名学者的介入。

最早将李盛铎欲出售档案的消息告知傅斯年的,是时任故宫博物院理事的北大教授、考古学家马衡。马衡(1881—1955)字叔平,精通金石学,与收藏古物甚多的李盛铎有交往,因此能够知道李盛铎出售档案的情况。当时日本满铁公司也欲购入这批档案,因马衡的阻止未成交[③]。因此,史语所从筹备建所开始,就通过马衡与李盛铎接洽。1928年春,马衡致函傅斯年,请设法筹款收购李盛铎手中的内阁档案。傅斯年接到信后与中山大学校长戴季陶、副校长朱家骅商议,因资金问题耽误下来。9月份,傅斯年与胡适、陈寅恪再次商议,胡、陈建议史语所设法买下这批档案。此时,史语所尚在广州,陈寅恪作为史料学组研究员代表史语所同马衡联络,与李盛

---

① 《国立中央研究院历史语言研究所十七年度报告》,《国立中央研究院十七年度总报告》1928年。

② 《国立中央研究院历史语言研究所十八年度报告》,《国立中央研究院十八年度总报告》1929年。

③ 傅斯年:《致蔡元培》,欧阳哲生主编:《傅斯年全集》第7卷,第70页。

铎商谈购买档案一事。陈寅恪认为如果这批档案被外国教会购入，是为国耻[①]，他为购入这批档案投入了大量精力。

1928年10月，陈寅恪写信给傅斯年，“购买档案事，则因有燕京大学竞争故，李木斋欲得三万元，玄伯意若以政府之力强迫收买，恐李木斋怀恨在心，暗中扣留或毁损，且须在国府通过一条议案，极麻烦费事。因大学院已批准二万元，再与李木斋磋商减价，大约二万余（数千）元即可买得。此二万元由大学院原案所批准款项内拨付，所余之数千元由历史语言所出；如一时财力不及，则与之磋商分期交付。弟以为此物如落入燕京之手，殊不佳妙，且闻有八千麻袋之多，将来整理明清史料必不可少之资料，尊意如何？若以玄伯所言为然，即请速复一函。李木斋住天津，弟未往见，因未得十分把握，亦不能太空洞与之谈，即谈亦无益也。”[②]信中提到的玄伯即李宗侗（1895—1974），字玄伯，河北高阳人。祖父李鸿藻，晚清名臣，其父李焜瀛，曾任清朝户部侍郎。李宗侗17岁随五叔李煜瀛到法国，毕业于法国巴黎大学，1924年回国。1925李煜瀛任故宫博物院院长，李宗侗也在故宫博物院任职，1929年担任故宫博物院秘书长。李宗侗不仅同陈寅恪谋划史语所如何筹款，在他获悉李盛铎欲出售内阁档案后，也曾趁南下之便，向其时在南京任大学院院长的蔡元培建议，请其设法促使公家买下这批档案[③]。以高阳李家在民初学术界的人脉来看，李宗侗对促成这批档案出售给史语所也做了工作。

傅斯年接受了陈寅恪的建议，于1928年9月11日致函中央研究院院长蔡元培，希望以大学院的名义将这批档案购回，并陈述购买这批档案的价值，“昨日适之、寅恪两先生谈，坚谓此事如任其失落，实文化学术上之大损失，明史、清史，恐因而搁笔，且亦国家甚不荣誉之事也。拟请先生设法，以大学院名义买下，送赠中央研究院，为一种之Donation，然后由中央研究院责成历史语言研究所整理之。”[④]

1928年9月12日蔡元培致函大学院总干事杨杏佛，希望杨能从大学院拨款，用作购置这批档案的费用[⑤]。此后，经马衡与李盛铎议价[⑥]，杨杏佛从大学院拨款两万替史语所购回档案。但是两万元的费用并未顺利拨

---

① 陈寅恪：《致傅斯年函之六》，《陈寅恪集·书信集》，第24页。

② 陈寅恪：《致傅斯年函之三》，《陈寅恪集·书信集》，第19—20页。

③ 陈以爱：《中国现代学术研究机构的兴起——以北大研究所国学门为中心》，第226页。

④ 傅斯年：《致蔡元培》，欧阳哲生主编：《傅斯年全集》第7卷，第71页。

⑤ 蔡元培：《致杨杏佛函》，中国蔡元培研究会编：《蔡元培全集》第11卷，第402页。

⑥ 李光涛：《记内阁大库残余档案》，张伟仁主编：《明清档案》第1册，第134页。

给史语所,“档案二万元已议定,惟昨接杏佛先生电,谓年内只能付一万,嘱与李君商议。李已往奉天,不日即归。据马叔平先生言:已与李有成约,须年内付清。”①陈寅恪又写信给杨杏佛,转达李盛铎的意思,并建议从中央研究院院款拨垫。第一笔款一万块到北平速度很快,李盛铎去奉天未归,陈寅恪将款项以中央研究院历史所的名义先行存入大陆银行,“俟李君归来再与磋商。”②当李盛铎返津后,并不想到北平。“欲俟两万元到齐然后商定。”③但不到一个月,李盛铎因为天津存放档案的房屋到期想尽快卖出档案,就到了北京。陈寅恪将钱亲自送到李盛铎处,确定这批档案终于归属中央研究院,“前日送交李木斋一万,既已收款,即已购定矣。”陈寅恪大致翻检了这批档案,并简要报告给傅斯年:“其中有一部分为罗叔蕴所清出即印出之史料,然极少数,其余必未打开清理。此档案中,宋版书成册者,大约在历史博物[馆]时为教育部人所窃,归罗再归李,以后则尚无有意的偷盗,因其势有所不可。李据实告弟,谓只开过两包,故此节不甚可虑。”④

此时李盛铎提出将存于天津的档案马上交付史语所,这就提出档案存放何处的问题,当时史语所在北平并无办公处,造成没有房屋接受大批档案。本来史语所想借故宫博物院的房屋存放,但是“故宫博物院之房屋,易寅村⑤尚不肯给,其余较佳之处,大约需蔡先生与阎锡山、商震⑥辈交涉,然后方能得之也”。这封信中,陈寅恪认为解决存放档案房屋之事“非蔡先生出力与兄来此不可。”⑦此外,对如何从天津运回档案提出可行性意见,“李藏档案,天津有一部分,非特别请铁路局拨车运不可,此事弟已转托古物保管委员会北平分会,即马叔平,俟付清二万及房屋定后,才能进行,目前亦空空预备以待而已。”⑧

这封信写于1929年3月1日,是年5月,史语所开始准备接收内阁档案,勘得历史博物馆午门西翼楼上为堆放整理之所。7月,教育部将历史博物馆拨给中央研究院,委托史语所管理。7月底,史语所将存放在北平

① 陈寅恪:《致傅斯年函之五》,《陈寅恪集·书信集》,第22页。
② 陈寅恪:《致傅斯年函之六》,《陈寅恪集·书信集》,第24页。
③ 陈寅恪:《致傅斯年函之七》,《陈寅恪集·书信集》,第25页。
④ 陈寅恪:《致傅斯年函之八》,《陈寅恪集·书信集》,第26页。
⑤ 易培基(1660—1937),字寅村,号鹿山,湖南长沙人,教育家,曾任湖南省立第一师范学校校长,湖南省立图书馆馆长,时任故宫博物院院长。
⑥ 阎锡山、商震均为北方军政首领,阎曾任北平故宫博物院理事。
⑦ 陈寅恪:《致傅斯年函之八》,《陈寅恪集·书信集》,第26页。
⑧ 陈寅恪:《致傅斯年函之八》,《陈寅恪集·书信集》,第27页。

遂安伯胡同、顶银胡同的李氏所存档案，运存历史博物馆午门城上。8月15、16日，研究员徐中舒率同书记尹焕章，将李氏存在天津谦信货栈的二千七百麻袋、四十一木箱、四十三席包档案，陆续运抵午门楼上。至此两部分档案，始得合庋一处①。这两处档案加到一起，剩了不到十三万斤，据历史博物馆卖出时的十五万斤已经损失两万多斤。

至此，"八千麻袋"大内档案终于找到了最终的归宿，史语所诸学者对这批档案给予很高重视和评价，他们一致认为"此后《明史》改修、《清史》编纂，此为第一种有价值之材料"②。

二、内阁大库残破档案的整理

史语所学者因傅斯年提出"史学便是史料学"的观点而被称为"史料学派"。在整理清代内阁档案过程中，史语所学者采取了科学方法整理档案，形成专家牵头集众式的整理与研究方法，建立了严格的工作制度，确保档案整理工作有序有效进行。他们提出了保持原貌、全面整理、开放研究三项原则，在保存档案方面也具有现代意识。史语所学者具有"不为己"的学术责任心，在抢救祖国文化遗产方面作出了巨大贡献。

（一）档案整理的科学方法

梁启超曾总结欧美史学进步的原因："近百年来欧美史学之进步，则彼辈能用科学的方法以审查史料，实其发轫也。"③回顾内阁档案的整理历程，可以从档案整理方法的逐渐科学化，看到近代史学逐渐走向科学化的步伐。

史语所以"近代的历史学只是史料学"④为宗旨，将史学作为一门"科学"看待，对内阁档案的整理力求科学严谨，在参与整理内阁档案的诸多学术机构中独树一帜。史语所的档案整理工作由傅斯年亲自主持。傅斯年认为"历史学和语言学发展到现在，已经不容易由个人作孤立的研究了，他既靠图书馆或学会供给他材料，靠团体为他寻材料，并且须得在一个研究的环境中，才能大家互相补其所不能，互相引会，互相订正，于是乎孤立的制作渐渐的难，渐渐的无意谓，集众的工作渐渐的成一切工作的样式了。"⑤因

① 《历史语言研究所概况事务报告》，《国立中央研究院院务月报》1929年第1卷第4期。

② 傅斯年：《致蔡元培》，欧阳哲生主编：《傅斯年全集》第7卷，第70页。

③ 梁启超：《中国历史研究法》，《中国历史研究法》（外二种）第123页。

④ 傅斯年：《历史语言研究所工作之旨趣》，《国立中央研究院历史语言研究所集刊》1928年第一本第一分。

⑤ 傅斯年：《历史语言研究所工作之旨趣》，《国立中央研究院历史语言研究所集刊》1928年第一本第一分。

此,史语所在内阁档案整理工作中实行集众式的方法。史语所学者按照不同的研究方向分为三组,第一组负责“史学各面以及文籍校订等”[①]。这一组学者强调“整理明清内阁档案,为本组之集众工作”[②]。这种集众工作由专家牵头,群策群力地进行。

史语所成立了“明清内阁大库档案编刊会”,由陈寅恪、朱希祖、陈垣、傅斯年、徐中舒任编刊委员[③]。陈寅恪精通史料考证,博学多识,时任第一组主任。朱希祖曾任北京大学历史系主任,参加了北京大学国学门内阁档案的整理,在整理档案方面很有经验。陈垣时任故宫博物院理事,掌管文献部,领导、规划了清代档案的整理。上述三位学者是史语所整理档案的学术顾问与核心,为档案整理工作提供了学术上的保证。傅斯年、徐中舒任第一组专职研究员,负责内阁大库档案整理与研究的具体工作。在这些学者指导下,档案整理工作得以迅速展开。1929 年 9 月,史语所招雇有一定文化程度的书记 10 人、工人 19 人[④],由徐中舒负责分成 6 组展开工作。到 1930 年 9 月已经完成了档案的初步整理。

史语所内阁档案整理工作之所以迅速取得成就,还有赖于制订了严格的管理制度。史语所的内阁档案是“八千麻袋”中破坏最严重的部分:“此项档案,当初由历史博物馆售出时,就是破碎的居多,及辗转迁移之后,就更加凌乱不堪了。”[⑤]“史语所接收时仅八百多麻袋贺表,未曾改包。但其中湿烂的也占多数,恐怕也是经过水浸的,而只是未曾改装席包罢了。”[⑥]史语所的整理工作因此异常艰苦。针对档案中破碎居多的特点,史语所制定详细的整理步骤[⑦]:

(一)去灰　内阁档案积存约三百年,积尘甚厚,工人为此项工作,须戴特制之眼镜与口袋。

(二)铺平　本所档案大半与字纸篓中字纸无异,逐件铺平,费时

① 《国立中央研究院历史语言研究所十七年度报告》,《国立中央研究院十七年度总报告》1928 年。

② 《国立中央研究院历史语言研究所十八年度报告》,《国立中央研究院十八年度总报告》1929 年。

③ 《国立中央研究院历史语言研究所十八年度报告》,《国立中央研究院十八年度总报告》1929 年。

④ 李光涛:《记内阁大库残余档案》,张伟仁主编:《明清档案》第 1 册,第 135 页。

⑤ 徐中舒:《再述内阁大库档案之由来及其整理》,《国立中央研究院历史语言研究所集刊》1933 年第三本第四分。

⑥ 李光涛:《记内阁大库残余档案》,张伟仁主编:《明清档案》第 1 册,第 138 页。

⑦ 《国立中央研究院历史语言研究所十八年度报告》,《国立中央研究院十八年度总报告》1929 年。

最多。

（三）分类　揭帖之类按时代分别度置，(1)明档，(2)清初旧档，(3)顺治档，(4)康熙档，(5)雍正档，(6)乾隆档，(7)嘉庆以下至光绪档。题本移会之类，按性质分别度置，(1)各项题奏随揭帖之类按时代分置。(2)三法司案卷，(3)移会。各项杂档案按形式分别度置，(1)誊黄，(2)贺表，(3)各项簿册(4)残本书叶，(5)其他。

（四）捆扎　分类之后，用麻绳捆扎，分别堆存。

（五）理碎　凡破碎档案（片纸只字全无连贯）整理不能，弃置不可，暂时仍理出，装入麻袋。

（六）装潢　破碎及不整齐之档案即付裱褙，以便保存。

（七）抄副　择重要案卷抄成副本，以便编纂付印。

上述七个步骤，看似很简单，但是每一步都充满挑战。去灰和铺平是最基本步骤，但却最费时间。由于档案的积尘非常厚，工作人员"整理时所有的用具计有多种，一．手杖，二．口罩，三．风镜，四．蓝布对襟长衫，五．黑布帽子，以上各件，每人俱各一份"。虽有这样的装备，每天在字纸堆里爬进爬出八小时以上，"每个人的鼻孔里都是塞满了一鼻子的黑灰，以及两道眉毛上都挂了许多碎纸的绒毛，就是用水洗罢，也必须一盆又一盆的才能洗得干净的。"[①]这样高难度的工作，连当时参观整理工作的人都感叹工作太辛苦[②]。另外，大部分档案已经"与字纸篓中字纸无异"，初整理时，每件都要逐一铺平，所以去灰加铺平费时最多。

理碎是整个整理过程中最困难的问题。因为档案中碎烂的约占三分之一强，这些碎烂的档案，片纸只字，全无连贯，除非有充分的经费与时间，才能进行整理。这又不为当时的财力所允许，因此只能将这类档案仍装入麻袋中，留待他日环境允许时，再为整理。"当我们做这工作时，我们总是很小心，总极力要把这装入麻袋的分量减少，凡是稍微整齐的，我们都检出来，捆扎上架[③]。"装潢是一件非常考校功力的工作，要在许多碎片中，按纸质、纸色及纸的裂纹，先行接合，再选取碎片中字体相同，辞意连属者，参以经验，依次拼上，如明稿、清题本及誊黄之类，经常有连缀数十片成一整件。这样拼接而成的档案，在史语所存档案中有不少，其中许多明稿及沈阳旧档，都是极有价值的档案。

---

① 李光涛：《记内阁大库残余档案》，张伟仁主编：《明清档案》第1册，第138页。
② 李光涛：《记内阁大库残余档案》，张伟仁主编：《明清档案》第1册，第139页。
③ 李光涛：《记内阁大库残余档案》，张伟仁主编：《明清档案》第1册，第145—146页。

就是在这样艰苦的工作环境中，史语所的工作人员经过不懈努力，用了一年时间完成了初步整理工作。到1930年9月底，“第一步工作，即于此时结束。查此项档案乃十余万斤之破烂字纸，整理工作至为繁重。其去灰，铺平，补缀，拣碎，捆札，等等手续，即费去工作之全部时间。间亦略事分类，但于编号上架之工作仍相去甚远。故此类档案欲其可供史家之利用，实有待第二步之分类整理工作。”[①]1930年10月开始，史语所档案整理工作进入第二阶段，因为经费问题裁减了人员，所留用者书记六人、工人五人、裱匠一人、杂役一人，此时的工作主要是“以朝代为单位，即以每朝之档案同置一处”，然后“再按朝代分排年月，即每一档件须先将朝代分别，然后再分排年月，即每一档件之整理必须经过两次手续。”[②]1930年10月到1932年底，档案整理工作全部集中在分类方面。凡是从前已经分朝代的揭帖与红本，现在重新按照年月排列，捆扎上架。从前没有分朝代的，如三法司案卷、移会、誊黄、贺表、各项簿册等，现在再一一按照朝代分年排列，捆扎上架。这项工作，较之初步整理，费时更多。因为每一件档案都要经过两次以上的手续，先分朝代，再分年月。残损之件，年代缺佚，或红本中仅存满文之件，又须分别提出，另行度藏。同时前项工作程序中的裱褙、钞录副本也继续进行。

到1932年参与此项工作者再度精简，仅余研究员徐中舒，练习助理员李光涛，书记尹焕章、周士俨、张文熊、方苏[③]等。到1932年年终，已经将所有整理的档案，全部上架，虽未编号登记，但是重要档件，已经有简明目录可查。史语所档案购回时约有十二万斤，被整理后的重量约略如下：(1)凡被整理上架的计占九十大木架，每架四层，每层载重约二百斤，以一架的重量计之约当八百斤，以九十架合计之，则当为七万斤上下。(2)仍被装入麻袋的共一千二百余袋，每袋约重三十斤强，则当在四万斤。又，其被装入的种类：第一是题本中半汉半满的满文，而且还是残而又残的满文，这类的满文比较可以整理的都经整理上架。第二是小刑名案件的残片亦占多数。第三是湿烂的纸团以及先经过水浸后来又干结成饼似的无法揭开的档册和案卷。(3)灰土约重一万二千斤，即一百二十余袋。以上三项，

① 《国立中央研究院历史语言研究所十九年度报告》,《国立中央研究院十九年度总报告》1930年。

② 《国立中央研究院历史语言研究所十九年度报告》,《国立中央研究院十九年度总报告》1930年。

③ 此处方苏疑为方甦生，可作为方甦生在中研院史语所工作过的证据。

合而计之，适当于原约共重十二万斤左右之数①。由上述数字可以看出，史语所整理工作的细致与认真。

由于当时参加工作的既有书记员也有工人，管理起来有一定难度，傅斯年专为从事档案整理的第一组第二工作室制定了《历史语言研究所第一组第二工作室规则》12 条。这个细致的规章制度在整理工作中发挥了很大作用，从几个方面保障了档案整理工作的高效进行。

1. 工作时间安排紧凑，“每日上午八时至十二时，下午一时至五时，共工作八小时。休息时间，上午九时四十分至十时，下午三时至三时二十分，每次计休息二十分钟，地点在工作室外走廊。所有应用早点或吸烟吃茶以及上厕所等事，俱在休息时间内为之。”②

2. 整理工作责任到人，“本工作室之组织，计分六股，每股由书记一人督同工友二人进行整理。并以书记尹焕章、李光涛二君为本工作室临时管理人，负责一切管理事宜。所有工作人等须绝对服从管理人之指挥，如有不遵守本工作室规则者，得随时停止其工作。”③

3. 工作程序细致明确，“在进入工作室时，其工作室大门，由管理人将锁锁上，一切工作人等不得随意出入，并不得在室内有交头接耳或谈话行为。每股逐日整理麻袋或席包，须向管理人领取之，在每一麻袋或席包整理完毕后，应由管理人复检一次，如查无重要文件无论片纸只字，然后始得将其余乱纸装入麻袋内，一面即由每股经手之书记用白布条签名及注明日期系于麻袋缝口之上，以便日后不时抽查作为核对之用。每股整理情形，凡有检出重要文件，或善本书籍残叶，应交与管理人在登记簿上登记，片纸只字，不得携带出门。”④

4. 奖罚分明，“工作成绩，其有特别优异者，即某一股所已被整理之麻袋在其他各股中比较稍占多数而又经过复查并无重要文件之遗漏，每月总核一次，并开写其姓名向大家公布，有列为一等或二等者，定三月为一期，得酌量增加其薪资以资鼓励。”工作中“如查有携带情事，即由管理人送交本工作室门警拘留罚办，并传集原具保人责以同样之处置。”⑤

依照上述规定，整理档案工作得以顺利进行迅速展开。一些参观史语所整理工作的学者，绕着工作室周游一圈后以为房子里一定养着大量的

---

① 李光涛：《记内阁大库残余档案》，张伟仁主编：《明清档案》第 1 册，第 147—148 页。
② 李光涛：《记内阁大库残余档案》，张伟仁主编：《明清档案》第 1 册，第 136、138 页。
③ 李光涛：《记内阁大库残余档案》，张伟仁主编：《明清档案》第 1 册，第 136—137 页。
④ 李光涛：《记内阁大库残余档案》，张伟仁主编：《明清档案》第 1 册，第 137 页。
⑤ 李光涛：《记内阁大库残余档案》，张伟仁主编：《明清档案》第 1 册，第 137 页。

蚕。因为屋子里一群工作人员,没有人说话,整理碎纸的声音就好像蚕吃桑叶一样簌簌有声[①]。这个规则颇具现代科学化管理制度的轮廓,在整理工作中发挥了很大作用,保障档案整理工作高效、科学地进行。史语所在一年之内就将罗振玉认为"十夫之力约十年当可竟"的整理工作顺利完成,"自然还是那《十二条规则》订得太好了[②]。"

(二)档案整理与研究的重要原则

中国古代档案整理与研究并无成法,整理内阁档案只能借鉴西方的理论和此前北京大学国学门的经验。沈兼士曾总结北大国学门整理内阁档案的教训:仅知其区别而不知贯通,仅知若干不相连属之珍异史料,而不知统计多量平凡之材料[③]。史语所在整理与研究内阁档案时,注意避免北大国学门的失误,以创造性思维提出了三项重要原则:

第一,保持原貌原则。在档案整理研究中,保持原貌原则成为史语所的指导方针。傅斯年坚持实事求是,对档案的处置,采取非常谨慎的态度:"我们存而不补,这是我们对于材料的态度;我们证而不疏,这是我们处置材料的手段。"[④]"存而不补"、"证而不疏"即强调保存档案原貌与真实,反对在史学研究中对史料生吞活剥、不求甚解乃至凭空臆造。在具体操作上,陈垣提出"秤不离砣"的整理措施,即在整理档案中,连档案包皮都不许丢失,要原包带原皮。

史语所的内阁大库档案在各个学术机构所藏档案中,"要算是最破烂最不整齐的档案了"。但是档案"虽经破损残缺,然其大部分仍可供我们的参考,其历史上的价值,有时或在完整的档案之上,我们绝不能弃置不论。"[⑤]因此在整理过程中,史语所强调对所有档案都尽可能恢复原状,尽最大努力保存残损档案。特别设置裱褙处,对残损档案进行补葺修整,"凡已经整理出来的史料,无论如何碎烂,我们决不能使其毁在我们手中。"[⑥]由于档案中碎烂者约占三分之一强,需要有充分的经费与花费大量时间才能进行,然而又不为当时的财力与条件所允许,因此只能将这类档

---

① 李光涛:《记内阁大库残余档案》,张伟仁主编:《明清档案》第1册,第139页。

② 李光涛:《记内阁大库残余档案》,张伟仁主编:《明清档案》第1册,第143页。

③ 沈兼士:《文献馆整理档案报告》,《文献特刊·报告》1935年。

④ 傅斯年:《历史语言研究所工作之旨趣》,《国立中央研究院历史语言研究所集刊》1928年第一本第一分。

⑤ 徐中舒:《再述内阁大库档案之由来及其整理》,《国立中央研究院历史语言研究所集刊》1933年第三本第四分。

⑥ 徐中舒:《再述内阁大库档案之由来及其整理》,《国立中央研究院历史语言研究所集刊》1933年第三本第四分。

案重新装入麻袋中，留待他日环境允许时再行整理，这也是史语所保持档案原貌原则的体现。

第二，全面整理原则。史语所的学者认为："凡是历史，都是具有连续性的，历史上往往以此事件之果，为彼事件之因，因果互嬗，无有已时"，因此，"我们现在所需要的史料，乃关于社会全体的多方面的记录。"[①]内容丰富的内阁大库档案全方位提供了清朝社会的各类史料，需全面整理才能发现"社会全体的多方面的记录"，以及其中之关联。由此，史语所本着"与其过而废之也，无宁过而存之"[②]的方针，工作伊始就贯彻全面整理的原则。

史语所档案整理工作大致分为两个阶段：即初步整理、分类上架。1929 年 9 月到 1930 年 9 月，为初步整理阶段，将全部档案均大致按照年代分类清理，如揭帖按照年代、题本按照性质、各项杂档按照形式分别庋置[③]。经过这段工作，档案已大致归类，条目清晰，易于查找。1930 年 10 月到 1932 年底，是分类上架阶段，将全部清理出来的档案先按照朝代为单位，将每朝档案集中一处，再按照朝代分排年月。到 1932 年底，所有档案全部上架，以架为单位，每架四格，每格约可容红本二百斤，即每架可容八百斤，其他杂件因纸质及大小不等，容量均较此少，总共清理出九十木架。虽未完成编号登记，但是重要档件，已经有简明目录可查。

史语所藏内阁大库档案"数量相当庞大，种类十分繁杂，次序极为凌乱，实体颇多残损"[④]，搞清这些档案的分类，并将其整理出来，嘉惠后学之功不可磨灭。史语所的内阁大库档案大致分为五种：

甲、内阁收存的各项档案

(1) 制诏诰敕等，史言所所藏以謄黄最多，合历史博物馆筹备处移来的计共占一木架。诰命敕命仅存数件，搨黄，礼部謄黄，亦仅存数件。

(2) 题奏表笺启本副本揭帖史书录书塘报等。史言所档案中有乾隆时硃批福康安奏折数件。题本主要关于刑科缴进的红本，即三法司案卷，整本共占五架半，残本共占六架，关于其他各科缴进红本，整本共占七架，残本共占二十二架，其脱去汉文而仅存满文之红本，又共

① 徐中舒：《再述内阁大库档案之由来及其整理》，《国立中央研究院历史语言研究所集刊》1933 年第三本第四分。

② 傅斯年、徐中舒：《明清史料发刊例言》，《明清史料》1930 年首本第一本。

③ 《国立中央研究院历史语言研究所十九年度报告》，《国立中央研究院十九年度总报告》1930 年。

④ 《明清档案·序》，张伟仁主编：《明清档案》第 1 册，第 3 页。

占十八架，总计以上各项红本，共占五十九架半，约占已经整理的档案百分之六十以上。此项红本，大致为雍乾以后之物。顺康红本所存尚不及一架，咸同以后，红本已渐减少，史言所档案中所存亦不多。史言所存光宣间档案数捆，乃档案存李氏时，李氏由外间收购所得，原非大库所有。总计史言所所存红本，以乾隆朝为最多，嘉道次之。内阁档案启本，因通行时间短暂，故档案中存者亦少，史言所存一束，计百余件。史言所又存有康熙时平定三藩，所在用兵各省文武官员进呈领兵王贝勒启本，及各衙门咨文，各百余件，皆方略馆纂修《平定三逆方略》时征集之物。副本因不存内阁大库，故史言所档案中无副本，间存一两件，亦恐当时误入之物。史言所所存揭帖，顺治朝计占木架两格，雍乾两朝整残本，共占一架半，其余各朝则存者寥寥。史言所仅存顺治元二年，吏、户、礼、工、刑各曹章奏、录书、录疏各数本，其名称仍沿用明代之旧。塘报为呈紧急军情之用，原非内阁收贮文件。史言所档案中仅有顺治及康熙朝塘报数件，或后来修书馆征集之物。表笺之类，史言所存除朝鲜贺表以外，计贺本三千三百余件，占木架一个，贺折及副表七十五捆，占木架两格，黄绫面残碎表笺，共五麻袋。

(3) 黄册及其他随本进呈及缴存之件。史言所存黄册约二千余册，其中又以残碎破烂者居多。

(4) 朝贡诸国表章。外藩表章，史言所存有土鲁番进贡礼单。朝贡诸国朝鲜、琉球、越南、南掌、暹罗、苏禄、缅甸七国的朝贡表文或记事，在史言所档案中，都有发现，所存多寡不等。其中以朝鲜最多，有百余件，皆高丽纸，表里数层，缮写工整；琉球表文也很工整，约十余件；安南、越南表文约五十余件；南掌(旧称老挝)表文三件；暹罗自译黄纸表文底一件，表文礼单五件；苏禄国奏疏一件；缅甸表文一件。此外，还有乾隆时廓尔喀入贡移会三件。西洋葡萄牙、西班牙、荷兰诸国，十六世纪初，次第东来。史言所档案中，存有顺治年间译进荷兰国表文，及致平南、靖南两王文各一件，乾隆时礼部为西洋波尔都噶尔亚(葡萄牙)国王遣使献表奏本一件。

乙、内阁本身的各项档案。内阁分为十二处，每处所存档案不等。其中典籍厅满汉蒙古三房、满汉票签、收发红本处、稽察房等处，因为执掌上事务较多，所以积存的档案较丰富。史言所存典籍厅北厅档案有册封庆贵妃等事宜档、门片领付档、日记档、行移档等，南厅档案有南厅收文档、日记档、移会档、用印档、行移档及各处咨文、咨呈、移会、移付等。满汉蒙古三房，满汉票签共五处，史言所这些地方的档册存得很少。稽察房档册，现存史言所较多，有各部院移会，合典籍厅及其他各处移会，共占两架半。此外，又存有收文档、发钞档、发钞清册、流水档、各部院投文档、不入事件档、应入事件档、已完事件档、未完事件档、注销清册等。此外，史言所还有批本处折本档等。

丙、修书各馆的档案。在史言所档案中，因修书各馆征集书档或领用纸张饭银，每借用典籍厅关房行文各处，所有这一类的文移稿簿，在史言所档案中，存有一捆。又康熙以前的三朝实录及圣训，因年代较远，及屡次修改之故，其屡次改稿及零星散页，在史言所档案中也还发现了十多本。修书馆征集的档案，在内阁档案中，以明档为最重要。因为纸张脆薄，书写草率，当初历史博物馆检查内阁档案时多杂在碎烂档案中售出，故今史言所所存最多，约四千余件，计占木架一格。

丁、试题试卷及其相关之档案。清代考试有正科、恩科、制科之分。清代二百七十年间，据国子监《进士题名碑》所记，正科、恩科约共二百次。制科非常例，奉诏乃举，有清一代计举博学鸿词两次，经学一次。这些考试卷，当宣统元年内阁档案移出时，档案与试卷分置两处。档案之类置于国子监南学，试卷之类置于学部大堂后楼，数量巨大。此项试卷历来散佚很多，现存历史博物馆筹备处者，约三十余箱，共一万余件。史言所仅存数捆，而破烂者尚居多数。

戊、沈阳旧档。清代内阁，原由沈阳文馆、内三院沿袭而来，内阁档案中的沈阳旧档，大概是随内三院入关时，一并移入。现存沈阳旧档数量不多，但是大部分都是重要史料，其中有许多天聪、崇德年间的文书稿簿。史言所存的档案，原是多次选择以后残余的碎烂档案，而这些文书稿簿，因为形式的不整齐，及年代过久的缘故，大部分都杂入这些碎烂档案之中。除去上面这些档案，史言所在整理档案的时候，还发现了宋元本书残篇一千余叶，及明清以来省府县志残本残稿多种，其他残编剩简，不可胜计。凡此皆出于内阁大库、书籍表章库，而为学部图书馆接收时，所遗之物[1]。

通过档案整理前后重量的对比，也可看出史语所对档案的全面整理情况。史语所购入档案时约有十二万斤，整理后所有上架的档案约为七万斤上下，仍被装入麻袋的档案约四万斤，灰土约一万二千斤，以上三项，合而

① 该节主要参考徐中舒：《再述内阁大库档案之由来及其整理》，《国立中央研究院历史语言研究所集刊》1933 年第三本第四分。

计之,适当于原约共重十二万斤左右之数[①]。

第三、开放研究原则。史语所在整理内阁档案之初,就制定开放研究原则:即通过刊布档案、与其他学术机构合作,扩充档案整理与研究的队伍,扩大内阁档案在社会上的影响,使古代帝王的私家藏品成为名副其实的"公共"资源。1930 年 9 月,史语所为刊布档案组织"历史语言研究所明清史料编刊会",开始编辑印行《国立中央研究院历史语言研究所编刊明清内阁大库残余档案》(即《明清史料》)。傅斯年在《明清史料》序言中直言,"国内学人近年已甚注意档案一类之直接史料,不早刊布,无以答同祈求者之望。且校订考证之业,参加者多,成功益美。若先将'生材料'按月刊布之,则据以工作者不限吾等,凭作参考者不分地域。"[②]

《明清史料》的选材没有整齐的标准,"最严之办法,为不录一切已在官书或私著引录者。然尽校官书,已不可能,旁参私者,尤难免举一失十。即退一步言之,但以常见者为限,则常见不常见之间,亦殊无确立之标准。而编者用工夫于此类不关考证之校订,尤为无谓。且成书引用,每有删改,一语之别,或成大异。今取材从宽,但感觉其可供某事某义之参考,即以编入。与其过而废之也,无宁过而存之。"《明清史料》刊登的史料,"大致在明清之交。盖启祯以前之档案不存,雍乾以后之政事移至军机处也。"[③]《明清史料》每件自成一编……前后两件不在一叶中衔接,以便全书完后,仍得依分类目录重行装订。每本正文一百叶,全数应在数十册或百册以上,全部完成后,当编成分类目录一,分类索引一,人名索引一,以结束此刊[④]。

1930 年 9 月到 1931 年 7 月,《明清史料》甲编出版,共十本一千页。第一本至第六本,是整理初期随时检出的档案。第一本包括明稿边情贼情三十一件,沈阳旧档二十三件,顺治年奏章三十四件(元年六月至二年正月)。第二本至第五本是顺治年奏章(二年二月至十八年七月),内用兵事件实占多数,如郑成功、李定国等史料。第六本,顺治年奏章(二年十月至十七年二月)内有洪承畴奏章四十八件。第七本,朝鲜史料。第八本至第十本,明季边情。1936 年 6 月出版《明清史料》乙编十册,全系明稿。第一本至第六本,明季边情。第七至第八本,明季浙江、福建、广东三省的海贼、山寇、红夷、倭祸及云贵四川的土司。第九至第十本,流贼事件。

---

① 李光涛:《记内阁大库残余档案》,张伟仁主编:《明清档案》第 1 册,第 147—148 页。

② 傅斯年、徐中舒:《明清史料发刊例言》,《明清史料》1930 年首本第一本。

③ 傅斯年、徐中舒:《明清史料发刊例言》,《明清史料》1930 年首本第一本。

④ 傅斯年、徐中舒:《明清史料发刊例言》,《明清史料》1930 年首本第一本。

1936年11月出版《明清史料》丙编十册。第一本，沈阳旧档。第二本，洪承畴奏章。第三本至第十本，顺治年奏章，其中自第五本以下各本，全为当时用兵区域的文件。

1948年丁编十本篇目选定，交与上海商务印书馆，因时局动乱，到1951年由中国科学院出版。第一本至第三本，郑成功史料。第四本至第七本，明季边情。第八本至第十本，康熙年奏章。第九至十本，三藩之役。

1949年以后，台湾"中研院"史语所根据运往台湾的一百箱内阁大库档案，先后出版了戊、己、庚、辛、壬、癸各编。《明清史料》的出版使史语所内阁大库残余档案以最快的速度，最原始的形式公布出来，以供给"近代史家以贵重的直接史料"①。

此外，史语所还多方寻求与其他学术机关合作，共同整理、编写、出版联合档案目录，以满足更多学者需求。如与故宫文献馆、北京大学合作出版了《清内阁旧藏汉文黄册联合目录》，与中央研究院社会研究所共同整理清题本及残破揭帖。这些工作充分显示出史语所作为现代学术机构开阔的学术视野。

（三）保存档案的现代意识

在整理内阁大库档案过程中，如何保存和管理，是各个机构遇到的重要难题之一。史语所充分借鉴西方档案管理的经验，提出了具有开创性的三点档案管理方法，充分体现了史语所学者的现代意识。

首先，仿效西方档案馆建立参考室。档案学是纯粹的西学，将图书、档案、文物等作为公众资源开放利用，是近代学术进步的重要表现。蔡元培认为古代"轻视史料，无意保存"的陋习需彻底改变，应效仿国外建立档案馆。史语所在初步整理档案之后，于1931年设置明清史参考室，将本所图书室所藏关于明清史之书籍，全行移置于此。同时将档案中重要文件或录副陈列架上，以供编纂、参考、研究之用。实际上，明清史参考室保管、利用档案之功能，已略具现代档案馆之雏形。

其次，分类保存各类档案。内阁档案数量众多，史语所学者清醒地认识到对档案的保存，"决不是一个机关，或一小部分人所能办得了的。"②为此，提出从档案价值角度出发，对档案进行分类、分地点加以保存。他们认

① 徐中舒：《内阁档案之由来及其整理》，《明清史料》1930年首本第一本。

② 徐中舒：《再述内阁大库档案之由来及其整理》，《国立中央研究院历史语言研究所集刊》1933年第三本第四分。

为："如果因为要全部保存，使重要与不重要档案，一同保存于不完备的设备之下，而任其逐渐淘汰，自然毁灭，不如经过多数学者鉴定一番，选其重要的，存储于完备的库藏中，其较次之复本，或无须保存之件，也不妨分赠于各省县地方图书馆、博物馆"①。

第三，以刊代存。因为"档案之类，即使在严密的妥善的保存之下，都不免要随岁月的迁移而日趋减少。"②所以，史语所将档案的刊布作为长期保存的方法，定下了"不待整理完功，先分期刊行"③的方针。《明清史料》自 1930 年 9 月出版至 1949 年，共编辑出版了甲、乙、丙、丁编各 10 册④。

(四) 利用档案进行研究工作的遗憾

从 1931 年开始，史语所已经开始计划进行档案研究工作。一方面设置明清史参考室。先将本所图书室所藏关于明清史之书籍，全行移置于此。并将档案中重要文件或录副陈列架上，以供编纂参考之用。另外一方面拟向故宫博物院文献馆借钞清太宗、世祖、圣祖三朝实录，连已印行的太祖实录，编成清初四朝纪年长编，及四朝纪事本末两种底稿，以为研究清初史的骨干，凡档案中与此中史事有关系的，皆附缀每年每事之末，以为比勘之用。并同时中止《明清史料》之刊行，拟待所有档案编号编目以后再分类编辑出版⑤。这个计划决定以后，史语所刚刚布置好明清史料参考室，热河即陷落，日寇两次进攻长城，进逼平津，史语所将历年购置的所有图书，历次发掘的古物，及刚整理就绪的档案，全部装箱南运。"当本年三月间本所二三组南迁时，即此项档案中年代较早较重要者，装二十箱随同南运。及五月中又将所有已上架之档案，除去残碎之三法司案卷及脱去汉文之满文档件全行移运北海蚕坛静心斋两处整理外，其余均按类装钉三百二十余箱，运京存放。"⑥

此前史语所全部的计划，都因为档案的南运停滞。1933 年，"所有档案因往返迁徙之故，整理工作，遂全部停顿。查本所自上年度三四月间南迁后，所有档案亦择其重要者整齐者，于三月内共装四百余箱，分两次南

① 徐中舒：《再述内阁大库档案之由来及其整理》，《国立中央研究院历史语言研究所集刊》1933 年第三本第四分。

② 徐中舒：《内阁档案之由来及其整理》，《明清史料》1930 年首本第一本。

③ 傅斯年、徐中舒：《明清史料发刊例言》，《明清史料》1930 年首本第一本。

④ 1949 年之后，台湾"中研院"史语所又出版了戊、己、庚、辛、壬、癸各编，是这一工作的延续。

⑤ 徐中舒：《再述内阁大库档案之由来及其整理》，《国立中央研究院历史语言研究所集刊》1933 年第三本第四分。

⑥ 《国立中央研究院历史语言研究所二十一年度报告》，《国立中央研究院二十一年度总报告》1932 年。

运。内有二十余箱存上海本院白利南路新屋中，其余三百余箱存南京本院陶瓷试验场中。本年度夏秋两季南京既多霉雨，而陶瓷试验场地又卑湿，于档案之贮存，殊不相宜，于是经所务会议决定，于二十二年十一月间仍将所有南运档案，全数运平。”迁回北平的档案“因为工作之便利，除将原存破烂档案仍存午门西翼楼上外，所有此次运回之档案，乃尽行庋置北海蚕坛内。自十二月起，逐箱清检上架。其中存在南京之档案有二十余箱，经湿烂虫蛀者甚多。幸其时天气酷寒，所有虫蛹，自逐件摊开之后，乃自行冻斃。至次年一月间，所有各项档案，均已依类上架，劳作数月，仅得复还旧观。继续整理，当俟之下年度矣。”[①]

从 1934 年开始，整理研究工作继续进行。史语所所藏明清内阁大库档案，自分类上架以后，其主要工作即以编辑刊行为事。自本年度起，由研究员陈寅恪、傅斯年、徐中舒重行组织一明清史料编刊委员会，以陈寅恪为主席，审查史料之编定与刊行。并命练习助理员李光涛为提要，执行编刊校对诸事。本年内计分类编定乙丙两编共二十本(二十一年度以前所刊行一至十本为甲编，以后十本为乙编。)乙编十本，全系明稿。其内容关于辽东及其他各方面之边情者，为一至六之六本，其余四本，则系关于红夷倭贼流寇事件。丙编十本，全系清稿。其内容关于清初入关以前之事件者，计第一本一本。关于洪承畴经略东南，西南事迹者，计第二本一本。其第三本以下，则汇编顺治年间之揭帖启本等件。丁编以下，现亦在继续编辑中。档案除审查编刊以外，对于整理保存，本年内仍积极工作，选其破烂过甚及重要档件付之裱褙。计已裱过者有明稿四百余件，宋元明版书叶六百余面(重裱成册页式)又因本院社会科学研究所需用档案内清代易知由单，计二百余张，以及涉及此单之文册三十余本，皆一并装裱，借与该所整理[②]。

1935 年“上年度已编就之《明清史料》乙丙两编，计二十本，业已交商务印书馆印行，其初校及末校仍由本所再用原件为之校对。计乙编十本已于本年度出版，丙编亦已全部校毕。本期以校对乙丙两编之故，编缮工作，不免为之延缓，所编定者仅丁编三本，均清初顺康年间事。此外可与故宫文献馆共同整理，本所所藏黄册一千九百九十七本，及残黄册九百八十九本，乡试录七百零五本，均缮目摘要，由文献馆合原藏内阁大库者编写联合

---

① 《国立中央研究院历史语言研究所二十二年度报告》，《国立中央研究院二十二年度总报告》1933 年。

② 《国立中央研究院历史语言研究所二十三年度报告》，《国立中央研究院二十三年度总报告》1934 年。

目录。又与本院社会科学研究所公同整理清题本及残破揭帖等,同时并抄录北京大学所藏内阁档案中有关之案件,拟与本所所藏汇编出版。”[①]1936年因时局变动,史语所的档案整理研究工作再次停顿,将整理出来的档案装一百箱,随史语所开始艰难的迁移历程,先后达五次之多。一迁长沙、二迁昆明、三迁李庄、四迁南京、五迁台湾。在这样的情形下,档案的保管成了第一要务,最初的研究与出版计划都不能施行。只有《明清史料》丁编十册,1948年交与上海商务印书馆付印。

史语所对内阁大库档案的整理,开国家学术机关整理档案史料的先河。史语所集众式的工作方法,从直接研究和扩充史料着手,培养了一批学有所长的史学专家。这种工作方式,不仅是一种新的工作方式,也开创了一种新的学术研究风气。史语所学者在对内阁档案整理与研究工作中,贯彻了科学严谨的整理方法,充分体现了在西方近代学术影响下,经过“新史学”思潮和“五·四”新文化运动洗礼的一代学人,在历史观与史料观上与传统学者旨趣迥异,他们的不懈努力有力地推动了传统史学的近代化、科学化进程,对清史学的发展亦作出了自己的贡献。史语所对档案的保存,借鉴了近代西方档案学思想,中国近代档案学正是以清代档案整理工作为契机得以创建。史语所出版的《明清史料》是近代学术史上持续出版时间最长的档案史料连续出版物,即使在抗日的烽火中,在反复迁移的路途上,一旦稍有安定的环境,就开始继续工作。这样执着的精神是史语所在整理档案的同时留给我们的宝贵财富。尽管人们对傅斯年为首的“史料学派”的史料观有不同的见解,但是史语所以傅斯年、陈寅恪等人为代表的诸学者,“不为己”的学术责任心与“种花留与后来人”的崇高学术品格,在中国近代学术界影响深远。

第三节 第一个国家档案馆——故宫博物院文献馆

1925年10月10日,故宫博物院正式成立,为中国近代博物馆事业的开端。“吾国博物馆事业,方在萌芽时代。民国以前,无所谓博物馆。自民国二年政府将奉天热河两行宫古物移运北京,陈列于文华武英二殿,设古物陈列所,始具博物馆之雏形,此外大规模之博物馆,尚无闻焉。有之,自

① 《国立中央研究院历史语言研究所二十四年度总报告》,《国立中央研究院二十四年度总报告》1935年。

故宫博物院始。”[①]

故宫博物院成立之初，“设古物图书两馆。图书馆复分图书文献两部。以陈垣先生为馆长沈兼士袁同礼两先生副之。主持文献部事务者为沈兼士先生。遂就宫中南三所设办公处。辟宁寿宫一带宫殿为陈列室。将宫中有关清代文献之文书物品。分类陈列公开展览。复集中宫内各处旧存档案从事整理。”1927 年 11 月政局变更，“本院改组，易文献部为掌故部。由许宝蘅先生担任部务。”[②]1928 年 6 月南北统一，国民政府派易培基任故宫博物院接收委员，由接收委员会马衡、沈兼士、俞同奎、萧瑜、吴瀛维持院务。1928 年 10 月 5 日，国民政府颁布《故宫博物院组织法》，规定故宫博物院设三馆两处，分别是秘书处、总务处、古物馆、图书馆、文献馆，各馆设置专门委员会。文献馆的工作主要是“(1)关于档案及清代历史物品之编目事项(2)关于档案及清代历史物品之陈列事项(3)关于档案及清代历史物品之储藏事项(4)关于档案及清代历史物品之展览事项(5)关于清代史料之编印事项”[③]。1929 年 3 月，故宫博物院改组，掌故部改为文献馆。以故宫博物院理事张继、沈兼士为正副馆长，6 月设立专门委员会。指导职员分别整理各项档案。到 1932 年文献馆共有职员 46 位，专门委员 16 位[④]。

1934 年 10 月 2 日行政院公布《修正国立北平故宫博物院暂行组织条例》，文献馆的职责修正为“(1)关于明清档案实录及历史物品之整理编目事项(2)关于明清档案实录及历史物品之保管陈列事项(3)关于明清史料之搜集整理及编印事项(4)关于历史物品之分类摄影编辑事项”[⑤]。馆内机构设二科六股：第一科，下设保管、陈列、事务三股；第二科，下设整理、编印、阅览三股[⑥]。但实际文献馆并未按此规定分科治事，而是按档案来源，分组管理。计分五组：内阁大库档案组(兼管清史馆档案)，军机处档案组，内务府档案组，宗人府档案组，宫中档案组。另设事务组，负责行政事务工作。后来又增设物品组，负责各项档案、物品的整理、保管、陈列、编

① 沈亦云：《摄政内阁》，《传记文学》(台)1964 年第 5 卷第 3 期。

② 北平故宫博物院文献馆编：《北平故宫博物院文献馆一览》，北平：故宫博物院，1932 年，第 1 页。

③ 《故宫博物院组织法》，《北平故宫博物院报告》1929 年。

④ 北平故宫博物院文献馆编：《北平故宫博物院文献馆一览》，第 17 页。

⑤ 《修正国立北平故宫博物院暂行组织条例》，《国立北平故宫博物院章制汇编》，北平：国立故宫博物院，1936 年，第 1 页。

⑥ 《国立北平故宫博物院文献馆办事细则》(1935 年 11 月 1 日公布)，《国立北平故宫博物院章制汇编》，第 20—21 页。

辑等事项[1]。

一、整理清代档案过程

清代档案分中央政府及地方政府两大类,其中中央政府档案又分内庭、外庭、各部院档案三类,内廷档案包括宫中、内务府档案,外庭包括内阁、军机处档案[2]。故宫博物院文献馆最初所收藏的档案只有中央政府一部分,各部院档案只有刑部档案。因此,文献馆从开始整理档案,就有将内外庭档案整个保存,联合整理的计划。

1925年,集中宫中懋勤殿、景阳宫、批本处、内奏事处等各宫殿所存档案,共三百八十多箱。集中后存放于南三所的中、西二所各库房。12月接收原存东华门大街光禄寺内的宗人府玉牒和其他档案,存于故宫宁寿门外东西院。1926年1月,向国务院接收清军机处档案移存大高殿。1928年6月,接收清史馆。1929年9月接收清刑部档案一百零三箱移存大高殿;10月将清史馆档案移存南三所。1935年11月,购入清汉文黄册81本。1935年11月—1936年2月陆续收购端方档案九百余册。1936年2月,购入电报局档案百余册。1936年5月,购入政府公报百七十余函[3]。1937年4月,由孔德学校接收宗人府玉牒及档簿;6月由实业部接收清商部、农工商部档案。7月,购入财政部及三海档案500余斤[4]。1946年8月,由天津接收溥仪档案二十余箱。1947年3月,接收孔德学校移交的宗人府档案八百三十四册。

文献馆收藏的档案,繁复杂乱,“一堆一堆积若小丘,”工作人员“看见档案积若崇山的情形,真有望洋兴叹,感觉到无从下手之苦。”[5]且“整理档案较之部勒群籍,难易迥殊:书籍以整部全帙为单位,档案以零件散页为单位,一也;书籍分类有中西之成规可循,档案则无定法,二也;书籍编目有书名可据,档案须随件择由(原案由多不适用),三也。故以言分类,必先考据职官之隶属,衙署之司掌;以言编目,必先研究公文之程式,档案之术语。凡此种种,除于档案本身中探讨外,尚需参证典籍,访寻耆献。”文献馆充分认识档案的重要性,“一代档案所记载之政治法律经济风俗,恒足以反映当

① 中国第一历史档案馆编著:《中国第一历史档案馆馆藏档案概述》,北京:档案出版社,1985年,第1页。

② 沈兼士:《文献馆整理档案报告》,《文献特刊·报告》1935年。

③ 《文献馆大事表》(民国十四年十月至二十五年六月),《文献论丛·附录》1936年。

④ 秦国经:《中华明清珍档指南》,北京:北京人民出版社,1994年,第202页。

⑤ 王梅庄:《整理内阁大库杂乱档案记》,《文献论丛·论述二》1936年。

代国家社会之一般文化，其重要性之程度，要皆随研究者眼光不同而有差别。故虽断简残篇莫不可资探讨，不当于此存轩轾之偏见也。”他们整理档案史料的最终目的是“仿纪事本末之体例，将关于清代各大事之案件，依事按目编成索引，藉作重修清史之长编，以供史家之参考。”[①]

本着这样的目的，结合文献馆为博物院一个组成部分的实际情况，最初文献馆的整理档案工作分为整理、编撰、陈列部分，具体步骤如下[②]：

甲　整理　(1)拂去尘垢整齐形式。(2)依据机关及名目分别部类。(3)排比朝代年月。(4)标写号签及登记卡片。

乙　编纂　(1)据前记之卡片依事类及时，地，人……等项，编纂分类目录。(2)编档案中所载各项大事及人名索引，以替代旧式纪事本末体之史书。(3)档案所用术语汇纂。(4)校勘各种官书与档案记载之异同详略。

丙　陈列　(1)普通陈列式　此种陈列为提倡一般参观者对于档案之兴趣起见，将不同时地性质之各种文物，缤纷杂陈，避免单调，以期引人注意。(2)专门陈列式　此种陈列特为专家研究而设。或以机关为主，如内阁，军机处，内务府等室。或以时代为主，如乾隆时代工艺品，慈禧后御用物品等室。或以事务性质为主，如地图，戏剧，清钱等室。均用综合的系统的方法，表现陈列。务使一代政治文化之实际情形，能于此立体式陈列室中，纵横多面的反映出来。

1936年，由于文献馆的工作“已由清厘登记，进而至于分类编目”，文献馆制定了近代档案整理第一部专门规章——《国立北平故宫博物院文献馆整理档案规程》。该规程分四章四十条，分别为总则、整理、编目、用纸。第一章总则明定规程之范围及整理的原则，“凡属有关历史之文书，均为档案。形式包括档簿、册籍、折件、单片、卷轴、其他”，“整理档案应保存其原件形式。”[③]第二章整理分三步：第一清釐，拂尘垢，整齐形式，区别部门，进行初步整理；第二，登记，将清釐后之档案，注意编号，登记卡片，并记入登记簿；第三，分类，区分其机关、名称、时、地、人、按档案分类法，分别编号。第三章编目，以卡片目录为主，规定著录项目及其方法，分编必要的各款目录或较为简明的索引。在每种档案编目完竣时，并编书册式的目录，择要

① 《国立北平故宫博物院文献馆工作报告·弁言》，《国立北平故宫博物院文献馆工作报告》1934年。

② 沈兼士：《文献馆整理档案报告》，《文献特刊·报告》1935年。

③ 国立北平故宫博物院文献馆：《国立北平故宫博物院文献馆整理档案规程》，北平：国立北平故宫博物院，1936年，第1—3页。

刊行。其方法大体采用刘国钧氏中文图书编目条例，去其不适用于档案者，而以研究所得补充。“首先要有名称、具名者、时代、地域、主题及其他款目；各款目均应载明登记号、名称、数量、具名者、时代、原藏处或来源、备考，并著录分类号及编次号；登记时如果有缺误的事项，应查明补正；排列目录应设导片；合订合函及原有包扎之档案，除分件编目外，应别设总目；档案之各项，遇有参照之必要，得立单纯参照款目；档案两类相涉过多，不便一一互见，及主题款目之有对等关系者，得设立兼互参考款目……”①第四章用纸，明定各种用纸之格式，写法，以期形式之完整划一。虽然这个规程尚有不完善和不科学之处，但并不影响这部规程作为文献馆的工作规范使用并流传下来，其中部分内容直到今天仍在档案整理工作中应用。

文献馆的档案整理大体都依据上述步骤，在整理档案的同时兼顾出版、陈列。文献馆的收藏大致可分为宫中档案、军机处档案、内务府档案、内阁大库档案，文献馆将工作人员分为内阁大库档案组(兼管清史馆档案)，军机处档案组，内务府档案组，宗人府档案组，宫中档案组等五个组，先后展开工作。因原来贮藏情况不同，因此整理的手续也各不相同。从1925年到1949年，概括起来可以分为四个时期：

第一时期，约自民十四(1925)故宫博物院成立，设文献部起至民十八(1929)改组为文献馆以前止，可以名之为拓荒时期。这时期的重要工作是集中宫中各处档案，为局部之整理；向国务院接收清军机处档案，清厘排架；接收清史馆档案及稿本。而选取各项比较珍贵的史料，刊行《掌故丛编》等书，也从这个时候开始②。

第二时期，约自民十八(1929)文献馆成立后，至民二十二(1933)故宫文物南迁，可以说是扩大整理时期。可记述的工作很多，略如对于军机处档案，是以随手登记档与折包(奏折奉旨后，军机处录副保存，按月分包，谓之折包)互相校对；各项档册加盖页数戳记；以折包补编随手登记档……等项工作。同时编印各项史料，也多数取材于此。对于宫中档案，则从初步的检视，分库庋架，以至分别的整理登记及一部分的摘由编目。对于内务府档案，是把提到馆里的一部分整理登记。对于清史馆档案，是分类整理，登记目录。对于内阁大库档案是清厘登记与分类整理逐步的进行。其余如皇史宬，实录库，乾清宫的实录，圣训及清史馆的实录稿本；实录库的起居注；九龙壁的戏衣，切末；升平署的剧本，曲本；寿安宫的乐器……都分别

① 国立北平故宫博物院文献馆：《国立北平故宫博物院文献馆整理档案规程》，第8—14页。

② 方甦生：《整理档案方法的初步研究》，《国立北平故宫博物院年刊》1936年。

的整理编目。而在这个时期出版的丛书，刊物，也颇不少[①]。

第三时期，约自民二十二(1933)故宫文物南运以后，直到1937年卢沟桥事变，可以谓之为精进时期[②]。这一时期，文献馆通过前两个时期的摸索，已经有了一定的工作经验，调整了工作方针，由原来的“不待基本工作——普遍整理之完成而急求表现”[③]的“零星摭拾”，转变为以全力注重普遍的整理，并制定了《整理档案规程》，给全面展开整理以制度上的保障。因此这一时期工作效率比较高，工作计划也比较缜密。但是战争的突然来临，对文献馆的工作带来了毁灭性的打击。

第四时期从1937年全面抗战开始到1948年。这一时期，文献馆各项工作基本陷于停滞状态，仅有在北平的故宫博物院留守人员进行了一些整理工作。至1945年抗战胜利，仅出版了三辑共五册《文献丛编》，及《故宫清钱谱》《苏州织造李煦奏折》《总管内务府现行则例》等5种书籍[④]，这些书多数是在战前已经编辑好，因战争没有及时印刷。因此这一时期可以称为停滞时期。

二、整理清代档案成果

文献馆的主要任务是档案之整理、出版、陈列三项[⑤]，因此文献馆对于档案整理的成就是多方面的。不仅对大量的档案进行分类、编目等初步整理，同时在出版与档案研究方面也作出了具有开拓性的贡献。

（一）内阁大库档案的整理

文献馆的整理档案工作从1925年开始，到1949年北平和平解放，一直都持续进行。由于档案数量众多，虽经文献馆竭尽全力整理，仍然不能全部整理完毕。加之从1933年开始档案分存南北两处，给档案整理工作增加了更大的难度。统计档案整理的具体数据，实属不易。对文献馆的档案整理工作成就，拟分为两个部分叙述。第一部分是从1925年到1932年，第二部分是从1933年到1937年。

第一部分，1925年到1933年的整理成果[⑥]

文献馆的档案种类繁多，第一步是将所有档案，拂去尘垢整齐形式。

---

① 方甦生：《整理档案方法的初步研究》，《国立北平故宫博物院年刊》1936年。
② 方甦生：《整理档案方法的初步研究》，《国立北平故宫博物院年刊》1936年。
③ 沈兼士：《文献馆整理档案报告》，《文献特刊·报告》1935年。
④ 《国立北平故宫博物院北平本院八年工作报告》(1937年7月—1945年9月)。
⑤ 《文献馆二十五年分总报告》，《文献丛编》1937年第1辑。
⑥ 该小节内容参考《北平故宫博物院文献馆一览》及《国立北平故宫博物院工作报告》(1931年至1934年)。

依据机关及名目分别部类，排比朝代年月，标写号签及登记卡片。从1925年开始提集散存在各宫殿内的档案，包括懋勤殿、景阳宫、批本处、内奏事处等，共提380多箱。1925年12月，开始集中宗人府档案。此后，又集中了藏在乾清宫、寿皇殿的皇族家谱——玉牒，共96匮，838册。这些匮子都是很高大、笨重的木匮，每册玉牒也很厚重，有的达几尺厚，皆用黄绫包裹。1926年1月，接收原藏于方略馆，后移存于中南海集灵囿的清军机处档案，计图书55架，档案75架，均移置在大高殿进行整理。1926年8月，集中内务府档案，计乾隆至宣统各朝档簿7000余册，奏案、事筒等1500余包。1928年6月，接收清史馆档案，计自天命至光绪实录稿本长形本3297册，方形本1530册，补抄本46册，起居注稿本2597册，抄录档案共8种6618册，借调各处文书、丝纶等1331册，自编长编、本纪等10318册。自编志、表、传2468册。1931年1月，开始整理堆积如山的内阁大库档案，计有红本101架，3500余捆，史书29架，2400余册，敕书500余件，诏书100余件，档册汉文本8000余册，满文本2000余册，折件260余件。满文无圈点旧档37册，乾隆朝重抄本104函，720册，书籍103件。此外，尚有丝纶簿、八旗世爵谱档、大事记、满文俄罗斯档、满蒙书档、会典事例稿本14000余册。以及满文木牌、俄罗斯来文、诰轴、册文、宝模、祭祝文档、会典图稿等2000余件。[①]

文献馆的档案欲保管妥善，检查编列，登记编目是最重要的工作，文献馆最初的工作“历年以来，大部分工作均注力与此。”[②]经过几年的工作，到1932年基本上所有档案排架编目大致就绪，整理出目录如下表。

1925—1932年文献馆编制档案史料目录一览表[③]

	宫中档案	内务府档案	军机处档案	内阁大库档案	清史馆档案	实录圣训起居注	宫内库房及陈列室	舆图
1	宫中档案分类总目	乾嘉二朝黄册目录	清军机处档案目录	红本草目	各处咨送清史馆文件目录	清代各朝实录目录	图像目录	宫中舆图目录
2	康熙至光绪各朝折包目录	康熙朝档簿目录	清军机处折包目录	史书草目	上谕档目录	清代各朝圣训目录	册宝目录	军机处舆图目录

① 金声、幼林:《故宫文献馆对明清档案的整理》,《档案管理》1997年第5期。

② 北平故宫博物院文献馆编:《北平故宫博物院文献馆一览》,第15页。

③ 北平故宫博物院文献馆编:《北平故宫博物院文献馆一览》,第15—16页。

续　表

	宫中档案	内务府档案	军机处档案	内阁大库档案	清史馆档案	实录圣训起居注	宫内库房及陈列室	舆图
3	康熙至宣统各朝档册目录	乾隆至宣统朝档簿目录	随手登记档缺遗奏折目录	档册目录	月折档目录	清代各朝起居注目录	乐器目录	内阁大库舆图目录
4	引荐履历目录	乾隆至道光朝奏案目录	折包内缺遗奏折目录	折件目录	奏议档目录		冠服目录	
5	康熙朝奏折目录	乾隆至道光朝奏稿目录	补编乾隆朝随手登记档奏折目录	敕书目录	议覆档目录		盔甲目录	
6	雍正朝奏折目录	乾隆至道光朝题稿目录	光绪宣统朝函电目录	诏书目录	奏折档目录		乘舆仪仗目录	
7	雍正硃批谕旨不录奏折目录	乾隆至道光朝呈稿目录	图表目录	满文老档目录	奏事档目录		戏衣目录	
8	雍正硃批谕旨未录奏折目录	咸丰朝奏销目录		图书目录	廷寄档目录		盔头目录	
9	乾隆朝奏折目录	嘉庆至光绪朝事简档目录			本纪目录		切末目录	
10					长编目录		昆弋剧本目录	
11					大臣传目录		乱弹剧本目录	
12					忠义传目录		曲本目录	

续 表

	宫中档案	内务府档案	军机处档案	内阁大库档案	清史馆档案	实录圣训起居注	宫内库房及陈列室	舆图
13					各种世表目录		陈列室陈列品目录	
14					志书目录			

可以看出这一时期文献馆对档案整理多限于点查件数,编制目录,没有更深入的研究与整理。1933 年的文物南迁,文献馆经过整理的档案分四批运到上海,第一批为内阁大库档案红本 1064 箱,第二批有刑部、军机处、宫中档、内务府等共 436 箱,第三批有军机处(上谕月折包)、内阁大库(史书、满文档册)、宫中档(康熙至宣统各朝奏折),以及内务府、清史馆、舆图档案共 1240 箱,第四批有实录圣训、起居注、玉牒、内阁红本、诏敕、宫中档、军机处上谕档、收发电档,共 1033 箱①。这些档案离开北平故宫博物院后,踏上了颠沛流离的路途,其中的部分珍品今存台北故宫博物院。

第二部分,1933 年到 1937 年的整理成果②

1933 年文物南迁以后,文献馆的整理工作范围局限于整理留平档案。留平档案的保管,大致分为三部分。宫中档案(包括缴回硃批内务府档)集中于南三所,军机处档案存于大高殿,内阁档案分存于红本实录二库(统称内阁大库)。此时文献馆贯彻了整理以不失其原来之真相,编纂以普遍编目的方针,分军机处的照会、函电,内阁大库的黄册、档册,内务府档的各种档案为若干组,同时进行整理,在较短时间内取得较大收效。

第一、内阁大库档案

黄册本馆存六千七百七十八册已编印专目,北大存七千三百二十四册历史语言研究所存二千九百八十册汇编联合目录已付印,即将出版。北大满文黄册共一千四百八十六册已译写目录片竣事。

实录题名录本馆与北京大学历史语言研究所合计二千七百四十册重复一千六百九十册,现编目完成已付印。

六科史书现由乱档中清出三千八百一十册已登记。

① 《北平故宫博物院文献馆南迁档案文物清册》,北平:北平故宫博物院,1933 年。

② 该小节内容参考《文献馆二十五年分总报告》《本馆二年来之工作》(1935 年 7 月至 1936 年 6 月)。

舆图一千零九十六件编目已完成。

内阁各房档簿(满文全在平汉文多在京)已登记四千四百二十六册。

满文老档重抄本摘由编目已完计三千一百十七则已复核一千零九十八则。

俄文档簿全在平本已请刘维周君誊录副本已录六十八页。

杂乱档案两库均已清釐竣事,计有制诏敕题奏表笺册籍档簿书稿来文等已分类排架计一百四十一架。

第二、军机处档案

照会摘由编目竣事计共三千九百二十八件。

电报摘由编目竣事计共一千零六十四件。

奏折折包在京嗣由杂档中清出六百二十二件。

舆图在平者编目已完,计一百三十四件。

档簿大部在京。留平者编目已完,计分八类共一千三百二十四册。

第三、内务府档案

内务府堂等处档案

奏折已编目一千二百二十八件。

档簿已登记一万六千八百三十七册。

陈设册已编目八百五十册。

三旗户口已分类编目六百三十七册。

三织造档案以分类编目九类八百九十四册。

造办处舆图存平者编目已完计一千九百零三件。

升平署戏剧档案存平者编目已完计六百七十件。

第四、宫中档案

康熙硃批李煦奏折编目已完成计六百七十件。

档簿已登记五百八十五册。

第五、其他购入档案

端方档案编目已完成计七百零一册又五十四包十三件。

民初筹备国会事务局等档案已登记者计电稿呈文等一千一百零八件又十八册十七包。

政府公报起光绪三十三年讫民国十七年计二百八十四函已登记竣事。

经过11年的辛勤工作,到1937年以前,文献馆的工作成绩斐然,“舆图之部,皆已编目,随时可以取用。外国使节照会,已按年排比。内务府档案,大部已编目。实录多已检阅择要编目。军机处档案已全加整理。全部史料,可谓大致整理就绪。”[①]文献馆的整理工作并没有因为战乱全部停止,在八年抗战中,文献馆的留守人员在艰难的条件下,仍然坚持档案收集与整理的工作。到 1948 年解放前夕,文献馆馆藏明清档案达 500 多万件(册),共分十三个全宗[②]。文献馆共整理档案约 100 万件,编目 94 万件。汇编出版档案史料 50 余种[③]。

(二) 文献馆出版物时间订正

文献馆在档案整理初期,本想将档案史料“辑为长编,以存一朝文献。”[④]但是数量众多的档案待整理完毕再编长编,是一件浩大的工程,随时将已整理完毕的档案出版,是传布与保存这批档案的最佳选择。文献馆因此“清理所得,随时刊布,以供众览。”[⑤]1928 年 1 月开始出版专门刊登档案史料的《掌故丛编》,“凡有关掌故之书籍,未经刊行或外间罕见者,亦为采录[⑥]。”文献馆初期出版的书刊,是文献馆整理史料工作最直接的反映。文献馆最初整理的是宫中档案与军机处档案,因此《军机处档案目录》《史料旬刊》《清代文字狱档》《清代外交史料(嘉道二朝)》《清光绪朝中日交涉史料》《清光绪朝中法交涉史料》《清宣统朝中日交涉史料》《太平天国文书》等数种书,都以宫中档案或军机处档案辑印。文献馆的出版物是文献馆对清代档案整理的重要贡献,理清文献馆关于档案史料的出版物,才能直观了解文献馆的工作成就。

近年来,故宫文献馆时期的出版物已受到一些学者的重视,有学者对此进行了编目。目前问世的有:《文献馆时期编辑出版情况一览表》(下简称一览表)[⑦]《明清档案史料出版物分类表》[⑧]《清代档案史料书刊目录》[⑨]未刊出的是梁继红的硕士论文中《文献馆时期出版史料一览表》[⑩]。此外,国

① [美]富开森:《故宫博物院文献馆》,《文献论丛·论述一》1935 年。
② 倪道善编著:《明清档案概论》,成都:四川大学出版社,1992 年,第 17 页。
③ 杨小红编著:《中国档案史》,沈阳:辽宁大学出版社,2002 年,第 117 页。
④ 《掌故丛编凡例》,《掌故丛编》1928 年第一辑。
⑤ 《掌故丛编凡例》,《掌故丛编》1928 年第一辑。
⑥ 《掌故丛编凡例》,《掌故丛编》1928 年第一辑。
⑦ 中国第一历史档案馆编著:《中国第一历史档案馆馆藏档案概述》,北京:档案出版社,1985 年,第 11 页。
⑧ 秦国经:《中华明清珍档指南》,第 217 页。
⑨ 冯尔康:《清史史料学》,沈阳:沈阳出版社,2004 年,第 464—468 页。
⑩ 梁继红:《故宫博物院文献馆史料编辑研究》,硕士学位论文,中国人民大学档案学院,2000 年。

家清史编纂委员会档案整理组编制《全国清代档案史料出版书目表》(下简称《全国表》)[①]发布在中华文史网(http：//www. historychina. net/)。中国第一历史档案馆网站登载《明清档案出版物总目》(下简称总目表)[②]这些目录包含文献馆清代档案出版物的出版时间、出版方式、册数、编辑出版者等内容,成为研究清史的重要参考资料。然而编目内容出于众手,前后照抄,未加辨识,加以出版物时隔久远,因此诸编目之间有不少差异或错误,给使用者带来许多困难。

数年来,笔者一直在查找相关资料,以期纠正上述诸种目录之错失,以利学者们研究利用。在寻找资料的过程中笔者查到上海图书馆珍藏的一批文献馆清代档案出版物,以及 1928 年开始出版的历年《北平故宫博物院报告》《故宫博物院文献馆年度工作报告》;《北平故宫博物院文献馆一览》《国立北平故宫博物院出版物总目》;《故宫博物院文献馆大事表(民国十四年十月至二十五年六月)》(《文献论丛》1936 年)、《文献馆刊物一览及出版年月》(《文献丛编》1937 年第 7 辑)等原始档案记录,故依此对上述数种目录进行纠谬补缺。值得强调的是,这些原始档案记录,从史源上讲比较可靠,特别是历年的《北平故宫博物院报告》及《故宫博物院文献馆年度工作报告》,是故宫博物院和文献馆工作的实录,记载十分具体,应该说极为可信。

《全国表》由国家清史编纂委员会档案组整理,《一览表》与《总目表》则由第一历史档案馆编制,由于编纂者的学术地位,他们所编的这三种目录确实具有权威性与代表性,具有较为广泛的影响。有鉴于此,笔者拟着重对《全国表》《一览表》和《总目表》中罗列的 1928—1949 年文献馆出版物的一些错误进行纠正,并补齐它们缺失的相关出版物,以期给学者提供一个比较可靠的参考信息。由于《全国清代档案史料出版书目表》(见附表一)由国家清史编纂委员会档案整理组编制,《文献馆时期编辑出版情况一览表》(见附表二)由第一历史档案馆编制,具有权威性与学术性。因此以这两张表为参照,在尽量参考第一手资料的基础上,笔者绘制了一张《文献馆档案史料出版物一览表》。希望考证一些不确定的时间,纠正一些明显的错误。

限于条件,笔者见到的资料并不完全,定有罗列不全之处。希望此表能够抛砖引玉,引起更多学界同仁对该问题的兴趣。

---

① 邹爱莲、胡忠良、刘兰青:《全国清代档案史料出版书目表》,http://www. qinghistory. cn/qsyj/wxda/daly/2009-11-11/3251. shtml。

② 中国第一历史档案馆:《明清档案出版物总目》,http://www. lsdag. com/net/isdag/page/articl/Article_896_1. shtml? hv=。

文献馆档案史料出版物一览表①

顺序号	出版物名称	册数	编辑者	出版者/印刷者	印刷方式	出版日期
1	掌故丛编	10册	掌故部	和济印刷局	铅印	1928.1—1929.11*
2	文献丛编	46册	文献馆	和济印刷局 新新印书局	铅印	1930.3—1943
3	史料旬刊	40册	文献馆	京华印书局	铅印	1930.6—1931.7
4	交泰殿宝谱	1册 25印谱	文献馆	故宫博物院	拓印	1927.9*
5	读书堂西征随笔	1册	掌故部	故宫博物院图书馆掌故部	铅印	1928.7*②
6	清代帝后像	4册 120幅	文献馆	京华印书局	影印	1929.9—1931.9*
7	清军机处档案目录	1册	文献馆	故宫博物院	铅印	1930.1*③
8	雍正硃批谕旨不录奏折总目	1册	文献馆	故宫博物院	铅印	1930.8
9	筹办夷务始末(道光、咸丰、同治三朝)	130册	文献馆	故宫博物院	抄本影印	1929—1930.1
10	名教罪人	1册	文献馆	故宫博物院	铅印	1930.4*④
11	清太祖努尔哈赤实录	1册	文献馆	京华印书局	铅印	1931.2*
12	清三藩史料	6辑	文献馆		铅印	1931.10—1932.9
13	清代文字狱档	9辑	文献馆	国立北平研究院	铅印	1931.5—1934.10*⑤

① 此表仅收录专门辑录刊载档案史料的出版物,其他如《文献论丛》《文献专刊》等学术性刊物不收录。在出版物名前有*号者,为附表一、二不收录的出版物。凡是表中时间后有*者,都与附表一、二有出入。

② (清)汪景祺著:《读书堂西征随笔》,北平:国立故宫博物院图书馆掌故部,1928年。

③ 故宫博物院文献馆编:《清军机处档案目录》,北平:国立故宫博物院出版,1930年。

④ 《文献馆刊物一览及出版年月》,《文献丛编》1937年第7辑。

⑤ 北平故宫博物院文献馆编:《清代文字狱档》第1辑、第9辑,北平:国立北平研究院,1931年、1934年。

续　表

顺序号	出版物名称	册数	编辑者	出版者/印刷者	印刷方式	出版日期
14	清代外交史料(嘉庆朝)	6册	文献馆	故宫印刷所	铅印	1931.12—1932.10
15	朝鲜迎接都监都厅仪轨	1册	文献馆	故宫印刷所	铅印	1932.1
16	清太祖武皇帝弩儿哈奇实录	1册	文献馆	故宫博物院	铅印	1932.1*
17	清乾隆内府舆图	104幅①	文献馆	故宫博物院	铅印	1932.1*②
18	康熙与罗马使节关系文书	1册	文献馆	故宫博物院	影印	1932.1
19	清光绪朝中日交涉史料	44册	文献馆		铅印	1932.3—1932.10
20	宝玺明信片		文献馆	故宫印刷所		1932.7③
21	清光绪朝中法交涉史料	11册	文献馆	故宫印刷所	铅印	1932.10—1933.2
22	清代外交史料(道光朝)	4册	文献馆	故宫印刷所	铅印	1932.11—1933.5
23	清宣统朝中日交涉史料	3册	文献馆		铅印	1933.2—1933.6
24	朝鲜国王来书	1册	文献馆	故宫博物院文献馆	铅印	1933.2
25	太平天国文书	1册	文献馆	故宫印刷所	影印	1933.4
27	重整内阁大库残本书影	1册	文献馆	故宫博物院文献馆	影印	1933.11

① 翁文灏:《清乾隆内府舆图·序》,《清乾隆内府舆图》,北平:故宫博物院,1932年。

② 《清乾隆内府舆图》,封面。

③ 《文献馆刊物一览及出版年月》,《文献丛编》1937年第7辑;国立北平故宫博物院编:《国立北平故宫博物院出版物总目》,北平:国立故宫博物院,1936年,第29页。

续 表

顺序号	出版物名称	册数	编辑者	出版者/印刷者	印刷方式	出版日期
28	多尔衮摄政日记司道职名册	1册	文献馆	故宫博物院	铅印	1933.12*①
29	台湾风俗图明信片	24张	文献馆	故宫印刷所	影印	1934.2*②
30	广西沿边各营驻防中越交界对汛法屯距界远近图	1轴	文献馆	故宫印刷所	影印	1934.3
31	故宫博物院文献馆现存清代实录总目	1册	张国瑞编	故宫印刷所	铅印	1934.11
32	清内阁库贮旧档辑刊	6辑	方甦生等编	故宫博物院文献馆	铅印	1935.1
33	清季各国照会目录	4册	张德泽编	和济印书局 故宫印刷所 文雅社	铅印	1935.1—1936.12
34	碎金	1册	文献馆	故宫博物院文献馆	影印	1935.5
35	阿济格略明事件之满文木牌	1册	李德启编译	故宫博物院文献馆	影印	1935.5*③
36	历代功臣像	1册21轴	文献馆	故宫印刷所	影印	1935.10
37	升平署岔曲	1册	文献馆	故宫博物院文献馆	铅印	1935.10
38	内阁大库现存清代汉文黄册目录	1册	文献馆	故宫博物院文献馆	铅印	1936.4

① 《文献馆大事表》(民国十四年十月至二十五年六月),《文献论丛·附录》1936年;《文献馆刊物一览及出版年月》,《文献丛编》1937年第7辑。

② 《文献馆刊物一览及出版年月》,《文献丛编》1937年第7辑。

③ 李德启编译:《阿济格略明事件之满文木牌》,北平:国立北平故宫博物院文献馆,1935年。

续 表

顺序号	出版物名称	册数	编辑者	出版者/印刷者	印刷方式	出版日期
39	清内务府造办处舆图房图目初编	1册	文献馆	北京书局	铅印	1936.5
40	*升平署剧本选刊		文献馆		铅印	1936.9*①
41	故宫俄文史料	1册	王之相、刘泽荣翻译	国立北平大学法商学院印刷部	铅印	1936.10
42	升平署月令承应戏	1册	文献馆	故宫印刷所	铅印	1936.10
43	总管内务府现行则例	7册	文献馆	故宫博物院文献馆	铅印	1937.1—1937.7
44	苏州织造李煦奏折	1册	文献馆	故宫博物院	铅印	1937.7
45	*故宫清钱谱	1册	黄鹏霄编	故宫印刷所	影印	1937.10
46	清季教案史料(一)	1册	文献馆	故宫博物院	铅印	1937.6
47	*批本处现行事宜	1册	文献馆		影印	1937*②
48	清内务府藏京城全图	1册	文献馆		影印	1940*
49	清内阁旧藏汉文黄册联合目录	1册	国立北平故宫博物院文献馆 国立北京大学文科研究所 国立中央研究院历史语言研究所	北京大学印刷所 撷华永记印书局	铅印	1947.10
50	清季教案史料(二)	1册	文献馆		铅印	1948

① 《国立北平故宫博物院二十五年九月份工作报告》1936年9月。

② 《国立北平故宫博物院北平本院八年工作报告》(1937年7月—1945年9月)。

《全国表》《一览表》与《总目表》所列书目的错漏情况比较复杂,有再版时间误为初版时间、误记出版时间、时间表述不准确、缺漏出版物等等,下面分类考述。

1. 再版时间误为初版时间

《交泰殿宝谱》

《交泰殿宝谱》是帝王宝玺的印谱,因此得到文献馆(时为文献部)的高度重视,是最先出版的档案史料。1927 年 9 月拓印①,共拓印 384 本,"于本院周年纪念时,分赠本院助理员,顾问及院中同人。"②

《一览表》《全国表》中均称该书出版于 1929 年,误。这次影印并非初版,有《故宫博物院报告》(1929 年)记载"本年七月,又复影印千本"③可证。《总目表》漏收该书。

另外,该书是"清乾隆十一年,高宗将交泰殿所贮宝玺,加以考正排次,定其数为二十有五,著成宝谱。"④《一览表》记为"金 25 印谱","金"似为"全"之误;《全国表》称"全二十五万印谱","万"似系"方"之误。

《读书堂西征随笔》(《西征随笔》)

《西征随笔》,清汪景祺著。汪景祺,号星堂,浙江钱塘人,康熙五十三年中举。雍正二年北游陕西,为抚远大将军年羹尧的幕僚。在此期间,汪氏著《西征随笔》二卷。后年羹尧获罪,"雍正以书中讥讽康熙语,责羹尧见知不举,为大逆五罪之一,汪景祺则照大逆不道律,斩立决。"⑤该书被抄没后,至清末未见刻本,直至 1927 年 12 月,文献馆在故宫懋勤殿发现该书⑥。

上海图书馆共藏三种版本的《西征随笔》,在上图《古籍书目查询》目录中分别记为 1927 年、1928 年、1936 年。但是,该书 1927 年版并未标明出版时间。考《故宫博物院文献馆大事表》,有"1927 年 12 月于宫中档案发现清雍正时汪景祺著《西征随笔》"⑦,该书出版序言中有"丁卯季冬许宝蘅识"⑧,1927 年农历为丁卯年,显然该书初版时间应为 1927 年 12 月。

---

① 北平故宫博物院文献馆编:《北平故宫博物院文献馆一览》,第 3 页。

② 《北平故宫博物院报告》1929 年。

③ 《北平故宫博物院报告》1929 年。

④ 国立北平故宫博物院编:《国立北平故宫博物院出版物总目》,北平:国立北平故宫博物院,1936 年,第 27 页。

⑤ 国立北平故宫博物院编:《国立北平故宫博物院出版物总目》,第 59 页。

⑥ 《文献馆大事表(民国十四年十月至二十五年六月)》,《文献论丛·附录》1936 年。

⑦ 《文献馆大事表(民国十四年十月至二十五年六月)》,《文献论丛·附录》1936 年。

⑧ 许宝蘅:《读书堂西征随笔·序》,(清)汪景祺:《读书堂西征随笔》,北平:故宫博物院图书馆掌故部,1927 年。

《一览表》《总目表》《全国表》均载该书出版于1936年，这是《西征随笔》第三版时间[①]，而非初版时间。可见，《全国表》《总目表》与《一览表》所载均为错误。

《多尔衮摄政日记司道职名册》

《多尔衮摄政日记》与《司道职名册》本为两册书，原藏清内阁大库，清朝末年流落到宫外，"后归宝应刘氏食旧德斋"[②]。《多尔衮摄政日记》"初无名称，以其皆按日记大学士刚林等见多尔衮议政之事，因题曰《多尔衮摄政日记》"。《司道职名册》是"顺治时物，亦刘氏所藏，为研究清初职官者之重要材料。"这两册书由"刘氏嘱本院刊行，因为合印一册"[③]，于1933年12月出版[④]。

《一览表》《总目表》与《全国表》均称1935年出版，其实这是再版时间[⑤]。

2. 误记出版时间

《掌故丛编》

《掌故丛编》是文献馆出版的第一种专门登载档案的定期刊物，是文献馆整理清代档案的重要成果。《掌故丛编》共十辑，每辑一册。第一辑1928年1月出版，第十辑1929年11月出版[⑥]。1930年3月，"《掌故丛编》……自第十一辑起，改名《文献丛编》第一辑"[⑦]。可见，《掌故丛编》出版的时间为1928年至1929年，1930年已改名《文献丛编》。

《一览表》《总目表》《全国表》均称《掌故丛编》出版日期为1930年，显系误记，当应予纠正。

《清代文字狱档》

清代文字狱一直是民国学者较关注的问题，文献馆将军机处档案、宫中所存缴回硃批奏折及实录中有关文字狱的材料，分案编辑。1931年5月出版第一辑，到1934年10月共出版九辑[⑧]，内容包括雍、乾间65起著名

---

① (清)汪景祺：《读书堂西征随笔》，版权页。

② 国立北平故宫博物院编：《多尔衮摄政日记司道职名册》，北平：国立北平故宫博物院，1933年。

③ 国立北平故宫博物院编：《国立北平故宫博物院出版物总目》，第50页。

④ 国立北平故宫博物院编：《多尔衮摄政日记司道职名册》，版权页。

⑤ 国立北平故宫博物院编：《多尔衮摄政日记司道职名册》，版权页。

⑥ 《掌故丛编》1928年第一辑；《掌故丛编》1929年第十辑。

⑦ 《启事》，《文献丛编》1930年第一辑。

⑧ 北平故宫博物院文献馆编：《清代文字狱档》(一)，北平：国立北平研究院，1931年，版权页；北平故宫博物院文献馆编：《清代文字狱档》(九)，北平：国立故宫博物院文献馆，1934年，版权页。

文字狱的有关上谕、奏折、咨文、供状等原始资料，是研究清代文字狱的第一手资料。

《一览表》《总目表》与《全国表》均记载该书出版时间为 1936 年，误。

《清太祖努尔哈赤实录》《清太祖武皇帝弩儿哈奇实录》①

《清太祖努尔哈赤实录》《清太祖武皇帝弩儿哈奇实录》为清太祖努尔哈赤实录的不同版本，是研究清开国史的珍贵史料，也是研究清官方史学的重要参考文献。

《清太祖努尔哈赤实录》据乾隆重修本排印，该实录“文藻较旧本为胜，而讳饰已多”②。1931 年 2 月该书在内阁大库档案中被发现，当月出版③。该书封二有“中华民国廿年二月故宫博物院照实录库原本排印”④可证。

《一览表》《总目表》与《全国表》称 1933 年出版，均误。

《清太祖武皇帝弩儿哈奇实录》成书在《清太祖努尔哈赤实录》之前，“原书藏内阁大库，红绫装，宋丝阑写本，不著录人名氏及撰修年月……其纪本质实，远胜康乾重修诸本”⑤。该书版权页有“民国二十一年一月出版”⑥，即 1932 年 1 月出版。

《一览表》缺出版时间，《总目表》《全国表》同为 1934 年出版，均误。

《清军机处档案目录》

军机处档案，是军机处抄录清代内外章奏及上谕的存稿，主要分为档册与折包两类。《清军机处档案目录》是档册的目录，尤其档名、册数，记载颇详⑦。

上海图书馆所藏该书未标明出版时间。考《文献馆大事表》1930 年 1 月有“清军机处档案目录出版”⑧；《文献馆刊物一览及出版年月》有“《军机处档案目录》十九年一月”⑨；1930 年《北平故宫博物院报告》在述及文献馆出版情况时说：“本年出版者，为《名教罪人》《军机处档案目录》《雍正不录奏折总目》三种”⑩。因此可确认该书出版于 1930 年 1 月。

---

① 另据《国立北平故宫博物院出版物总目》第 48 页，该书名为《清太祖武皇帝努儿哈齐实录》，弩儿哈奇、努儿哈齐显系努尔哈赤的另外译法，似有失规范。

② 国立北平故宫博物院编：《国立北平故宫博物院出版物总目》，第 48 页。

③ 《文献馆大事表(民国十四年十月至二十五年六月)》，《文献论丛·附录》1936 年。

④ 《清太祖努尔哈赤实录》，北平：北平京华印书局，1931 年，封二。

⑤ 国立北平故宫博物院编：《国立北平故宫博物院出版物总目》，第 48 页。

⑥ 《清太祖弩儿哈奇武皇帝实录》，北平：北平故宫博物院，1932 年，版权页。

⑦ 国立北平故宫博物院编：《国立北平故宫博物院出版物总目》，第 34 页。

⑧ 《文献馆大事表(民国十四年十月至二十五年六月)》，《文献论丛·附录》1936 年。

⑨ 《文献馆刊物一览及出版年月》，《文献丛编》1937 年第 7 辑。

⑩ 《北平故宫博物院报告》1930 年。

《一览表》缺失时间；《总目表》《全国表》均载为 1934 年，出版时间有误[①]。

《名教罪人》

雍正四年，清世宗以翰林院编修钱名世赠诗谄媚年羹尧有玷名教为由，亲书"名教罪人"匾，令钱名世悬挂于家门，并令在京的大小臣工凡"由制科出身者"共 385 人，作诗以讽钱名世[②]。这些诗经雍正审查，令钱名世刊刻成书，题为《名教罪人》。钱名世一案是清朝文字狱案件中较为奇特的一例，雍正对此案的处理方式彰显了清代皇权对思想的钳制，对后世产生了深远影响。但该书传世极少，文献馆在故宫懋勤殿"封扃綦固"的档箱中，发现 4 册[③]，遂将雍正上谕列在诗集前作为《按语》出版。

上海图书馆藏该书本身并未标明出版时间。考 1929 年《北平故宫博物院报告》有"本馆丛书……第二种为《名教罪人》，目下正在印刷中"[④]一语；1930 年《北平故宫博物院报告》说"本年出版者，为《名教罪人》《军机处档案目录》《雍正不录奏折总目》三种"[⑤]；《文献馆大事表》亦称 1930 年 4 月"《名教罪人》出版"[⑥]；《文献馆刊物一览及出版年月》载"《名教罪人》十九年四月"[⑦]。显然，该书始排版于 1929 年，正式出版则是 1930 年 4 月。

《一览表》缺失出版时间；《总目表》《全国表》同为 1935 年，当为错误[⑧]。

《清乾隆内府舆图》(铜板地图)

该舆图是清代乾隆二十五年铜板印制的全国地图，原名《皇舆全图》，法国人蒋友仁绘制[⑨]。此图用梯形投影法绘成，以康熙《内府皇舆全图》为基础，订正了原图关于西藏部分的错误，完成了新疆的实测，扩大了原图范围。它不仅是中国全图，而且是当时最完全的亚洲大陆全图。该图有铜板一百零三方，前有乾隆丙子庚辰御题诗一方。文献馆 1932 年 1 月出版该图集时请翁文灏、朱希祖各写一篇序(每篇 2 页)，全书共 108 页[⑩]。

《一览表》缺失出版时间；《总目表》《全国表》称 1935 年出版，误。

---

① 《国立北平故宫博物院文献馆二十三年度工作报告》之《编印事项》并无《清军机处档案目录》出版的记载。

② 国立北平故宫博物院编：《国立北平故宫博物院出版物总目》，第 50 页。

③ 国立北平故宫博物院编：《国立北平故宫博物院出版物总目》，第 50 页。

④ 《北平故宫博物院报告》1929 年。

⑤ 《北平故宫博物院报告》1930 年。

⑥ 《文献馆大事表》(民国十四年十月至二十五年六月)，《文献论丛·附录》1936 年。

⑦ 《文献馆刊物一览及出版年月》，《文献丛编》1937 年第 7 辑。

⑧ 《国立北平故宫博物院文献馆二十四年度工作报告》之《编印事项》并无该书出版记载。

⑨ 《北平故宫博物院报告》1931 年。

⑩ 《清乾隆内府舆图》，封面。

《阿济格略明事件之满文木牌》

1934年,文献馆整理内阁大库残乱档案时发现了满文木牌26块[①],字体为老满文与加圈点满文两种。文献馆请国立北平图书馆满文专家李德启,对此木牌进行翻译并加以考证,“知为崇德元年,阿济格略明时记载战地杀敌俘虏及掠获战利品等事。”[②]该书是研究清初历史的重要史料,于1935年5月出版[③]。

《一览表》《总目表》《全国表》均称该书出版于1936年,误。

3. 时间表述不准确

《清代帝后像》

《清代帝后像》是清代帝后的画像及照片,“原为景山寿皇殿藏,有朝服像,有行乐图”[④]。作为当时引人注目的档案,1926年12月已经被提取整理摄影[⑤],1929年9月正式出版[⑥]。《清代帝后像》共4册,每册30幅图,出版时间分别为1929年9月、1929年11月、1931年8月和1931年9月[⑦]。

《总目表》《一览表》《全国表》仅记为1929年,并不全面。另外,三表均将该书称为《历代帝后像》,明显失误。

《史料旬刊》

《史料旬刊》是文献馆为补充《文献丛编》的不足而出版的定期刊物,在整理档案中“凡属有关文献可供参考者,随时发现,即行刊布,片鳞只爪,兼容并纳”[⑧],史料价值极高。1930年6月出版第一期,到1931年7月共出版40期[⑨]。该书的出版时间应记为1930年至1931年。

《一览表》《总目表》《全国表》出版时间均称1930年起,无终止时间,不够准确。

《清三藩史料》

1931年5月[⑩],文献馆整理清内阁大库档案,“於东库蒐得康熙间关于

---

① 《国立北平故宫博物院文献馆二十三年度工作报告》1934年。
② 国立北平故宫博物院编:《国立北平故宫博物院出版物总目》,第54页。
③ 李德启编译:《阿济格略明事件之满文木牌》,北平:国立北平故宫博物院文献馆,1935年。
④ 国立北平故宫博物院编:《国立北平故宫博物院出版物总目》,第2页。
⑤ 《文献馆大事表(民国十四年十月至二十五年六月)》,《文献论丛·附录》1936年。
⑥ 《文献馆大事表(民国十四年十月至二十五年六月)》,《文献论丛·附录》1936年。
⑦ 北平故宫博物院编:《清代帝后像》(一、二、三、四),北平:京华印书局,1929—1931年,版权页。
⑧ 《故宫博物院史料旬刊·发刊前纪》,《史料旬刊》1930年第一期。
⑨ 《史料旬刊》1930年第一期;《史料旬刊》1931年第四十期。
⑩ 北平故宫博物院文献馆编:《北平故宫博物院文献馆一览》,第5页。

三藩事件之文书千余件"[①],多为康熙朝纂修《平定三逆方略》时征集的史料,包括很多涉及有关三藩问题的重要史实。文献馆从 1931 年 8 月开始编印,10 月份以《清三藩史料》为名,作为《文献丛编》增刊出版了第一辑[②],此后又连续出版,到 1932 年 9 月出版了第 6 辑[③]。因此,《清三藩史料》准确的出版日期为 1931 年至 1932 年。

《总目表》《一览表》《全国表》列为 1931 年,不准确。

《清代外交史料(嘉庆、道光朝)》《清光绪朝中法交涉史料》

这两套丛书都是从军机处档案中搜集出来的关于清代嘉庆、道光、光绪时期有关外交的上谕、奏折、照会、电报、书札等文件,是研究清代外交史的重要史料。

《嘉庆朝外交史料》1932 年 1 月出版第一册,到 1932 年 10 月共出版 6 册[④]。《道光朝外交史料》1932 年 11 月出版第一册,到 1933 年 5 月共出版 4 册[⑤]。《清光绪朝中法交涉史料》第一册于 1932 年 10 月出版,到 1933 年 2 月共出版 11 册[⑥]。

《总目表》《一览表》《全国表》记载两套丛书的出版时间皆为 1933 年,不准确。

4. 缺漏的出版物

《一览表》《总目表》《全国表》收录民国时期文献馆档案出版物甚多,但仍有缺漏。现补充如下:

《故宫清钱谱》

有清一代,币制更迭,制钱形制极为复杂。币制兴革,可以构勒出"三百年来之治乱兴衰,历历如绘"。清朝灭亡,清代钱币日趋销毁,且故宫所藏清钱,多为"京省各局进呈内府之正品,均属菁华所聚,典制攸关,文献幸

---

① 北平故宫博物院编:《清三藩史料说明》,《清三藩史料》(一),北平:国立故宫博物院,1931 年。

② 北平故宫博物院编:《清三藩史料》(一),版权页。

③ 北平故宫博物院编:《清三藩史料》(六),版权页。

④ 北平故宫博物院编:《清代外交史料(嘉庆朝)》(第一册),北平:故宫博物院,1932 年,版权页;北平故宫博物院编:《清代外交史料(嘉庆朝)》(第六册),北平:故宫博物院,1932 年,版权页。

⑤ 北平故宫博物院编:《清代外交史料(道光朝)》(第一册),北平:故宫博物院,1932 年,版权页;北平故宫博物院编:《清代外交史料(道光朝)》(第四册),北平:故宫博物院,1933 年,版权页。

⑥ 北平故宫博物院编:《清光绪朝中法交涉史料》(第一册),北平:故宫博物院,1931 年,版权页;北平故宫博物院编:《清光绪朝中法交涉史料》(第十一册),北平:故宫博物院,1933 年,版权页。

存，考证有赖”。因此，文献馆馆员黄鹏霄“爰依朝代之先后，汰其重复，得二百八十四品汇影成谱”[①]，冠名《故宫清钱谱》，于1937年10月正式出版[②]。该书是研究我国清代币制史的奠基性文献。

《批本处现行事宜》

清朝的批本处为内阁所属机关，主要职能是代批谕旨，属于内廷机构，批本官均用满人。批本处虽为一独立机构，但是所存档案极少，《批本处现行事宜》是研究批本处为数不多的重要文献[③]。该书于咸丰元年由内阁学士载龄、中书文启合撰刊刻，内容主要有祭祀本章、各部院衙门次序、各部院值日次序、进本批本、回避刑名日期等内容。故宫博物院文献馆于1937年影印该书[④]。

值得补充的是，由于文献馆整理编辑档案工作的特殊性，经常因为发现新的档案而将原定出版计划打乱，因此故宫博物院文献馆相关报告所列档案史料出版时间，有时会与实际的出版时间有所出入。例如：《阿济格略明事件之满文木牌》的出版时间，《故宫文献馆大事表》记为1935年6月，但该书实际出版时间却是1935年5月。又如《清代外交史料(嘉庆朝)》第一册，在《文献馆刊物一览及出版年月》中的出版时间为1931年12月，实际出版时间是1932年1月。因此，本书主要以出版物上标注的时间为主，另外参阅《北平故宫博物院报告》《故宫博物院文献馆年度工作报告》以及《故宫博物院文献馆大事表》《文献馆刊物一览及出版年月》《北平故宫博物院文献馆一览》《国立北平故宫博物院出版物总目》等资料为据，尽量用第一手资料来纠正《一览表》《总目表》《全国表》的失误。自然，这三个目录仍是嘉惠学林的重要文献，即使存在一些失误，仍不影响其学术价值，只是经过纠正，以防以讹传讹之憾。

(三) 文献馆的档案研究工作

文献馆的本职工作是整理档案，但是在整理工作中文献馆同时注重档案研究工作。档案的研究工作分为对档案本身的研究，及如何整理档案的研究两个方面。文献馆作为专业的档案管理机构，率先出版了近代档案学史上第一本档案学专门刊物，编纂了专门的档案学工具书，对档案整理工作进行了有益探索。

从1935年10月开始到1948年10月，文献馆出版了《文献论丛》《文

---

① 黄鹏霄编：《故宫清钱谱·序》，北平：国立故宫博物院，1937年，第2页。

② 黄鹏霄编：《故宫清钱谱》，封底。

③ 单士元：《我在故宫七十年》，第18页。

④ 《国立北平故宫博物院工作报告》1937年。

献专刊》《文献特刊》等刊物，这是我国史学界研究档案史料的第一种专门刊物，是培育档案研究工作结出硕果的第一片沃土。文献馆馆员在这些刊物上，发表了许多有创建性的论文。仅1935到1937年，预备发表的论文就有王梅庄的《黄册联合目录叙录》、单士元的《清宫三所考》、单士魁的《不关系钱粮的几种黄册》、张德泽的《文献馆所藏之清代外交史料》、方甦生的《清列朝后妃传稿订补》、曹宗儒的《内务府案卷中之堂谕》、方甦生与李德启合著的《清太祖实录与满文老档》等①。这些文章不论是档案的研究心得，还是从事整理工作的经验方法，都来自馆员的工作实践，是关于档案整理工作的第一批学术论文，有较高的学术价值和史料价值。

随着档案整理工作进入分类编目阶段，文献馆意识到档案释名的重要性，"先有释名工作，则于分类时可获得相当之准确。"释名的具体方法是"以档案不同之名称为单位，各释其内容，书于卡片。"文献馆从1936年11月开始"各组整理工作，除继续未完之事项外，皆附以释名工作。"②并计划"先以卡片著录名词及已知之解释，将来即根据此项材料，再详加考订，汇编为《档案辞解》，以为本院分类编目及学者研究之助。"③除了编纂《档案辞解》外，文献馆还编纂了《文献馆所藏档案分类表》《校补满文无圈点字典》《满文老档细目》《文献馆现存清内阁旧藏黄册目录》《清内阁旧藏黄册联合目录》《清光绪庚子辛丑电报目录》《清代试录题名录现存目》④等工具书。在1937年下半年还计划编纂《北平库存宫中档簿目录》《内务府藏织造档案目录》《筹办夷务始末索引》⑤等工具书。但是这些工具书由于战争等原因，皆未正式出版，有些底稿在战乱中失散，造成了无法弥补的损失。

在没有成法可借鉴的情况下，文献馆面对数字庞大、性质复杂的档案，只能在工作中摸索经验。从档案的分类到整理程序，都是馆员们从实践中总结出来的经验。1936年文献馆制定的《整理档案规程》，分为四章四十条，是文献馆整理清代历史档案的经验总结。该规程规定"本馆向以原来行政之系统为整理系统，故初步之整理，先就其机关或原藏处区分之，如内阁档案，军机处档案，内务府档案，宫中档案。每项下又因其分设机关或关系机关而区分之"⑥。这项规定，体现了中国化的全宗理论，与欧洲档案学

① 《文献馆专门委员茶话会会议录》，《文献丛编》1937年第7辑。
② 《国立北平故宫博物院二十五年十一月份工作报告》1936年。
③ 《国立北平故宫博物院二十六年一月份工作报告》1937年。
④ 《国立北平故宫博物院第二届理事会首次会议记录》(内部编印)，上海图书馆藏。
⑤ 《文献馆专门委员茶话会会议录》，《文献丛编》1937年第7辑。
⑥ 国立北平故宫博物院文献馆：《国立北平故宫博物院文献馆整理档案规程》，第4页。

的全宗理论和来源原则大体一致。《规程》还规定,整理档案"应按类别分别包扎及标识,其原有包扎或标识者,不得任意拆散废弃",并说明这样规定的理由是"档案原有之包扎,及一切相关文字,多可为清理考证及研究之助,若任意拆散废弃,往往引起整理之困难,甚至减弱史料之价值"①。此后数十年间历史档案整理的大量经验教训,进一步从正反两个方面证明,保持历史联系与充分利用原有基础,是档案整理的重要原则。

三、整理清代档案的经验及局限

文献馆所藏档案,以清代为大宗,"卷帙缤纷,种类繁杂"②且整理工作中的困难前所未见,除去整理史料无常法可资借鉴、工作量繁重外,艰苦的工作环境,"盛夏严冬……或冒暑巡行于永巷之间,或呵冻植立于冷殿之内。皆为寻常人所不能忍受";菲薄的酬劳,"至多之生活维持费,仅给百元,少只十五元,为各机关所罕有",都是文献馆工作人员面临的困难。但是,文献馆的"同人工作精神,则殊奋发。栉风沐雨,毫无倦容",他们"为保存中国历史、文化、艺术计。人人均视为分所当为,故不觉其苦。"③从1925年到1936年,短暂的11年间,文献馆取得了举世瞩目的成就。文献馆是中国近代第一个专门存放档案的现代档案馆,在缺乏前人经验借鉴的情况下,在不断摸索中进行档案的整理与研究工作,取得的成就与不足之处都值得总结与借鉴。

总结文献馆整理清代档案的经验,最重要的是有专门委员会作为指导,培养了一批专业人才以及开放的档案利用方法,为此后的档案馆事业奠定了基础。故宫博物院专门委员会制度,在故宫博物院草创时期就已经形成。1925年9月29日,《故宫博物院临时组织大纲》中规定故宫博物院组织,"遇必要时,得设专门委员会"④。1928年10月5日国民政府颁布《故宫博物院组织法》,将各种专门委员会以法令的形式规定为故宫博物院的组成部分⑤。专门委员会的设立由故宫博物院理事会决议,分别在古物、文献、图书三馆设置专门委员会⑥,1935年专门委员会增加到九个⑦。

① 国立北平故宫博物院文献馆:《国立北平故宫博物院文献馆整理档案规程》,第5页。

② 《国立北平故宫博物院文献馆工作报告·弁言》,《国立北平故宫博物院文献馆工作报告》1934年。

③ 《北平故宫博物院报告》1929年。

④ 吴景洲:《故宫五年记》,上海:上海书店出版社,2000年,第61页。

⑤ 《故宫博物院组织法》,《北平故宫博物院报告》1929年。

⑥ 《北平故宫博物院报告》1929年。

⑦ 《国立北平故宫博物院专门委员会暂行章程》,《国立北平故宫博物院章制汇编》,第5—6页。

1929年6月，文献馆专门委员会成立，由沈兼士、陈垣、朱希祖、徐炳昶、吴承仕、朱师辙、许宝蘅、陈寅恪、傅斯年、罗家伦、周明泰、齐宗康、马廉、刘复、翁文灏、赵万里、钢和泰组成[①]。这些委员皆为当时知名学者，特别是沈兼士、陈垣、朱希祖、陈寅恪、傅斯年都领导过内阁大库档案的整理，积累了丰富的档案史料整理经验。专门委员会成为文献馆开展整理史料工作的智囊团和专业领导，主要表现在如下几个方面。

第一、专门委员会制定了档案整理的方针。专门委员会中的沈兼士、陈垣、朱希祖、陈寅恪、傅斯年等领导和参加北大、史语所内阁大库档案整理的学者，从丰富的经验中提炼出的整理档案方法，给文献馆提供理论指导。整理工作开始之初，陈垣提出"秤不离砣"的整理方针，就是在收集宫内各处散存档案和统一整理过程中，连档案包皮都不许丢失，要原包带原皮。此后又提出"整理档案八法"，避免文献馆再犯北大整理档案时"只知注意档案本身，而忽略衙署职司文书手续之研究，遂使各类档案，均失掉他们的联络性"[②]的错误。文献馆坚持的三大原则，"整理以不失其原来之真相为原则，编纂以普遍编目为原则，陈列以就文物之性质相互连贯照映为原则"[③]，都是从陈垣、沈兼士、傅斯年等委员多年工作经验中提炼出来的精粹。

第二、专门委员会在具体工作中起决定作用。举凡档案整理中遇到的问题，都要由专门委员会进行讨论决议。仅1930年一年专门委员会就开会七次，议决事项三十八件[④]。如军机处档案的整理在初步整理之后，"经第一次专门委员会议决，改变工作方法，分为两步"[⑤]。此后的《互校折包随手档试行办法五条》也是经过第二次专门委员会通过实行[⑥]。

第三、具体指导档案整理。如南三所档案，是在陈垣的直接指导下进行的[⑦]。清史馆档案，则是经第四次专门委员会议决，"将有关文献一部分，提至本馆，以便整理。并请朱委员少滨指导。"[⑧]

第四、积极支持史料的出版与研究。文献馆编纂出版的史料，会用序言、题词、跋语等概述档案的内容，并对档案涉及的史实、时间进行考证，这

---

① 北平故宫博物院文献馆编：《北平故宫博物院文献馆一览》，第17—18页。
② 沈兼士：《文献馆整理档案报告》，《文献特刊·报告》1935年。
③ 《文献馆二十五年分总报告》，《文献丛编》1937年1辑。
④ 《北平故宫博物院报告》1930年。
⑤ 《北平故宫博物院报告》1929年。
⑥ 《北平故宫博物院报告》1929年。
⑦ 《北平故宫博物院报告》1929年。
⑧ 《北平故宫博物院报告》1929年。

样的序言多出自专门委员之手。如陈垣为《康熙与罗马使节关系文书》作序,沈兼士为《清内阁库贮旧档辑刊》《故宫俄文史料》作序,翁文灏和朱希祖分别为《清乾隆内府舆图》作序,许宝蘅为《掌故丛编》作题辞等。他们为史料所做的介绍,具有较高的权威性和准确性,扩大了文献馆编纂的史料汇编在社会上的影响。

此外,他们还亲自撰文发表在《文献论丛》《文献特刊》等刊物上,支持文献馆出版的学术刊物。如陈垣的《四库提要中之周亮工》(《文献论丛》1936年)、《记吕晚村子孙》(《文献特刊》1935年);孟森的《史与史料》(《文献特刊》1935年);朱希祖的《抚畿疏草跋》(《文献论丛》1936年)等文章。这些文章既有对史料整理工作的理论性研究,也有对具体史料的考证,是国内较早研究史料的专门性文章。由于作者的学术影响广泛,提高了文献馆出版的学术刊物在学术界的声望。

文献馆的工作整理、出版、陈列并举,但是专职人员却不超过50人。从1925年到1937年,除了日常整理工作,文献馆出版定期刊物3种,各类书籍50余种。这样的工作强度与难度,为文献馆年轻馆员的迅速成材提供了良好的条件。此外文献馆专门委员会诸委员皆术业有专攻,是很多学术领域中的翘楚,他们成为馆员的义务老师,在日常工作中对馆员言传身教,帮助年轻馆员在学术上成长。担任编辑刊物的单士元回忆沈兼士,"多年来,所编辑史料丛编之类案语经先生改正讹舛之后,必亲告以如何识字,如何用字,谆谆教诲青年之真挚感情,使人铭感终身。"①此外,文献馆出版了《文献论丛》《文献专刊》《文献特刊》等专门刊登史料研究的学术刊物,为馆员们的学术研究提供了发表机会,一批年轻学者在这个阵地上崭露头角。

1936年为纪念故宫博物院成立十一周年,出版的《文献论丛》就收录了文献馆馆员的论文15篇。分别是李德启的《满文老档之文字及史料》、方甦生的《清代档案分类问题》、黄鹏霄的《故宫清钱谱叙录》、张德泽的《军机处及其档案》、曹宗儒的《总管内务府考略》、王梅庄的《清代黄册中之户籍制度》《整理内阁大库杂乱档案记》、刘官谔的《内务府舆图房藏图纪要》、单士元的《清代档案释名发凡》、吴志勤的《升平署之沿革》、单士魁的《清代题本制度考》《内阁大库杂档中之明代武职选簿》、张玉全的《述满文老档》、张国瑞的《文献馆档案在沪存贮及其工作之情形》等文章。

---

① 单士元:《兼士先生在档案和考古事业中的功勋》,葛益信、朱家溍编:《沈兼士先生诞生一百周年纪念论文集》,北京:紫禁城出版社,1990年,第124页。

除了发表论文，文献馆积极支持年轻学者出版著述。如方甦生撰《清内阁库贮旧档辑刊》(故宫博物院，1935年)；黄鹏霄编《故宫清钱谱》(故宫博物院，1937年)；张国瑞著《太庙考略》(故宫博物院，1936年)、编纂《故宫博物院文献馆现存清代实录总目》(故宫博物院，1934年)；张德泽编《清季各国照会目录》(故宫博物院，1935—1936年)；曹宗儒著《总管内务府考略》(《文献论丛》抽印本，1936年)。

文献馆馆员编著的论文和书刊，多数围绕文献馆的本职工作，有对清代档案的介绍与分析，也有对清代档案整理、分类的研究，还有对档案编辑方法的探讨。他们对这些问题的探讨，虽然尚有不足之处，但不可否认这批论文和专著具有的开创性意义。他们的工作为档案学的蓬勃发展打下坚实基础。文献馆成立之初，多数馆员是青年学生，他们"视本院为天然研究所，不为衣食计，而为学问计"[①]，迅速成长为工作骨干。经过几年的工作，文献馆培养出方甦生、单士元、单士魁、张德泽、张国瑞、黄鹏霄、王梅庄、张玉全等一批年轻学者，他们中的一部分，选择了档案史料研究作为终身的学术方向，成为我国第一批档案史料工作专家。

率先向公众开放开放档案是文献馆的创举。文献馆整理档案工作之初，就从现代学术观念出发，把传播档案作为重要的工作。1925年10月博物院刚刚成立，就开辟外路宁寿宫一带7个陈列室，向公众展览珍贵的清朝档案，满足一般观众的要求。对于一些希望能够对清代史料进行利用和研究的学者来说，这些展出的档案是远不能满足需求的。因此，1930年文献馆效仿西方的档案馆，制定《故宫博物院文献馆阅览档案暂行简章》，开放档案阅览。《故宫博物院文献馆阅览档案暂行简章》规定了档案借阅的方法，"凡拟至本馆阅览档案者须经本院职员介绍经馆长许可后发给阅览券，凭券到馆阅览并可索取下次阅览券，每次以一张为限，不得转借他人……阅览档案须依照本馆指定之地点阅览不得携至他室或出院"；借阅档案的范围，"阅览档案以本馆已编有目录者为限……档册每次以八册为限，折件不同月者每次以五件为限"；损坏档案的处罚，"阅览人对于借阅之档案倘有污损撕毁及抽换等情应由介绍人连同负责"[②]。该章程可称为我国档案馆阅览室的第一个管理条例，为今天的档案馆阅览管理提供了借鉴。1930年开始办理阅览，先后有社会调查所、清华大学、北京大学、燕京大学、辅仁大学、营造学社、清华大学等学术单位的研究人员借阅借抄军机

① 《北平故宫博物院报告》1929年。

② 《北平故宫博物院报告》1930年。

处档案,各省通志馆借阅修地方志的相关史料。此外,还有来自美国、德国等国外的学者到馆中查阅史料。文献馆这种开放式利用档案在国内尚属首例,已经是现代档案馆的模式。

档案也为天下公器,文献馆率先提出与北京大学、中央研究院历史语言研究所合作,派人到北京大学、史语所抄写史料,共同编辑出版了《清内阁旧藏汉文黄册联合目录》《清季教案史料》(一、二)《苏州织造李煦奏折》等史料汇编。这种整合史料资源,互相合作的方法,体现了文献馆先进的现代学术理念。这些史料汇编的出版,泽庇后学,其贡献之大在当时就有定论①。

文献馆的工作虽然取得了很大成就,但是由于这是中国近代第一个专门档案馆,因此文献馆进行的档案整理与研究均带有探索性,出现一些不足和局限毋庸讳饰。整理档案中的问题主要在于没有完整系统的整理计划,以及档案刊载形式的不足两个方面。

文献馆的整理工作,是在没有全面计划的情况下仓促开始的。选择史料整理和出版的标准,不以史料的史学价值为准,而是以"秘"、"要"、"异"、"新"为标准,即选择私密的、重要的、官私记载中多有出入的、以及某些新学术的新史料②。最初是以猎奇为出发点,像文献馆最先整理和拓印的史料是《交泰殿宝谱》与《清代历代帝后像》,一本是皇帝的玉玺册,一本是皇帝皇后的相册,这样的思路与时下偷窥名人隐私似有异曲同工之处。此后的整理和出版基本上是"零星摭拾,挂一漏万"③,整理和出版多为要事珍闻,对一些寻常文件较少关注。虽然 1934 年以后,文献馆已经意识到这一问题,改变了工作方针,要进行普遍整理与系统分类。无奈此时的史料已经分作两处,接踵而至的战争打乱了文献馆的工作进程,不可能实现完整的普遍整理档案,只能把遗憾留给后来者。因此有评论说文献馆的整理史料工作"显然没有计划,零碎发表,同于拼凑,发表的史料片面性强,去完备标准有相当的距离"④,这样的评论可谓中肯。

文献馆的史料刊布,基本上是随时发现随时刊登,没有一定之规。因此会发生一些疏漏,在同一标题下,编者不能集中所有相关的文件,有些史料当选而未选,例如"辛亥革命史料,应起自革命以前,即不可能,也当始自十月十日武昌起义,而阳历十月十日,为阴历八月十九日。电报档选录起

---

① 蔡元培:《清内阁汉文黄册联合目录序》,《文献论丛·论述一》1936 年。

② 方甦生:《整理档案方法的初步研究》,《国立北平故宫博物院年刊》1936 年。

③ 沈兼士:《文献馆整理档案报告》,《文献特刊·报告》1935 年。

④ 陈恭禄:《中国近代史资料概述》,北京:中华书局,1982 年,第 130 页。

自十一月二十一日，是一重大缺陷。选录文电止于十二月二十三日，并未说明其原因，宫中应有补充的史料，选录可谓无始无终。"[①]还有一些不应该选录反而入选者，例如《中日交涉史料》，把赏赐宝星的外交人员姓名，一一列入，关系重要的文件反而没有列入。造成这种缺陷的原因还是由于文献馆没有系统的整理计划。

文献馆的期刊都为线装，目的是方便读者把同一专题却刊登在不同辑中的档案拆下来，重新装订在一起。这个出发点是良好的，但是也给读者造成了很大不便，像《文献丛编》《史料旬刊》《掌故丛编》，每一个专辑都有一个页码，全辑却没有统一的页码。如果下一辑中还有与上一辑有关的档案，页码接着上一期排。但每一辑中没有目录，也没有索引。这样的编排方式，让读者读起来并不方便。

虽然文献馆整理工作存在很多问题，但是瑕不掩瑜，文献馆史料整理工作的成就还是巨大的。文献馆不仅整理了众多杂乱无章的档案史料，还在长达十几年的战乱中，将这些史料基本完整地保存下来，这一保护传统文化精髓之义举，有恩于后世。文献馆出版了大量史料，对清史研究影响至深。文献馆出版的各种史料基本都是首次公布，为研究清史的学者提供了大量第一手资料，极大地推动了清朝开国史、近代外交史、太平天国史等新领域的研究。同时文献馆的史料整理开启了史学界重视档案的风气，文献馆的专门委员中多数都是史学大家，他们通过指导和参与档案史料整理，写出一批极有分量的学术文章，受到学术界极大的关注。直到今天，文献馆的出版物仍然是众多清史研究著作中的征引书目。文献馆是我国第一个档案馆，档案馆是留存历史记忆的地方，是人类社会文明进步的重要标志。在我们这样一个拥有悠久历史的国家里，档案馆的出现为更好的记载和传播历史提供了保障。

① 陈恭禄：《中国近代史资料概述》，第 130 页。

附论　上海图书馆藏故宫博物院及文献馆珍贵档案述评

故宫博物院成立于1925年10月10日,成立之初就因其宏伟的古代建筑与丰富的藏品而备受瞩目。从建院之初至今,学界对故宫博物院的建筑、藏品以及相关历史事件、历史人物的研究不绝于缕。记载故宫博物院发展史的专著和文章也较丰富,但多限于记述20世纪上半叶,故宫博物院历尽艰辛在炮火中保全国宝的曲折经历。对于故宫博物院的组织机构、规章制度、工作程序等问题涉及较少,这是由于战乱频仍,故宫博物院频繁迁移,留下的资料太少。正如有的学者指出:"从民国十七年到民国三十七年……这一段,包括文物的南迁、疏散、复原,事情最多,可参考的资料最少。"①

越是稀缺的资料越应当注意发掘。今存上海图书馆的一份档案,即故宫博物院理事会及常务理事会议纪录(以下简称"会议纪录"),能够填补故宫博物院研究的资料空白,是关于故宫博物院的珍贵纪录,具有极高的史料价值,应当引起广泛的关注。

这份故宫博物院理事会议纪录,由故宫博物院理事顾颉刚、罗家伦捐赠。会议纪录原件为16开油印本,装订成四册。两册为1934—1936年理事会议及常务理事会议纪录合订本,理事会议纪录题为"国立北平故宫博物院第某届理事会第某次会议纪录",常务理事会议纪录题为"国立北平故宫博物院第某届理事会第某次常务理事会议纪录",每次纪录单列封面。一册为《国立北平故宫博物院理事会第六次常务理事会议纪录》,单列封面。一册为《国立北平故宫博物院第五届理事会议第一次、第二次大会》合订本,没有封面。其中一册封面用毛笔写有"顾颉刚先生赠",内有一封故宫博物院理事会理事长蔡元培致顾颉刚的会议通知。另外几册中有蔡元

① 那志良:《故宫博物院三十年之经过·前言》,《故宫博物院三十年之经过》,台北:中华丛书委员会,1957年。

培致罗家伦的会议通知7封，及行政院秘书长褚民谊致罗家伦的会议通知1封。有些会议纪录封面用毛笔写有“存入专档”字样。每次会议内容包括“报告事项、讨论事项、临时动议”几个部分。这四册资料内容多有重复，主要纪录1934年至1936年、1942年至1943年，故宫博物院理事会、第二届、第五届理事会大会和常务理事会议内容。这些资料不仅反映了故宫博物院自身发展的历史，也从一个侧面反映了中国博物院事业的发展，具有广泛的研究价值。以下择要分析这件档案的史料价值：

（一）关于故宫博物院理事会条例的完善及理事会的更迭

故宫博物院理事会是故宫博物院的最高领导机构，决策中心。故宫博物院成立之初就由临时理事会执行全院事务。1928国民政府接管北京后，故宫博物院直接隶属于国民政府。1928年10月8日颁布的《故宫博物院组织法》规定：“故宫博物院设理事会决议一切重要事项。[①]”《故宫博物院理事会条例》规定：“本理事会为博物院议事及监督机关，决议及监督一切重要进行事项。”[②]理事会的条例和人员变动，往往会影响故宫博物院的发展。

自1925年故宫博物院成立后，随着故宫博物院的不断发展，理事会的章程也在不断完善。1933年故宫博物院因故发生人事变动，1934年2月国民政府公布《国立北平故宫博物院暂行组织条例》，10月复修正公布。1934年，根据《国立北平故宫博物院暂行组织条例》，故宫博物院重组理事会。1935年4月22日，故宫博物院理事会第二次会议，通过《国立北平故宫博物院理事会议事规则草案》细化了理事会的工作程序。规定理事会分理事会大会及常务理事会议两种，理事会大会每半年开会一次，常务理事会议每两个月开会一次，必要时，均得召集临时会议；各种提案，应于开会前一星期，寄交本会秘书，编制议事日程。议事日程之编制，依报告事项、讨论事项、临时动议编制；各项决议，须有出席人过半数之赞成，方得通过；本会会议纪录，应于开会后一星期内，分送各理事及故宫博物院院长[③]。

作为故宫博物院核心机构的理事会，组成人员多为民国时期的风云人物。理事会议纪录共记载三届理事会，分别是1934年组成的故宫博物院理事会，1936年组成的第二届理事会，1942年组成的第五届理事会。1928年国民政府公布故宫博物院的27位理事，包括了当时政界、军界和各界名

① 《北平故宫博物院报告》1929年。

② 《北平故宫博物院报告》1929年。

③ 《国立北平故宫博物院理事会第二次会议纪录》（内部编印），上海图书馆藏。

流。随着故宫博物院的发展,更多的专业人士成为故宫博物院的理事。例如,1942年的故宫博物院第五届理事会共有33位理事,除去一些政客,大多为当时教育界、文化界的学者和专家。如张伯苓、朱家骅、李书华、李济、顾颉刚、朱啟钤、傅斯年、周诒春、陈垣等人。从最初由显赫的各界名流组成理事会,到越来越多的专业人士成为理事,故宫博物院作学术单位的特色逐渐凸显,体现了故宫博物院向纯粹的学术机构发展的趋势。

(二)关于故宫博物院的财务状况

故宫博物院的成立与发展,离不开资金的支持。故宫博物院的资金预算决算及保管事项必须经理事会决议[①]。因此,故宫博物院的财务状况在理事会及常务理事会议纪录中,记载很详细。是研究故宫博物院的财务状况的第一手资料。

故宫博物院的收入主要由中央拨款和本院收入两项构成,另外还有基金款项,支出主要是维持故宫博物院的日常开支的经常性费用,以及象建筑南京保存院、古物南迁等临时性费用,预决算要提交理事会审议。理事会大会一般将这类预决算交由常务理事会审议。年度概算、决算书分为临时岁入门、岁出经常门、岁出临时门三部分内容,这种概算、决算书是故宫博物院财务报表的主要形式。例如:《1935年度7月1日至1936年6月8日概算书提要》《国立故宫博物院中华民国二十四年度收入决算书》《国立故宫博物院中华民国二十四年度经常门支出决算书》《国立北平故宫博物院中华民国二十四年度驻沪办事处临时门支出决算书》《国立北平博物院中华民国二十四年度追加岁入临时门概算书》《国立北平故宫博物院移用二十五年度下半年度驻沪办事处理事费用情形》《国立北平故宫博物院中华民国二十五年度南京分院及保存库经费支出概算书》《国立北平故宫博物院中华民国二十五年度存沪古物迁移费概算书》《国立北平故宫博物院中华民国二十五年南京保存库开办费概算书》《国立北平故宫博物院中华民国二十六年度岁入经常门概算书》《国立北平故宫博物院中华民国二十六年度岁出经常门概算书》《国立北平故宫博物院中华民国二十六年度岁出临时门概算书》《国立北平故宫博物院三十一年度追加概算书》《国立北平博物院三十二年度概算书》《三十三年度国立北平故宫博物院岁出概算书》等。

---

① 《修正国立北平故宫博物院暂行组织条例》,《国立北平故宫博物院理事会第二次会议纪录》(内部编印),上海图书馆藏。

其他形式还有财政收支报告，例如：《二十二年度财政收支概况》《二十三年度财政收支概况》《国立北平故宫博物院二十五年度财政收支报告》《国立北平故宫博物院建筑南京分院保存库工程经费收支报告》等，详细列出每个月的收入支出情况。

除年度报表以外，还有一些临时费用的单项概算书，如《国立北平故宫博物院中华民国二十五年度奉派驻宁南京分院保存库特务员薪饷临时门概算书》《太庙修缮工程临时费》《建筑南京分院保存库临时费》《朝天宫旧屋材料售价及修理飞云阁等工程专款》《艺展会展余款》等报表。

这些表格中有一些刊载于当年的《国立北平故宫博物院工作报告》中，但是仅限于收支报告和决算书，且 1937 年以后故宫博物院的工作处于战时状态，工作报告不能按时出版。理事会议纪录中的报表，较全面反映了故宫博物院 1934 年—1936 年、1942 年—1944 年财务状况，为研究故宫博物院的经济情况提供了便利。

（三）关于 1942 年到 1943 年故宫博物院的工作情况

1942 年中华民族正处于全民抗战，由于战乱，故宫博物院的工作不能正常开展，纪录当时故宫博物院工作的资料也相对较少，因此第五届理事会第一次、第二次大会纪录十分宝贵。

这批史料记录了故宫博物院古物西迁路线和保管工作。西迁古物自“七七事变”后开始，共分三路向大后方迁移。一路是京湘段，共精品八十箱，经湖南大学运抵贵阳，在安顺县境内华严洞存放；一路是京渝段，共九千三百二十四箱，经水路从汉口、宜昌到重庆，后又运抵到乐山县城南安谷乡，存放在七所祠庙中；一路是京陕段，共七千二百八十六箱，经津浦、陇海铁路运到宝鸡，再由宝鸡到成都，后又运抵峨眉。由于存放地点众多，各处情况不同，因此文物保管工作更艰巨。“本院现在维持保管时期，一切实施端谋文物之完整。自二十八年三处先后疏运存妥后，所有库房警备保管庋藏诸务，均经缜密规划，严订章则，日臻完善，无虞疏失。”[①]西南地区多雨，因此“日常工作即为翻检曬晒清蠹整理，每逢天气晴朗时，乐山二组峨嵋一组（每组至少三人担任组长监视记载等务），从事开箱曬晒，并与点收清册一一核对……遇阴雨之日，则停止开箱，分别检查各库渗漏及蚁蛀鼠啮诸患，无论晒晾或检查，每次皆有记录，于月终汇报，此保管工作之情形也。”[②]

同时保留了赴苏联参展文物回国的详情。1939 年，故宫博物院文物

① 《国立北平故宫博物院第五届理事会第一次大会纪录》（内部编印），上海图书馆藏。
② 《国立北平故宫博物院第五届理事会第一次大会纪录》（内部编印），上海图书馆藏。

赴苏联参加艺术展览，在苏联受到热烈欢迎，“颇获彼邦人士之赞誉，于沟通中苏文化收效甚宏。”①因为苏联延长会期，所以继续留苏展览，直到1941年苏德战争爆发，交通阻塞，国宝滞留苏联无法回国。经过当时驻苏大使馆反复交涉，请立即设法运古物回国，苏联允许将古物空运到阿拉木图，交我方接还回国。后因机场冰雪融化积水，飞机无法起飞，又转为车运回国。1942年6月，古物运抵苏联边境阿拉木图。9月1日，“由我自包中苏航空公司专机前往，连同中央研究院中苏文化协会附运之品，一并接运至兰州。转装中国航空公司班机回渝。”②回国的古物直接参加第三次全国美展，到1943年3月由渝运抵安顺原库存放。

更难得的是这批史料真实反映了沦陷区北平故宫博物院的工作。自1937年“七七事变”后，故宫博物院仅由总务处处长张庭济与少数工作人员监护存平古物。1943年6月19日，张庭济密派总务处工作人员方甦生到重庆，代陈数年来北平院务。在外有侵略者窥伺，内有伪政权觊觎的境况下，为保护古物不被损害，故宫博物院历经风波。

从“七七事变”到1942年，故宫博物院经历了地方维持会时期，王克敏伪政权时期，王揖唐伪政权时期。在地方维持会时期，关东军曾派人强索院藏地图，检出光绪修会典时征集的车臣汗图，要求带走，经交涉再三，几生事变，最后借用三天。所幸三天以后原图返还。此后，日兴亚院向王克敏调借乾隆京城全图，王强令故宫博物院交付，后约定借期六个月，听其翻印百部，届期原物返还。经过这几次交涉，“敌伪渐知本院章制严密，故数年来古物未蒙损害”③。另外，北平的伪组织中对故宫博物院院长一席垂涎者众多，王克敏曾想自任院长，由张庭济代行职责，张庭济固拒。后王克敏下台，王揖唐组织伪故宫博物院理事会，虽然工作方面一仍旧贯，但是“人人感受物质精神两重压迫，情绪弛懈，成绩殊鲜。”④

（四）理事会议纪录是研究近代博物馆事业的特色资料

故宫博物院是近代中国规模最大，藏品最多的博物院。故宫博物院的建立，无论在组织机构还是在章程制度上，都为当时还处于萌芽期的中国博物馆事业起到了示范性的作用。故宫博物院在1934年到1936年之间，理事会通过了诸多关于博物院的机构管理和博物馆业务的章程，如《国立北平故宫博物院理事会议事规则》《国立北平故宫博物院办事总则》《国立

① 《国立北平故宫博物院第五届理事会第一次大会纪录》(内部编印)，上海图书馆藏。
② 《国立北平故宫博物院第五届理事会第二次大会纪录》(内部编印)，上海图书馆藏。
③ 《国立北平故宫博物院第五届理事会第二次大会纪录》(内部编印)，上海图书馆藏。
④ 《国立北平故宫博物院第五届理事会第二次大会纪录》(内部编印)，上海图书馆藏。

北平故宫博物院分科办事暂行细则》《修正国立北平故宫博物院文物分类整理委员会规则》《修正国立北平故宫博物院文物点收委员会规则》《国立北平故宫博物院专门委员会暂行章程》《国立北平故宫博物院南京分院办事细则》《修正国立北平故宫博物院南京分院保存库管理细则》《国立北平故宫博物院南京分院出组规则》《国立北平故宫博物院南京分院招待参观文物暂行办法》《国立北平故宫博物院保管文物人员失职惩罚规则草案》等。这些章程具体涉及到博物馆的各项专业，为中国博物馆事业的发展打下了制度基础。故宫博物院制定的规章制度有些一直沿用到现在的北京、台北两个博物院。

此外，故宫博物院还在国内举办了多次文物展览，并远涉重洋到国外参展，为刚刚起步的中国博物馆事业赢得了广泛声誉。1935 年 11 月 28 日，伦敦皇家艺术学院百灵顿堂，故宫博物院馆藏精品甫一展出，世界为之惊叹。这次展览，使故宫博物院扬名海外。关于这次展览的详细过程，诸多文章都有记载，如那志良著《故宫博物院三十年之经过》、庄严著《前生造定故宫缘》等。但这些先生不是理事会成员，对故宫博物院理事会决定参加艺术展的经过，记载比较简略。因此理事会议纪录中赴英参展的纪录尤为珍贵。从最初提案参展到文物启运，故宫博物院理事会多次讨论这件事。

1934 年 9 月 2 日，故宫博物院理事会第三次常务理事会，常务理事王世杰提出选送故宫博物院物品，参加伦敦中国艺术国际展览会，并提交《关于选送本院物品参加伦敦中国艺术国际展览会办法》《伦敦中国艺术国际展览会筹划近况报告》，这一提案得到故宫博物院理事会的赞同。1934 年 12 月 7、8、9 日，故宫博物院理事会第四次常务理事会议，通过了王世杰的临时提案，规定了参选物品的选择标准，1935 年 4 月 22 日，故宫博物院理事会第二次大会，通报了本院驻沪办事处，迅将选送物品，送交伦敦艺展筹委会驻沪办事处[①]。1935 年 9 月 11 日，故宫博物院理事会第六次常务会议，通报了故宫博物院参加伦敦艺术展的展品和工作人员[②]。

伦敦艺展给故宫博物院带来了世界声誉，此后故宫博物院的藏品还参加了苏联的艺展，并在国内举办了多次故宫博物院文物展览。故宫博物院通过举办文物展览，带给观众高层次的文化享受，不仅为故宫博物院获得了声誉，客观上也促进了故宫博物院的发展。

① 《国立北平故宫博物院理事会第二次会议纪录》(内部编印)，上海图书馆藏。

② 《国立北平故宫博物院理事会第六次常务理事会议纪录》(内部编印)，上海图书馆藏。

综上所述,上海图书馆所藏故宫博物院理事会议纪录内容丰富,特色鲜明。唯一可惜的是仅有1934年至1936年,1942年至1943年的理事会议记录,因而在反映故宫博物院发展演变过程的完整性上显得不足。但是,就上海图书馆藏故宫博物院理事会议记录的总体内容与价值而言,仍不失为研究故宫博物院发展史的珍贵材料。

第四节　其他学术机构整理清代档案的成绩

除北大国学门、史语所、故宫博物院文献馆三个学术机构对清代档案进行整理外,还有禹贡学会、沈阳档案馆、北平社会调查所、清华大学等学术机构与团体先后对清代档案史料进行整理和研究。

一、清华大学对清代档案的整理

清华大学成立于1911年,最初是留美学生的预备学校,1925年改制增办大学部,实行文理并重的通才教育。学生分成普通科与专门科,普通科与专门科学制各两年或三年,普通科"以使学生知中国之以往与世界之现状,籍以明了中国在此过渡时代之意义,并鼓励学生使为择业之考虑为宗旨。"[①]设置的课程均为普通性质,包括共同科目和选修科目两类,选修科目包括国文、英文、数学、自然科学、社会科学、哲学、语言学等科目。虽然1925年创建的清华大学研究院国学门有四大导师,但彼时清华大学历史系仍然名不见经传。

清华大学历史学系在1926年刚刚设立之时,师资紧张,课程简单,但是系主任陆懋德拟订的计画书中对历史系的设想凸显了中西贯通的特色,这也给清华历史系此后的学风指引了方向。计画书如下:(一)中西并重以资深造也。(二)添聘通才以宏造就也。(三)注重西史方法以广传习也。(四)搜罗东西材料研究也。(五)添设考古学室以资参证也。(六)改编吾国史书以便学界也。[②] 1928年罗家伦就任清华大学校长,并兼任历史系主任,虽然他仅兼任历史系主任一年时间,但是却奠定了清华历史系的基础。罗家伦(1897—1969),字志希,浙江绍兴人,1920年毕业于北京大学英文学系,此后先后在美国、英国、德国、法国的多所大学留学研读哲学与历史,

① 《北京清华学校大学部暂行章程》,《清华周刊》1925年第24卷第9号。
② 陆懋德:《筹办历史系计画书》,《清华周刊》1926年第25卷第16号。

受到兰克史学的影响，形成了历史以求真为目的，重视史料搜集、考证，强调历史学的科学性等史学思想，同时也坚定了从事中国近代史研究的决心。罗家伦兼任清华大学历史系主任期间，他的史学思想对清华历史系的学风形成影响至巨。

罗家伦作为中国近代史研究的开山者，重视近代史研究的机制，重视中国近代史研究，提倡史学科学化，大量搜集整理近代史料，为清华历史系形成“历史与社会科学并重；历史之中西方史与中国史并重；中国史内考据与综合并重”①的特点。罗家伦的继任者是蒋廷黻，蒋廷黻（1895—1965），字绶章，湖南邵阳人，1923 年毕业于哥伦比亚大学，专攻历史，是中国近代外交史的奠基人。1923 年回国后创建了南开大学历史系，主持 6 年历史教学，不仅把西方史学的研究方法带给了南开，同时比较系统地构建了南开西方史学的课程体系，在当时的大学历史系中起到了示范作用。

1929 年蒋廷黻被罗家伦聘为清华大学历史系主任，在历史系的学科发展、人才培养、课程设置方面将清华历史系迅速引上新的平台，为后来中国史学的进步播下颇具生命力的种子。蒋廷黻的近代外交史研究成果斐然，1931 年发表《琦善与鸦片战争》《李鸿章——三十年后的评论》，1932 年发表《最近三百年东北外患史》。这些论著有的是根据新材料叙述史实，有的是翻案文章，而其新颖之处是就当时国际国内环境评判主办外交者的得失，论事而兼论人，为研究中国近代外交史辟了一条新路，一反过去辨忠奸，一味骂外国人的流行说法和治学模式②。

蒋廷黻的近代外交史研究成果是建立在坚实的史料基础上的，他在南开大学任教期间就注重整理中国外交史料。到清华工作之后，经常到故宫博物院抄录档案。他在回忆录中说：“对我个人说，清华五年是我一生中最快乐的岁月。我乘便可以接触故宫博物院的档案。有一段时间，我们有好些人在故宫博物院抄录档案，把未公布的重要文件抄录下来。故宫中收藏的最重要档案是清代军机处的。自十八世纪三十年代起到清代终止为止，军机处是大清皇帝的真正秘书处。该处人员管理档案非常制度化，每天来文均由收发登记，这些来文主要的是中央各部及地方首长的奏折。此外，对皇帝批覆的奏折也有专人登记。每件档案都详细登录日期及摘要。这种简单小心处理档案的制度，对满清政府说实在是一种光荣。由于革命和

---

① 王学典：《中国新史学的摇篮——为清华大学历史系创建 90 周年而作》，《清华大学学报（哲学社会科学版）》2016 年第 5 期。

② 吕文浩：《清华学人之五——蒋廷黻在清华历史系》，《文史精华》1999 年第 3 期。

武装政变在北平接二连三的发生，有些老衙门的档案均被弃置，无人管理。有些档案在北平当废纸卖。我为清华成吨购买，清华图书馆所存的资料大部分都是清朝军机处和海军方面的资料。”①

蒋廷黻为清华购买了大量的清代档案，整理这些档案的工作成就了此后史学界另一位著名学者——吴晗。吴晗(1909—1969)，原名吴春晗，字辰伯，浙江义乌人，明史大家。1931年吴晗以文史、英文各一百分，数学零分的成绩被清华大学破格录取。由于家庭的贫困，吴晗在中国工学就读时的老师胡适，给当时清华代理校长翁文灏、文学院院长冯友兰、史学系主任蒋廷黻写信说明吴晗的情况，并且附上吴晗的作品《胡应麟年谱》一册，以观他的学历，并要求给吴一个工读的机会②。于是蒋廷黻安排吴晗到清华历史系档案馆整理档案，每周有25元大洋作为报酬，可以维持其生活费用。

这批档案经过吴晗的整理，得以整齐而系统。期间吴晗在整理史料时，经历了思想变化、学术进步和感情发展等事宜，心情不顺畅，对照时局则更加愤怒。“过去4个月，无时无刻不被这种苦痛所蹂躏，最初的克制方法，是把自己深藏在图书馆中，但是一出了馆门，就仍被袭击，后来专写文章，冀图避免此项思虑，但是仍不成功……在就睡后仍陷于一种无可奈何的深思中，结果是成为照例的失眠。最近在历史系开始工作，整理咸同光三朝的《京报》，把它编一目录，起初几天，倒也感觉兴趣，可是后来渐渐有对外关系和军事种种的记载出现，不由地把它和现在的一一比较，结果只是使你愤怒，扼腕；假使可能的时候，情愿时光倒流，至少那几个皇帝和大臣只是无能，短见，而决不是卖国，屈服!”③

1929年到1935年之间清华大学购入清代档案有五万件，蒋廷黻购入的占多数。“清华历史系所藏的档案，全部是五年来陆续收买得来的。档案既非出自一处，又非同时入藏，中间又因为特殊原因的牵掣，四五年中几乎没有一年不要搬一次家，档案的本身，经过由原藏处移到书贾，由书贾捆载到清华，大麻布袋或竹席盛著的一些破烂故纸，本已凌乱到不堪，到清华后又经过四五次的移徙，即使是完整的保持原形的也会变成垃圾堆，何况本来是那么凌乱着的。以此清华档案整理的大部工夫便须用在还原的工

① 蒋廷黻：《蒋廷黻回忆录》，长沙：岳麓书社，2003年，第132—133页。

② [美]马紫梅著，曾越麟等译：《时代之子吴晗》，北京：中国社会科学出版社，1996年，第114页。

③ 吴晗：《致胡适(1932年1月30日)》，苏双壁主编：《吴晗自传书信文集》，北京：中国人事出版社，1993年，第81页。

作上。"清华大学保存整理档案的工作方针与其他学术机构不同，他们"暂不预备出版任何刊物，决定集中全力在收买档案和整理档案上。"①由于档案破碎不堪，因此清华大学历史系整理档案的工作重点是还原档案，还原的程序因档案形式不同而有所不同。

档案大致分为三类，第一类是本子式的，大多为卷册，封面标有名目。因此这类档案形式大小性质内容虽有不同，总有一个系统和线索可寻，完全恢复原来的样子比较容易，只要按照内容、形式、年代、机关分别排列即可。第二种是折子式的，大多无标题，每一件可独立。第三种是零纸，既无名目也无衙署年月。这两种档案的还原，要费更多时间。首先要在一大堆烂纸中作形式统一的分割，把大小、颜色、纸张相同的归纳到一起，然后分机关及机关下属的部门分类，再将同一部门的档案按照不同形式分别开，最后再分年、月、日。这样分完之后，再还原档案，按照档案的部、司、科、股、文件的性质、年、月、日的顺序装在特制的布套中。

完成还原后的档案继续编目，依照档案的不同性质分别用十进式和机械式两种方法。十进式编目应用于本子式的档案，机械式应用于折子和零纸式。值得指出的是机械式的编目方法，是为了保存零散的档案特别创造出来的。机械式就是按顺序给还原后的档案写上一个承上启下的总号，标在特制的装文件的布套上。这种布套缺上盖和后背，按文件的高度配置，布套的高度比所装文件低三分之一，宽和所藏文件相同，后部用带子绑住。套面上的题字表示所装文件的内容和性质，底下的数字表示文件的总号和排列数字。

这种前无师承后无效法的编目工作，进行了三年，并不断修改。到1934年清华大学历史系整理就绪本子式的军机处档案几千套，折子式的档案八千件。他们的愿望是能够平安完成这些史料的整理工作，"继续地替国家、替社会尽这一点小责任……希望其他的文化机关也能多注意这方面，多替后人保存一些无价的史料。"②

二、禹贡学会对清代档案的整理

禹贡学会作为20世纪30年代最知名的非官方学术团体，在近代史学史上有重要的地位。该学会1934年由顾颉刚与谭其骧共同发起，并创办了《禹贡》半月刊作为机关刊物，直至1937年7月停止发行，禹贡学会也停

---

① 吴晗：《清华大学所藏档案的分析》，《中国近代经济史研究集刊》1934年第2卷第2期。
② 吴晗：《清华大学所藏档案的分析》，《中国近代经济史研究集刊》1934年第2卷第2期。

止活动。禹贡学会继承了中国传统史学的经世致用以及清代西北史地学派的余韵,高举起民族主义的旗帜,创办刊物,编辑丛书,整理旧籍,致力于边疆史地的调查,形成了近代史学史上独具特色的学派,不仅促进了一个新兴的学科——中国历史地理学的兴起,推动了中国历史地理学的近代化转型,还造就了一大批历史地理学、民族学的人才,在学术界乃至整个社会都形成了广泛的影响。

禹贡学会的灵魂人物是顾颉刚,顾颉刚(1893—1980),字铭坚,江苏苏州人,以研究上古史并以创立古史辨派享誉史林,他对于中国历史地理学科的创建也居功至伟。在他的研究工作中,对于史料的重视与应用贯穿始终。顾颉刚对于古代史料大胆怀疑,提出了"层累地造成的古史观",由此发起疑古辨伪,对古史资料的批判利用起了根本性的变化。顾颉刚认为"考据学这个名词应当改称为'史料学'。史料学的目的,是从资料的来源和它的真确性以及作者的时代和他的环境等等问题来揭示出每一件资料的本质,认定它是一定的社会环境下的产物,以便人们根据了这样的分析,进一步综合某一时代的资料而得着正确的历史知识。"①顾颉刚提出要以平等的态度看待史料,他认为"我们对于考古方面,史料方面,风俗歌谣方面,我们的眼光是一律平等的。"②在这种平等的眼光下,档案被纳入重要的史料范围之中,顾颉刚将史料分成直接史料与间接史料,他认为"近年来中国学术上有很大的进步:促成这种进步的泉源的固不止一端,而其最重要的则为直接史料的发现和利用。""清代档案的保存,这是近代直接史料的大本营。"③他引用蔡元培的"信史是要从档案中考核出来的"④,重视档案对于历史研究的价值。

因为顾颉刚对档案的重视,1936 年 6 月当清代档案出现于市肆,禹贡学会设法收购了这批档案。"六月,得知某纸商手中有大批清代档案,即请赵泉澄前往替禹贡学会选购。七月,购得四千多斤,三、四万卷,以清代光、宣两朝之档案为大宗。随后学会设专人理之。"⑤从 6 月到 7 月,这批档案的收购可谓一波三折。首先是购买档案需要筹款。6 月 6 日顾颉刚专门同禹贡学会诸人商议购买档案之事,后决定请求管理中英庚款董事会补助一万五千元,6 月下旬申请通过,7 月此项补助到位,禹贡学会才得以购买

① 顾颉刚:《古籍考辨丛刊》(第一集),北京:中华书局,1955 年,第 1 页。
② 顾颉刚:《一九二六年始刊词》,《北京大学研究所国学门周刊》1926 年第 2 卷第 13 期。
③ 顾颉刚:《禹贡学会的清季档案》,《文献论丛·论述一》1936 年。
④ 顾颉刚:《禹贡学会的清季档案》,《文献论丛·论述一》1936 年。
⑤ 顾潮编著:《顾颉刚年谱》,北京:中国社会科学出版社,1993 年,第 254 页。

档案。但是在收购这批档案的过程中，先是与出售档案的还魂纸店接洽过程中已经有其他学术机构先下手为强，后几经交涉，许以高价，该店停止出售，但是已经有近万斤档案被售出。剩下的三万斤档案因该店发生问题，无从接洽，但是售出的近万斤档案，被发现分别在另外两个纸店出售。于是禹贡学会继续跟这三家店交涉，但是当时因为三家都要全部出脱，价格昂贵，禹贡学会无力购买。眼看这批档案要变成还魂纸，"吾人目击史料之沦亡，不胜扼腕！"[①]所幸此时中英庚款到账，禹贡学会委托一家店与另外两家商议，万幸的是原来要变成还魂纸的档案还未下水，禹贡学会才得以将这批档案购入。

这批清代档案主要是光绪、宣统两朝的档案，其中各部清册数量最多。由于文献馆、北大国学门、史语所的清季光宣两朝档案非常少，这部分档案正好可弥补上述三个学术机构藏品的不足。光宣时期是中国社会发生巨变的时期，这些档案为研究近代中国经济、财政、社会、地理沿革的第一手资料，因此数量虽然不多史料价值却非常大。这部分档案的种类大致分户口、田赋、漕运、白粮、仓储、库藏、盐课、常关、海关、杂课、杂税、粮饷、驿站、河工、洋药、土药、洋货、土货、水旱、囚粮等20种类别。其中以光宣时期的边疆档案、海防档案、甲午档案、太平天国及甲午、庚子以后的善后档案、充军档案、垦边档案、银价粮价档案、机器档案、湖北枪炮局档案、江南织造局档案、铁路工程及铁路货捐档案、西北通商档案、总税务局档案、易知由单档案等专题具有很高的价值[②]。上述档案可以分为四大类：第一，有关国防大事，暨民族发展之档册，其类有九；第二，有关工商贸易金融等之档案，其类十五；第三，有关于国家或地方经济财政之档案，其类十二；第四，杂档，其类十三[③]。

禹贡协会整理档案的方法以袁同礼提出的《档案分类编目法》为基础，汲取文献馆、北大国学门、史语所的经验，集各家之长，形成了自己的整理方法。即先把档案按照不同时期概括分类，每类之中，再以时间的先后排列次序。如果一个事件所含文件繁多，可再以区域区分，然后进行编目、登记，择要摘由。禹贡协会采用3×5寸纸片取代传统的红格本编目，并参照美国图书馆协会编订的条例进行格式标定。并"打算在目录卡片上，加以二齿三齿四齿五齿的卡片"[④]，以使档案分类编目更科学，更便利查找和

① 赵泉澄：《本会最近得到之清季档案》，《禹贡》1936年第6卷第2期。
② 顾颉刚：《禹贡学会的清季档案》，《文献论丛·论述一》1936年。
③ 赵泉澄：《本会最近得到之清季档案》，《禹贡》1936年第6卷第2期。
④ 顾颉刚：《禹贡学会的清季档案》，《文献论丛·论述一》1936年。

研究。

禹贡学会对档案的分类整理,吸取了此前整理档案的几个学术机构的方法,如果坚持下去定会有所收获。但是好景不长,1937 年 1 月,禹贡学会购买的这批档案被财政部北平档案保管处赎回,致使禹贡学会整理清代档案的工作戛然而止。

这其中又牵扯到当时的一起盗卖档案事件。设置于 1928 年的财政部北平档案保管处,职责是保管存放在北平的旧档,包括清代户部、度支部及北洋政府财政部的历史档案,约有数十万卷,近百万斤。1935 年该处报经财政部批准,出售破烂文卷二万二千斤,1936 年又售出档案二万九千八百八十五斤[①]。根据单士元的调查,这批档案的数量更多,共计:1. 售给文荟阁三万余斤(其中被禹贡学会买去一部分);2. 售给文奎堂四至五万斤(其中被北京大学买去一部分);3. 售给东莞老馆一大批,斤数不详。以上三地,至少有十几万斤,可见为数之巨。故宫博物院理事会还专门开会讨论,作出决议,要求行政院将存放在北平的各中央机关的旧档,都拨交给故宫博物院整理[②]。这批档案中不但有前清重要卷宗在内,而且还有 1925 年财政部的卷宗。此事一经揭露,舆论哗然,故宫博物院、禹贡学会、北京大学均致信给财政部,要求将这批档案交给学术部门整理与研究。但是这明显是一起盗卖档案的处理结果,竟然是以将禹贡学会及文学斋处的档案由原经办人"悉数倍价赎回",将经办人撤职处分,其他负责任的人均免于置议。事实上,财政部根本没有全部收回出售的档案,原本经过行政院批准的,将存放于北平各中央机关的旧档全部归于故宫博物院及其他适当学术机关的决议也成为空文,财政部压根没有把该部北平档案保管处的历史档案交给故宫博物院或者其他学术机关。这一起盗卖大量档案的案件,最后财政部次长徐堪在秘书处提交给他的签呈上批了"即已悉数收回,姑免置议。"这起倒卖档案的案件,由于官僚的互相遮掩,变成了"流散"在外面的档案被悉数收回。唯一的结局是禹贡学会的档案被收回,导致禹贡学会整理档案的事业就此夭折。

贺麟《学术与政治》对学术与政治的关系有过如下论述:"一个政府尊重学术,无异饮水思源,培植根本。假如政府轻蔑抹煞鄙视学术,那么这个政府就渐渐会成为'不学无术','上无道揆,下无法守'的政府,恐怕不久也

---

① 《财政部参事蔡光辉调查后给该部秘书长的电》,中国第二历史档案馆编:《民国时期文书工作和档案工作资料选编》,北京:档案出版社,1987 年,第 644 页。

② 韩森:《民国时期一起盗卖大量档案的事件》,《档案工作》1985 年第 2 期。

就会塌台的。”[①]禹贡学会的档案被收回，虽然办事之人是政府小吏，但是背后折射出当时政府官员对档案、对学术的态度，贺麟的文章写于抗战期间，不久之后这个政府果然坍塌了。

三、北平社会调查所对清代档案的抄录

北平社会调查所前身是1926年7月设立的中华教育文化基金董事会社会调查部，1929年中华教育文化基金董事会自办社会调查部并扩大改组为北平社会调查所，由陶孟和任所长，1934年合并到中央研究院社会科学研究所。北平社会调查所作为独立的学术机构时间仅从1929年到1934年，但是这一时期，对社会调查、经济史都做出了诸多开创性的贡献。事实上，社会调查所的经济史研究始于清代经济史，通过发掘整理清代档案，开拓了清代经济史的研究领域。

20世纪新材料的大发现是近代史学蓬勃发展的重要推动力，故宫博物院文献馆出版的史料汇编《掌故丛编》《文献丛编》《史料旬刊》等丛书，率先公布了一部分清代经济史料，此后又出版了《内阁大库现存清代汉文黄册目录》《清内阁旧藏汉文黄册联合目录》等清代经济史的史料目录。这些档案与目录的出版，引起社会调查所学者们极大的研究兴趣，清代经济史档案是他们“无意中得到的一个宝藏”[②]。特别是在“史料极端贫乏的中国里，档案实在有它的无与伦比的价值，尤其是在研究近代财政经济的方面。”[③]北平社会调查所开始关注清代经济史，“吾人既知清代经济在研究中国现在诸种经济社会问题上之极端重要，而目前国内关于清代经济之著述，迄未多见，能以科学方法或从原始材料研究的尤少！”[④]北平社会调查所从1930年10月起开始派人抄录有关清代经济史的各项档案，由北平社会调查所年轻学者汤象龙主持这项工作。

汤象龙(1909—1998)，字豫樟，湖南湘潭人，我国近代经济史学科的奠基人之一。1929年清华大学政治学系毕业[⑤]，1930年至1942年在北平社会调查所、中央研究院社会科学调查所工作。汤象龙自进入社会调查所做研究生起，就开始参与这项具有开创性的工作。1932年汤象龙开始担任

---

① 贺麟：《学术与政治》，《文化与人生》，上海：商务印书馆，1947年，第202页。
② 《发刊词》，《中国近代经济史研究集刊》1932年第1卷第1期。
③ 《导言》，《中国近代经济史研究集刊》1934年第2卷第2期。
④ 汤象龙：《道光朝捐监之统计·作者按》，《社会科学杂志》1931年第2卷第4期。
⑤ 苏云峰编撰：《清华大学师生名录资料汇编(1927—1949)》，台北：“中研院”近代史研究所，2001年，第166页。

北平社会调查所近现代经济史组组长，主要有两个任务：要主持全组研究工作，又要主持选抄整理清政府财政经济档案工作。最多时同时协调指导52人在故宫博物院文献馆、北京大学、中央研究院史语所等机构抄录清代经济档案。他每天要到故宫文献馆和北京大学文科研究所明清史料室两处指导选抄和校对整理工作，都经过在北大文科研究院工作的好友罗尔纲的办公室，但从来不进去闲谈。多年之后罗尔纲回忆汤象龙走路都在一心想着工作，“他跟我说：‘我天天走进北大文科研究所，院子里大树叶落了又青，青了又落，我都不知道’”①。

凭这样的工作精神，汤象龙带领北平社会调查所(1934年并入中央研究院社会科学研究所)一支年轻的工作队伍，从1930年到1937年共抄录了12万件关于清代经济的原始档案。这些档案“内容极为丰富，包括钱粮、粮价、关税、厘金、漕项、耗羡、参票等十数类宝贵资料。”②与抄录档案同时进行的工作是在《中国近代经济史研究集刊》上面积极刊登推介档案原件，使这些清代档案可以为更多的学界同行了解和使用。在集刊开设专门栏目《史料参考》，“本刊特辟史料一栏，登载各种与前面论著有关而为外间未曾发表的史料”，以“引起读者的兴趣，去做同样的研求”③。《中国近代经济史研究集刊》第2卷第2期专门开辟明清档案专号，介绍了史语所、北京大学、清华大学、故宫博物院文献馆四个存放档案的学术机构所藏档案。

除了抄录档案，社会调查所还大胆引进社会科学中的统计方法训练出一批具有专业历史知识的统计人员，汤象龙等人根据清政府原有的统计制度，制定出不同的表格，训练这些抄录档案的人员学会使用表格，将原始档案上的数字填入这些统计表格，这样将原始档案转化成为计量表格，既减轻了抄录人员的工作量，又为使用者提供了方便。汤象龙及他的同事们抄录的12万件档案，有一半以上实现了统计表格化，可供研究者使用。这种发掘和利用政府档案进行研究工作的规模和气魄之大在我国史学界是仅见的，为我国史学界研究近代史的工作开辟了一个新的园地④。

北平社会调查所抄录的这批档案，从1933年开始陆续南运、西迁，抗战胜利之后再返回北京，辗转历时20余年。在战火纷飞的20世纪30、40

---

① 汤象龙、罗尔纲、谷霁光：《〈中国近代海关税收和分配统计(1861—1910)〉序言三篇》，《财经科学》1992年第4期。

② 北平社会调查所编：《社会调查所概况》，北平：社会调查所，1933年，第9页。

③ 《史料参考》：《中国近代经济史研究集刊》1932年第1卷第1期。

④ 汤象龙、罗尔纲、谷霁光：《〈中国近代海关税收和分配统计(1861—1910)〉序言三篇》，《财经科学》1992年第4期。

年代，北平社会调查所的工作人员为了保护这批珍贵的史料历尽艰辛。由于北大国学门、文献馆等学术机构的清代档案，在20世纪的战乱中几经搬迁，有些档案的原件已经无从可考，另外还有部分档案随着国民党撤退到了台湾。因此北平社会调查所这批抄录的档案中保存了很多清代档案的重要资料，以供从事相关研究的学者应用，可谓弥足珍贵。时至今日，这部分档案仍然是中国社科院经济研究所的"镇所之宝"。[①]

除了上述几个学术机构之外，沈阳博物院有档案处藏清代档案，包括清盛京旧档、清代内阁大库旧档、及清末至民国以来的东北各省县旧档。沈阳博物院的内阁旧档为罗振玉整理过的档案。罗将这批档案赠与奉天图书馆，后图书馆隶属沈阳博物院，为管理档案部分特设档案处。该处所藏内阁大库档案大约有明史料525件，清史料54385件，此外还有汉文不全题本(顺治至光绪朝)285捆，朝代无考不全题本229捆，满文不全题本(顺治至光绪朝)47捆，朝代无考不全题本4捆。后因东北战乱，这批档案于1947年6月运到北平北京大学文科研究所保存。沈阳博物院在北平设置沈阳博物院档案处北平办公处，对这批档案进行整理。拟将明末提行稿五百余件，悉数抄出排印，将所藏旧档目录未出版者继续出版[②]。

顾颉刚分析近代史学发展迅速的原因之一，就是新史料的发现，他认为新史料的发现"一方面可以补充过去史籍的不备，一方面却又决定了后期史学的途径"。[③] 清代档案的发现和整理，在两个方面促进了史学的发展。

其一，通过档案的发掘和整理，新的史料观已经形成。首先是正确认识史料的价值，"史料不是古董，不以时代的著色新旧而异其存在的价值，史料也不是装饰品，非经过一番科学的整理便无从利用起。"[④]其次是对于史料的认识，树立了平等的观点。每一个时代每一个阶层的人留下的史料都有相等的价值，因此史料的范围及意义也有所扩充。清华大学历史系提出"除收存公家的史料外，此后还打算多蒐集属于私人的史料，例如私人的文集，著作，函件，族谱等等"[⑤]。还打算搜集地方史料，已流传外国者，则设法照相保存。再次是从辨证和发展的眼光看史料的保存，"近代和古代只是两个相对的名词，古代人没有替我们好好地保存着他们所处时代的史

① 刘方健：《汤象龙百年追思纪念会综述》，《经济学家》2009年第8期。
② 罗福颐：《清内阁大库明清旧档之历史及其整理》，《岭南学报》1948年第9卷第1期。
③ 顾颉刚：《当代中国史学·引论》，《当代中国史学》，第3页。
④ 吴晗：《清华大学所藏档案的分析》，《中国近代经济史研究集刊》1934年第2卷第2期。
⑤ 吴晗：《清华大学所藏档案的分析》，《中国近代经济史研究集刊》1934年第2卷第2期。

料,使我们后代人无法弥补许多历史上的缺憾,和解答若干历史上的困难问题,近代和现代的意义在我们的眼光中是如此,在我们的后人却已成了古代,我们如再踏上我们前一辈人古人的覆辙,这种历史上的缺陷和遗憾便会一代一代地永远传给我们的后人。"①

其二,清代档案的出现与整理,不仅补充了清史研究的史料不足,而且开辟了以档案治史的学术路径,为清史研究提供了新的条件和依据。清代史料的发现与近代新的史学观点与方法结合起来,为清史学的发展作出了贡献。上个世纪之初的清史研究,由于辛亥革命的原因,使一些清史研究站在反清立场上,夹杂了对清朝的诬蔑。另外,人们对清朝历史感兴趣多为宫廷秘闻及官府的遗闻逸事,且对诸多不实传闻津津乐道。清代档案的整理与出版,为学者提供了第一手资料,历史的真相被相继公之于世。学者们有据可依,写出一些客观的学术论文,纠正与澄清了一些不实传闻,使清史研究从此走上了一条扎实稳健的研究道路。清代档案整理的系统化和专业化,促成了清史研究领域的扩充,清朝开国史、外交史、经济史、民族史、宗教史、社会史、太平天国史等因此得到迅速发展。涌现出孟森、萧一山、郑天挺、蒋廷黻、郑鹤声、简又文、谢兴尧、罗尔纲、汤象龙、赵泉澄等一大批知名学者,他们充分利用档案史料,在相关领域都取得了丰硕的成果。他们的研究成就是民国时期清史学最重要的收获。

此外,史学界掀起收集、整理和研究清代档案的热潮。与同一时期中国史学近代化进程高潮迭起相呼应,这一时期关于中国社会性质与社会史分期问题的论战,"疑古"、"考信"思潮的流播和新考据学派的形成,都呼唤着学者们"拿证据来",而档案是最有说服力的证据。因此民国时期清代史料整理,可以视为一场学术革命,极大地推动了近代史学的转型与发展。

① 吴晗:《清华大学所藏档案的分析》,《中国近代经济史研究集刊》1934年第2卷第2期。

第三章　新式学者与清代档案的整理研究

20 世纪初，几乎所有史学界知名的学者都参与了清代档案的整理与研究工作，如罗振玉、蔡元培、陈垣、傅斯年、孟森、萧一山、郑天挺、蒋廷黻、汤象龙等，其中有一些学者如郑天挺、萧一山、单士元、汤象龙等藉此走上了终身研究清史的学术道路。这些学者当中既有罗振玉、蔡元培这样处于新旧体制激变下近代史学转型期的第一代史家，也有以萧一山为代表的成长于五四之后的年轻学者。但是不管他们秉承何种史观，有哪一种政治倾向，这些学者皆有一共性：即他们的史料观已经超越了内循环式的，从文字到文字，从文献到文献的观念，树立起了高度重视档案的新的史料观。因此，即使是罗振玉这样的遗老，他的史料观乃至他的史学成就也可以归入新式学者。对于清代档案的整理与研究工作，学界目前还仅限于对部分知名学者的研究。一些年轻学者并未受到重视，如青年学者方甦生在文献馆的工作成就突出，但因英年早逝一直未被学界关注。对有些知名学者的研究也存在一些讹误，如罗振玉是否倒卖清代档案与日人，陈垣为文献馆购买端方档案的时间一直有误。在近代史学转型过程中，这些学者的史学研究，以及对这些学者的评价都带有强烈的时代色彩。站在 21 世纪回望他们，对于他们的史学成就应秉承科学与理性的态度，拿掉附在他们身上的标签，以更深入地发掘史料、清理史实为基础，实事求是地澄清讹误，表彰其贡献。

第一节　典守清代档案的先驱——罗振玉、蔡元培

罗振玉、蔡元培，是同时代的两位著名学者，青年时都参加过科举。蔡元培中进士，任翰林院编修，罗振玉仅是秀才。其后两人的人生道路反差巨大，罗振玉终身以遗老自诩，蔡元培一生以革新著称。两位的学术和人生道路没有任何相似之处，唯独对保护清代档案都做出过巨大贡献。罗振

玉是第一位拯救内阁大库档案史料的功臣，而内阁大库档案最终得到北京大学国学门、中央研究院史语所的保存和整理，很大程度上有赖于蔡元培。作为较早提倡成立博物馆的学者，蔡元培为故宫博物院作出的贡献绝不逊于对北大的贡献。因此，这一节专门论述这两位学者与清代档案的关系。

一、罗振玉是否倒卖大内档案辨析

在内阁大库档案多舛的命运中，罗振玉扮演了重要角色，先救档案于火劫，再救档案于水劫①，保存史料之功至巨。但是，对于罗振玉将大部分档案卖出之后，剩余部分的档案处理却有很多种说法。本节将从资料入手，对罗振玉是否倒卖大内档案进行辨析。

罗振玉(1866—1940)，字书蕴，又字书言，初号雪堂，晚号贞松老人。浙江上虞永丰乡人。清末，曾任学部参事。辛亥革命后，逃到日本，甘愿作清朝遗民。1919年回国，热衷于清朝的复辟，积极参与筹建伪“满洲国”，并出任伪职，为世人所讥。与罗振玉逆历史潮流而动的政治倾向相反，他在学术上却能代表科学与先进。

罗振玉一生坚持从事学术研究工作，成果卓著。他谢世后，留下自撰学术论著130余种，整理校勘印刷的各类文物资料600余种。前中国科学院院长郭沫若，在《中国古代社会研究》自序中，对罗振玉的学术作了充分肯定“罗振玉的功劳即在为我们提供出了无数的真实的史料。他的殷代甲骨的蒐集，保藏，流传，考释，实是中国近三十年来文化史上所应该大书特书的一项事件。还有他关于金石器物，古籍佚书之搜罗颁布，其内容之丰富，甄别之谨严，成绩之浩瀚，方法之崭新，在他的智力之外，我想怕也要有莫大的财力才能办到的。大抵在目前欲论中国的古学，欲清算中国的古代社会，我们是不能不以罗王二家之业绩为其出发点了。”②

在政局动荡的清末民初，罗振玉一心向古，能够看到内阁大库档案的巨大价值，并以一己之力保存珍贵的文化遗产，其胆识、学养、气魄都令人钦佩。解放后，由于溥仪在《我的前半生》中对罗振玉“书商加骗子”的记叙，罗振玉研究在一段时间内几乎是空白。直到改革开放后，罗振玉才逐渐出现在学者的视野中，同时关注“八千麻袋”的文章几乎都提及了罗振玉。但是由于他的政治倾向反动，从他在世到去世，对他的评价莫衷一是，聚讼纷

---

① 购买内阁大库档案的同懋增纸店为便于运输，将买来的档案，取去麻袋，另备芦席，用机器渍水捆扎成包。

② 郭沫若：《中国古代社会研究·序》，《中国古代社会研究》，上海：新新书店，1930年，第4页。

纭。近来学界对罗振玉保存史料的功绩多有肯定，但是对罗振玉把大内档案卖给李盛铎之后，是否又将自留档案卖给日本人这一问题存在多种说法。

（一）罗振玉将档案售给日人的两种说法

罗振玉将档案售给日本人，从1927年开始就有文章记叙。一种说法是罗将档案都卖给了日人，但具体数字语焉不详；另一种说法是仅卖了40余箱。这两种说法的始作俑者为1927年出版的《申报》。

1927年9月25日，《申报》在消息栏中刊登来自北京的电报："前年罗振玉照废纸价值买去清内阁档案八千袋，罗已售与日人松崎，即日出运，其余利应以数成归昆明湖自尽之王某名下。"①

随后，《北新》杂志上刊登了蒋彝潜的《论档案的售出》，其中一部分专门论述罗振玉的功罪。对罗振玉出卖档案给日本人进行了痛斥："救档案的性命是罗振玉；将档案断送给外国的仍是罗振玉。救档案是功；卖档案是罪……将档案从还魂纸上救了还魂，诚然功不可没。不过这一售出，便等于没救……目下罗叔言还保留着一条辫子。据说他不愿作中华民国的公民，要作'胜朝遗老'。那就不怪他，对中国这样淡漠。但档案也是'清朝遗物'，'胜朝遗老'，'断送胜朝遗物'，对清室又何尝热诚！！又岂只淡漠不忠而已哉！尚难免有亲日的意味！档案究是神州宝物；振玉仍是神州子孙，那这种忍心的鬻卖不是卖档案，似乎是卖祖国！"②

鲁迅看到蒋彝潜的文章后，又作一篇《谈所谓"大内档案"》，发表在上海《语丝》第4卷第7期。鲁迅先对亲眼所见大内档案的命运进行了叙述，并以冷嘲热讽的笔调揭示出北京政府教育部的大小官僚对大内档案的种种态度。其中对罗振玉倒卖档案的史事，是根据蒋彝潜的文章，"自从历史博物馆将这残余卖给纸铺子，纸铺子转卖给罗振玉，罗振玉转卖给日本人，于是乎大有号咷之声，仿佛国宝已失，国脉随之似的。前几年，我也曾见过几个人的议论，所记得的一个是金梁，登在《东方杂志》上；还有罗振玉和王国维，随时发感慨。最近的是《北新半月刊》上的《论档案的售出》，蒋彝潜先生做的。"随后，又对罗振玉以如下评价"罗振玉呢，也算是遗老，曾经立誓不见国门，而后来仆仆京津间，痛责后生不好古，而偏将古董卖给外国人的，只要看他的题跋，大抵有'广告'气扑鼻，便知道'于意云何'了。"③鲁迅的文章中认为"中国公共的东西，实在不容易保存。如果当局者是外行，他

---

① 《申报》1927年9月25日，第6版。

② 蒋彝潜：《论档案的售出》，《北新》1927年第2卷第1号。

③ 鲁迅：《谈所谓"大内档案"》，《语丝》1928年第4卷第7期。

便将东西糟完,倘是内行,他便将东西偷完。而其实也并不单是对于书箱或古董"[①],是此后涉及大内档案的文章必不可少的引文,成为批判北京政府倒卖档案的有力武器。他对罗振玉的评判,也成为定论。

承继罗振玉将档案卖给日人,但无具体数字的说法有下面的文章:朱伟武因亲历罗振玉与金梁与同懋增纸店交易清代档案,因此他的记载似给罗振玉是否倒卖档案增加了可信度,但他未记这些档案具体何时流出国外,"罗振玉和金息侯求程运增介绍善果寺的和尚同他们相识,拟继续租赁该庙大殿存放这些文件档案材料……这些所谓的烂纸经整理后,装了箱,最后由火车运到天津日租界,又装船运往大连,转卖给日本帝国主义者了。"[②]祁谷、徐有礼、孙海燕等撰文,均认为 1927 年 9 月,罗振玉以高价将手中档案卖与日人松崎鹤雄[③]。此外,《中国档案史》也写到"1927 年,罗氏把存留的一部分卖给了日本松崎"[④]。

关于罗振玉把 40 余箱大内档案买给日本人松崎的说法,据作者手中的资料,是由《中国档案事业简史》最先提出。该书《北洋政府对历史档案的大拍卖——"八千麻袋事件"》叙述了"八千麻袋"事件的始末,其中有"1927 年,罗振玉把存留档案的一部分卖给了日本人松崎,共四十余箱之多。北洋政府为此事还做了些官样文章以应付舆论,在松崎把这批档案运出海关后,内务部才下令津海关要'严加查验',然而,日人松崎此时已经带着大批清朝档案走了"[⑤]。此外,还有傅荣校、张娜、王景高等几位学者[⑥],在论文中几乎都提到罗振玉卖了 40 余箱档案给日人,但对这一事件的记载出于何处未作说明。

(二)关于罗振玉没有将档案售给日人的两种说法

对于罗振玉没有售出档案的说法也有两种:其一认为罗曾经想将档案卖给日人,但迫于压力,并未售出;第二种说法是罗根本没有卖过档案,而是带着这批档案到了旅顺。

第一种说法最早提出来的,是《人民日报》刊登的《大内档案今昔》,

---

① 鲁迅:《谈所谓"大内档案"》,《语丝》1928 年第 4 卷第 7 期。

② 朱伟武:《故宫明清文件档案流失的见闻》,《档案》2000 年第 2 期。

③ 详见祁谷《八千麻袋大内档案流失记详》(《档案春秋》2005 年第 10 期),徐有礼《罗振玉与"大内档案"》(《档案》2000 年第 6 期),孙海燕《罗振玉档案实践活动及思想评述》(《兰台世界》2005 年 1 期)。

④ 杨小红编著:《中国档案史》,沈阳:辽宁大学出版社,2002 年,第 448 页。

⑤ 邹家炜、董俭、周雪恒编著:《中国档案事业简史》,第 169 页。

⑥ 详见傅荣校《大内档案与鲁迅〈谈所谓大内档案〉》(《档案》1997 年 1 期),张娜《清代内阁大库档案的流散与北京大学对档案的整理》(《北京高校档案学术论文汇编》2006 年),王景高《论述我国档案的厄运(续一)》(《档案学通讯》2006 年第 4 期)。

"1927年9月,罗氏又将一部档案卖给日本人松崎……大约是迫于舆论的压力,罗振玉又从松崎那儿买回这些档案"[①]。此后的一些论文也延续了这种说法,比较有代表性的如王若、王胜利认为,"1927年9月又将一部分档案卖给日本人松崎鹤雄。这就引起了国人的'号咷之声'(见鲁迅《谈所谓"大内档案"》),大约是迫于舆论的压力,罗振玉以后又从松崎那买回这批档案[②]";倪金荣、亦史均认为罗振玉本拟将这批档案售予松崎鹤雄,但是因为遭到国内学界抵触未果[③]。另外值得一提的是,强英良虽然也认为罗振玉欲将档案卖给日本人,但是对鲁迅的文章提出质疑。"一九二七年,日本人想从罗振玉手中买下这批资料,被李盛铎出重资购下,花费一万六千元才成交……《鲁迅全集》的注释,在《谈所谓"大内档案"》的'罗振玉'条目中说:'一九二七年九月,罗振玉又将它卖给日本人松崎。'这一说法可能其中有误。当时罗振玉拟将'大内档案'转售日本人的消息闹得沸沸扬扬,国人瞩目,已不易行事,因此拟卖给外国人而未果"[④]。

第二种说法是罗振玉没有将档案售出给日本人,而是带到了旅顺。如李鹏年认为"罗振玉自己留存的档案,后来运到旅顺,于一九三四年成立大库旧档整理处,从事整理"[⑤];李永球则认为罗氏"自然有日暮途远之感;后来竟将未经整理之史料的一半,卖给福建德化人李盛(铎)[⑥],大约是认识到一个人的力量无法整理的缘故。剩下的一半,又移置到旅顺,1933年又开始整理;次年由他的儿子罗福颐编成《目录》4卷,分为甲乙二编付印,而原件未及时刊行"[⑦]。

上述各种观点在学术自由的今天,都可视为一家之言。但是,罗振玉到底有没有出卖档案涉及罗振玉研究的关键问题,就像蒋彝潜文章中所说,出卖这些档案与出卖祖国的罪名相等。因此,有必要对罗振玉是否出卖档案给日本人作一考证。

按照上述文章,罗振玉与松崎的交易在1927年。其中的关键人物是日本人松崎鹤雄。

---

① 余章瑞、秦国经:《大内档案今昔——访中国第一历史档案馆》,《人民日报》1985年3月1日,第3版。

② 王若、王胜利:《松崎与旅顺库籍整理处》,《图书馆学刊》1989年1期。

③ 详见倪金荣《几经劫难的大内档案》,(《文史杂志》1992年1期),亦史《大内档案的流转》(《历史教学》1997年第8期)。

④ 强英良:《关于鲁迅所记的罗振玉数事》,《鲁迅研究学刊》1990年第2期。

⑤ 李鹏年:《内阁大库——清代最重要的档案库》,《故宫博物院院刊》1980年第2期。

⑥ 原文缺失,应为李盛铎。

⑦ 李永球:《罗振玉在整理古文献上的重大贡献》,《图书馆》1995年第3期。

松崎鹤雄(1868—1949),号柔甫、柔父。生于日本熊本县,青少年时代曾就读于济济黉、熊本洋学校、长崎镇西学院等名校,后随德富苏峰到东京,随汉学家竹添井井学习《左传》《论语》《诗经》等。1908 年 12 月作为《朝日新闻》的通信员到长沙,先后师从王闿运、王先谦、叶德辉等人。1920 年,松崎鹤雄在大川周明的推荐下,到大连的“满铁”图书馆工作。直到 1940 年松崎因其子加入日本共产党,组织“满洲共产党”,被迫辞去满铁之职。1940 年应华北交通社之聘到北京,1946 年回国①。松崎在中国与很多中国学者关系友善,如历史学家邓之诚和他关系亲密,“1940 年冬,是松崎先生告诉先父,高丽有人藏有《李朝实录》的信息的。先父于 1943 年春,拜访松崎,曾以缪荃荪《孟子音义校勘记补》稿本送给松崎。先父文如先生因经济困难,不得不将《锡珍手稿四种》通过松崎卖得高价,以买粮食度日,后且酬劳松崎,乃赠《莼客李慈铭手札》”②。1946 年松崎回日本,邓之诚还作诗为之送行。

松崎鹤雄与罗振玉的接触,最早在 1928 年罗振玉到旅顺居住后。据罗振玉长孙罗继祖③记载,“岁戊辰,吾家自津沽移寓旅顺,松崎适为大连满铁图书馆司书,知吾家携有内阁大库残档,出面为满铁图书馆求让”④。1927 年,罗继祖已经 15 岁,他的记忆应该可信。

据上述记载,松崎鹤雄 1928 年始与罗振玉相识。因此 1927 年松崎似未与罗振玉接洽购买内阁档案,并将档案携带到日本。据 1927 年 10 月 20 日《天津海关监督署致内务部代电》,“日人松崎报运钟祥县志等共拾柒箱,装由竹岛丸轮船出口往大连,惟不知内务部电称前清内阁大库文卷,是否将此项书籍包括在内,一并禁止出口,未经详细叙明,相应咨会查照,迅予核议见复,以凭办理。”⑤10 月 22 日《内务部致天津海关监督电稿》“松崎装

① 刘岳兵:《叶德辉的两个日本弟子》,《读书》2007 年第 5 期。

② 邓瑞:《邓之诚与松崎等的友谊》,《南京大学报·南苑副刊》879 期,2005 年 1 月 10 日。

③ 罗继祖(1913—2002),罗振玉长孙,因从小体弱多病,两岁起被祖母抱来照顾,此后一直跟随祖父母生活。罗继祖自幼随祖父读书,受到祖父的特别钟爱,亲自给他起名“继祖”。罗继祖既得家学真传,成年后潜心学术,在东北史、辽金史、历史文献学等领域建树卓著。由于罗继祖随侍罗振玉几十年,在罗振玉研究方面拥有得天独厚的条件,因此作出了开拓性贡献。从罗振玉去世后,就参与整理罗氏著作,并辑述了第一本罗振玉年谱——《永丰乡人行年录(罗振玉年谱)》,被著名文献学家张舜徽评为“叙事缜密,无溢美,无浮词,可信可传。”

④ 罗继祖:《内阁满文档案与松崎鹤雄》,《鲁诗堂谈往录》,上海:上海书店出版社,2001 年,第 382 页。

⑤ 中国第二历史档案馆编:《中华民国史档案资料汇编》第三辑文化,南京:江苏古籍出版社,1991 年,第 254 页。

运钟祥县等既有十七箱之多，当不止此一种，究系何项书籍，共若干部，是否隐藏内阁文卷在内，应饬详细检明，并应查明书籍种类数目，开具清单，详注何项纸版及印行年月，速复到部，以凭核办。"[①]上述电报可知，当时松崎要运到大连的十七箱书籍，并未确定是否夹杂大内档案，也不是"在松崎把这批档案运出海关后，内务部才下令津海关要'严加查验'"[②]。

再看罗振玉在1927年的行踪，1927年5月3日，王国维自沉于昆明湖，罗振玉痛失良友。罗振玉在王国维去世后，忙于帮助王家办理后事。7月17日，王国维在清华园安葬，罗振玉开始为王国维整理遗著。"七月十七日，静安既安窆清华园侧，乡人即著手为整理遗著。静安辛酉年(一九二一)自编其著作为《观堂集林》二十卷，于十年来所著(大部分刊入《云窗》、《雪堂》、《广仓》三丛刻者)，或全删，或节取，其词费者，则隐括之为一篇，以为菁华已尽，其馀鳞爪可不存，乌程蒋氏刻之……静安未逝前，曾将其近年新著研究辽金元史诸文追补入集，溢出原著四之一。至是，乡人与其弟子海宁赵斐云(万里)复就其家搜讨而整比之，订为四集，付博爱工厂陆续印行，命子福葆、福颐及开封关伯益(葆谦)司校理。伯益，乡人长农科大学时弟子也。仲冬，工垂竣，作遗书序"[③]。此外，1927年秋天，罗振玉长孙罗继祖患猩红热，"祖父忙着找大夫给看。祖父就住在我病房的外间，声息相通，一直到我病好。"[④]

从上述记载可知，罗振玉在1927年秋天以后，忙于为亡友整理出版书籍、照料长孙，似未有与日人松崎接触的机会。

关于罗振玉手中自留的大内档案，罗振玉后人的记载有所提及，罗振玉并没有将内阁大库档案卖给日本人，而是带到了旅顺。

罗继祖在《永丰乡人行年录》的记载如下："内阁大库史料，乡人已整理者，千之一耳，限于人力财力，愿不克偿。除在津一部携来旅顺外，其寄北京僧寺之大部，则以一万六千元让与德化李木斋(盛铎)，后李又转让与历史语言研究所，携来部分，乡人在津时曾选藏其菁华，馀概尘封如故。是秋得资，乃于旅顺故肃邸设库籍整理处，延松崎柔甫(鹤雄)及何益三主其事，招处员十馀人从事整理，福成、福颐协助编目。"[⑤]

---

① 中国第二历史档案馆编：《中华民国史档案资料汇编》第三辑文化，第255页。

② 邹家炜、董俭、周雪恒编著：《中国档案事业简史》，第169页。

③ 罗继祖撰、萧义立编校：《雪堂类稿附：永丰乡人行年录》，沈阳：辽宁教育出版社，2003年，第99页。

④ 罗继祖：《蜉寄留痕》，上海：上海古籍出版社，1999年，第210页。

⑤ 罗继祖撰、萧义立编校：《雪堂类稿附：永丰乡人行年录》，第111—112页。

当时在旅顺库籍整理处工作的罗振玉第五子罗福颐，有《清内阁大库明清旧档之历史及其整理》发表于《岭南学报》。由于罗福颐"曾随侍先君，亲手检理"内阁大库档案，因此"据所耳闻目见，旧档流传之历史，及各方整理之概略，分章述之。"[①]据罗福颐的文章，1928年罗振玉移居旅顺后，"所藏书画古物旧档均同运旅。至民国廿二年，日本友人松崎鹤雄氏介绍由日本外务省出一部份资金协助检理所藏明清旧档，以三年为度。约以整理完成，即将所有档案捐赠奉天图书馆珍藏。先君允其请，遂于廿三年[②]春，成立大库旧档整理处於旅顺，时集处员十余人。"[③]

也许由于松崎鹤雄介绍日本外务省出资金，帮助罗振玉整理大库档案，并且在旅顺库籍整理处任职，所以会有罗振玉将档案卖给松崎的说法。但是，松崎鹤雄在库籍整理处不过是挂名主持工作。"伪满时，雪堂公得赀，设库籍整理处于旅顺故肃邸，集人从事整理，聘松崎及先外祖何耐庵老人为正副处长，实皆名誉职。"[④]旅顺库籍整理处到1936年结束工作，"至廿五年，检理毕事，每件档均加纸套，编号录目，并印行《大库史料目录》，甲，乙，丙，丁，戊，己，六编。由明末题行稿，至清雍正题本。乾隆以下号目编就，而公款耗尽，不及印行，即将所整理者，全部运奉天图书馆储藏。"[⑤]

以上皆为罗振玉后代对罗振玉自留大内档案的叙述，都证明了罗振玉将剩余档案带到了旅顺，继续整理，并没有卖给日人。下面从与罗振玉同时代学者的记载中，考察罗振玉对内阁大库档案的处理。

陈邦直[⑥]有《罗振玉传》，对罗振玉保护内阁大库档案的事迹多取自《集蓼编》，且成书于伪满洲时代，对罗氏的评述不免带有时代的印记。但是对他保存内阁档案史实有一定的参考价值，"辛亥革命后，此项史料，展转流出，先生竟以私囊，购藏大部，隐居辽东时，撰述考证。满洲建国后，复尽捐与国立图书馆，而先生之珍贵著作，如《明季史料丛刊》等书，陆续刊行于世。此最可宝贵之明清史料，遂由先生一人之力，得保存迄今。当其奔走折冲之际，不辞劳怨，不避艰难，坚忍奋斗，始终如一，此其勇气毅力，可

① 罗福颐：《清内阁大库明清旧档之历史及其整理》，《岭南学报》1948年第9卷第1期。

② 罗继祖所记旅顺库籍整理处成立时间为1933年，见《永丰乡人行年录》《蜉寄留痕》。哪一个时间更确切，有待考证。

③ 罗福颐：《清内阁大库明清旧档之历史及其整理》，《岭南学报》1948年第9卷第1期。

④ 罗继祖：《鲁诗堂谈往录》，上海：上海书店出版社，2001年，第382页。

⑤ 罗福颐：《清内阁大库明清旧档之历史及其整理》，《岭南学报》1948年9卷第1期。

⑥ 陈邦直，陈曾寿次子。陈曾寿为满清遗老，与罗振玉在伪满洲国共事。1940年陈邦直任职于罗振玉任会长的满日文化协会。

谓超人，尤其在保存历史文献事业上，功在天壤，诚足为后世学者之矜式矣。”①

金梁参与罗振玉对内阁大库档案的收购，是“八千麻袋”事件的知情者，他在《内阁大库档案访求记》中，对罗振玉对大库档案的态度有所揭示，“时知者络绎请观，东海拟收归国有；外人且重金求让；史馆亦商请收藏；雪堂均不许。”②

徐中舒时任中央研究院“明清史料编刊委员会”委员，在《内阁档案之由来及其整理》中论述罗振玉对内阁大库档案的保存：“罗氏两次保存内阁档案的伟绩，即这内阁档案已足纪念他了。不过这巨量档案的整理，传布，以及永久保存等处置，终非私人之力所能胜任。罗氏当定兴县档案运平寄存商品陈列所大楼时也曾延招十馀人排日检视，计解散八十馀包，以商部索还商品陈列所大楼而止。天津库书楼档案，罗氏也略略检理了一点，因就两处所得印为《史料丛刊初编》十册……罗氏这时或以财力的限制而中止其检理的工作。《内阁大库档案访求记》说：‘外人且重金求让’，罗氏或也不免要为所动。这时寓居天津的李盛铎氏闻知此事，急以一万六千元购于罗氏。李氏为国内有名的收藏家，所藏宋元以来珍本书籍及敦煌卷子极富，他对于这秘藏的内阁档案，自然要感到很深厚的兴趣……虽然，这内阁档案当时未曾流出国外，李氏保存的功绩，也不可埋没的。”③

此外，在中央研究院长期负责整理明清档案的李光涛，在《记内阁大库残余档案》的文章中，谈到罗振玉保存的大内档案：“所谓‘古董’当然是档案，所谓‘外国人’，传闻就是日本人，这时寓居天津的李盛铎闻知此时，急以一万六千元购于罗氏，于是这残余档案遂归于李氏。”④

上述徐中舒、李光涛的记述，虽然存在对罗振玉出售档案给日本人的疑虑，但仅用传闻或猜测，并未记载罗氏将档案出售给外人，这也从侧面证明了档案并未出售给日本人。此外，今日日本并无集中保存的大量清代档案，也可作为旁证，以证实当年罗振玉并未将大内档案售予日人。

综合上述各方对罗振玉自留档案去向的论述，可以看出，目前尚未有确凿证据可以判定罗振玉将内阁档案出售给日人松崎，相反从罗氏的家人及同时代学者的记录中，可以推断罗振玉没有将档案出卖给日本人。就像王庆祥在《罗振玉的政治生涯和学术成就》中指出：“现在国内还有人认为

---

① 陈邦直：《罗振玉传》，“新京”：满日文化协会，1943 年，第 26 页。

② 金梁：《内阁大库档案访求记》，《东方杂志》1923 年第 20 卷第 4 期。

③ 徐中舒：《内阁档案之由来及其整理》，《明清史料》1930 年首本第一本。

④ 李光涛：《记内阁大库残余档案》，张伟仁主编：《明清档案》第 1 册，第 134 页。

内阁档案被罗氏卖给日本人了,不知从何说起。”①

虽然,罗振玉晚年追随溥仪,成为民族罪人,但是他对保存整理刊布内阁大库档案功不可没。不能因为他的政治倾向,在评价他的学术功绩上失去客观性。

二、蔡元培与清代档案

蔡元培(1868—1940),字鹤卿,号孑民,浙江绍兴人,近代著名学者、教育家、民主主义革命家。1889 年中举,1892 年录为进士,后任翰林院编修。1905 年参加同盟会,1907 年到德国莱比锡大学留学,辛亥革命后弃学回国,1912 年出任教育总长。1917 年至 1923 年任北京大学校长。1928 年国民政府成立后,历任教育行政委员会委员、大学院院长、代理司法部长、国立中央研究院院长等职务。蔡元培学贯中西,博通古今,在近代文化事业的很多方面卓有建树。

20 世纪 20—30 年代,众多学术机构和学者积极投入了内阁档案的整理与研究工作,掀起了整理内阁档案的高潮。其中北大国学门、史语所、故宫博物院文献馆是保护与整理内阁档案的中坚学术机构。蔡元培历任北京大学校长、中央研究院院长、故宫博物院理事会理事长,在这三个学术机构保护、整理内阁大库档案的工作中均起到了关键性作用。但是,论述蔡元培为抢救、保护内阁大库档案作出贡献的文章尚极少见。有众多的历史资料可以证明:蔡元培长期致力于内阁档案的抢救、保护工作,大批珍贵的档案得以保全,他居功至伟。蔡元培又是我国较早提倡建立档案保管机构的学者,他的档案学思想是我国档案学理论萌芽期的重要内容。

(一) 蔡元培对清代档案的保护

蔡元培保护内阁大库档案最杰出的贡献,是他创立了专门性学术机构,使档案得以永久保存。中国古代的档案一直作为帝王的私家文件,即使长期被闲置与定期焚毁,也概不外传。蔡元培中西兼容的学术背景,使他成为 20 世纪初较早了解西方档案馆以及档案学的学者,也是较早对清代档案的价值有充分认识的学者之一。多年国外的学习考察经历,使他对西方档案馆的公共性,对大学与档案馆的关系都有切身体会。他对国外各国都有大规模的档案馆十分羡慕,认为只有专门设立档案收藏保存机构,

① 王庆祥:《罗振玉的政治生涯和学术成就——〈罗振玉王国维往来书信〉校注札记》,《社会科学战线》2005 年第 5 期。

史料与修成之史才“有并存共在之可能”[①]。此外，20世纪初新史学思潮中，学术为天下之公器的思想深入人心。当时的新一代学者具有强烈的责任心与公共意识，普遍重视档案、图书、文物等“公共”资源。国内大量珍贵史料档案的流失，引起他们的无比愤慨。蔡元培强烈谴责造成档案流失之人“缺少公心，不知史料的价值”[②]。强烈的公共意识与民族主义情结，促使蔡元培积极投身于专门学术机构的建设，以保存各类史料及清代档案。

1924年4月，蔡元培就在英国呼吁将各国退还中国的“庚子赔款”用于发展教育文化事业，特别提到要建立一个科学博物院，这所科学博物院包括“陈列、实验、演讲、研究、编印新图书杂志等事”[③]。他对档案保存机构的设想，是紧密结合整理与研究，集保管、开放、利用为一体的西方档案馆性质的学术机构。类似的学术机构在民国时期先后出现过三个，分别是北京大学国学门、中央研究院史语所、故宫博物院文献馆。蔡元培是北京大学开一代学术风气的校长，又一手创建了中央研究院，并长期担任故宫博物院理事会理事长，对这三个机构的清代档案整理工作，均有直接或间接的影响。他既是近代中国学术机构的奠基者和领导者，为清代档案建立了永久的保存机构，也是促使档案最后得以归还公有的重要推动力。

蔡元培建立北京大学国学门，推动其收纳历史博物馆原存内阁大库档案。成立于1922年1月的北京大学研究所国学门，有赖于蔡元培的积极提倡与规划。蔡元培以校长身份兼任所长，负起研究所所务的责任。蔡元培对国学门的建立亲力亲为，不仅亲拟了一份国学门委员会名单，还在人员、环境、经费等方面对国学门特别关照。1923年旅欧途中，还致函代理校长蒋梦麟，务必增加国学门的经费。

蔡元培要把国学门建立成为一个包罗多种功能的学术机构。他在《国学门概略》的序言中，对国外大学的研究所特色非常赞赏：“外国大学，每一科学，必有一研究所；研究所里面，有实验的仪器，参考的图书，陈列的标本，指导的范围，练习的课程，发行的杂志。”[④]本着这样的建所方针，国学门下设三室五会，其中“明清史料整理会”专门负责整理内阁档案。蔡元培要将国学门建成一个“大学附属之博物院”[⑤]，当“八千麻袋”事件发

---

① 蔡元培：《清内阁汉文黄册联合目录序》，《文献论丛·论述一》1936年。

② 蔡元培：《明清史料·序》，《明清史料》1930年首本第一本。

③ 蔡元培：《致英国庚款委员会函》，中国蔡元培研究会编：《蔡元培全集》第11卷，248页。

④ 蔡元培：《北京大学研究所国学门概略序》，《国立北京大学研究所国学门概略》，北平：国立北京大学研究所，1927年，第2页。

⑤ 沈兼士：《筹画北京大学研究所国学门经费建议书》，《沈兼士学术论文集》，第364页。

生时,国学门正对近世史料求之不得。蔡元培以敏锐的学术眼光看到了这批档案的价值,他特以北大校长名义,专递呈文,恳请教育部将存放在历史博物馆的剩余内阁档案,拨归北大国学门。

这篇呈文表达了蔡元培对档案的史料价值、史料与修史关系的认识,文中提出的整理档案方法,已是北大国学门内阁档案整理方法的雏形。文中首先强调近代史的重要性,"窃惟史学所重,尤在近世史,良以现在社会,皆由最近世史递嬗而来,因果相连,故关系尤为密切。"接着阐明北大国学门欲修近世史的计划:"方今吾国最近世史,自当起于清代,民国以来,虽有清史馆之设,然前代修明史,约经六十年而后脱稿。清史之成,恐亦遥遥无期,本校研究所国学门及史学系知近世史之重要,特设专科研究,现在广搜材料,用科学之方法,作新式之编纂。"进而高度肯定清代内阁档案"皆为清代历史真确可贵之材料。世人于此,均欲以先睹为快。"但整理档案工作"非有多数具有兴会之人,按日排比,断难克期成功。"教育部历史博物馆虽整理多年,仍未完成,而北大对于清史材料,需要甚殷,因此恳请教育部"顾念近世史之重要,史料之难求,准如所请"。并对国学门整理内阁大库档案的方法做了概要介绍:"由史学系及研究所国学门组织委员会,率同学生,利用暑假停课之暇,先将目录克期编成,公布于世,以副众望;然后再由专门学者鉴别整理,辑成专书。如此办法,较为轻而易举。"①

这篇呈文言简意赅,逻辑清楚层层递进,充分表达了北大国学门对史料殷切盼望的态度,同时对这批档案的整理规划作出可行性建议,使该文具有很强的说服性。这份呈文送到教育部后,得到教育次长陈垣的理解和支持。教育部迅速给北大答复,认为蔡元培的建议"可有裨史学,且可使该馆所存有问题历史之材料,亦得具有统纪,用意甚善。"②虽然 1922 年 5 月 22 日教育部明发部令,同意将这批档案拨归北大,但是直到 6 月 17 日,北大国学门才将这批档案共六十一箱一千五百零二袋运回北大③。这其中的几番波折,虽然无法确切考证,但可以想见,这批档案最终拨归北大蔡元培起到了关键性作用,"因校长蔡元培先生的奔走,这批档案才由历史博物馆搬运过来。"④

---

① 蔡元培:《请将清内阁档案拨为北大史学材料呈》,中国蔡元培研究会编:《蔡元培全集》第 4 卷,第 621—622 页。

② 《教育部指令第九九九号》,《北京大学日刊》1038 号,1922 年 5 月 27 日,第 1 版。

③ 《研究所主任沈兼士先生致校长函》,《北京大学日刊》1056 号,1922 年 6 月 19 日,第 2 版。

④ 赵泉澄:《北京大学所藏档案的分析》,《中国近代经济史研究集刊》1934 年第 2 卷第 2 期。

内阁档案归属北大后，蔡元培召集沈兼士、胡适、李大钊、钱玄同等15位学者讨论整理档案的方法，并组成档案整理委员会，对档案进行整理、分类、刊布。虽然蔡元培没有参与具体的整理工作，但是北大国学门整理档案会从设置到开展工作的每一步骤，都离不开蔡元培的支持。整理档案会成为“近乎档案馆一类的组织”[①]，显然是实践了蔡元培效仿国外大学研究所中特设陈列所的设想。

蔡元培成立中央研究院，为史语所购入“八千麻袋”档案筹款。中央研究院全称“国立中央研究院”，成立于1928年夏。作为中国近代第一个国家规模的科学研究机构，它“综合先进国之中央研究院，国家学会，及全国研究会议各种意义而成”[②]，蔡元培以大学院院长兼任中央研究院院长，是中央研究院的主要创始人。1927年5月9日，蔡元培在国民党中央政治会议第九十次会议上，与李石曾、吴稚晖、张静江共同提议设立国立中央研究院。这次会议决定成立中央、北平和浙江3个研究院，首先建立中央研究院。此后，蔡元培与李石曾提议，效仿法国经验，试行大学区制，教育行政委员会改为大学院，蔡元培被任命为大学院院长。10月1日，大学院成立，蔡元培宣誓就职。蔡元培在《大学院公报发刊词》中，把“设立中央研究院，以为全国学术之中坚”、“实行科学的研究”[③]作为大学院的三大使命之一。1927年11月20日，蔡元培主持召开“大学院中央研究院”筹备会及各专门委员会成立大会，讨论通过《中华民国大学院中央研究院组织条例》。1928年4月，蔡元培亲自委托傅斯年、顾颉刚、杨振声在广州筹备中央研究院历史语言研究所，10月份史语所正式成立。

1928年9月，蔡元培辞去大学院院长职务，专任中央研究院院长。9月11日，蔡元培接傅斯年函，信中称李盛铎从罗振玉手中购买的“八千麻袋”内阁档案因无力保管，急于出售。“李盛铎切欲即卖，且租房漏雨，麻袋受影响，如不再买来保存，恐归损失。”由于傅斯年无法筹集购买这批档案的经费，因此请蔡元培“以大学院名义买下，送赠中央研究院”[④]，然后由中央研究院责成史语所整理。蔡元培当时已经辞去大学院院长之职，但是为留住这批珍贵档案，马上致函大学院总干事杨杏佛：“孟真来函，欲大学

① 傅振伦：《记北京大学考古学会》，《傅振伦文录类选》，北京：学苑出版社，1994年，第820页。

② 蔡元培：《国立中央研究院院务月报发刊词》，《国立中央研究院院务月报》1929年第1卷第1期。

③ 蔡元培：《〈大学院公报〉发刊词》，中国蔡元培研究会编：《蔡元培全集》第6卷，第159—160页。

④ 傅斯年：《致蔡元培函》，欧阳哲生主编：《傅斯年全集》第7卷，第70页。

院以二万元购李盛铎所藏之档案。如能腾出此款,当然甚好。但几日内有法筹出否?”[1]杨杏佛即从大学院拨款替史语所购回这批档案。此后,蔡元培充分利用自己在学界与政界的影响,使这批档案得以顺利运送并保存在北京。陈寅恪作为史语所的代表,与李盛铎交易内阁大库档案时,在致傅斯年的信中,多次提到需蔡先生出力[2]。可见,蔡元培对于这部分内阁大库档案最终得以保存在史语所,并得到迅速整理、研究、刊发,功在头筹。

此后,蔡元培对史语所的内阁大库档案整理多方给予支持。他任用傅斯年为史语所所长,使傅氏的“史学便是史料学”的观点在整理工作中得以贯彻实施,为保证档案得到科学的整理提供了理论基础。同时,蔡元培利用自己在学界的声望,聘用陈寅恪、赵元任等知名学者[3],为史语所内阁大库档案整理奠定了坚实的学术基础。如陈寅恪不仅代表史语所从李盛铎手中购入档案,还担任了史语所专门负责整理档案的第一组组长,从“内阁大库中颇得重要史料……以树研究史学之表仪”[4],为史语所的档案整理贡献颇多。此外,蔡元培还积极为史语所的各类清代档案出版物作序,特别是《明清史料》的序言,高度评价档案的史料价值与整理档案工作的意义,是史语所档案整理工作的纲领性文章,为史语所的档案整理工作指明了方向。蔡元培为史语所的内阁大库档案工作可谓尽心竭力,是“八千麻袋”档案最终成为公共资源的关键人物。

蔡元培领导故宫博物院,为文献馆整理内阁大库档案工作保驾护航。蔡元培长期担任故宫博物院理事会理事长,虽未直接参与故宫博物院文献馆整理档案工作,但是他为文献馆的工作顺利展开作出了卓越贡献。

蔡元培是故宫博物院的创建人之一,此后又长期担任故宫博物院理事会理事长,主持故宫博物院的理事会、常务理事会召开,审议通过故宫博物院的经济、人事等重大问题。举凡文献馆的组织机构、工作内容、历次收购档案的款项,皆需通过常务理事会审批。例如,文献馆对于清末重臣端方档案花费九百元收购的提案,就是由蔡元培主持的故宫博物院理事会第八次常务理事会通过的[5]。蔡元培担任故宫博物院理事会理事长期间,几乎出席并主持了历次常务理事会会议,对文献馆的清代档案整理给予了多方

---

① 蔡元培:《致杨杏佛函》,中国蔡元培研究会编:《蔡元培全集》第10卷,第401页。
② 陈寅恪:《致傅斯年函之八》,《陈寅恪集·书信集》,第26页。
③ 蔡元培:《致赵元任陈寅恪函》,中国蔡元培研究会编:《蔡元培全集》第12卷,第24页。
④ 傅斯年:《致陈寅恪》,欧阳哲生主编:《傅斯年全集》第7卷,第72页。
⑤ 《国立北平故宫博物院理事会第八次理事会会议纪录》(内部编印),上海图书馆藏。

支持。

故宫博物院最初的业务骨干多来自于蔡元培执掌的北京大学，北京大学为故宫博物院的成立提供了有力的干部和人才储备。1924 年清朝最后一位皇帝被驱逐出紫禁城，清室善后委员会于 11 月成立。善后委员会由政府各部部长的代表、社会名流及北大教授组成，最初参与筹备委员会的干事 28 人，大部分是北大教授，以国学门委员及明清史料整理会成员为主体①。清室善后委员会下设的“事务会”，由 4 位北大国学门的助教任职②。1925 年 10 月 10 日故宫博物院成立后，设立专责保管明清档案史料的文献馆，沈兼士任副馆长、馆长，陈垣和朱希祖任导师。北大国学门的助教及学生庄尚严、朱家济、单士元、傅振伦、董作宾、魏建功、潘传霖、刘儒林等都在故宫博物院任职。北大明清史料整理会为故宫博物院文献馆做了人才储备。特别是沈兼士任故宫博物院文献部第一任主任就是蔡元培的意见，足以看出蔡元培在促使档案收藏保管专门化方向的努力③，以及他对文献馆工作的重视。

故宫博物院文献馆整理档案，是北京大学国学门“整理档案会”的延续。沈兼士在《文献馆整理档案报告》中将民国以来保存档案的重要事迹列表④：

“十一年五月北京大学因罗振玉收买库档，请准教育部，以历史博物馆库档委托北大研究所国学门整理。

十一年七月北大接收档案完毕，规定整理计画。

十二年三月北大史学系学生参加整理档案，以资实习，其他考古学风俗学等实地调查之风，同时并起，一洗从前文科徒托空言之弊。

十二年六月北大史料整理会议决，暑假期间不停止工作。

十二年十一月北大研究所由第一院迁入第三院工字楼，档案始有陈列室九间，计分要件题本报销册等类。

十三年十一月办理清室善后委员会，接收故宫。

十四年十一月故宫博物院成立，设文献部，集宫中档案，于外东路辟陈列室。

十五年一月故宫博物院请准国务院移交清军机处档案归其保管。至是始完成同人倡议之内外庭档案整个保存，联合整理之计画。

---

① 单士元：《我在故宫七十年》，第 390 页。

② 吴十洲：《紫禁城的黎明》，第 129 页。

③ 覃兆刿：《蔡元培档案思想浅议》，《北京档案》1998 年第 5 期。

④ 沈兼士：《文献馆整理档案报告》，《文献特刊·报告》1935 年。

十七年六月故宫博物院文献馆接管旧清史馆档案。

十八年九月故宫博物院文献馆接收旧刑部档案。

二十年一月开始点查整理内阁大库档案。”

在该报告中沈兼士特别指出北大国学门整理档案的失误，即太注重形式，忽略档案的内容；只注意档案本身，忽略档案之间的联系；只注重搜求奇珍史料，忽略多数平凡材料的普遍整理。并以此作为借鉴，调整文献馆整理档案的工作方法，摒弃零星摭拾挂一漏万的方式，要“以全力注重普遍之整理”①。由上述记录，可以看出北京大学国学门与故宫博物院文献馆在整理清代档案工作上的延续性。蔡元培创建北大研究所国学门提出“研究也者，非徒输入欧化，而必于欧化之中为更进之发明；非徒保存国粹，而必以科学方法，揭国粹之真相”②的学风贯穿于故宫博物院文献馆的工作。文献馆对明清档案史料的整理、分类、保存、出版与研究工作，能够吸取前人的经验得失，在整理分类保存方面，形成了一套比较科学的方法。在档案研究方面，文献馆的工作人员充分利用档案，以档治史，为清史研究开拓了新的研究领域。

蔡元培领导的上述三个学术机构对清代档案史料的抢救、整理，与此前北洋政府倒卖内阁大库档案的行径形成鲜明的对比。蔡元培为抢救、整理明清档案史料作出的贡献，是 20 世纪初具有公共意识的知识分子挽救传承中国传统文化的实践，在社会上起到了很好的垂范作用，蔡元培也因此成为推动中国近代公共文化事业发展的重要学者之一。

（二）蔡元培的档案史料思想

蔡元培的档案史料思想来自于整理清代档案的实践，他对于档案史料的认识是创建时期的中国档案学的重要内容，具有鲜明的时代性。虽然他未明确提出档案学的名称，但他从明清档案的整理工作出发，对档案价值的认识，提出设立专门机构管理档案，注意档案及时刊布，这些具有前瞻性的思想是近代档案学的思想源泉。

蔡元培肯定档案是历史研究工作的基础，认识官方档案与私家档案的不同价值。蔡元培认为史料工作做得如何，直接关系到历史研究的成果。他将史料分为直接史料和间接史料两部分，“历史中直接的材料与间接的材料有很大的区别，以前修史者之滥用间接的材料，而忽略直接的材料，是

---

① 沈兼士：《文献馆整理档案报告》，《文献特刊・报告》1935 年。

② 蔡元培：《北京大学月刊发刊词》，北京大学新潮社编：《蔡孑民先生言行录》，北京：北京大学出版部，1920 年，第 227 页。

一件很不幸的事,应该是以后治史学者所急当纠正的”。蔡元培认为档案是修史的直接材料,“信史是要从档案中考核出来的”,不同于实录碑传这样的间接材料,“史料愈间接愈不可靠”。已往的史书就是忽略了对直接史料的运用,才会读起来“千人一面,千篇一腔,一事之内容不可知,一人之行品不易见。”蔡元培“史学本是史料学,坚实的事实只能得之于最下层的史料中”[①]的思想,对近代档案价值观的形成具有重要引导作用。此后很多学者论述档案的价值多从档案与史学密切关系的角度展开。

此外,蔡元培认为官府和私家史料同等重要,虽然“官府文籍和私家记载在史料的价值上各有短长”,但是这两种史料“合综来各有独到处,分开来便各不可尽信。”[②]私人记事,由于多是凭借传闻、个人好恶等原因,往往失之于诬。而官府文籍,多局限于一类的事迹,不如私人记载内容丰富。私人著述由于没有官府的立场,因此十分宝贵。官府文籍虽然“只说一面的话,而有些靠不住”,但许多繁琐的程式化的事情只有官府会留下记录,“我们可借档案知道一事之最直接的记载”,所以官府记载“仍不失为史料大源”。蔡元培对于官方档案与私家记载的并重,体现了当时学界对材料扩张的积极态度和对史料价值的客观性认识。在他看来“守质者懒惰着专依赖官书,好奇者涉猎着专信些私家不经之谈,都不算史学的正轨”,官文和私记“合之则两美,离之则两伤”[③]。

蔡元培提出档案专门化管理,积极开放利用档案。他主张著史与保档相结合,希望建立大规模专门性质的档案管理机构。他痛感“吾国历来史书,不可谓少,其所根据之材料,皆散失不传,无由比照对勘,良为可惜”[④]。这种“轻视史料,无意保存”的习惯应该马上改变。他认为“近世学者对于基本史料,如档案一类,愈益重视,而保存编目各方法,亦日渐精密。于是史料与修成之史,有并存共在之可能,故各国皆有大规模之档案馆焉”[⑤]。蔡元培认为只有建立档案管理机构,史料与修成的史书,才能共同保存下来。

但是蔡元培并不一味认为凡是档案史料皆藏,而是强调进入档案馆的文献必须经过认真挑选。他认为历史上的档案之所以散失殆尽,也有数量太多到无法保存的原因。在此基础上,他提出档案开放利用的观点。他认

---

① 蔡元培:《明清史料·序》,《明清史料》1930 年首本第一本。
② 蔡元培:《明清史料·序》,《明清史料》1930 年首本第一本。
③ 蔡元培:《明清史料·序》,《明清史料》1930 年首本第一本。
④ 蔡元培:《清内阁汉文黄册联合目录序》,《文献论丛·论述一》1936 年。
⑤ 蔡元培:《清内阁汉文黄册联合目录序》,《文献论丛·论述一》1936 年。

为整理档案的目的,一是要更好地保管档案,二是公布于世,用于学术研究。他反对档案秘不示人的做法,介绍国外的经验,“欧美国家外交文件,除必须守秘密者外,多由政府随时刊行。而外交部档案慎重保存,常亦对学者开放,以资研究。此不但有助于国民外交常识之普及,抑且供给历史家以多量正确之史料”①。他身体力行,亲自撰写序言以鼓励档案史料的刊布。如1931年为《清季外交史料》作序,肯定该书对于清代外交史研究的重要意义。1930年为《明清史料档案》作序,对史语所的内阁大库残余档案进行介绍。1936年故宫博物院、北京大学、中央研究院史语所准备联合出版《清内阁旧藏汉文黄册联合目录》,蔡元培欣然为之作序,对该书出版的意义大加褒扬:“吾国古昔档案,仅有清一代尚有留遗,惟久经堆积,次序凌乱,非下绝大整理工夫无从翻检。沈兼士先生主持故宫博物院之文献馆,遂取清内阁大库所藏之汉文黄册六千馀册先行整理,其中分类列目,工作繁重,经多时之努力,始得整齐清楚。再取北京大学所藏汉文黄册七千馀册,及中央研究院历史语言研究所所藏汉文黄册一千九百馀册,亦重加整理汇编联合目录,于是首尾衔接,粲然可稽。任事者之勤苦,即阅览者之便利,有功史学夫岂浅鲜。”②当这本书历经战乱到1947年出版时,距离蔡元培去世已经7年整。

傅振伦指出:“近世考古学上历史学上有四大重要发现:一为殷商之刻辞甲骨;二为两汉魏晋南北朝之竹木简牍;三为唐至五代之方献图籍;四为明清之档案史笔。潜研之士,发明甚多,皆大有裨于历史文化,然四者亦皆当时之案牍也!”③围绕着这四大发现,史学界产生了很多著述。蔡元培领导的清代档案整理,有力地推动了档案学的产生,是档案学创立时期的重要组成部分。

蔡元培既非专职史家也非档案学家,但是他领导的清代内阁大库档案保护与整理工作、他的档案学思想,对清代内阁大库档案的命运、对当时的学术风气、档案学的萌芽及近代第一个现代意义档案馆的成立,都具有重要影响。

蔡元培是北京大学国学门、史语所、故宫博物院文献馆的奠基者,他一手打造了这三个学术机构,并领导了这三个学术机构对内阁大库档案的抢救与整理。故宫博物院文献馆是第一个现代意义的档案馆,如今改为第一

---

① 蔡元培:《〈清季外交史料〉序》,中国蔡元培研究会编:《蔡元培全集》第6卷,第206页。

② 蔡元培:《清内阁旧藏汉文黄册联合目录序》,国立北平故宫博物院文献馆、国立北京大学文科研究所、国立中央研究院历史语言研究所编:《清内阁旧藏汉文黄册联合目录》。

③ 傅振伦、龙兆佛:《公文档案管理法》,北京:档案出版社,1988年,第75—76页。

历史档案馆，与台湾“中研院”史语所成为内阁大库档案最终的存放处，这批珍贵的档案历经20世纪上半期的战争劫难，基本完整保存下来，有赖于这些学术机构的保护。蔡元培并未留下关于清代内阁大库档案的煌煌巨著，但是这几个学术机构本身就是他的学术精品。

蔡元培领导北京大学国学门整理内阁大库档案之后，“注重直接史料的风气”①大开。史语所、文献馆、社会科学研究所、清华大学历史系、禹贡学会等学术机构，先后介入内阁大库档案的整理，推动20世纪20—30年代内阁档案整理的高潮。北京大学用档案直接训练学生的做法，开创了实地调查研究之风，扭转了此前文科徒托空言的学风。到20世纪30年代，学术界公私团体和个人均对于档案传抄利用不已，“凡是研究近代史各种问题的人，都想从档案下手”②。不仅当时著名学者胡适、陈垣、陈寅恪直接运用档案，一批史学新人如郑天挺、李光涛、单士元等都是由整理清代档案走上了清史研究的学术道路。蔡元培领导的清代档案整理拓展了近代史学研究的领域，加快了史学专业化与科学化的脚步。

蔡元培领导的档案整理实践，催生了我国档案学理论的萌芽。档案学是纯粹的西学，前无成法可鉴，在北京大学国学门的整理内阁大库档案工作中，就有众多学者参与关于档案分类的讨论，胡绥之、袁同礼分别与蔡元培在信中讨论档案的不同分类方法。20世纪30年代故宫文献馆对与内阁档案的分类，已经有了专门论述，方甦生写出了《整理档案方法的初步研究》《清代档案分类问题》等论文，在此基础上文献馆制定颁发了《国立北平故宫博物院文献馆整理档案规则》，成为我国第一部档案分类准则。虽然这些关于分类的讨论并未达到很高的理论高度，但却是档案学萌芽期的重要内容。溯本求源，这些整理档案的经验均来自于蔡元培领导的北大国学门的整理方法。

蔡元培不以治史学名世，但他“萃中土文教之精华于身内，泛西方哲思之蔓衍于物外。”③他的档案思想建立在对传统中国史学的深刻认知，对西方文化广泛见识的基础上。他对档案保存机构的设想，实践于北大国学门、中央研究院史语所、故宫博物院文献馆。蔡元培领导北大国学门，首开学术机构整理清代档案的先河，他敏锐地抓住了学术的“预流”，推动了20世纪初学界对档案史料整理的热潮，开拓了史学研究的新领域，催生出史

① 蔡元培：《明清史料·序》，《明清史料》1930年首本第一本。

② 顾颉刚：《禹贡学会的清季档案》，《文献论丛·论述一》1936年。

③ 《〈庆祝蔡元培先生六十五岁论文集〉撰文人共上蔡先生书》，欧阳哲生主编：《傅斯年全集》第6卷，第482页。

学研究的累累硕果。蔡元培对清代档案作出的种种贡献,无不显示出他一代学术大师的宏阔视野,无愧于时人对他"树之师表,风被当世"①的评价。

第二节　整理清代档案的领导者——沈兼士、陈垣

沈兼士、陈垣两位学者都主持和领导过北大国学门和故宫博物院文献馆内阁大库档案的整理。沈兼士曾任北京大学文学院院长、故宫博物院文献馆馆长、中央研究院史语所通信研究员、北京大学研究所国学门主任、辅仁大学代理校长、文学院院长兼文科研究所主任等职务。沈兼士在语言文字学领域成绩卓著,在档案学领域也同样卓有成就。陈垣一生致力于史学,还担任过国家图书馆、故宫博物院图书馆馆长,是我国图书馆事业的开创者。同时,陈垣对于抢救整理清代档案贡献卓著,为故宫博物院文献馆的创建和发展立下汗马功劳。

一、"有功史学"的沈兼士

沈兼士(1886—1947),又名坚士,浙江吴兴县人。我国近代著名的语言文字学家。19 岁留学日本,师从章太炎学习文字音韵学。从 1913 年起,先后任北京大学、厦门大学、清华大学、中法大学、女子文理学院、辅仁大学等校国文系教授。1922 年 1 月,北大国学门成立,沈兼士任国学门主任,主持领导了国学门对清代内阁大库档案的整理,北大国学门成为近代最早整理内阁档案的学术机构。1925 年故宫博物院成立,沈兼士任理事会理事,从 1929 起先后担任文献馆副馆长、馆长,一直主持文献馆对清代档案史料的发掘、整理、出版工作。关于沈兼士对于清代档案史料所做出的贡献,从史学史的角度关注不够,因此有必要对沈兼士的贡献进行整理详述。

(一) 沈兼士的史料学思想

沈兼士虽然不长于史学,但他早年在日本进入东京物理学校学习,又身为章门弟子,同时受到西方先进科学与传统经史之学的熏陶。章太炎对史学一直都很重视,也影响到他门下的弟子。因此沈兼士对历史有独到的

---

① 《〈庆祝蔡元培先生六十五岁论文集〉撰文人共上蔡先生书》,欧阳哲生主编:《傅斯年全集》第 6 卷,第 482 页。

见解，他认为“历史就是有价值的回忆记录”[①]，研究历史和一切中国的学术，都要借鉴西方的先进科学方法，“现时欲研究古学，必得地质学，人类学，考古学，生物学等等。作为参考，始有真确之可言”[②]。正因为有这样的科学思想，沈兼士对档案史料认识非常深刻，他的某些思想至今仍对档案史料整理有借鉴意义。

沈兼士肯定档案的史料价值，积极拓宽史料范围。他认为档案“关系一代政治学术之盛衰者极大”。他举出历史上的史事说明档案的重要性。“周官有五史，掌一切政教出纳之记载。古者学在王官，史之所掌，为政与学之总汇。故老子为柱下史，知成败存亡祸福古今之道，号称博学，为诸子之巨擘。秦亡后，周氏所藏遗弃无见之者，而杨雄伤之。然萧何犹能收秦丞相御史律令图书，使沛公知天下阸塞户口多少强弱民所疾苦，以兴汉室。”[③]老子能成为诸子巨擘，萧何能帮助刘邦以兴汉室，都在于他们注重历史档案的学习与整理。其次，他认为清代档案是真实的历史记录，是“未搀过水的史料”[④]，是“未加造作之珍贵近代史料”。因此运用档案研究史学，对“向来文士尽信书之弊端，当有以矫正”。档案可以“佐证书籍之研究，为学者开一新途径”[⑤]。

沈兼士的史学思想在当时可称前卫，他借鉴“六经皆史”说，认为“史皆档案”，扩大了史料范围。“魏荀勖中经新簿中之丙部，有旧事，皇览簿，杂事等，隋书经籍志史部有起居注，职官，仪注，刑法，簿录等类，大率皆是当时之档案文书。”但是由于后来私家著述的兴起，使公家档案逐渐没落。“唐宋以来目录书中著录之书籍日增，而一切政学来源记载鼻祖之档案，士大夫反不屑道及，只为各衙署中录事小吏之徒所掌管，偶备检查而已。”[⑥]对出于内阁大库的清代档案，沈兼士认为是研究近代史必须侧重的资料。

沈兼士提出整理档案要具备综合知识，需要普遍整理的原则。沈兼士认为档案的整理是一门综合学问，需要广泛的知识。整理档案前首先要弄清楚“当其未归档以前的作用如何。整理各类档案，须要弄清楚它们当时性质和手续上的联络性如何”[⑦]。其次“欲做详密之分类编目，其前提必须

① 沈兼士：《近三十年来中国史学之趋势》，《沈兼士学术论文集》，第371页。
② 《国学研究院成立大会纪盛》，《厦大周刊》1926年159期。
③ 沈兼士：《文献馆整理档案报告》，《文献特刊·报告》1935年。
④ 沈兼士：《文献馆整理档案报告》，《文献特刊·报告》1935年。
⑤ 沈兼士：《方编清内阁库贮旧档辑刊序》，《沈兼士学术论文集》，第343页。
⑥ 沈兼士：《文献馆整理档案报告》，《文献特刊·报告》1935年。
⑦ 沈兼士：《文献馆整理档案报告》，《文献特刊·报告》1935年。

明了职官之隶属及司掌,公文之程式及演变”[①]。这就要求整理档案的人员不仅要具备史学功底,熟练掌握清代政府机关的历史沿革、执掌、职责,还要熟悉这些机关的公文程式、档案术语等。如果不了解这些相关知识,档案整理工作就无法顺利完成。因此,沈兼士提倡编辑各类档案工具书,“以为本院分类编目及学者研究之助。”[②]沈兼士研究语言学时强调要注重理论的系统性,“大凡一种学问欲得美满的效果,必基于系统的充分研究”[③],研究语言要用“有系统的方法实行历史的研究和比较的研究”[④]。他把这种科学的研究方法应用于史料整理,提出一系列非常重要的主张:(1)整理以不失原来之真相为原则。(2)整理档案要先弄清它们“未归档以前的作用”,“当时的性质和手续上的连络性”。(3)档案分类,“必先考据职官之隶属,衙署之司掌”;档案编目,“必先研究公文之程式,档案之术语”。(4)须待“普通整理”完成之后,方可进行“编次”刊布档案的工作,否则便会“挂一漏万”,“欲速则不达”[⑤]。这些主张,对今天的档案工作仍有普遍的指导意义。

沈兼士指出要重视保管现代史料。1936年中国博物馆协会与中华图书协会在青岛联合召开年会,沈兼士代表文献馆提出议案,请政府下令国内各省市县机关档案分别就地保管,不得毁弃;各部院将北洋时代及前清旧档拨归本院整理,驻外各使领馆将已经失效的旧档,运缴国内整理保存[⑥]。这三条提案参考国外档案管理经验,特别是将驻外各使领失效档案运回国内整理,国内学术界尚无人提出。这些提案,得到与会代表的一致通过。新中国成立之后,政府设立了国家档案局,各省市已设局管理档案。原来的历史档案有第一、第二历史档案馆管理保存,沈兼士在上世纪三十年代的卓见实应载入史册。

(二)沈兼士对抢救整理档案作出的贡献

沈兼士是民国时期最早领导清代档案整理的学者,此后又长期执掌故宫博物院文献馆,是中国档案事业的奠基人和先行者。他积极投身到抢救、保护、整理内阁大库档案的事业中,除了对档案史料价值的认识之外,还来源于强烈的民族主义精神。1922年9月,沈兼士为了争取欧美国家

① 沈兼士:《方编清内阁库贮旧档辑刊序》,《沈兼士学术论文集》,第344页。
② 《国立北平故宫博物院二十六年一月份工作报告》1937年。
③ 沈兼士:《筹画北京大学研究所国学门经费建议书》,《沈兼士学术论文集》,第362页。
④ 沈兼士:《今后研究方言之新趋势》,《沈兼士学术论文集》,第48页。
⑤ 沈兼士:《文献馆整理档案报告》,《文献特刊·报告》1935年。
⑥ 沈兼士:《故宫博物院文献馆整理档案报告》,《沈兼士学术论文集》,第348页。

及日本归还“庚子赔款”，赞助中国的文化事业发展，起草了《筹画北京大学研究所国学门经费建议书》，文中对中国古物典籍流到国外深表痛惜，“吾人对于从外国输入之新学，曰我固不如人，犹可说也；此等自己家业，不但无人整理之，研究之，并保存而亦不能，一听其流转散佚，不知顾惜”，“以中国古物典籍如此之宏富，国人竟不能发挥光大，于世界学术界中争一立脚地，此非极可痛心之事耶！”他认为“整理东方学以贡献于世界，实为中国人今日一种责无旁贷之任务。”[①]沈兼士正是以责无旁贷的精神，肩负起抢救整理内阁大库档案的重任。

1922 年，罗振玉抢救了“八千麻袋”档案，沈兼士此时初掌北大国学门，他对存放在历史博物院的剩余内阁大库档案非常关心，率先提出要将这部分档案移交给北大整理[②]。沈兼士对北京大学国学门成功接收内阁大库剩余档案起到重要的作用。他带领国学门的同仁到历史博物馆接收内阁档案，“协同朱逷先、杨适夷、马叔平、单不庵诸先生及研究所同仁搬运历史博物馆档案，已于今日下午搬运完毕。共计装六十一箱一千五百零二袋，分庋于第一院及第三院[③]。此后，又积极组织明清整理档案会，对这批档案进行整理编目，并编印多种史料书刊。“兼士先生提倡此事，使重要历史档案由商品成为研究清代历史的宝贵材料，其识见远远超出当时政府掌管教育文化的衮衮诸公，其功伟矣！”[④]在整理档案的工作中，沈兼士积累了丰富的工作经验，为他在故宫博物院文献馆从事领导工作打下了基础。

沈兼士从 1922 年开始投身于档案整理工作，直到 1937 年北平沦陷翌日，不再到故宫上班[⑤]，十几年间“无日不以文献为念”[⑥]。他以进步科学的史学思想，深厚的史学文字学素养，多年从事档案史料工作的积淀，成为档案史料整理的卓越领导者。

沈兼士作为最早接触档案的学者，在理论上指导了文献馆的档案整理工作。1925 年故宫博物院成立，沈兼士负责主持文献部工作。1928 年文

---

① 沈兼士：《筹画北京大学研究所国学门经费建议书》，《沈兼士学术论文集》，第 362 页。

② 详见《研究所国学门重要纪事》（《国学季刊》1923 年第 1 卷第 1 号），“教育部历史博物馆所存之清内阁大库档案，为研究近世史必要之参考物，前经研究所国学门主任沈兼士商请蔡元培校长，呈请教育部，将此项档案移交本校代为整理”。

③ 《研究所主任沈兼士先生致校长函》，《北京大学日刊》第 1056 号，1922 年 6 月 19 日，第 2 版。

④ 单士元：《兼士先生在档案和考古事业中的功勋》，葛益信、朱家溍编：《沈兼士先生诞生一百周年纪念论文集》，第 123 页。

⑤ 沈萃、沈泰、沈节、沈兑：《记先父兼士先生抗战期间二三事》，《沈兼士先生诞生一百周年纪念论文集》，第 29 页。

⑥ 《纪念馆长沈兼士先生》，《文献论丛》（沈兼士先生纪念刊）1948 年。

献部改为文献馆,文献馆的每一步发展,整理档案的每一项成就,无不浸透了他的心血。“工欲善其事,必先利其器”[①],沈兼士领导文献馆整理档案,吸取了北大的整理工作经验,提出更合理的方法。“我们从前在北大初整理档案的时候,大部分精力和工夫,均耗费在初步的形式整理上面。”且由于经验太少,不能把各种档案综合研究,深刻观察,造成“仅知其形式而不知内容,仅知其区别而不知贯通,仅知有若干不相连属之珍异材料,而不知统计多量平凡之材料,令人得一种整个的概念,以建化腐朽为神奇之功。”有鉴于此,文献馆“不是只顾形式的分门别类,或是披沙拣金的搜寻若干珍贵史料,便算尽了整理档案的责任。”提出要“以全力注意普遍之整理”,“先因名以立类,再即类以编目”的整理原则[②]。

此外,沈兼士积极支持文献馆的档案整理出版工作。他亲自考订档案的时间,编辑出版物,创建与其他学术机构联合出版模式。

沈兼士身兼文献馆馆长与北大教授的职务,工作异常繁忙,但是他对于文献馆的史料出版工作高度重视。文献馆编辑出版的各类刊物,他都要亲自审定,“至于丛编史料之类,我等所写案语前言必经先生批改手定而行。”一些重要史料出版他还要亲自撰写序言。“馆中所编珍贵系统史料,概由先生审定,并亲写序文”[③]。直到今天,在沈兼士修改过的《朝鲜迎接都监都厅仪轨·序言》底稿中,我们能看到经过修改的文字,言简意赅,文句通畅,体现了语言学家严谨的行文风格[④]。

多年参加档案整理工作,沈兼士对因档案割裂,对档案系统性造成无法弥补的损失有深刻的认识。因此故宫博物院成立后,沈兼士首倡“清理大库之议,盖欲与分藏于各处者作一联络之计画,且进而与军机处档互相参证,以为综合研究清代中央政府各种档案之预备。”[⑤]1936 年他积极促成文献馆与北京大学、史语所将史料实现资源共享,联合出版《清内阁旧藏汉文黄册联合目录》。1936 年,但是“卢沟变作,北平陷敌,北京大学印刷所沦为日本宪兵监狱……而黄册目录仓促移徙,变乱相寻,不复详其

① 《论语·卫灵公篇第十五》,杨伯竣译注:《论语译注》,北京:中华书局,1980 年,第 163 页。

② 沈兼士:《文献馆整理档案报告》,《文献特刊·报告》1935 年。

③ 单士元:《兼士先生在档案和考古事业中的功勋》,葛益信、朱家溍编:《沈兼士先生诞生一百周年纪念论文集》,第 124 页。

④ 沈兼士:《沈兼士手改档案序言底稿》,葛益信、朱家溍编:《沈兼士先生诞生一百周年纪念论文集》。

⑤ 沈兼士:《王译故宫俄文史料序》,《沈兼士学术论文集》,第 360 页。

存亡。”[①]《清内阁旧藏汉文黄册联合目录》直到1947年沈兼士去世后才出版。清代黄册得到重视得益于沈兼士，“清代黄册历二百六十八年得兼士先生始董理而扬挹之”[②]，《清内阁旧藏汉文黄册联合目录》由沈兼士主持编辑整理，该书的出版使清代内阁大库汉文黄册“首尾衔接，粲然可稽。任事者之勤苦，即阅览者之便利”，沈兼士“有功史学，夫岂浅鲜。”[③]

沈兼士不仅从事档案的整理工作，同时也在记录历史，为今天研究文献馆工作留下了珍贵史料。文献馆从1928年开始有工作报告记录，到1937年北平沦陷，历年的工作都有记录可查。就笔者掌握的资料，文献馆的工作记录除刊登于《国立北平故宫博物院工作报告》(1929年—1938年)、还单独出版过《故宫博物院文献馆二十二年度工作报告及将来计划》(1933年)、《国立北平故宫博物院文献馆二十三年度工作报告》(1934年)、《国立北平故宫博物院文献馆二十四年度工作报告》(1935年)；此外《文献馆整理档案报告》刊登于《文献特刊》，《文献馆二十五年分总报告》刊登于《文献丛编》1937年1辑；另外还有附于《文献丛编》的文献馆1937年1至6月工作报告，1932年出版了《故宫博物院文献馆一览》。

由于笔者搜集材料的局限，定有未被收录的文献馆工作记录。就是这些有限的资料，却包含了大量的信息。这些报告详细记载文献馆的工作状况，人员配置，工作方针的转化，是研究文献馆不可多得的珍贵史料。这些报告无一不经过沈兼士审阅，有些由他亲自撰写。特别是《文献馆整理档案报告》，被视为我国早期档案整理的标志性著作。在这篇报告中，沈兼士绘制了1912年到1937年关于保存清代史料档案的大事表，陈述了自己的档案学思想，总结了北大整理档案工作的经验教训，详细记录了文献馆的工作方法。这篇文章夹叙夹议，图文并茂，是一篇具有很高学术价值和史料价值的论文。

沈兼士在领导北大整理内阁档案的工作中就培养了一批青年学者，成为故宫博物院文献馆的专业骨干，像刘儒林、欧阳道达、单士元等都毕业于北大。在文献馆的工作中，沈兼士也非常注重培养年轻馆员，“每至馆中亲

---

① 郑天挺：《清内阁旧藏汉文黄册联合目录后序》，国立北平故宫博物院文献馆、国立北京大学文科研究所、国立中央研究院历史语言研究所编：《清内阁旧藏汉文黄册联合目录》，第1页。

② 郑天挺：《清内阁旧藏汉文黄册联合目录后序》，国立北平故宫博物院文献馆、国立北京大学文科研究所、国立中央研究院历史语言研究所编：《清内阁旧藏汉文黄册联合目录》，第2页。

③ 蔡元培：《清内阁汉文黄册联合目录序》，《文献论丛·论述一》1936年。

自教诲如何整理编目,如何选择重要史料刊行,视同人若孩童弟子、诲教不倦。"①在编辑出版工作中,如果年轻馆员出现文字错误,沈兼士总是先将错误之处改正,然后谆谆教诲年轻人如何识字,如何用字。五十年之后,单士元回忆起沈兼士帮助他改文章的情形,"先生音容宛在于怀。"②不仅如此,沈兼士还为年轻学者出版编辑的书写序言,利用他在学术界的声誉,提携后辈。如为方甦生撰写《方编清内阁库贮旧档集刊序》,高度评价方甦生对清代内阁档案的整理工作,"吾国研究档案学之著述,要不得不以此编为梯桄。"③

沈兼士为档案整理工作的贡献,在民国时期学术界可称翘楚。他以先进的史料学思想率先发起对清代档案的整理;以卓越的领导才能,组织完成了民国时期最大规模的清代档案整理;以多年的工作经验,总结了关于档案整理的理论,成为我国清代档案史料整理及理论研究的奠基者和开拓者。1934 年故宫博物院理事会第二次常务理事会上,提名沈兼士任文献馆馆长的提案中,对他的成就作出了高度评价,"沈兼士前曾创办北京大学研究所国学门。其时前清内阁大库档案,无人注意,教育部屡议销毁。沈兼士独认为明清间之重要史料,建议北京大学,将残存之各档案,移归研究所整理,近年史学界注重档案,实自沈始。"④

二、为故宫博物院文献馆作出卓越贡献的陈垣

陈垣(1880—1971),字援庵,广东新会人,我国近代著名的历史学家、教育家、文献学家。陈垣一生致力于史学,于元史、宗教史、历史文献学卓有建树,并创建了近代意义的史讳、年代、校勘等学科。陈垣还曾经担任过国家图书馆、故宫博物院图书馆馆长,是我国图书馆事业的开创者。同时,陈垣对于抢救整理清代档案作出过重大贡献,对贮藏清代档案的故宫博物院文献馆的创建和发展也倾注了大量心血。

1924 年 11 月,清代最后一位皇帝溥仪被驱逐出故宫,对于故宫内珍贵文物的处理,当时社会上的各种政治势力都非常关注。故宫的国宝究竟何去何从,11 月 19 日,在京八所高等院校召开联席会议,议决决定公开保

① 单士元:《兼士先生在档案和考古事业中的功勋》,葛益信、朱家溍编:《沈兼士先生诞生一百周年纪念论文集》,第 124 页。

② 单士元:《兼士先生在档案和考古事业中的功勋》,葛益信、朱家溍编:《沈兼士先生诞生一百周年纪念论文集》,第 124 页。

③ 沈兼士:《方编清内阁库贮旧档辑刊序》,《沈兼士学术论文集》,第 344 页。

④ 《国立北平故宫博物院理事会第二次常务理事会议纪录》(内部编印),上海图书馆藏。

存清室古物。北京教育界的积极态度，在客观上促进了摄政内阁政府将清宫变为博物院的设想。11月20日由当时社会知名人士组成了清室善后委员会，开始查点清理故宫文物。陈垣被选为常务委员，并受清室善后委员会委员长李煜瀛委托，全面负责故宫文物的点查工作。1925年10月10日，故宫博物院正式成立，设古物馆、图书馆，图书馆下设图书、文献两部。陈垣任故宫博物院理事会理事，并出任图书馆馆长，直接领导文献部的工作。1927年11月，由于政局变动，故宫博物院改组，文献部改为掌故部，仍隶属图书馆。1929年2月，国民政府组织故宫博物院，颁定新制度，改掌故部为文献馆。由张继任馆长，沈兼士任副馆长。陈垣虽然任图书馆馆长，不再负责文献馆的领导工作，但是一直担任文献馆专门学术委员会委员，直到20世纪30年代离开故宫博物院。可以说陈垣既是文献馆成立发展的见证人，又是文献馆的奠基人。他不仅在文献馆初建时期，直接指导文献馆对明清档案的整理、保管、出版工作，还为文献馆的发展壮大贡献了力量。

（一）制定文献馆档案整理原则

陈垣是我国近代著名历史学家中，较早接触和利用清代档案的学者之一。1922年5月，陈垣时任北京政府教育部次长，在他的全力支持下，教育部所属午门历史博物馆将其所贮1502麻袋明清档案，正式移交北京大学。该年，陈垣受聘出任北京大学研究所国学门导师，并兼任北京大学明清史料整理会委员，指导史学系学生整理档案史料。在故宫博物院文献部成立之初，档案史料的保管、整理、编印工作中，陈垣的经验成为当时文献部工作的准绳。

故宫博物院成立之初，文献部的明清档案“大部分是分存在故宫博物院的南三所，东华门的实录大库，南池子的皇史宬和景山西的大高殿各处。档案既然是很重要的史料并且份量又是这样多，尘土又是这样厚，收拾又是这样零乱，那么要如何整理呢？”[1]陈垣形象地提出了“秤不离砣”的整理方针，就是在收集宫内各处散存档案和统一整理过程中，连档案包皮都不许丢失，要原包带原皮。这样的整理方针是考虑到清代文书档案制度的特点，中央各部门或各省给皇帝上的题本或奏折，还会附有一些册、表、片、单等文件。这些附件和本次的题奏有些看起来直接关系不大，但有些附件并未详细注明发文单位或发文日期，而且正文和附件总是会存在一些内在联系，如果分到不同的类项，再查找就很难了。有了“秤不离砣”的整理方针，就

① 陈垣：《中国史料的整理》，《史学年报》1929年第1期。

避免了北京大学整理档案时“只知注意档案本身,而忽略衙署职司文书手续之研究,遂使各类档案,均失掉他们的联络性”①,从而保证了档案的完整性。

1929年5月27日,陈垣在燕京大学现代文化班的讲演《中国史料急待整理》中,提出了著名的整理档案“八法”,即:“(1)分类——分类是按照档案的种类,或由形式分,如纸样格式,长短大小,颜色红白,与乎成本的,散页的,都把它们汇别起来;或由文字分,如汉文的满文的蒙文的,都分在一起,这是最初步的工作。(2)分年——分年是分类之后,以年做单位,把同一年份的同类文件都集在一起。例如,先分明清,清又分康熙乾隆,乾隆又分开六十年,同年的按月日先后集在一起。(3)分部——档案有属于各部署的,例如:兵部的文件归于兵部,礼部的文件归于礼部,这样类推下去。(4)分省——例如,报销册一项,有浙江省来的归在浙江省,福建省来的归在福建省。(5)分人——把一省一省的督抚所来的文件按人分在一起。雍正硃批谕旨,即是这样分法。(6)分事——分事是整理档案的较为细密的工作,把所有与某一事情有关系的文件,如乾隆时纂修《四库全书》的文件,接待英国使臣的文件,凡同一事的,都按年月集在一块,这样便理出头绪来,可以检阅了。(7)摘由——完成了分析的工作以后,再把每一文件的事由摘出来,使研究的人一看摘由便能了解内容的大概。此种工作,非常重要。(8)编目——编目是最末一步的工作,就是把所有整理成功的档案编成几个总目,或分部,或分省,或分人,或分事,使后来检查档案的人只须将总目一查,便能依类检出。”②

陈垣的整理档案“八法”是他指导清代档案整理工作的经验总结,也为文献馆制定了整理档案的原则。1936年故宫博物院文献馆制定的《整理档案规程》基本上是陈垣整理档案“八法”的扩充与延续。1931年,时任故宫博物院文献馆副馆长的沈兼士曾经说:“从前鄙人办北京大学国学研究所的时候,曾纠合多数学者,共同担任此种重大的工作,那时陈援庵校长就是中间一个最努力的;当时我们见到中国近代史最重要的材料就是清代的内阁档案,也就请陈先生指导整理;现在一般人都知道档案之价值,便是那时所开的风气。后来我们又参加故宫博物院的创立,现在的规模,多是陈先生当时所艰难缔造的。”③在当时整理档案并无成法可借鉴的情况下,陈垣提出的整理档案“八法”对于历史档案整理工作具有开拓性意义。

---

① 沈兼士:《文献馆整理档案报告》,《文献特刊·报告》1935年。

② 陈垣:《中国史料的整理》,《史学年报》1929年第1期。

③ 《辅仁大学校刊》1931年第3卷第1期,转引自刘乃和:《陈垣年谱》,北京:北京师范大学出版社,2002年,第85页。

（二）积极促成档案的公布

在整理档案的基础上，陈垣力主文献馆将档案公布，以便更多的研究人员能够看到档案、利用档案。他认为公布档案史料不必耽搁时间，搜寻某一历史事件的全部档案，根据档案原来次序发排，十天出版一册，如果原来档案不缺的话，将来总会出齐的；采用线装，可以给不同读者根据不同需要时拆散重装。学术界需要故宫博物院加速公布材料，故宫的工作人员近水楼台利用资料写出有价值的文章，当然受到社会上的欢迎，但更迫切需要的是前者①。对于档案的出版，陈垣亲力亲为。为了便于研究者利用档案，在公布档案时，由编者加按语，简要介绍该档案的背景、内容。据单士元回忆很多按语是陈垣亲自执笔写的，“余在故宫每编一刊物，所选史料，均经陈师审定，应写案语亦由先生改正。”②

陈垣运用渊博的历史知识，帮助文献馆鉴定零散档案的年代，使这些档案能够尽快公之于世，在历史研究中发挥作用。如陈垣曾经为《康熙与罗马使节关系文书》作叙。这些文书原存懋勤殿，共十四通，并不是一起发现的。“最先发见者为第十一及十四两通，时在民国十四年七月；其次发见者为第一至第七及十二、十三等九通，时在民国十七年三月；又次发见者为第八、第九、第十等三通，时在民国十九年二月。其所以能保存至今者，亦因有康熙硃笔，例应保存也。去年《文献丛编》第六辑，曾照康熙改稿排印一次，阅者以未见原稿为憾。今复照原稿影印，并略考定其年代次第，因其中有不著年月者，有有月无年者，颇费钩稽也。”③这些文书在《文献丛编》曾经刊出过，但是由于当时整理人员的水平有限，将文书的先后次序颠倒。对于这些关于康熙与罗马教廷关系的珍贵史料，陈垣十分重视，如果弄不清这些档案的年、月、日，势必影响到它的使用。于是，在这些文书影印出版的时候，陈垣亲自考定这些文书的年代次序，以使这些档案的价值得到充分的发挥。

在陈垣、沈兼士等知名学者的指导下，从1925年到1937年文献馆取得了令人瞩目的成绩，重要的中央政府档案如宫中档案、内务府档案、内阁档案、军机处档案都基本编目上架，编制出部分目录以供查用，还整理编辑

---

① 朱家溍：《回忆陈垣、沈兼士两位先生》，《故宫退食录》（下册），北京，北京出版社，2000年，第556页。

② 单士元：《回忆陈援庵老师》，《陈垣校长诞生110周年学术论文集》，北京：北京师范大学，1990年，第332页。

③ 陈垣：《康熙与罗马使节关系文书影印本叙录》，《康熙与罗马使节关系文书影印本》，北平：故宫博物院，1932年，第1页。

出版了50余种史料。文献馆对清代档的整理出版工作,使清代档案走出了故宫,在国内外引起了广泛重视。

(三)努力为文献馆扩充史料

陈垣是近代档案事业的拓荒者与奠基者,他以史学大师的敏锐眼光和深厚修养,充分认识到档案的史料价值,因此对档案史料的保护格外关注。陈垣1921年曾任当时北京政府教育次长,不仅在学术界备受人尊敬,还有着广泛的社会关系。陈垣充分利用他的声誉和影响积极为故宫文献馆扩充档案史料奔走,为文献馆藏品增加了清军机处档案和端方档案。

1911年辛亥革命后,北京政府曾将清军机处档案从故宫迁到旧国务院,储藏在中南海集灵囿,尘封鼠啮十余年,损失很多珍贵史料。直到1926年,当时北京政府内阁总理许世英为陈垣旧识,于是陈垣联系这位旧识,希望国务院能将这批档案归还故宫。后陈垣又致函国务院,这是一封可以视为保护档案史料的檄文的公函,在不到一千字的信中,陈垣纵论古今,有理有据,充分阐述了保护档案史料的积极意义。

信中首先陈述故宫博物院文献部的工作性质:"本院组织,内分古物、图书二馆,图书馆内又分图书、文献二部。文献部所藏,悉为有清一代史料。除实录、起居注等已纂有成书,尚堪检阅外,余如硃批谕旨、留中奏折等,皆散帙零编,搜讨不便。加以年代久远,尘封积寸,狼藉异常,非予清厘,恐终废弃。曩者内阁大库旧档,当局曾以贱值出售纸商,麻袋八千,易钞半数,不俟秦火,已沦劫灰。兹幸本院成立,关于有清一代史料,保存编纂,职有专责。"接着,提出文献馆面临的问题:"拟利用此等史料,编纂《清通鉴长编》及《清通鉴纪事本末》,以与清史相辅而行,用垂不朽。唯院中所藏史料,尚虞不足。"随后转入主题:"查清旧军机处档案,现存集灵囿,自雍正以来,二百年间,军事机密,胥具于是。今境迁事过,无所忌讳,是宜公表于世,以资考证。且此项文件,与宫中所藏档案,关系至密,往往一档分载两处,或两种记载相互发明,合之两美,离之两伤,亦宜汇聚一处,加以整理。考历代官私书目,史料传者,大抵编勒成书,方能流布。其以散帙传者,未之前闻。"①

陈垣又举出宋代史料仅见予晁公武、陈振孙的书目,到明朝已经不传;元代史料见于明初《文渊阁书目》至清初亦散佚不传,以此为例证明史料流传要依靠整理编书。"以此类推,清代遗文,失今不图,后将何及。查德、法

① 《故宫博物院致(北京政府)国务院函》,陈智超编注:《陈垣来往书信集》,上海:上海古籍出版社,1990年,第255—256页。

等国所有各机关过时档案，均移存文献馆，以为编纂国史之用。本院现为保存有清一代文物典章起见，特函请贵院，将旧存军机处档案移存故宫博物院文献部，以便从事整理。一面分类陈列，并可勒成专书，一举两得，岂不较胜于束之高阁，徒供蠹鱼，终归湮没也。”①陈垣这封言辞恳切的公函，对于军机处档案移交故宫博物院起了重要作用。据单士元回忆：“当日援师命我还有其他一、二人，至集灵囿交给负责管理此项档案和图书的朱师辙先生……朱先生接到公函，朗诵一通，拍案称许。军机处档案就是在这时又回到故宫，庋藏于故宫所属大高玄殿中，这批档案才得保存下来，它现在已是中国第一历史档案馆最重要的历史档案。”②

故宫博物院馆藏端方档案，是由陈垣为文献馆购入的一批珍贵档案。端方是清末重臣，曾任湖南巡抚、出国考察政治大臣、闽浙总督、两江总督、直隶总督兼南北洋大臣等要职。端方档案多关系到清末的军国大政，单士元在《回忆陈援庵师》中说：“这批档案现在也是第一历史档案馆珍贵史料的一种。当日援师若不注意及此，收入公家，则这批档案，亦早已湮没无闻了。”③但是陈垣何时为文献馆购入端方档案，目前流行的两种说法均有讹误。

第一种说法是曾庆瑛 1982 年提出来的，她的《陈垣与明清档案》一文称：“在 1925 年 11 月，陈垣还为博物院购买了端方的档案六百余册。端方是清末湖广总督，这批档案多关系清末军国大政，其中还有苏报案的档案。这批档案原是北京大学教员伦明在琉璃厂购买，陈垣得知后，以九百银元的价格为博物院买来。”④

曾庆瑛是陈垣的孙媳，尽管她的文章没有说明陈垣购买端方档案的依据，但是可以视为一种重要的看法。

第二种说法是单士元在《回忆陈援庵师》一文中提到：“大约在 1933 年左右，一日援庵师对我说，有一批私人档案，关系清代末年故事，已商定让给故宫。一日，援师偕我到宣武门外的广东东莞会馆伦明先生家。伦明先生字哲如，亦北京大学教员。伦先生喜购书，曾在琉璃厂买得清末两江总督端方档案多册，大部为电报档案，关系清末历史的珍贵史料，如上海《苏报》案的档案即在其中。援师以 900 银元的价格，为故宫文献馆购入。当日，委我押运到故宫……后来，我又通过刘厚滋先生之介，从清代大官升允

① 《故宫博物院致(北京政府)国务院函》，陈智超编注：《陈垣来往书信集》，第 256 页。

② 单士元：《回忆陈援庵师》，《故宫札记》，北京：紫禁城出版社，1990 年，第 159—160 年。

③ 单士元：《回忆陈援庵师》，《故宫札记》，第 161 页。

④ 曾庆瑛：《陈垣与明清档案》，《历史档案》1982 年第 2 期。

后人家补购端方的文件两柳条包,用银20元。无前者我亦不识后者,回忆此事,益感援师对史学界的贡献之大。”①

单士元是陈垣的学生,该种说法也值得注意。

这两个时间分别来源于陈垣的家人和学生,却相差8年。这两篇文章刊行后,学界同仁多采用曾庆瑛之文的说法。笔者手头能找到的三种陈垣年谱都采用了该时间。

其一,《纪念陈垣校长诞辰110周年学术论文集》有王明泽撰写的《陈垣事迹著作编年》,提到“(1925年)11月,为故宫博物院购买清末湖广总督端方的档案六百余册。(曾庆瑛《陈垣与明清档案》)按:据单士元回忆,此为1933年左右事(《回忆陈援庵师》),今从曾庆瑛说。”②

其二,刘乃和、周少川、王明泽、邓瑞全著《陈垣年谱配图长编》(上),“(1925年11月)是月,为故宫博物院购买清末湖广总督端方的档案六百余册。”③并引上述曾庆瑛之文作为资料和依据。

其三,刘乃和撰《陈垣年谱》:“是月(1925年11月),为故宫博物院购买清末湖广总督端方的档案六百余册。”④

以上各书皆为书写陈垣生平的重要文献,如果其中有误,势必以讹传讹,影响甚重。下面对陈垣购入端方档案的确切时间进行考辨。

关于端方档案的相关人士,从目前的资料可以看出,当时出售档案的北京大学教授伦明是此事的关键人物,陈垣、单士元是购买端方档案的当事人,为论述方便,下面将对这几位学者逐一考述。

首先,对关键人物伦明1925年是否在北京出售端方档案作一考证。

伦明(1875—1944),字哲如,又字喆儒,广东东莞人。光绪二十七年(1901年)辛丑举人,后毕业于京师大学堂。精通目录学、版本学。伦明立志续写《四库全书》,将自己的藏书室命名为续书楼。著有《续书楼读书记》《续书楼藏书记》《建文逊国考疑》《渔洋山人著本考》《续修四库全书提要》《续修四库全书刍议》《辛亥以来藏书纪事诗》等。

辛亥以后,伦明历任北京大学、北京师范大学、辅仁大学等校教授。他自幼嗜书成癖,北京客居期间在琉璃厂、隆福寺等处搜购古籍珍本,并先后

① 单士元:《回忆陈援庵师》,《故宫札记》,第161页。

② 王明泽:《陈垣事迹著作年表》,纪念陈垣校长诞生110周年筹委会编:《纪念陈垣校长诞生110周年学术论文集》,第475页。

③ 刘乃和、周少川、王明泽、邓瑞全:《陈垣年谱配图长编》(上),沈阳:辽海出版社,2000年,第194页。

④ 刘乃和:《陈垣年谱》,第59页。

到上海、天津、开封、南京、武昌、苏州、杭州等地访书，特别对近代文献十分留意，“其所聚书，尤详近代，意谓书至近代始可读”[①]。因此，伦明早年在北京应该能够购入端方档案，陈垣又从伦明之手为文献馆购入端方档案。

但是，伦明 1925 年并不在北京。1925 年，北京临时政府准许商务印书馆影印《四库全书》，随后又有续修《四库全书》的呼声。议员邵瑞彭发表《征求续编四库全书意见启》，征求全国的意见。伦明对此反响强烈，他发表了《续修四库全书刍议》，文中表达了由衷的喜悦，“阅近报载，有阁议通过续修《四库全书》之事，盖各国退还庚款，以用於文化事业为限，因之联想及此，固国学之大幸，亦意外之新闻也。”[②]1929 年伦明曾撰文说：“岁乙丑（1925 年），当轴者以各国退还庚款，限用於文化事业，于议决影印四库书后，曾议及续修提要，决交内教两部核办。时余在河南，拟刍议一篇寄刊报上。”[③]这里，伦明自言 1925 年在河南而不在北京。

据冼玉清[④]《记大藏书家伦哲如》记载伦明生平，1924 年伦明就任河南道清铁路秘书长[⑤]。此外，伦明的同乡、东莞文史专家杨宝霖的文章《藏书家伦明》，也称伦明“1924 年，赴河南就道清铁路（河南浚县道口镇至沁阳清化镇）秘书长，历时三年。”[⑥]伦明在《续书楼藏书记》中自述，“居河南三岁，游怀庆、卫辉、清化，俱有所获。”[⑦]若伦明 1924 年到河南任职，离开河南最早该在 1926 年，1925 年应该在河南。

综合上述记载，可以推断，1925 年伦明在河南。因此在北京亲自出售端方档案的可能性较小。

但是，孙耀卿口述、雷梦水整理的《伦哲如先生传略》中，却提到伦明在 1926 因为同乡陈某任道清铁路局局长，被聘为总务处处长[⑧]。查孙耀卿（1894—1958），从 1919 年开始为伦明经营通学斋，但是在口述《伦哲如先

① 伦明：《续书楼藏书记》，伦明著、雷梦水校补：《辛亥以来藏书纪事诗》，上海：上海古籍出版社，1990 年，第 121 页。

② 伦明：《续修四库全书刍议》，《中华图书馆协会会报》1927 年第 3 卷第 1 期。

③ 伦明：《续书楼藏书记》，《辅仁学志》1929 年第 1 卷第 2 期。

④ 冼玉清（1895—1965），1924 年毕业于岭南大学，留校任教，一生以教育为职业，著述颇丰，与伦明相识于民国十八年春，此后诗文往来不断，成为知己。

⑤ 冼玉清：《记大藏书家伦哲如》，《文艺丛录》第五编，香港：商务印书馆香港分馆，1975 年，第 325 页。

⑥ 杨宝霖：《藏书家伦明》，《广州话旧：羊城今古精选（上）》，广州：广州出版社，2002，第 488 页。

⑦ 伦明：《续书楼藏书记》，《辅仁学志》1929 年第 1 卷第 2 期。

⑧ 孙耀卿口述、雷梦水整理：《伦哲如先生传略》，伦明著、雷梦水校补：《辛亥以来藏书纪事诗》，第 150 页。

生传略》时,孙耀卿已近弥留之际,手不能持笔。所以他在回忆陈年往事时,时间上也可能出现误差。因此,孙耀卿称伦明在道清铁路任职时间与冼玉清、伦明自述的说法不同,不能成立。

陈垣是购买端方档案的当事人,对故宫文献馆的发展壮大费尽心力。作为广东籍的史学家,他与同是广东籍的学者伦明关系亲密。陈垣与伦明在北京大学、北京师范大学、辅仁大学都曾经共事。伦明在《辛亥以来藏书纪事诗》中对陈垣的学术成就和当时的研究动态叙述详细:"新会陈援庵垣,素治《元史》,熟究西教东来始末。著有《元西域人华化考》,因校《元典章》,又成《元典章校勘释例》,阐明校书新法。视前人精密。近拟补《唐郎官石柱题名》,盖劳季言所考郎官题名,止左柱,其右柱已缺,无文可征,君据《唐书》及唐人墓志六千馀种,补其姓名,已得二百馀人。别著有《中西回史日历》,《廿史朔闰表》,《史讳举例》,《元秘史译音用字考》,《元典章校补》,《敦煌劫余录》,《火祆教入中国考》,《摩尼教入中国考》,《元也里可温考》,《开封一赐乐业教考》。"并且对陈垣的藏书多有称许:"君藏书数万卷,非切用者不收。较谈版本目录者,又高一等矣。"①如此熟知陈垣的学术和藏书,说明伦明和陈垣的关系非同一般,因此陈垣能够从伦明手中得到端方档案。

购买端方档案的另外一位重要人物单士元,是陈垣的学生。从1925年结识陈垣开始,就一直在故宫博物院工作,长期追随陈垣,对陈垣的感情深厚,而且参与了购买这批档案的活动。以单士元同陈垣多年的交往,他的回忆应该为信史。但是,单士元的文章写于陈垣诞辰110周年,此时单先生已经是七旬老人,对多年前的事情记忆模糊也属正常。因此单士元所持1933年左右说,也有待查证。

最近,笔者在翻阅故宫博物院文献馆的有关资料时,发现故宫博物院文献馆的出版物及年度工作报告,明确记载了端方档案购进时间,可视为文献馆购入端方档案时间的确证。

第一,《文献丛编》的记载

《文献丛编》是故宫博物院文献馆的连续出版物,专门刊登文献馆整理的档案史料。从1930年起开始出版到1943年停刊,共46册。刊载文献馆所藏宫内档案、军机处、内务府档案,以及"凡有关掌故之书籍未刊行或外间罕见者"②。因此,《文献丛编》可以视为文献馆发掘整理档案史料的

---

① 伦明:《辛亥以来藏书纪事诗》,伦明著、雷梦水校补:《辛亥以来藏书纪事诗》,第81页。

② 《掌故丛编凡例》,《掌故丛编》1928年第一辑(《掌故丛编》于1930年3月第十一辑起改名为《文献丛编》第一辑)。

工作成果展示。

端方档案最早出现在《文献丛编》第三十辑(1935 年 9 月出版),目录中有《徐锡麟案〈端方密电档〉》,在正文标题《徐锡麟案》下注明"端方密电档,光绪三十三年"[①]。编者所加的按语中,叙述了端方档案的来历:

> 本馆近购得端氏密电稿五百馀册,多为军机处所无,中有徐锡麟案来往电三册,择录于左。[②]

《文献丛编》第三十二辑(1935 年 11 月出版)附录,《国立北平故宫博物院文献馆二十四年十一十二月份工作报告》,也记载了端方档案的购入:

> 本馆于十一月间,购得端方密电稿五百馀册,多关系清季军国大政,经初步之整理后,其类别及册数如下:
>
> 1 专案来去电　一〇三册
>
> 2 各项来电　二三一册又二二包(内清稿八七册馀为原底)
>
> 3 各项去电　一七一册又一七包(内清稿七八册馀为原底);
>
> 4 函札　二一册又一包(内去函稿一一册馀为来信贴存);
>
> 5 杂件上谕阁抄等　七五册又一三包
>
> 以上已逐册贴号,并编就草目。[③]

上述两种文献对端方档案购入时间的记录看似不同,其实相同。因为《文献丛编》虽然是每月一辑,但是由于经费紧张人员少等原因,编印的过程经常超出一个月。《文献丛编》第三十辑,刊登的出版日期是民国二十四年九月(1935 年 9 月),实际出版日期是民国二十四年十一月至十二月(1935 年 11 月至 12 月)间。第三十二辑刊登的出版日期是民国二十四年十一月(1935 年 11 月),其实直到十二月还在编印中[④]。在每辑的编印过程中,经常加入最新的工作内容,导致一辑刊物中出现时间混乱的现象,例如 1935 年 11 月出版的《文献丛编》却收录了 12 月份的文献馆工作报告。因此,端方档案的购入时间按照《文献丛编》第三十辑的实际出版日期推算,与《国立北平故宫博物院文献馆二十四年十一十二月分工作报告》中的记载相符,是 1935 年 11 月。

此外,1937 年 6 月出版的《文献丛编》,有张德泽撰写《端方档案分

---

① 《徐锡麟案》,《文献丛编》1935 年第 30 辑。

② 《徐锡麟案》,《文献丛编》1935 年第 32 辑。

③ 《国立北平故宫博物院文献馆二十四年十一十二月分工作报告》,《文献丛编·附录》1935 年第 32 辑。

④ 《国立北平故宫博物院文献馆二十四年十一十二月分工作报告》,《文献丛编·附录》1935 年第 32 辑。

析》,对端方档案购入的时间确切指出:"本馆於二十四年十一月,二十五年二月,二十六年三月,三次购得端方密电等九百馀册,查其内容,多关系清季军国大政。"[①]此可为故宫博物院购入端方档案时间的确证。

第二,《文献论丛》的记载

1936年,故宫博物院文献馆为纪念故宫博物院成立11周年,出版纪念专刊《文献论丛》。《文献论丛》附录中,有两篇文章提到端方档案,一篇是《文献馆大事表(民国十四年十月至二十五年六月)》(以下简称《大事表》),另一篇是《国立北平故宫文献馆二十四年度工作报告》(以下简称《工作报告》)。

《大事表》中关于端方档案有三处记录:

> 二十四年十一月购入端方档案五百馀册并开始整理。二十五年二月继续购入端方档案百馀册。三月,端方档案卡片编制竣事。[②]

《工作报告》记载端方档案的购入和整理情况更加详细:

> 本馆于二十四年十一月间,购得端方密电等六百馀册,二十五年二月间,复购得百馀册,多关系清季军国大政,经整理后,其类别及数量如下:
>
> 1 专案来去电　一〇九册
>
> 2 各项来电　二六二册又二二包(内清稿九五册馀为原底)
>
> 3 各项去电　一七九册又一七包(内清稿七八册馀为原底)
>
> 4 函札　四四册又二包(内去函稿一一册馀为来信贴存)
>
> 5 杂档　一〇九册又一七包
>
> 以上共计七百零三册又五十八包,均经贴号夹签,缮写目录片,并于二十五年三月起,将各项来电,逐册按件登记,以备编制分类索引,计已登完十五册,共九百六十四件。[③]

《文献论丛》的记录,确定了端方档案购入时间是在1935年11月。

第三,《故宫博物院第二届理事会首次会议记录》的记载

故宫博物院第二届理事会首次会议,于民国二十五年(1936)年4月15日下午在南京行政院召开。出席的理事有:蔡元培、陈垣、张伯苓、李书华、张道藩、翁文灏、蒋廷黻、马超俊、傅汝霖、王士杰、周诒春、褚民谊、李济(褚民谊代)、傅斯年(蔡元培代)、罗家伦(翁文灏代)、蒋梦麟(王士杰代),

---

① 张德泽:《端方档案之分析》,《文献丛编》1937年新第6期。

② 《文献馆大事表(民国十四年十月至二十五年六月)》,《文献论丛·附录》1936年。

③ 《国立北平故宫博物院文献馆二十四年度工作报告》,《文献论丛·附录》1936年。

故宫博物院院长马衡列席。这次会议的主要议事内容包括：马衡报告故宫博物院民国二十四年四月一日到民国二十五年三月底重要工作，以及民国二十三年、二十四年度收支概况。马衡的《国立北平故宫博物院简明工作报告》(二十四年四月一日至二十五年三月底止)，有关端方档案的记载：

新购端方档案电报函札等七〇一册又五三包，初步整理已竣事，现正在逐渐登记中。①

该会议记录的附录中，有《国立北平博物院特种款收支报告表》(中华民国二十四年四月起至二十五年三月止)。其中基金支出款项中有

端方电信稿件及黄册购价，1,060.00元。②

《故宫博物院第二届理事会首次会议记录》中关于端方档案的记载，证明故宫博物院购入端方档案的时间在1935年4月后1936年3月前。

综合上述文献馆的各类文献资料，可以看出，故宫博物院文献馆得到端方档案的时间在1935年11月。因此，陈垣为故宫博物院文献馆购买端方档案的确切时间是1935年11月。

《文献丛编》《文献馆大事表(民国十四年十月至二十五年六月)》《国立北平故宫文献馆二十年度工作报告》《故宫博物院第二届理事会首次会议记录》等文献资料，皆由当时参与文献馆日常工作的工作人员编辑整理，应该是文献馆历史最确凿的材料。由此可见，上文中两种陈垣为故宫博物院文献馆购入端方档案的时间，都不是正确的时间。单士元持1933年左右说，属于记忆错误，不能视为确切的时间。曾庆瑛持1925年11月说，没有任何证据，也不属于记忆问题，也是不确切的。陈垣购买端方档案的时间，应该以现存的文字资料为根据，是1935年11月。

陈垣是一代史学大师，对近代史学的贡献备受学界推崇。1935年，陈垣已改任文献馆专门委员会委员，但是还能够为文献馆购买珍贵的端方档案，更显示出他为公共学术事业尽心尽力的现代意识。因此，考证陈垣购买端方档案的时间是十分必要的，有助于我们更深入得了解陈垣的学术精神。

(四) 重视培养文献馆专业力量

陈垣也非常重视培养档案整理与研究人才。他认为档案整理八法中的后三项，即分事、摘由、编目是“非有相当程度的人，不能干了”③。

① 《故宫博物院第二届理事会首次会议记录》(内部编印)，上海图书馆藏。

② 《故宫博物院第二届理事会首次会议记录·附录》(内部编印)，上海图书馆藏。

③ 陈垣：《中国史料的整理》，《史学年报》1929年第1期。

因此特别注重培养故宫博物院文献馆的年轻人。像后来知名的历史档案和明清史专家单士元、单士魁、张德泽诸先生，建馆初期参加工作时仅二十岁左右。他们都受到过陈垣的指导。每回忆起陈垣的教诲，仍深怀感铭之情。

单士元在《回忆陈援庵老师》中提到："陈师学问博大精深，在缤纷文物中，每见一事一物，均对吾等青年后辈讲解分析，使聆听者昭昭而后已……故宫所藏明清历史档案，浩如烟海，持一卷不识其内容。间尝思之。中国图书目录学。由来已久，而档案目录学，尚付阙如，曾试将清代军机处各类档案，加以诠释，题名"档案词解"，呈师审正，师曰何不用'档案释名'。经陈师一言，题名典雅多矣。于是予撰写《档案释名发凡》一文，一九三六年博物馆图书馆在青岛开协会，并经陈师推荐为会上宣读论文之一……一九三六年辅仁大学购置恭王府为女校，在接管府邸时，曾约请中国营造学社梁思成、刘敦帧、刘致平，余亦应邀其中，视察恭王府建筑情况。当日陈师曾委余写一考证文字，写竟呈师，承师改正多处。文末所列庆王恭王世系表，拉杂紊乱，眉目不清，陈师为改写一表，并告知所改之故，较余所写者眉目清晰，至为允当。自愧才疏，已感不安。而先生在所正表末，又以商榷语曰'尊意以为如何?'捧读之下，何胜惶恐。先生道德文章，为世所重，对弟子抝谦若此。前辈学者风度，实为后世楷模。"[①]

从单士元的文章中，能感觉到陈垣对待后辈学人的长者风范，以及单士元对援庵老师的尊敬和感激。陈垣在担任文献馆领导期间，不仅为文献馆抢救保存了更多的档案，更为文献馆培养了一代新的档案工作者，为文献馆的未来发展奠定人员基础。

陈垣虽然在1928年以后不再担任文献馆的直接领导，但是他仍然任故宫博物院理事、故宫博物院图书馆馆长、并长期任文献馆专门委员会委员。故宫博物院文献馆从无到有，从附属于图书馆的文献部到与图书馆并列的文献馆，它的发展壮大每一步都凝聚了陈垣的心血。陈垣在八十五岁高龄完成的最后一篇学术论文——《两封无名字无年月的信》的最后一句话是："凡作档案工作者，不宜将档案轻易分散及移动，所谓秤不离砣也。"[②]可见这位史学大师在晚年仍然关心着档案整理工作。正是陈垣及文献馆的诸位前辈学人，筚路蓝缕、不畏艰难的抢救珍贵文献，才使得今天

---

① 单士元：《回忆陈援庵老师》，纪念陈垣校长诞生110周年筹委会编：《纪念陈垣校长诞生110周年学术论文集》，第332—333页。

② 陈垣：《两封无名字无年月的信》，《陈垣学术论文集》(第二集)，北京：中华书局，1982年，第488页。

我们能够在第一历史档案馆里看到众多完整的明清档案原件，为我们今天的研究工作提供了最宝贵的第一手材料。

第三节　故宫博物院文献馆的年轻学者——方甦生、单士元、单士魁、张德泽

故宫博物院文献馆是民国时期，唯一一个专门从事清代档案整理与研究的专门学术机构。方甦生、单士魁、单士元、张德泽都是故宫博物院文献馆的年轻学者，这四位学者基本都是从整理内阁大库档案入手，走上了清史研究的道路，除方甦生英年早逝之外，其余三位均为故宫博物院的发展奉献了毕生精力。20世纪20年代，他们进入故宫文献馆是充满活力与智慧的青年学者，虽然学术背景与兴趣均有所差异，但是都从不同的学术视角对清代档案整理与研究取得独特成绩。

一、早逝的慧星——方甦生

方甦生，(1903—?)字更生，河北人①。1929年进入故宫文献馆工作。据方甦生《整理档案方法的初步研究》中自述，“甦生服务文献馆，于今六年”②，该文写于1935年11月，因此他应该是1929年进入文献馆工作。另据摄制于1929年冬到1930年初的《故宫文献馆同仁合影》，照片中可见到方甦生③，显然方甦生于1929年已进入文献馆工作。但方甦生在文献馆任职之前，似曾在史语所工作。他为中央研究院历史语言研究所编辑了《内阁大库书档旧目》《内阁大库书档旧目补》。徐中舒《再述内阁大库档案之由来及其整理》有“让我感谢我们的同事方甦先生，和李光涛先生，他们替我在档案中，寻出了许多重要的材料！”④方甦生在《内阁大库书档旧目叙录》及《内阁大库书档旧目补叙录》的署名皆为方甦，方甦似为方甦生之笔名，同一时期方甦生发表于《大公报·文学副刊》(1931年7月13日)的《读徐中舒先生〈内阁档案之由来及其整理〉以后》也署名方甦。据《国立北平

---

① 《北平故宫博物院文献馆一览》载：“临时书记：方甦生，更生，河北，地安门内碾儿胡同三十八号”;《国立北平故宫博物院职员表》第16页则称方甦生“籍贯北平”。两者都是故宫博物院刊物，但有不同，有待进一步考证。

② 方甦生：《整理档案方法的初步研究》，《国立北平故宫博物院年刊》1936年。

③ 李松龄：《故宫文献馆同仁合影》，《紫禁城》1989年1期。

④ 徐中舒：《再述内阁大库档案之由来及其整理》，《历史语言研究所集刊》1933年第三本第四分。

故宫博物院职员表》记载：科员方甦生，是年32岁[①]，由此可推断他是1903年生。方氏卒于何年，根据单士元回忆"方君头脑清晰，思路敏捷，惜在抗战胜利之后，积劳成病，壮年逝去"[②]，可知方甦生在抗战胜利后因病去世，具体时间则不见其他记载，但可肯定的是，方甦生丧于年富力强的中年。

方甦生英年早逝，实为文献馆的一大损失，也是民国时期清史研究领域的一大损失。时至今日，方甦生的名字已经被遗忘在历史的尘埃中[③]。对于这样一位才华横溢的年轻学者，他做出的成就本该名留史册。从1929年到1937年，方甦生编辑出版了3部关于清代内阁大库档案目录的书籍，发表了7篇关于清代内阁档案整理、清史研究的论文，具体如下表：

方甦生学术著述一览表

	题目	发表刊物/出版社	日期	卷/期
著作	内阁大库书档旧目	中央研究院历史语言研究所	1933年	
	清内阁库贮旧档辑刊	故宫博物院	1935年	
文章	读徐中舒先生《内阁档案之由来及其整理》以后	大公报文学副刊	1931年1月13日/20日	183/184期
	清代档案分类问题	文献论丛	1936年	
	整理档案方法的初步研究	故宫博物院年刊	1936年	
	清史稿后妃传订补	大公报文学副刊	1937年4月15日	
	清太祖实录纂修考	辅仁学志	1938年	第7卷1/2合刊
	清实录修改问题	辅仁学志	1939年	第8卷第2期
	清列朝后妃传稿订补	辅仁学志	1939年	第8卷第1期

方甦生的研究成果受到沈兼士及陈垣的赞赏。文献馆在同一时期能够有如此众多学术成果的馆员尚不多见，如果不是早逝，相信方甦生在清史研究方面会有更多成就。方甦生在故宫档案整理、清史研究中有十分突出的贡献，理应受到重视，并肯定其学术地位。下面从方甦生对清代档案

① 《国立北平故宫博物院职员表》于1935年出版，是年32岁，应生于1903年。

② 单士元：《清代内阁大库档案》，《我在故宫七十年》，第85页。

③ 至今尚无全面研究方甦生的论文、著述，在一些论述其他学者的论文，或回忆录中偶尔提及，且并不作为重要的论述对象。

史料及清实录版本研究两个方面，对方氏的学术贡献进行评述。

方甦生任职于故宫博物院文献馆，从临时书记开始一直升任科员，长期从事清代内阁档案的整理工作。方甦生对清代档案史料的研究有丰富的实践经验做为基础，他的相关成果是这一时期关于清代档案史料研究的重要组成部分，具有开创性意义。方甦生能够以现代史学的眼光看待档案史料，始终认为档案整理与历史研究密切相关，强调"档案是直接史料之一种，可以纠正史籍的谬误，也可以佐证史籍的真实。同时我们研究某一专门问题，欲详求实证，在史籍中往往有简略之病，必由档案中求之。其价值实不在图书之下。"[①]因此他提出整理史料需要有"史识"[②]。在此史料观指导下，方甦生能够以档治史，在清史研究方面也取得了丰硕的成果。

（一）清代档案研究

方甦生在文献馆的日常工作就是整理清代内阁大库档案，因此他对内阁大库档案的研究有得天独厚的条件。方氏对内阁大库档案的研究成果也没有辜负他的良好条件，其中关于满文老档[③]和清代内阁大库书档旧目的整理与研究成就最为突出。

满文老档是清入关前的满文档册，是研究清朝开国史的重要参考资料，也是民国时期清史研究中最引人注目的档案文献。1931 年故宫博物院文献馆在整理内阁大库档案时，发现了 37 册乾隆朝整理装裱过的档案。1935 年文献馆在整理内阁残乱档案时，又发现 3 册满文档案，这是乾隆朝装裱时所未见者[④]。这 40 册满文老档现存于台北故宫博物院。这部分档案的发现与整理，功在文献馆，而将它们介绍给世人并肯定其价值，首推方甦生。

方甦生是最早对满文老档的史料价值进行评述的文献馆学者。他认为满文老档是"盛京旧档之巨擘"，并详细介绍了这些档案所记事件年代，以及档案的用纸及字体，同时还根据文献馆发现的《清太祖武皇帝实录》，对满文老档的文字进行了考证。方氏认为"自女真字失传后，金人之裔遂无文字，文书往来皆用蒙文，天命汗当明之季世，崛起于白山黑水间，乃创

---

① 方甦生：《清代档案分类问题》，《文献论丛·论述二》1936 年。

② 方甦生、曹宗儒：《读徐中舒先生〈内阁档案之由来及其整理〉之后》，《大公报·文学副刊》184 期，1937 年 7 月 20 日，第 10 版。

③ 满文老档存放于内阁大库之中。上个世纪 30 年代，故宫博物院文献馆在清理档案时陆续发现，共 40 册。此处沿用日本学者内藤湖南对盛京藏满洲档的称谓。其实称为"满文老档"，实为一种混淆。1969 年，台北故宫博物院将这 40 册档册影印出版，定名为《旧满洲档》。此处因行文原因沿用"满文老档"。

④ 方甦生：《清内阁库贮旧档辑刊叙录》，《清内阁库贮旧档辑刊》(一)，第 47 页。

为国语"。当时由榜识刚盖、厄儿得溺草创的"国语"即后来所称之老满文或曰无圈点满文。惟满洲一名为后来所改易，天命、天聪时代实称金国故文字曰金书，或曰金字。此后"行文记事，或已渐舍蒙文而用金书。惟事出草创，仅乃具其形，声，规模，应用上犹感不足。榜识达海继之，增为十二字头，始渐可用。天聪六年，又加圈点以析其易于混同之字。"方甦生认为"加圈点满文，亦即成为清代应用二百馀年之清文也"，之所以用两种文字记录是由于"记事年代先后而渐生变化也"①。

文献馆藏满文老档经过精心的装裱，方甦生依据内阁档案对这些档册的修缮过程进行了考述。乾隆六年(1741)，因满文老档中字体的复杂，鄂尔泰和徐元梦建议将满文老档中"异乎现体难於辨认各字，悉行检出"，按照十二字头编成一书，"进呈御览指示后，除内阁存留一部外，其宗室觉罗及国子监各学，各令照缮一部收存。俾后世之人，知国书本源，始于此种文字。"在编辑字书的同时，这部分档案由于年代久远，已经部分残损，且属于永久储藏之档案，鄂尔泰和徐元梦"拟请逐页以纸衬裱装订收藏"②。满文老档原本因此在乾隆六年(1741)得到装裱、修缮，后又重录保存。

关于满文老档的副本缮写，方甦生引用乾隆四十年(1775)三月二十日大学士舒赫德等《趋办老档奏折》进行说明："本年二月十二日，奏明将内阁大库恭藏无圈点老档三十七本，交国史馆纂修等官加增圈点，照紧赶办，陆续进呈……查老档原页共计三千馀篇，今分页缮录，并另行音出一分，篇页浩繁，未免稽延时日，虽老档卷页前经裱托，究属年久糟旧，恐日久摸擦，所关甚巨。必须迅速趱办，敬谨尊藏，以昭慎重。"③此处"另行音出一分"的意思是缮录原档时把无圈点满文部分，再用加圈点的文字写一份，而原档是加圈点文字部分也要用无圈点文字再录一份，这两份满文老档，均为180本，完整存于文献馆。方甦生在文中并未明确提出缮写满文老档最初的时间为乾隆四十年(1775)，据乔治忠考证，满文老档的缮录日期应该为乾隆三十九年(1774)④。但是此处方甦生引用乾隆四十年(1775)舒赫德的奏折，似为此后学术界多将乾隆四十年(1775)作为缮录《满文老档》初始之年的滥觞。

方甦生对金梁在《满洲老档秘录序》中说"盛京故宫旧藏满洲老档一百

---

① 方甦生：《清内阁库贮旧档辑刊叙录》，《清内阁库贮旧档辑刊》(一)，第46—47页。
② 方甦生：《清内阁库贮旧档辑刊叙录》，《清内阁库贮旧档辑刊》(一)，第47页。
③ 方甦生：《清内阁库贮旧档辑刊叙录》，《清内阁库贮旧档辑刊》(一)，第47页。
④ 乔治忠：《清入关前的满文档册及其史学意义》，《中国官方史学与私家史学》，北京：北京图书馆出版社，2008年，第135页。

七十九册”提出疑问，他考证后认为：盛京崇谟阁藏满文老档之抄录年代，要比文献馆藏两部满文老档年代晚。据文献馆藏内阁满本堂堂谕档云：“奉阿于中堂谕，现在遵旨再办老档一分，恭送盛京……十月十五日。”方甦生指出“此文前有乾隆四十三年六月堂谕一件，后有四十四年正月一件，此曰十月十五日，可知为四十三年。曰再办老档一分，亦当为百八十册。”[①]方甦生认为金梁所说盛京故宫旧藏满洲老档“虽名老档，实非盛京旧物”[②]，且应该为180册。

满文老档自被发现起，就被学界认为是不可多得的珍贵历史文献，在整个中国古代所有少数民族文字的典籍中，以其历史纪实性、内容的丰富性和文献上的原始性而卓然特立[③]。方甦生对满文档册整理与介绍功不可没，他运用档案以证史实，考证出盛京重谟阁重录满文老档的时间。他对于这部分满文老档的记载，被学界同仁视为“最珍贵之纪载”[④]。

方甦生对于内阁大库档案十分熟悉，他也因此编纂过3部清代内阁大库档案目录，并为这些目录分别撰写叙录。这些目录作为研究清代档案史料的学术成果，得到当时学者的高度评价，沈兼士认为《清内阁库贮旧档辑刊》“纲举目张，有伦有脊，虽作者自觉尚不惬心，然吾国研究档案学之著述，要不得不以此编为梯桄”[⑤]。方甦生为这3部目录书撰写的叙录，可视为文献馆最早关于内阁大库档案的学术论文，具有很高的学术价值。

《内阁大库书档旧目》《内阁大库书档旧目补》是中央研究院历史语言研究所整理内阁大库档案时发现的有关图书著录的档案汇编。方甦生的两篇叙录对了解清代内阁大库书档的收储、变化，以及清代内阁大库的藏书有着非常重要的价值，为后继研究者留下了一份珍贵的研究指南。

《内阁大库书档旧目》《内阁大库书档旧目补》收录了史语所及北京大学研究院所藏的书目旧档27种。这些书目档案“原为清代内阁典籍厅收贮或清查内阁大库的清单及档册。”[⑥]尽管这些目录多数已经残缺且编制年代不明，方甦生仍然发现了这批书目的价值，“内阁书档旧目，不仅是书目，且有许多明清档案之目，虽多数残缺不完，而为明了大库的储藏情形及

---

① 方甦生：《清内阁库贮旧档辑刊叙录》，《清内阁库贮旧档辑刊》(一)，第48页。
② 方甦生：《清内阁库贮旧档辑刊叙录》，《清内阁库贮旧档辑刊》(一)，第48页。
③ 乔治忠：《清人关前的满文档册及其史学意义》，《中国官方史学与私家史学》，第149页。
④ 金毓黻：《满文老档考》，《国立沈阳博物院筹备委员会汇刊》1947年第1期。
⑤ 沈兼士：《方编清内阁库贮旧档辑刊序》，《沈兼士学术论文集》，第344页。
⑥ 方甦生：《内阁大库书档旧目叙录》，国立中央研究院历史语言研究所编：《内阁大库书档旧目》，北平：国立中央研究院历史语言研究所，1933年，第1页。

稽核散佚的史料,这些目录都是重要的材料。"[1]所以,方甦生逐一考证了27部目录档案的成书时间,分析该档案的主要内容及归属,并按照时间先后对这些目录档案进行排序。

由于这些书目残缺的部分各不相同,因此在考证中方甦生运用了自证、旁证和理证等多种方法,根据每部书目中留下的线索,引经据典,旁征博引,并参照了大量清代档案,为这27种档案确定了成书时间。每一种书目档案的考证都可以视为一篇极为精炼的考据文章,显示出方甦生扎实的学术功力。《内阁大库书档旧目》中目六、目七的考证,可视为方甦生此类考证文章的典型。

目六、目七不著编定年月、名称、编制者的姓名,因此"欲精确的考定它的时代,已是难能的事"[2],所以需要借助于书目中的书籍。但是这两部书目中仅有书名和本数,并无其他可以提供参考的信息,为考订工作加大了难度。方甦生首先从这两部目录本身入手,认为"二者原本的大小,纸质,字体及格式,都是一样的;而且目六中有'十五日''十六日',目七中有'十七日'等字样,可为两本互相衔接之证。所以我们断定它虽分订为二,实是一个目录"[3]。

由于"清内阁藏书中,除掉清代官修,官刻及因纂修,校刊而征集的书籍外,差不多都是明文渊阁所遗之物"[4],因此方甦生将该目录与明正统间杨士奇等所编《文渊阁书目》及万历间孙能传等所编《内阁书目》相互比较,根据收书的数量锐减,确定该书目的编定时间应当在《内阁书目》编定后若干年。再将该书目与考定为乾隆十年编制的《清查东大库目录》(即《内阁大库书档旧目》的目十)互校,从《清查东大库目录》收录而不被此书目收录的书名中寻找到线索,即《清查东大库目录》"有《周易折中》,《日讲春秋》,《日讲书经解义》,《授时通考》,《朱子全书》等目,都是清康熙以来的官修书籍,此目中却一本亦未见。这几种书的刊刻年代,要以《日讲书经解义》为最早,《清宫史卷》二十七说:'《日讲书经解义》一部……凡十三卷。康熙十九年校刊'。一部仅仅十三卷的书,若在康熙十九年校刊,不过在二十年或

① 方甦生:《内阁大库书档旧目叙录》,国立中央研究院历史语言研究所编:《内阁大库书档旧目》,第1页。

② 方甦生:《内阁大库书档旧目叙录》,国立中央研究院历史语言研究所编:《内阁大库书档旧目》,第3页。

③ 方甦生:《内阁大库书档旧目叙录》,国立中央研究院历史语言研究所编:《内阁大库书档旧目》,第3页。

④ 方甦生:《内阁大库书档旧目叙录》,国立中央研究院历史语言研究所编:《内阁大库书档旧目》,第4页。

竟在当年就可刊成。今此目尚无这个书名，可知其编定年代，当在这书刊成贮库以前。"《清查东大库目录》中更有"《日讲四书解义》四本，《四书解义》八本，疑同为一书。据《清宫史》说，系康熙十六年校刊。今此目中亦有《四书解义》三本，另有《大学解义》一本。如果是当时编目的人，把'日讲'两字随便略去的话，那么我们便可悬拟此目为康熙十六年校刊的《日讲四书解义》贮库以后，十九年校刊的《日讲书经解义》贮库以前所编定的。"①

虽然基本确定该书目成书于康熙年间，但是方甦生认为这仅是一种孤证②，他又以康熙年间作为出发点，继续求证。他认为从万历到清康熙年间，虽然仅隔百年，但是经过李自成进京、清军入关等变故，内阁书籍的损失非常大。方氏据"王士祯《古夫于亭杂录》说：'国初曹贞吉为内阁典籍，文渊阁书，散失殆尽，贞吉检阅见宋椠欧阳修《居士集》八部，无一完者。'王氏所谓国初，当指康熙以前。那时已有'散失殆尽'之感，则此目较万历《内阁目》中之书，少了数倍，自是当然的事。谓为康熙间编定，似乎无甚矛盾。"③此外，清代许多次官家修书的时候，都曾征集过参考书，康熙当然不能独为例外。现在由《清宫史》知道康熙年间官家纂修过几部所谓'经学'的书籍，势必征集经部的参考书。此目中著录书名，如《周易启蒙》《周易会通》《周易发明》《书经纂注》《书经讲贯》《四书详说》《四书辨疑》《四书镜》等，都是文渊阁及《内阁书目》所无。可知不是明文渊阁旧物，而是康熙时为修书参考所征集的。因而可证此目编定于康熙年间。"第三，目中有《杨仲弘诗》《弘化集》两书名，弘字均不避，在消极方面也可知其年代，最晚亦在乾隆以前。"④综合上述论证，方甦生得出结论，这两部书档目录"虽未能确断此目年代，但说它是康熙年物，却已没有什么不合之处。"⑤

方甦生的考证特别注重运用档案史料，使一些单独看起来并无价值的目录串联在一起，互相参照，互相发现，以发掘出这些目录的史料价值。《内阁大库书档旧目补》就是方氏在写完《内阁大库书档旧目》之后，参观北京大学研究院文史部所藏内阁档案，发现了《礼部移送明朝事迹文书挂号

① 方甦生：《内阁大库书档旧目叙录》，国立中央研究院历史语言研究所编：《内阁大库书档旧目》，第4页。

② 方甦生：《内阁大库书档旧目叙录》，国立中央研究院历史语言研究所编：《内阁大库书档旧目》，第4页。

③ 方甦生：《内阁大库书档旧目叙录》，国立中央研究院历史语言研究所编：《内阁大库书档旧目》，第4页。

④ 方甦生：《内阁大库书档旧目叙录》，国立中央研究院历史语言研究所编：《内阁大库书档旧目》，第5页。

⑤ 方甦生：《内阁大库书档旧目叙录》，国立中央研究院历史语言研究所编：《内阁大库书档旧目》，第5页。

簿》《书籍簿册》《大库书籍档》《应销毁书籍总档》《西库书档》等书目，他认为上述几部目录与《内阁大库书档旧目》中的一些目录密切关系，随后又加入史语所新发现的《各处奏销黄册收贮大库目录》及《清查东大库分类目录》编成《内阁大库书档旧目补》。在这部书的叙录中，方甦生将该书收入的目录与《内阁大库书档旧目》中的目录互相参照，为确定《内阁大库书档旧目》中收录的20种目录的成书年代提供了很好的补充。

方甦生为这两部目录书所做的长篇叙录，为整理内阁大库档案的顺利进行发挥了重要作用，他对于内阁大库书档的考证不仅为后继的研究者提供了研究线索，也提供了研究方法。

方甦生《清内阁库贮旧档辑刊叙录》对内阁大库档案进行了分类与详释。内阁大库档案在文献馆所存的档案中，以历史最悠久、组成内容最复杂而著称。1931年文献馆整理内阁大库档案，发现了不同时代红本、书籍、表章、实录、圣训、记注、史书及杂项库贮等档旧目百余册，是研究库物来源，及存佚问题的重要参考资料。因此文献馆决定以此为底本，编成《内阁库贮旧档辑刊》，方甦生担任撰写叙录，"凭籍旧档目录之轮廓，以探溯库藏之历史。"[①]方甦生经过一年时间的辛勤工作，将内阁大库档案的历史渊源彻查清楚。他将内阁大库档案分为六类，第一类是内阁承宣和进呈之文书；第二类帝王言动，国家庶政之当时记载；第三类，官修书籍及其文件；第四类，因修书而征集之参考材料；第五类，内阁日行公事之档案稿件；第六类，盛京移来档案。在每一类的文件之下，又分若干小类。《清内阁库贮旧档辑刊叙录》对每一种档案的来源、内容、运行程式，都进行了引经据典的详细阐述，成为研究清代内阁大库档案之经典之书。

方甦生在《清内阁库贮旧档辑刊叙录》中的另外一大贡献就是对内阁的具体位置进行了考证。内阁大库是清朝中央最重要的档案库之一，它贮藏的档案文献种类之多、数量之巨都是罕见的。但是内阁的具体位置及其在明代的用途却是众说纷纭。徐中舒根据明代孙承泽的《春明梦余录》、清代阮葵生的《茶余客话》，认为内阁大库即明代文渊阁。方甦生则提出自己的看法，认为内阁大库不是明文渊阁，而是明代的内承运库旧址[②]，并且绘制出一份《明文渊阁位置想象图》，标明内承运库遗址即为今内阁大库，今银库即明文渊阁故地[③]。

① 沈兼士：《方编清内阁库贮旧档辑刊序》，《沈兼士学术论文集》，第344页。

② 方甦生：《清内阁库贮旧档辑刊叙录》，《清内阁库贮旧档辑刊》(一)，第2页。

③ 图见《清内阁库贮旧档辑刊》(一)，插图。

内阁大库是否是文渊阁旧址，至今仍是争论不休的问题。尽管方甦生坦率承认“大库是否即明之内承运库，为改建抑或创建，犹疑问也”[①]，但他所论也有理有据，且富有想象力，直到今天仍然为论述内阁大库地址的文章中必须提到的一家之言。

（二）对清代历史研究的贡献

民国时期的清史研究被视为“不古不今之学”，这一阶段，清史的重要性没有得到普遍认识，在断代史中的地位没有得到承认。从事清史研究的学者较从事其他断代史研究的学者人数少，方甦生是民国时期较早投身清史研究的年轻学者之一，惜因早逝，仅留下几篇论文。但是从这几篇文章，可窥见他对清史研究确有重要贡献，特别是关于清太祖实录的研究成果，在该领域研究中具有开创性和奠基性。方甦生在这几篇论文中利用档案着重考证了两个问题，第一是关于四卷本《清太祖武皇帝实录》为顺治改缮本，第二是关于《清实录》的删削增饰问题。

清朝官方纂修实录的活动，开始很早，入关前已经纂修《太祖武皇帝实录》。但是此后太祖朝实录屡经修改，“改本的记载，却早经官书及私人著作如开国方略，东华录等书，一再录出，已深入各项史学著作中”[②]。方甦生为澄清史实，撰写了《清太祖实录纂修考》和《清实录修改问题》。这两篇文章可称为近代研究清太祖实录版本的开山之品，受到史学大家陈垣的重视，均刊载于陈垣任编委会主编的《辅仁学志》。

1931 年文献馆整理清内阁档案发现了一种旧实录，“书凡四卷，红绫装，白鹿纸画朱丝阑楷书，半页九行，行二十二字。无序，表，凡例，目录。卷端题：大清太祖承天广运圣德神功肇纪立极仁孝武皇帝实录。”[③]当时学术界一般认为这就是崇德元年初纂本，但是方甦生用有力的证据论证该书为顺治改写本而非崇德初纂本。

方甦生主要依据下面几点判断该书的成书年代：

第一，世祖实录里，顺治八年闰二月乙亥，韩岱等审议刚林等罪状条云：以擅改国史一案讯刚林，据供：睿王取阅太祖实录，令削去伊母事。遂与范文程、祁充格同改太祖实录，据此可知顺治初年，曾修太祖实录。并有抹去大妃事及私自补载等情事。

第二，此四卷本太祖实录的纸质，纸色，字体，装璜，均与顺治年间所修

---

① 方甦生：《清内阁库贮旧档辑刊叙录》，《清内阁库贮旧档辑刊》(一)，第 3 页。

② 方甦生：《清太祖实录纂修考》，《辅仁学志》1938 年第 7 卷 1、2 期合刊。

③ 方甦生：《清太祖实录纂修考》，《辅仁学志》1938 年第 7 卷 1、2 期合刊。

四十卷本太宗文皇帝实录相同。可知其缮成年代必极相近,似非崇德元年所修原本。

第三,此本汉、满、蒙文本各有三部(文献馆存汉文本三部,满文本一部,蒙文本一部半;以揣度之,蒙文本亦应是三部。)似为分存大内,皇史宬及内院而设,当是入关以后的事。若崇德元年在关外时,既未建皇史宬,何必各缮三部?①

此外"从刚林等因擅改实录获罪,可以推知顺治改缮实录,当在睿王摄政时代,而告成似在顺治八年以后。世祖实录十二年四月癸未谕云:太祖武皇帝创业垂统,太宗文皇帝积功累仁……实录业已告成。朕欲仿贞观政要,洪武宝训等书,分类采辑,汇成一编……称为太祖圣训,太宗圣训。"②由是可知太祖实录改缮告成,当在顺治十二年以前。而这次撰太祖圣训,存于内阁大库,书中人名及称谓的译法,与顺治改缮本实录相同,文笔也极相近。足见是与实录相继写成的,可以互为考订时代之证。

方甦生对于《清太祖武皇帝实录》的考证,用档案史料为证据,层次清楚,论证严谨,得出的结论令人信服,直至今天仍对研究者有启发意义③。

对于孟森提出的清代"改实录为日用饮食之恒事,无一代不改"④,方甦生依据史料对此进行了辩驳。方甦生认为,"清实录非随时修改之书,讲筵私改之说,实为无据,乾隆以后,固未有重修实录事也。"⑤他对于清初三朝实录纂修的情况进行考证,"太祖实录,绘图本成于天聪;初纂本成于崇德而重缮于顺治;至康熙乃大加修改,改四卷为十卷,删孟革卜卤私嫔御,谋篡位及大妃殉帝出於被迫等记载;而增入上谕五十三通;整齐体裁,修饰文字,使旧有面目全失。太宗实录,纂於顺治,修於康熙,改四十卷为六十五卷;据康熙六年十一月十二日残题稿所论列,增删修改,竟有九项之多。世祖实录,则为康熙所纂。迨雍正十二年,纂修圣祖实录成,乃取前三朝实录重加校订,润色文字,画一人名地名。至乾隆四年告成,仿前明例,举康熙旧本,焚之蕉园。惟康熙修纂三朝实录,未尝焚稿,故顺治所修两朝旧本,仍存阁库;而康熙未定之稿,流落人间。说者执传抄之稿本,以较校订本,遂谓'乾隆朝善改旧修实录'。其实校订本异于旧本之处,皆康熙时所

① 方甦生:《清太祖实录纂修考》,《辅仁学志》1938 年第 7 卷 1、2 期合刊。

② 方甦生:《清太祖实录纂修考》,《辅仁学志》1938 年第 7 卷 1、2 期合刊。

③ 薛虹:《清太祖实录的史料学研究》,《东北师范大学学报(哲学社会科学版)》1988 年第 2 期。

④ 方甦生:《清实录修改问题》,《辅仁学志》1939 年第 8 卷第 2 期。

⑤ 方甦生:《清实录修改问题》,《辅仁学志》1939 年第 8 卷第 2 期。

已改”[1]。

方甦生以太祖实录为准，将顺治改缮本称为旧本，康熙重修本称为改本，通过仔细比较，得出两个版本的不同之处有：第一、旧本记事有为改本删略者；第二、改本增出上谕五十三通，旧本均无之；第三、旧本记事有记月不记日者，改本均为补朔，旧本记年而阙月日者，改本均称正月朔；第四、旧本于明多敬词，改本均改作平行语；第五、旧本字法质朴，改本润饰而含义不同；第六、旧本记载女子之名，改本均删去；第七、旧本人地名译法及称谓，改本多为改易；第八、旧本文辞朴俚，改本增饰，几乎逐句不同[2]。对于这八项不同之处，又都逐项举出实例验证。通过比较，对于向来把删削增饰实录的罪过归于乾隆作伪进行辩驳。认为“论删削增饰，乃康熙时为之，雍乾校订，不过藻润文字，画一人名地名译法而已”[3]。

方甦生认为清代实录的修改在康熙朝最厉害，其根据是：其一，康熙纂修三朝实录，前后历时廿载。而雍乾校订，合三朝汉满蒙文三体凡六百馀卷，仅历五载而成；较之康熙，速度四倍。虽或人员多寡不同，要亦因前者为重修，删削增饰，须加蒐考；后者则仅校订字画音句，画一人名地名而已。其二，阁库缄藏顺治本太祖实录，高宗似未见。故校订书成，焚旧本于蕉园，此本乃得幸免。而天聪绘本实录图，文字与此无殊，高宗一见宝之，恐子孙不能尽见，特命重绘三部，分藏上书房，崇谟阁，避暑山庄。其文字稍有润色，记事并未增删。假使康熙写定之本，尚近原本，乾康辄为删削增饰，不欲后人见其真面，何以於绘图本反重绘三部分庋之？第三，满文老档为天命天聪旧实录取材之源，高宗曾命重抄二部，分庋阁库及重谟阁。不惟实录已删之事迹，依然存在其中；即实录以外之秘事，所存亦复不少。使实录增删，系乾隆时所为，何反重抄老档分庋两京耶[4]？

方甦生对清史研究大家孟森的论断提出了不同见解，他的文章立论于清代档案史料，以严密的逻辑和周详的考订，对清代实录的删改问题以客观的论断，显示出他高超的驾驭史料能力及严谨的研究态度。陈垣对他的文章给予重视，并亲自修改。方甦生在《清太祖实录纂修考》中，特别向陈垣致谢：“陈援庵先生对于本文的方法及文字，多所是正，谨在此致谢。”[5]方甦生的另外两篇文章《清史稿后妃传订补》(《大公报·图书副刊》

---

① 方甦生：《清实录修改问题》，《辅仁学志》1939 年第 8 卷第 2 期。
② 方甦生：《清太祖实录纂修考》，《辅仁学志》1938 年第 7 卷 1、2 期合刊。
③ 方甦生：《清太祖实录纂修考》，《辅仁学志》1938 年第 7 卷 1、2 期合刊。
④ 方甦生：《清实录修改问题》，《辅仁学志》1939 年第 8 卷第 2 期。
⑤ 方甦生：《清太祖实录纂修考》，《辅仁学志》1938 年第 7 卷 1、2 期合刊。

第177期,1937年4月5日)和《清列朝后妃传稿订补》(《辅仁学志》8卷1期,1939年)皆为考证性论文,同样考订详备,有疑则阙,显示出他深厚的考据学功力和缜密严谨的治学态度。

(三)方甦生学术建树的几点启示

方甦生是故宫博物院文献馆的年轻学者,由于史料的阙如,目前尚不明了方氏的学术背景。但是他在文献馆供职期间,在陈垣、沈兼士、朱希祖、马衡等学术名家的指导下,在工作中不断勤奋学习,在较短的时间内脱颖而出,成为文献馆年轻学者中著述最丰的一位,却是不争的事实。总结他的学术道路,可以看出方甦生对待学术研究有求真务实的态度,有开阔的研究视野,既善于总结前人的经验,也善于开拓新的研究领域,创造新研究方法。他在研究中大量运用以档治史的方法,用第一手材料解决了一些史学难题。同时他还具有实事求是的精神和质疑学术权的学术勇气,这一点非常值得提倡和学习。

方甦生在史料档案整理工作中注重总结经验,他梳理并总结了历史博物馆、罗振玉、北京大学研究所国学门、中央研究院史语所、故宫博物院文献馆等个人和研究机构对档案的整理方法,认为北京大学国学门的整理方法已是近乎科学的了,史语所的整理方法,可以与北大国学门相媲美。同时也指出这两个机构在拓荒时期必不可免的错误①。方甦生专门对文献馆的档案分类与整理进行研究,文献馆因此避免了此前学术机构整理档案的失误。他对于档案史料整理与分类的研究成果,直接催生了近代第一个档案整理章程——《国立北平故宫博物院文献馆整理档案规程》的产生。

文献馆保存的清代档案史料数量及品种,与其他学术机构相比更丰富。但是,方甦生对清代史料的了解不局限于某一处藏品,而是将多家学术机构的档案史料联系在一起,互相参考,从而得到一些很有价值的发现。例如他考证中央研究院史语所存《奏议馆收贮各省督抚送来奏议文集碑文志书等项目录》为何存于内阁大库,用该目录中所收书档与文献馆藏内阁书档作比较,以证明清代修书各馆在纂修竣事后,将所有的书籍档案都移交内阁收贮,因此奏议馆、实录馆、会典馆的档案都存于内阁大库。这样的例子在方甦生的文章中屡见不鲜,说明方氏在研究问题时具有开阔的学术视野,以及海纳百川的学术气度。

方甦生在研究内阁大库档案过程中,充分注意利用其他学术单位及学者的研究成果,但是并不盲从,甚至敢于质疑学术权威的论断。徐中舒的

---

① 方甦生:《整理档案方法的初步研究》,《故宫博物院年刊》1936年。

《内阁档案之由来及其整理》发表后，方甦生即撰文对徐文不足之处进行讨论和补充，方文辨析主要集中于内阁档案脱离内阁之经过及其归宿、内阁档案的分类解释、盛京档案的解释及内阁大库藏书四个问题，用第一手资料纠正了徐文中的不实之说。例如，徐文认为内阁档案帝王的制诏诰敕数量很少，方甦生则认为这一说法"恐怕是只指移出者而言，因为内阁大库现存的制，诏，诰，敕已不下千件，而诰轴一种，更何止数千件呢！再合之北大研究所国学门及历史语言研究所所得，似不能认为很少"。另外徐文中说"谕旨，硃批，御笔也在内阁收藏之列"，方甦生则据"康熙六十一年十一月胤祯继位，曾谕总理事务王大臣：'所有皇考硃批谕旨，俱著敬谨封固进呈……嗣后朕亲批密旨，亦著缴进；不可抄写留存。'"说明雍正之后"所有谕旨、硃批、御笔等类，都要缴回，但不在'内阁收藏之列'而是收藏於大内。现在故宫博物院文献馆贮藏的硃批奏折及御笔名单等，就是这类缴回之物。"①

方甦生对清史大家孟森关于《清实录》删改的论断进行辩驳，认为"心史先生之说，新颖独到，发人所未发。而夷考实际，似未尽合"②，并敢于据史料提出自己的见解。孟森、徐中舒都是当时的知名学者，方甦生以文献馆临时书记员的身份，敢于用事实说话，指出权威的不足，这种实事求是的态度值得我们尊敬并继承。此外还可由此看出方甦生对于清代档案及清史研究，已经能够卓然自成一家。

方甦生在研究中对于自己的要求很严格，对于已经成文的观点并不一味维护，而是随时校正，不断修改。例如在《清内阁库贮旧档辑刊叙录》中，对于内阁大库藏书的问题，此前方甦生"曾谓清内阁书，多明文渊阁之遗，此据王国维氏《观堂集林·库书楼记》所述者言也"③。后来，通过参证内阁大库存于北平图书馆之书，并无文渊阁藏书的印记，再据"《内阁大库书档旧目》目一，目二，为内务府送交明史馆书目，即散在内廷书也。同书目八，后半标有'内发出书目'字样，亦即言其书为内廷发出者"。得出内阁大库藏书不是文渊阁"直接遗留，而为修书参考征集所得"④的结论。

综上所述，方甦生是故宫文献馆不可多得的综合型人材，他在研究清代内阁大库档案、探索档案史料的整理方法、以档证史等方面都作出了出

① 方甦生、曹宗儒：《读徐中舒先生〈内阁档案之由来及其整理〉之后》，《大公报·文学副刊》183期，1931年7月13日，第10版。

② 方甦生：《清实录修改问题》，《辅仁学志》1939年第8卷第2期。

③ 方甦生：《清内阁库贮旧档辑刊叙录》，《清内阁库贮旧档辑刊》(一)，第30页。

④ 方甦生：《清内阁库贮旧档辑刊叙录》，《清内阁库贮旧档辑刊》(一)，第31页。

色的成绩。他在这些领域中的创造性发现与论证,给我们研究这些问题留下了珍贵的参考史料。他在学术领域中表现出来敢于创新,勇于质疑、挑战自我的精神,也值得我们尊重和景仰。方甦生是我国档案史料研究的开拓者之一,也是清史研究领域一颗早逝的彗星。

二、文献馆的双子星座——单士元、单士魁

故宫博物院文献馆在成立之初曾经有三位姓单的年轻人,他们是单士魁、单士元、单士彬,其中单士魁、单士元是亲兄弟,单士彬则是他们的堂弟。这三位合称开辟明清历史档案先河的"单氏三兄弟"①。单士魁与单士元1925年1月参加清室善后委员会点查故宫文物的工作,又同时进入故宫博物院文献馆工作。1930年前后,单士彬加入文献馆工作。此后,单士元一直在故宫典守七十年,单士彬、单士魁则先后离开故宫。1925年,单士元、单士魁同时到清室善后委员会任书记员,参加清宫的文物清点工作。他们白天面对蓬蒿满地的宫院,要先用锹镐将这些杂草荆棘铲平,为点查工作中的政府官员和学者们开路。时值隆冬北风凛冽,进入冷宫中点查文物,每天要站三四个小时,手上还要粘贴挂签,身上穿着特制的没有口袋的工作服外罩,袖口处为了防止盗窃有可藏之处,还要用白带系紧。每天工作回来,手指冻到僵直脚趾如刀刺般疼痛。还要提防回家路上,时常会遭到敌视善委会的清室遗老们在地上暗设障碍物绊倒,甚至于拳打脚踢。七十年后单士元回忆这一段经历,曾经感慨地说:"非亲历者而无这来之不易的特殊感受。"②

在文献馆的工作中,他们在各自的岗位上都取得了丰硕的成果,成为文献馆培养出来的档案学专家和清史学专家。

(一)单士元对清代档案工作的贡献

单士元(1907—1998),字君实,北京市人。1924年入北京大学史学系,1933年毕业于北京大学研究所国学门,曾授业于孟森、朱希祖、沈兼士等知名学者。1924年参加清室善后委员会工作,此后73年中一直供职于故宫博物院,长期致力于档案与古代建筑研究。是蜚声中外的档案学家、清史学家、古建筑专家,被称为"故宫学第一大家"。

单士元一生从事档案史料研究工作,他从整理史料出发,以档治史,坚

---

① 刘守华:《单士元:结缘故宫七十年——访单士元之女单嘉筠》,《中国档案》2009年第7期。

② 单嘉筠:《故宫守望者——单士元》,北京:中国文史出版社,2018年,第27页。

持史档结合，在文献馆时期发表了论文《档案释名发凡》(《文献论丛》1936年)、《清代题本制度考补订》(《师大学刊》1942年第10期)、《清代奏事处考略》(《文献论丛》1948年)、《恭王府沿革考略》(《辅仁学志》1938第7卷1、2期合刊)、《故宫博物院文献馆所藏档案的分析》(《中国近代经济史研究集刊》1934年2卷2期)等文章。特别是他的研究生毕业论文《总理各国通商事务衙门大臣年表》是以档治史的优秀成果，得到了孟森、朱希祖等大师的高度评价。在单士元的诸多论述中，于清代档案整理与研究作出的成就，有如下几个方面：

首先，参与接收与整理内阁大库档案。单士元初入故宫文献馆的时候，还在北京大学史学系听课，从1924年到1929年考入北京大学研究所国学门，六年中一直听陈垣授课，在研究所时陈垣是其导师。因此在文献馆的工作中单士元一直追随陈垣，受到陈垣的重视与提携，帮助陈垣为文献馆接收了军机处档案并购入端方档案。

清朝军机处是清朝的中枢权力机关，成立于雍正八年(1730年)，终止于宣统三年(1911年)。军机处每天经办的大量文件，每半月合成一大包存档，称为“月折包”，这批档案弥足珍贵，反应了从雍正八年到宣统三年180年的清朝历史。辛亥革命之后，因袁世凯深知这批档案的重要，因此下令将这批档案搬到旧国务院，放置于在集灵囿。袁世凯死后，这批档案被搁置了长达15年，无人问津，鼠咬虫吃损失无数。1926年初，因陈垣与时任北洋政府内阁总理许世英相熟，因此与之联系，想将军机处档案归还于故宫。单士元受陈垣委托，全程参与这项工作，并将陈垣致函给国务院的信函交到保管军机处档案的朱师辙手中。[①] 1926年1月28日，这批档案共计3000余包80余万册由单士元等人运回，贮存于故宫大高玄殿内雷坛殿东西配殿[②]。单士元不仅参与了军机处档案的接收与编目，还参与了军机处档案的整理。并写出《清代军机处档案》《清代军机处档案释名前言》《清代军机处档案编年目录说明》等论文。军机处档案在抗战期间，曾随着故宫文物辗转于西南各省，抗战胜利后被运回南京，随后大部分又运回北京故宫。1948年，国民党政府将存放于南京的故宫古物与历史档案带走，而军机处档案与留在北京故宫的其他档案一起，成为今天中国第一历史档案馆的重要馆藏。1935年11月，陈垣从广东藏书家伦明手中购入

---

① 单士元：《回忆陈援庵师》，《故宫札记》，第159页。

② 李松龄：《岁月沧桑七十载，风雨同舟故宫清——访著名古建筑学、历史学家单士元》，《北京档案》1997年第2期。

端方档案,也是委托给单士元具体办理。[①] 这批档案陈垣与伦明商议以900银元的价格为故宫文献馆购入,委托单士元押运到故宫。此后单士元又通过刘厚滋介绍,从清代官员升允后人手中补购入端方的文件两柳条包,补充了这部分重要档案。现在这批档案也是第一历史档案馆珍贵史料的一种。单士元说"无前者我亦不识后者,回忆此事,益感援师对史学界的贡献之大。"[②]

1930年故宫博物院文献馆开始着手整理清代内阁大库档案,单士元晚年曾回忆文献馆整理档案的情景,"1930年冬日,文献馆同仁全部集中内阁大堂,在馆长沈兼士主持下开始进行整理。在开库门之际,兼士教授乃身先士卒指挥视察柜架所藏进行清理。然而当年大库现状是除内架上档案外,地上所堆的旧残档积如小丘,差不多没有下脚之地。虽然寒风凛冽之时库中无炉火,又多年尘土几达寸厚。但同仁极为兴奋,整理人员分在若干长木桌案旁,在桌上放置档案包,或捆扎成堆的旧档,或进行清除成寸的积土,或进行分清何种旧档。然后按照朝代年月排序,同时还要注意在原有纸包皮者,或用线挂有签条者,一律保存在原档上,当陈垣与沈兼士两师皆告知,要严格遵守'秤不离砣的原则'"。[③] 这是一份非常艰苦的事业,不仅档案杂乱无章,且年代久远,档案尘封已久,霉气蔓延,令人作呕,苦不堪言。但是在这样艰苦的条件下,单士元与他的同事们克服了重重困难,为清史研究也为档案事业披荆斩棘开拓出一条大路。

其次,首倡档案释名与《档案释名发凡》。单士元在长期繁琐的整理档案工作中,充分认识到查找档案的不易。"每见阅者走进档案库里时,辄感到'一部十七史从何读起'的苦闷"[④],于是有了想要提高整理工作效率的新思路,开始思考如何帮助阅览者迅速找到需要的档案。"虽然近来整理档案的机关,已经计画把它用科学的方法,分门别类,编制目录,但浩如烟海的档案,绝非短期所能成功,必须先有释名的工作,而使阅者依名检索,获得指南的便利。"[⑤]单士元认为,"中国图书目录学。由来已久,而档案目录学,尚付阙如,"[⑥]且"档案本身的历史,亦值得研究,吾人倘能将各个档

① 单士元:《回忆陈援庵师》,《故宫札记》,第161页。

② 单士元:《回忆陈援庵师》,《故宫札记》,第162页。

③ 单嘉筠:《档案学家单士元——写在先父单士元诞辰110周年暨逝世19周年之际》,《中国档案》2017年第11期。

④ 单士元:《清代档案释名发凡》,《文献论丛·论述二》1936年。

⑤ 单士元:《清代档案释名发凡》,《文献论丛·论述二》1936年。

⑥ 单士元:《回忆陈援庵老师》,纪念陈垣校长诞生110周年筹委会编:《纪念陈垣校长诞生110周年学术论文集》,第332页。

案的历史，都研究的很明白，则对于一代典章制度考据，有时比参考会典及各部则例等书还要详明准确得多（会典与则例全系根据档案纂辑而成的）。”[①]因此，他首先尝试将清代军机处各类档案，加以诠释，题名《档案辞解》，呈给陈垣审看。陈垣充分肯定了单士元的设想，并将《档案辞解》改为《档案释名》[②]。

档案释名并不是简单的事情，因为档案“种类繁众，名称繁杂，卷帙缤纷”[③]，且需要注解的内容非常多。单士元归纳出释名的方法：“1. 档案原存机关　2. 档案类别的解释　3. 一种档案名称的解释　4. 档案内容的习用名词[④]”。这种方法，是对档案史料进行大量整理之后总结出来的。欲解释档案，首先要了解档案原存机关的沿革职掌，因此要先对档案原存机关进行解释。同时要解释清代档案名称的历史，文献馆的档案大致可分为“袭古的（内阁大库档案多属之）”、“特设机关而新创的（军机处档案多属之）”、“由满文而译为汉文或译音的（如内务府档案多属之）”三类，每一类别的档案都有自己形成的历史和特点，需要进行详细考证。他认为档案都是成系统的，每种档案造成的程序，各有关系。例如内阁的红本黄册史书为例，看起来没有关联的几种档案，其实有继承关系。红本为题本通本的改称，黄册为题本的附件，史书为红本贴黄的汇抄。此外一些名词属于档案专有，“如内阁漕粮黄册中所谓行月，据会典载即运漕官支领行粮月粮的简称，皮脏即营马倒闭出售皮脏缴回之银两。”[⑤]诸如此类都有诠释的必要，只有经过详细的解释，才能使应用档案的学者对于档案史料及其本身的价值，有全面的认识。

单士元的设想得到了文献馆同仁和领导的支持，文献馆从 1935 年 11 月开始“蒐集档案名称及其档案中各项专词加以解释。由各组於整理工作之外，附带担任此项工作，先以卡片著录名词及已知之解释，将来即根据此项材料，再详加考订，汇编为档案辞解”[⑥]。可惜这项工作虽经过文献馆同仁的努力，积极进行积累，但是由于 1949 年前的战乱及 1949 年后的“文革”，这部书一直都没有出版，对于我国的史料学研究来说，实为憾事。

第三，制作《总理各国通商事务衙门大臣年表》。单士元在清史研究

---

① 单士元：《清代档案释名发凡》，《文献论丛·论述二》1936 年。

② 单士元：《回忆陈援庵老师》，纪念陈垣校长诞生 110 周年筹委会编：《纪念陈垣校长诞生 110 周年学术论文集》，第 332—333 页。

③ 单士元：《清代档案释名发凡》，《文献论丛·论述二》1936 年。

④ 单士元：《清代档案释名发凡》，《文献论丛·论述二》1936 年。

⑤ 单士元：《清代档案释名发凡》，《文献论丛·论述二》1936 年。

⑥ 《文献馆二十六年一月工作报告》，《故宫博物院文献馆工作报告》（1934. 8—1937. 1）。

中,强调史档结合,以档治史。他认为“档案是研究历史的直接史料,因为它是未经过改纂而仍保存一件事真相的文书,所以历史家称它为直接史料,或称为历史的原料”[①]。在他的清史研究中,最突出的成就是他的研究生毕业论文《总理各国通商事务衙门大臣年表》。1927 年,由北京政府主持的清史馆修成《清史稿》,其体例仍为纪、志、表、传。“史稿成,表凡十,而无总理各国事务衙门大臣表。就史稿本身言,既有交聘表,不可以无总理衙门大臣表也……筹备及派遣,总署实为负责机关,无总署大臣表,则交聘表失其依据。又史稿中部院大臣表有外务部大臣。外务部为总理衙门之改组,载在《光绪辛丑条约大纲》第十二条。今无总理衙门表,则外务部失其沿革。矧自咸丰《北京条约》以迄光绪《辛丑条约》,皆属于总理衙门之签订乎?试翻阅清季官纂之《筹办夷务始末》,遇有国际交涉,皆有派总理衙门大臣某与某国使会晤,或为签订某种条约之全权。事关国际关系綦重,则当日外交官岂可不列专表,用备考订。”[②]

在孟森、朱希祖的指导下,单士元运用清军机处档案、随手登记档、上谕档、洋务档、总理各国事务衙门奏折、缴回硃批奏折,并参考了咸同光三朝实录、筹办夷务始末、光绪中日中法交涉史料、清季外交史料、李鸿章、翁同龢、李鸿藻的日记,完成该表[③]。罗列了从咸丰十年(1860)到光绪二十七年(1901)总理衙门大臣的姓名、升迁情况,修补了《清史稿》之阙。

单士元以该表作为申请国学门研究生的毕业论文,经研究所审查,评定成绩为优良。此表得到了诸多教授的厚爱,胡适为其单行本题写了名称,孟森作序高度赞扬单士元的工作。“单生士元,留心档案,辑成此表,详明核实,可以补旧史之阙,可以拾《清史稿》之遗,可以助研讨外交者知人论世之力。”[④]《总理各国通商事务衙门大臣年表》直到今天仍然是研究清代外交史的导航之作,单士元也因此走上了清史研究的道路。

单士元的学术研究从清代档案整理开始,在长期的整理档案工作中,对档案的整理与研究均有自己的独立思考。他的档案学思想深受陈垣的影响,高度重视档案的史料价值,迅速将档案以多种方式公之于众,以档案为基础进行学术研究。

---

① 单士元:《清代档案释名发凡》,《文献论丛·论述二》1936 年。

② 单士元:《总理各国通商事务衙门大臣年表·自序》,《总理各国通商事务衙门大臣年表》(自刊),上海图书馆藏。

③ 单士元:《总理各国通商事务衙门大臣年表·编辑略例》,《总理各国通商事务衙门大臣年表》(自刊),上海图书馆藏。

④ 孟森:《总理各国通商事务衙门大臣年表·序》,单士元:《总理各国通商事务衙门大臣年表》(自刊),上海图书馆藏。

单士元是较早认识到要从档案本身的联系入手对档案进行研究的学者。他认为“档案没有一种是能够单纯独立的，换言之，即各种档案造成的程序，各有相互的关系”。[①] 只有掌握了档案之间的联系，才能更加有利于对档案的深入研究，进而对清代历史加以研究。例如对于题本制度的研究，表面上看题本与红本以及史书没有任何关系，但其实“各部院陈报政务之文书曰部本，各省者曰通本，通称题本。题本通本到内阁后，内阁大学士将本随同票拟谕旨进呈皇帝阅览，准或驳，均用朱笔批於本上，经批后遂改称红本。”[②]而红本与题本史书之间在公文运转程序上存在继承关系：

红本即题本，白本系奏本，以题本盖印奏本不盖印以示区别，如内务府档案中有红白本档是。史书为红本之摘要，盖红本原文皆冗长，别录本中要语，粘贴於后，以便检阅，谓之贴黄（制亦沿明，王世祯居易录载“崇祯元年从辅臣李国槽请，章奏仿古人贴黄之法，撮节要粘原本以进”清代因之。光绪会典通政使司卷六十九“别纸摘录本中要语黏於本之尾曰贴黄”又案贴黄之制，不仅限于本章，凡公文以黄绫黄纸书便笺呈御览者，皆称贴黄，如明会典卷十一吏部稽勋司贴黄“每岁终稽勋司官史以除过官员，用黄纸二开注脚色，类奏宝送内绶监，分贴内外黄”。兵部亦有贴黄之制。若清代表文之前，皆用黄绫一小方，上书某表一通，即名贴黄，题本以别纸撮要贴于本末，并非用黄，亦称贴黄者，沿旧名也。）照录贴黄分部编订成册，谓之史书（案史书本应全钞本章，光绪会典六九“凡科钞给事中亲接本于内阁，各分其正钞外钞，而下於部，应书封驳则以闻，岁终则汇其本以纳於内阁，凡领本皆附以史书录书。”注云：“红本发钞后，由科别录二通，供史官记注者曰史书，储科以备编纂者曰录书皆校对钤印。史书送内阁录书存科”。会典仅云发钞红本并未云照录贴黄，但今内阁大库所存史书皆为贴黄摘要。[③]

通过上述论述，揭示出红本就是题本通本的改称，黄本为题本的附件，史书为红本贴黄的会钞，看似没有关系的几种档案其实联系紧密，只有了解这些档案的程序与相互的关系，才能判断档案本身的不同价值，引用档案时才能更有准确性。同时也进一步了解到清代的题本制度是建立在明代题本制度上，基本继承了明代的题本制度。单士元此后关于题本的文章中，多注意到题本与其他档案之间的关系，比如本与副本、题本与黄册等。

---

① 单士元：《清代档案释名发凡》，《文献论丛·论述二》1936 年。

② 单士元：《清代档案释名发凡》，《文献论丛·论述二》1936 年。

③ 单士元：《清代档案释名发凡》，《文献论丛·论述二》1936 年。

在保管整理档案的同时,单士元积极参与编辑文献馆的出版物。1925年北大的师生在点查文物档案之余,曾经出版了一份以介绍历史知识为主的刊物《文献》,单士元被邀请担任校对工作,这是他接触历史档案编辑工作的初始[①]。此后参与编辑以发表公布清代档案为主的《文献丛编》(《掌故丛编》)、《史料旬刊》等专业刊物。《掌故丛编》后改为《文献丛编》,是随着文献馆整理档案随时刊布珍贵档案的定期刊物,也是最早的档案学专门刊物,自1928年1月开始每月一辑,至1943年共出版62辑,包括6集增刊,大约220余万字。本来文献馆欲将所藏宫内档案、军机处、内务府档案等辑为长编,但是由于档案众多,整理工作尚需时日,因此将未经刊行或者外间罕见的档案,略以类从不拘时代次序各为首尾,其始末完具之案则别为标题[②]。《史料旬刊》创办于1930年6月,至1931年7月共出版40期。这份刊物是为了弥补《文献丛编》及《文献丛书》之不足而创刊,因文献馆所藏史料浩繁,整理需要时日,"倘仅恃丛编丛书两种刊物发表惟恐时日稽迟数量微少,不足以餍海内学者之渴望,兹特加出史料旬刊一种,以辅丛编之不及。凡属有关文献可供考征者随时发见即行刊布,片鳞只爪兼容并纳。"[③]

《文献丛编》《史料旬刊》等刊物是最早刊登以档案为主的专业刊物。单士元作为《掌故丛编》《史料旬刊》的主编[④],编辑的清代档案为史学界、档案学界提供了大量第一手档案史料。这些档案公布后,在学界引起强烈反响,吸引了大批学者来文献馆查阅档案。单士元还负责接待来文献馆查阅档案的学者,为他们介绍清代档案,协助他们查阅档案。"几年间我亲自接待并为之提供档案史料的学者有吴燕绍、妙舟法师、蒋廷黻、顾廷龙、陶孟和、汤象龙、刘半农等。"[⑤]这些学者很多人成为单士元治学道路上的挚友,有些与单士元结下了终身的友谊。

单士元的工作年龄与故宫博物院同龄。他对故宫博物院作出的贡献是多方面的,既是文献馆的奠基人之一,也是档案整理研究工作中成长起来的清史学专家。他开创了档案目录学,续补了《清史稿》,此后又在古代

---

① 刘守华:《单士元:结缘故宫七十年——访单士元之女单嘉筠》,《中国档案》2009年第7期。

② 《掌故丛编·凡例》,《掌故丛编》1928年第一辑。

③ 《故宫博物院史料旬刊发刊前纪》,《史料旬刊》1930年第一期。

④ 单嘉筠:《档案学家单士元——写在先父单士元诞辰110周年暨逝世19周年之际》,《中国档案》2017年第11期。

⑤ 单嘉筠:《档案学家单士元——写在先父单士元诞辰110周年暨逝世19周年之际》,《中国档案》2017年第11期。

建筑文化方面取得了骄人的成就。70多年里他以故宫为基点，从理论到实践，兢兢业业习研几十年，终成一代大师。

（二）单士魁对档案史料工作的贡献

单士魁(1905—1986)，字秉彝，北京市人。毕业于民国大学国文系，后专学中医。1925年1月到故宫办理清室善后委员会工作，1925年故宫博物院成立后，进入该馆文献部，历任书记员、事务员、办事员及文献馆科员、科长等职。文献馆时期，他在整理档案史料的同时还致力于明清典章制度、宫廷掌故等方面的研究。单士魁的研究领域主要围绕清代内阁大库档案，对清代文书制度进行考订。发表的学术论文有《清代题本制度考》(《文献论丛》1936年)、《内阁大库杂档中之明代武职选簿》(《文献论丛》1936年)、《清内阁汉文黄册联合目录序》(《清内阁汉文黄册联合目录》1936年)、《清代制诏诰敕题表笺说略》(《文献专刊》1944年)、《清代奏事处考》(《文献论丛》1948年)、《清代黄册与赋役问题》(《文献论丛》1948年)。这些文章对于清代的题奏制度、黄册制度与赋役问题进行了详细考述。

题奏制度是清代文书制度最重要的内容。清入关后，沿用明制，以题本和奏本作为臣工上奏文书。单士魁利用内阁大库档案、《清实录》与《清会典》《东华录》等书互相参校，对清代题本、奏本制度的演变进行了考订。

题本的尺寸在清初并不划一，直到顺治九年(1652)开始严令整饬。《东华录》记载，“顺治九年秋七月癸未谕内三院：题本奏本各有格式，先已勅部发式通行。近见内外本章，尚有长短宽窄参差者。内院即传谕礼部，严加申饬，务使在京满汉大小官员，在外督抚巡按，下至府州县衙所等衙门，俱划一遵行。”整饬后题本的格式是否整齐，单士魁用内阁大库史料进行了验证。“内阁大库现存有清代题本尺寸款式单一纸，注云；‘此式通长七寸九分，宽三寸六分，堂口五寸三分。’曾以尺量之，与乾隆以下各朝题本，款式大小相同。所谓堂口五寸三分乃本幅二十字格长短之度”[①]。清代题本书写款式，初严格限字数。按照《清会典事例》卷一千四十二规定，“题本格式，顺治八年题准，每幅六行，每行二十格，平行写十八字”，本内开首皆为某官某人谨题为某事，其款式载于《东华录》。但是单士魁用内阁大库《顺治十一年宁夏巡抚黄图安之题本》证明，顺治二年后题奏本章数字逾限者仍有之。到雍正二年，对于题奏本章字数已不加限制，“仅纠正式样错误而已。盖认为紧要章疏，有必须详明者，若限定字数，必致遗略。自是清

---

① 单士魁：《清代题本制度考》，《文献论丛·论述二》1936年。

代题奏本章字数,遂不复限制矣。”①

清代题本与奏本存在差别。清代题本制度,“大体因明之旧,雍正乾隆等朝历有改订,至于与奏本区别用途,明清两代,均有明文规定。”虽然《明会典》《清会典》都有明文记载,“然题奏之分别,似仍不清楚。”直到雍正三年(1725)与七年(1729)两次颁布上谕,“先后虽有详简之不同。但奏本‘盖不钤印’,题本‘用印具题’,为题奏分别最明显处,亦有清一代题奏形式之准则也。”到乾隆十三年(1748),“将关于应用奏本之成例,一律改用题本,是题奏制度第一次变更。”②但十三年以后,“仍有奏本,盖相沿已久,一时不易改革故耳。乾隆十五年,乃有某事应用题本,某事应用奏本之谕。六十年,以各省题奏,仍未划一,又议定寻常事件删奏为题办法……题奏名称,在乾隆朝虽有上谕改奏为题,而题奏仍各分别沿用,犹未能一律概用题本。今故宫所存硃批奏折为数至伙,亦可证矣。有清一代,由顺治以迄光绪,历九朝皆系题奏分用。及光绪二十七年八月,刘坤一张之洞等始有奏请废除题本条议,是清代题奏制度第二次之变更。”但是题本并未被废除,“内阁大库尚存有光绪二十九年之题本”③。

单士魁在文献馆主要负责清理内阁大库档案,从事对内阁大库黄册的整理、编辑、研究工作。清代内阁大库汉文黄册,分别被北京大学、中央研究院史语所、文献馆收藏,此外社会科学研究所还有数十册,文献馆陆续由坊肆购入百余册。文献馆自1935年开始派员到各学术机构登记内阁大库黄册目录,总计约一万七千余册。单士魁与王梅庄共同承担了编辑内阁汉文黄册目录的工作,因此撰写《清内阁汉文黄册联合目录叙录》,介绍了内阁汉文黄册的内容及整理过程,并以黄册为基础,对清代赋役制度进行研究。

叙录首先简述编辑目录过程。内阁汉文黄册为考证清代庶政的重要依据,“内而部院衙署,外而各省臣工,举凡职司所掌,或关钱粮奏销,或属例行事务,悉遵定限,缮登册籍,具题进呈,上达宸览。发下后例藏阁库。”④但是这些档案并没有得到很好的保存,“主事者向以断烂朝报目之,任其霉烂虫蚀掣裂污损”,且“遭辗转售运之厄”,因此在整理中辨识其名

① 单士魁:《清代题本制度考》,《文献论丛·论述二》1936年。

② 单士魁:《清代题本制度考》,《文献论丛·论述二》1936年。

③ 单士魁:《清代题本制度考》,《文献论丛·论述二》1936年。

④ 单士魁、王梅庄:《清内阁汉文黄册联合目录叙录》,国立北平故宫博物院文献馆、国立北京大学文科研究所、国立中央研究院历史语言研究所编:《清内阁旧藏汉文黄册联合目录》,第1页。

称，考订时期，颇费周折，行将匝岁，始克竣事①。接着说明编辑汉文黄册的体例。编辑体例，仿照清代历朝会典，以机关为经，事类为维，就各衙门职掌所辖，因事分类。但是黄册种类复杂，头绪分歧，有非会典体例所能尽包者，则就黄册内容，旁征其他典籍及档案而定其类别名目。又於一类之中，又分子目，同一子目中，更就性质相近者，顺次区分，然后每一单位中，按年排比，汇列号总，而以研究所及北大原编之号，附注其下。这样的编辑虽然有不尽善尽美的地方，但是“册系於目，目统於类，若网在纲，检寻较便”②。叙录还着重分析了汉文黄册分类情况。目录中所收汉文黄册，自顺治迄光绪各朝，共17033册，分吏、户、礼、兵、刑、工六曹，及理藩院、都察院、通政使司、太常寺、太仆寺、光禄寺、钦天监、銮仪卫十四署，盛京户部及太医院附焉。共有75类，164目。其中吏部7类，户部18类，礼部5类，兵部10类，刑部8类，工部10类，理藩院1类，都察院5类，通政使司1类，太常寺2类，太仆寺1类，光禄寺1类，銮仪卫1类、钦天监1类，盛京户部3类，太医院1类。此外，还对于每一类档案名称的来历，及该类档案的程式都详加叙述。

1948年，单士魁总结多年研究清代黄册的成果，发表了论文《清代黄册与赋役制度》，探寻清代黄册制度与赋役问题的源流。清代黄册，其制沿自明代，但是经过演变形成了自己的特点。明代的黄册，为赋役之籍，清代因袭明代黄册制度，但黄册所包括的内容有所扩展，不仅局限于地丁银两。“至于清代缮册进呈，不关赋税之文书，皆以黄册称之者，此亦有所因据，盖渊源于明代‘进呈册用黄纸面’之义可知矣。”③该文利用比较方法，梳理了明清两代黄册与赋役问题的发展脉络，为研究清代赋役问题提供了史料。《清内阁旧藏汉文黄册联合目录》历经磨难10年乃出版，惠及学界，受到高度赞誉。“此累累黄册，盖即当时之简固宜宝而藏之，而目录册价值之重亦从可知矣。”④作为该书的编辑，单士魁于该书出版功不可没。此外单士魁

① 单士魁、王梅庄：《清内阁汉文黄册联合目录叙录》，国立北平故宫博物院文献馆、国立北京大学文科研究所、国立中央研究院历史语言研究所编：《清内阁旧藏汉文黄册联合目录》，第2页。

② 单士魁、王梅庄：《清内阁汉文黄册联合目录叙录》，国立北平故宫博物院文献馆、国立北京大学文科研究所、国立中央研究院历史语言研究所编：《清内阁旧藏汉文黄册联合目录》，第2页。

③ 单士魁：《清代黄册与赋役问题》，《清代档案丛谈》，北京：紫禁城出版社，1987年，第106页。

④ 蔡元培：《清内阁旧藏汉文黄册联合目录序》，国立北平故宫博物院文献馆、国立北京大学文科研究所、国立中央研究院历史语言研究所编：《清内阁旧藏汉文黄册联合目录》，第1页。

在民国时期发表的重要论文还有《清代制诏诰敕题表笺说略》《清代奏事处考》等,无一不是史档结合的范例。作为《掌故丛编》《文献丛编》《史料旬刊》等刊物的编辑,他也是这些档案史料顺利出版的专业保障。

三、典守文献七十年——张德泽

中国第一历史档案馆有两位从事档案工作在70年以上的史料学专家,一位是单士元,一位是张德泽。张德泽(1905—1998),字洵如,河北东光县人。曾就读于北京大学主办的第二平民夜校师范班,后于东城中学读高中。1925年1月经北京大学教授魏建功介绍,进入办理清室善后委员会工作。同年故宫博物院成立,张德泽进入故宫博物院文献部工作。在故宫博物院工作期间,他参加了文献馆对清代档案的整理、出版、陈列、研究工作,历任事务员、科员、科长职务,成为我国清代档案事业的开拓者和奠基人之一,也是文献馆培养出来的档案学专家和清史学家。

张德泽刚进入故宫时为书记员,到1928年故宫博物院被国民政府接收时,已经成为一等办事员①,职位升迁的后面是艰苦的工作和不懈的努力。张德泽在档案整理工作中,承担了繁重的任务,勤恳敬业,通过自身不断努力,逐渐成为文献馆的业务骨干,在清代档案史料整理这项宏伟的工程中,取得不凡成绩。张德泽对档案史料的研究工作主要集中于清军机处、清季外交史料、端方档案及档案整理分类等几方面。

(一)对军机处档案的整理和研究

张德泽在文献馆时期一直从事军机处档案的整理编目工作,编辑了《清代外交史料(嘉庆、道光朝)》《清季各国照会目录》《清季教案史料》等史料汇编,并发表《军机处及其档案》(《文献论丛》1936年)、《军机处所藏清册之分类》(《文献专刊》1944年)、《端方档案之分析》(《文献丛编》1937年新第6期),《清季教案年表序》(《益世报(天津)1947年7月28日》)等论文,是较早研究军机处档案的学者。

清代军机处是清代处理全国军政大事的常设机构,雍正时设立"军机房",乾隆时改为"军机处"。皇帝通过军机处将机密谕旨直接寄给地方督抚,各地督抚也将重大问题直接寄军机处交皇帝审批,中间不再经过内阁。军机处将自己经手的所有奏折文书全部另录一件归档存证,并设方略馆收藏,且负责修缮。军机处设于雍正七年(1729),到宣统三年(1911)撤销,180年间所有关于清王朝的政治、军事、经济、文化等重大事件,都有记录

① 《北平故宫博物院报告·附录》,《北平故宫博物院工作报告》1929年。

在案。因此,军机处档案,“其沿革及典藏,皆为史家所欲急悉者”[①]。张德泽的两篇关于军机处的论文,围绕军机处的沿革与职掌、军机处档案的分类与军机处清册的分类进行了论述。

张德泽认为,军机处成于雍正七年(1729)六月,“以准噶尔叛离清廷,宁远将军岳钟琪疏陈征伐之策,”雍正下谕旨成立军机房,因当时入直的怡亲王在前清门外西偏房,因此称军机房,是为设军机处之始。雍正十年(1732)三月改称办理军机处,雍正十三年,高宗莅政,因西北军务结束,下谕削弱军机处权利,“据此原办军机事务之大臣,于雍正十三年十月,或改协办总理事务,或归本任,军机处无形裁撤,所掌事务,改由总理事务处兼理,清史稿军机处大臣年表于乾隆元年之下,改注总理事务处,职官志亦云改称总理处,是总理事务处即军机处之化名”[②]。乾隆二年(1737)十一月复设军机大臣,军机处又得到恢复,直到宣统三年(1911)四月,因改设责任内阁,军机处始废止。

张德泽在《军机处及其档案》一文中,详细解释军机处的职官:“有军机大臣(俗称大军机),有军机章京(俗称小军机)。军机大臣,无定额,由大学士,尚书,侍郎内特旨召入,或由章京升任者。军机章京,初亦无定额,嘉庆四年定满汉三十二人,后增减无恒,光绪三十二年复定三十六人,初由内阁等衙门传取,嘉庆四年改由内阁六部理藩院保送引见。”[③]此外还对军机处行走、军机处学习行走、军机大臣上行走、军机大臣上学习行走等名目进行了归类解释。

军机处大臣“掌书谕旨,综军国之要,以赞机务”[④],举凡国家大政,审办大狱的案件、考察军旅、山川道里与兵马钱粮等重大事项都由军机处决定。军机处的文书处理与档案工作有自己的方法。“军机章京分两班,每班满汉各八人(光绪三十二年定汉十人)各以二人任领班,帮领班。分司缮写论旨,记载档案,查核奏议,收发文移等事。清字者,归满洲章京办理,汉字者,归汉章京办理。在京旗营及各省驻防西北两路补放应进单者,内外蒙古藩部及喇嘛并哈萨克,霍罕,廓尔喀朝贡应拟赏者。皆隶满洲章京,在京部院及各省文员绿营武员,补放应进单者,王公内外大臣应拟赏者,及朝鲜,琉球,越南,暹罗,缅甸,南掌等各国朝贡应拟赏者,皆隶汉章京,惟承审案件,无论满汉章京,一体由军机大臣酌派,至每日章奏,除硃批慎密者章

① 张德泽:《军机处及其档案》,《文献论丛·论述二》1936年。
② 张德泽:《军机处及其档案》,《文献论丛·论述二》1936年。
③ 张德泽:《军机处及其档案》,《文献论丛·论述二》1936年。
④ 张德泽:《军机处及其档案》,《文献论丛·论述二》1936年。

京自钞外,馀则尽付方略馆供事缮写焉。”按照清朝的制度,“举凡军国大政,例须查照旧案办理。故军机处除将内外章奏录副外,并将所奉上谕及经办各政皆分登入簿册,贮存备查。此项簿册,每历数年,即缮修一次,以防阙失”。[①] 军机处下设方略馆,作收藏档案的库房。

军机处档案起于雍正八年(1730),止于宣统三年(1911),数量巨大。据1930年文献馆统计,仅录副奏折的数量即有80万件之多,内容非常丰富,性质十分复杂。如此众多的档案该如何分类?为方便明了各项档案的性质,张德泽仿照图书分类十进分类法以及方甦生的《整理档案方法的初步研究》,对军机处档案进行了分类,并绘制了《清军机处档案分类表》,将军机处档案分为七个种类,分别为:军机处分类汇钞关于国家庶政之档案、军机处进呈之文件、军机处日行公事档案、京内外致军机处之文件、内阁会议政务处及责任内阁之档案、方略馆书稿及档案、弼德院档案,这七大类中再根据档案的不同用途,各分小的类别,每一类别都有专用的号码。如在军机处分类汇钞关于国家庶政之档案中又分为目录类、上谕类、奏事类、专案类、电报类、记事类五类,每一类均以数字编号,见到这个号码就可知是哪一类档案。用数字编号,可以免除用汉字编号的繁复,且随着档案的不断发现,可以持续编号续入,不会影响全局。这种方法不仅简便明了,且容易操作实施。此后沈兼士馆长将此分类编号的方法在全馆推行,制定了《文献馆所藏档案分类表》。

（二）对清季外交档案的整理与研究

清代在康乾盛世之时,“自居上国,率土皆臣,外洋各国向慕而至者,各修朝贡,略具互市而已,无所谓外交”。直到道光朝鸦片战争之后,才开始有近代意义的外交。欲研究清代外交,“纠正以往外交政策之非,自当赖外交史料!”[②]研究外交史的学者急欲得到外交史料。作为最早接触清代外交档案的学者,张德泽撰写《故宫文献馆所藏之清代外交史料》系统介绍清代外交史料,并编辑出版《清季各国照会目录》,与单士元合作编辑《清光绪朝中日交涉史料》。

清代外交史料,除去由总理衙门移交外交部光绪晚年一部分外,全部都藏于故宫文献馆。清代因不重视外交,初无专管机关。到雍正七年(1729)设军机处,各国朝贡除正赏礼部理藩院分别办理,有加赏者,则由军机处拟进呈单。“查军机处档案,乾隆以来之外交事件,皆有案卷可稽,是

① 张德泽:《军机处及其档案》,《文献论丛·论述二》1936年。

② 张德泽:《故宫文献馆所藏之清代外交史料》,《辅仁学志》1939年第8卷第2期。

知各国一切交涉事务，均由军机处承办。”到咸丰十年(1860)十二月，恭亲王奕䜣等鉴于以往不设外交机构，上折请设总理各国事务衙门。“据此总理各国事务衙门设立，咸丰十年十二月设，为清代设外交专署之始”①。

总理各国事务衙门大臣无定额，“有管理大臣，帮办大臣，行走大臣及大臣上行走等名目……其司员初统称章京，满汉各八人，(咸丰)十一年置总办四人，曰总办章京，帮办二人，曰帮办章京，同治元年增置额外章京满汉各二人，分五股以理各国交涉事务，一俄国股，日本附焉，二英国股，奥斯马加附焉，三美国股，德意志、秘鲁、意大利、瑞典、那威、比利时、丹麦、葡萄牙附焉，四法国股，荷兰、日斯巴尼亚、巴西附焉，五海防股。”②同治三年(1864)设司务厅，光绪二十七年(1901)六月，改总署为外务部，设总理亲王，会办尚书，兼会左右侍郎各一，位列六部之前。宣统三年(1911)，新内阁成立，省总理会办兼职，改尚书为大臣，侍郎为副大臣，犹今日之部长及次长，清代之外务部，一破吏部为冢宰之列，位列各部之首。

清代与外国订约，始自俄罗斯，内阁库贮之外交文件，只有俄罗斯档。俄罗斯档有以下三种，一为俄国来文原件，有俄文，拉丁文。二为钞本俄文原档，为往来文书之汇抄存档。三为满文俄档，为往来文书之满文译本。第一部分俄文原件尤其珍贵，“就史料关系而言，则其内容所涉及之方面颇多，如遣使，通商，欠债，征税，越界，逃亡，损害要偿，犯人交付等项，均会叙述于此项文件之内，故虽仅为片段之资料，不足以窥其全豹，然藉此可以想见当时边疆事务之频繁，而知其各项交涉问题之中心。”③

军机处掌理外交，为时最久，所藏外交文件也最丰富。已经汇抄成档的有俄罗斯档、英美法俄四国条约档、国书档、洋务档、商约档、教案档等，以原件庋藏者有照会、条约、禀、呈、函、结等项。俄罗斯档，起自乾隆八年(1743)，迄咸丰十一年(1861)，所载为关于俄国各种交涉文件，乾嘉二朝皆满文，道咸二朝，除折谕为满文外，余皆汉文，来文中间有俄文及拉丁文。英法美俄四国条约档，为咸丰八年(1858)钦差大臣桂良等在天津与四国所订之合约，英文一件，满文一件。国书档，为清帝致各国之国书文稿，起同治元年(1862)，迄光绪二十六年(1900)，满汉文合璧。洋务档及汇抄关系各国交涉文件之档簿，起自光绪四年(1878)，迄光绪二十六年(1900)，文件分上谕、奏片、交片、国书等档。商约档，为军机处及外务部与南北洋大臣

① 张德泽：《故宫文献馆所藏之清代外交史料》，《辅仁学志》1939年第8卷第2期。

② 张德泽：《故宫文献馆所藏之清代外交史料》，《辅仁学志》1939年第8卷第2期。

③ 王之相：《故宫俄文史料序言》，王之相编、刘译荣译：《故宫俄文史料》，北平：国立北平故宫博物院文献馆，1926年，第1页。

及商约大臣办理各国商约之来往电报,起光绪二十七年(1901),讫光绪三十三年(1907)。教案档,仅光绪三十二年(1906)江西英法教堂被毁一案。

军机处庋藏各国来文原件,为数甚伙,主要有照会,为各国之汉字来文原件,大多为驻华钦差致总理各国事务衙门大臣之件。自道光十九年(1839),迄光绪十年(1884),共3928件。军机处所藏条约,仅五件,分别为英法美三国约款,俄国条款,布国通商税则条款,中比商约,新修英国条约章程税则。禀呈函接,都是各省疆臣随折进呈,经御览后交军机处,仍随折存入折包。此外军机处所藏清册中,还有教堂册一种。

宫中所藏之外交史料,以《筹办夷务始末》为巨擘,是书集道光以来对外交涉档案而成。起自道光十六年(1836)迄同治十三年(1874)止,凡有关外交上谕、廷寄、章奏、以及往来照会、书札,均编年纪月,按日详载,诚近百年来外交史上之重要资料。1930年在宫中档案,发现康熙与罗马使节关系文书十四通,皆有康熙之硃批。此外缴回硃批奏折所含外交文件亦十分丰富。

清代汇存外交文件之所,初年为内阁,中晚期则唯军机处,后虽设有总理衙门,然关系各国事务,均由军机处发交办理,军机处皆写档存之,嗣设外务部,亦仍如是,故清代历朝成案,军机处为最完备……今内阁军机处者,均藏之文献馆,故论庋藏外交史料之富,则首推文献馆矣①。

从1935年1月到1936年12月,张德泽编辑了4册《清季各国照会目录》,将军机处杂乱档案中清理出来的英、法、美、俄、日、德、意、和、比、丹、布、奥、日斯巴尼亚、巴西、大西洋、秘鲁等十数国照会,编辑成目录书。其内容为"筹办夷务始末及王彦威氏清季外交史料所不载",因此"关系近代外交史者至巨"②。《清季各国照会目录》的出版,与文献馆此前出版的《筹办夷务始末》《清季外交史料》等书构成一体,为研究清代外交史研究"别开一新生路"③,可以称为"中国外交史的学术革命"④。

(三) 对于档案分类的研究与实践

张德泽在整理军机处档案时,就试行了分类法,经过多年的实践和研究,他总结出档案整理的经验,1945年10月发表《整理档案问题》,重点介

① 张德泽:《故宫文献馆所藏之清代外交史料》,《辅仁学志》1939年第8卷第2期。

② 张德泽:《清季各国照会目录引言》,《清季各国照会目录》第一辑,北平:故宫印刷所,1936年。

③ 袁同礼:《清季外交史料·序》,(清)王彦威、王亮辑:《清季外交史料》,北平:外交史料编纂处,1935年。

④ 蒋廷黻:《清季外交史料·序》,(清)王彦威、王亮辑:《清季外交史料》。

绍整理档案的常识，共分四项：第一项是整理档案的原则，主要有以原来之行政系统为编目系统；档案原有包扎或标识不可拆散废弃；档案上不得涂注标识；断简残篇，不可废弃；已整理之档案，须依次庋藏以备检阅。第二项是对各种档案的形式要有概括的认识。第三项是对档案原藏机关之认识。第四项是史实之考究。整理某时代之档案，若对于当时之史实有概括之考究，则对整理编目有极大之帮助[①]。该文论述条理分明，是张德泽对二十年工作经验的全面总结。

实践出真知，功到自然成。张德泽从事史料整理工作近70年，从整理档案入手，经过努力终成清代档案专家。他不仅是明清档案事业的开拓者和奠基人之一，也可称中国近代外交史的奠基人之一。他整理和出版的外交史档案，被此后的学者反复引用。他对档案整理方法的总结，是文献馆整理档案的集大成者。他的研究成就是文献馆学术宝库中重要的组成部分。

第四节　中央研究院史语所的学者——傅斯年、徐中舒、李光涛

中央研究院历史语言研究所，作为中国第一个国家级的学术研究机构，在中国近代学术史上有着重要的地位。史语所也首开国家级学术机构整理清代档案的先河，成就斐然。在整理清代档案工作中，史语所也涌现出一批对清史学有相当影响力的学者。除了史语所首任所长傅斯年之外，还有徐中舒、李光涛等不同年龄的学者，都成为清代档案整理与研究的拓荒者。

一、史语所之灵魂——傅斯年

傅斯年(1896—1950)字孟真，山东省聊城人。“新文化运动”和“五四运动”的健将，现代著名学者。傅斯年博学多识，才华横溢，一生涉猎历史学、考古学等学科。在先秦古史、诸子百家、古代典籍等都有精辟见解和独到论述。傅斯年以惊人的魄力、胆识、和超人的组织能力，创建并领导了史语所。史语所历年的工作报告表明他为该所的学术规划、人才聘用、资金筹措、图书购置等无不殚精竭虑。他任史语所所长23年，培养了大批历

① 张德泽：《整理档案问题》，《文献专刊》1945年。

史、语言、考古、人类学等方面的专门人才。"自晚清迄今百年间的新史学，其创获辉煌成绩者，不是梁启超、何炳松所倡导的新史学，而是傅孟真先生所实际领导的新史学。找出一个新方向，领导一个学术群体，共同从事史学研究，历久而不衰，在中国历史上，甚少前例。有之，则自孟真先生领导中央研究院历史语言研究所始。这是中国史学史上的新猷，甚值珍视。"①

傅斯年在史语所任所长兼任第一组研究员，直接领导史语所对内阁大库残余档案的购置、整理、研究工作，"档案收藏、整理、刊布之大旨方略，悉出其一人之胸臆"②。

(一) 傅斯年的档案史料思想

傅斯年多次指出，"史学就是史料学。"最初明确提出这一观点的文章，是1928年发表的《历史语言研究所工作之旨趣》。在这篇被称为"近五十年中国文化史研究的两大重要文献，亦为奠定中国现代历史学之两大柱石"③之一的文章中，傅斯年全面阐述了"近代的历史学只是史料学"。"历史学不是著史。著史每多多少少带点古世中世的意味，且每取伦理家的手段，作文章家的本事。近代的历史学只是史料学，利用自然科学供给我们的一切工具，整理一切可逢着的史料，所以近代史学所达到的范域，自地质学以至目下新闻纸，而史学外的达尔文论正是历史方法之大成。"④此后傅斯年又在《史学方法导论》等文章中提出"史学便是史料学"，1943年《史料与史学》发刊词中，又有"史学本是史料学"的提法。这些提法虽用词不同，但傅斯年强调的都是史料对于史学的重要性。

傅斯年认为史学研究的进步，离不开档案史料研究的进步，"史料的发现，足以促成史学之进步，而史学之进步，最赖史料之增加。""新史料之发见与应用，实是史学进步的重要条件。"⑤他认为"凡一种学问能扩张他所研究的材料便进步，不能的便退步"，"凡一种学问能扩充他作研究时应用的工具的，则进步，不能的，退步……不得其器，不成其事，语言学与历史学亦复如此。"⑥

---

① 杜维运：《傅孟真与中国新史学》，《当代》(台北)1995年第116期。

② 岳玉玺、李泉、马亮宽：《傅斯年——大气磅礴的一代学人》，天津：天津人民出版社，1994年，第118页。

③ 吴相湘：《民国百人传》第1册，台北：传记文学出版社，1982年，第221页。

④ 傅斯年：《历史语言研究所工作之旨趣》，《国立中央研究院历史语言研究所集刊》1928年第一本第一分。

⑤ 傅斯年：《史学方法导论》，欧阳哲生主编：欧阳哲生主编：《傅斯年全集》第2卷，第334—335页。

⑥ 傅斯年：《历史语言研究所工作之旨趣》，《国立中央研究院历史语言研究所集刊》1928年第一本第一分。

傅斯年对于整理研究档案史料，坚持实事求是的原则，尽量保持档案材料的原貌，反对主观疏通。他认为“一分材料出一分货，十分材料出十分货，没有材料便不出货。两件事实之间，隔着一大段，把他们联络起来的一切涉想，自然有些也是多多少少可以容许的，但推论是危险的事；以假设可能为当然是不诚信的事。”因此，对档案史料的处置，要采取非常谨慎的态度，“我们存而不补，这是我们对于材料的态度；我们证而不疏，这是我们处置材料的手段。材料之内使他发见无遗，材料之外我们一点也不越过去说。”①“存而不补”意为保存档案原貌，“证而不疏”意为通过不同来源和类型的史料进行对勘互补，才能逐渐接近事实的真相。

此后，他在《史学方法导论》中对“证而不疏”进行了比较详细地讨论，“假如有人问我们整理史料的方法，我们要回答说：第一是比较不同的史料，第二是比较不同的史料，第三还是比较不同的史料”②，并归纳出八种史料对勘正误的方法：“(1)直接史料对间接史料；(2)官书的记载与民间的记载；(3)本国的记载与外国的记载；(4)近人的记载对远人的记载；(5)不经意的记载与有意的记载；(6)本事对旁涉；(7)直说对隐喻；(8)口说的史料对著文的史料。”③

傅斯年认为中国的历史学曾经很发达，并且注意广泛运用史料，“中国史学的盛时，材料用得还是广的，地方上求材料，刻文上抄材料，档库中出材料，传说中辨材料”，只是“到了现在，不特不能去扩张材料，去学曹操设‘发塚校尉’，求出一部古史于地下遗物，就是‘自然’送给我们的出土的物事，以及敦煌石藏，内阁档案，还由他毁坏了好多，剩下的流传海外”。他认为，“在中国的语言学和历史学当年之有光荣的历史，正因为能开拓的用材料，后来之衰歇，正因为题目固定了，材料不大扩充了，工具不添新的了。”④

傅斯年认为史语所的设置，就是因为“着实不服气就是物质的原料以外，即便学问的原料，也被欧洲人搬了去乃至偷了去。我们很想借几个不陈的工具，处置些新获见的材料”。因为“现代的历史学研究已经成了一个各种科学的方法之汇集。地质、地理、考古、生物、气象、天文等学，无一不供给研究历史问题者之工具……若干历史学的问题非有自然科学之资助

---

① 傅斯年：《历史语言研究所工作之诣趣》，《国立中央研究院历史语言研究所集刊》1928年第一本第一分。

② 傅斯年：《史料论略》，欧阳哲生主编：《傅斯年全集》第2卷，第308页。

③ 傅斯年：《史料论略》，欧阳哲生主编：《傅斯年全集》第2卷，第309—349页。

④ 傅斯年：《历史语言研究所工作之旨趣》，《国立中央研究院历史语言研究所集刊》1928年第一本第一分。

无从下手”。所以,傅氏认为“因行动扩充材料,因时代扩充工具,便是唯一的正当路径。”①

(二) 傅斯年对内阁大库残余档案的贡献

史语所的内阁残余大库档案,最初由马衡向傅斯年提供李盛铎欲出售的消息,傅斯年决定马上购入,无奈资金问题无法解决,只能暂时放下。中央研究院史语所成立以后,傅斯年急欲为史语所搜罗史料以供研究之用,他计划“以明清档案为研究近代史的对象。”②因此,对内阁大库残余档案念念不忘,1928 年 9 月 11 日致中央研究院院长蔡元培的信函,可以看出傅斯年对这批档案的重视。

这封信不长,仅有两段。第一段首先阐述这批档案的来历,以及对纂修明、清史的重要意义:“七千麻袋档案,本是马邻翼时代由历史博物馆卖出,北大所得,乃一甚小部分,其大部分即此七千袋。李盛铎以万八千元自罗振玉手中买回,月出三十元租一房以储之。其中无尽宝藏。明清历史、私家记载,究竟见闻有限;官书则历朝改换,全靠不住。政治实情,全在此档案中也。且明末清初,言多忌讳,官书不信,私人揣测失实。而神、光诸宗时代,御虏诸政,《明史》均阙。此后《明史》改修,《清史》编纂,此为第一种有价值之材料。罗振玉稍整理了两册,刊于东方学会,即为日本、法国学者所深羡,其价值重大可想也。”③

第二段一开始就体现傅斯年“要让科学的东方学之正统在中国”④的思想,“去年冬,满铁公司将此件订好买约,以马叔平诸先生之大闹而未出境,现仍在京……昨日适之、寅恪两先生谈,坚谓此事如任其失落,实文化学术上之大损失,明史、清史,恐因而搁笔,且亦国家甚不荣誉之事也。”⑤傅斯年请蔡元培想办法以大学院名义,购买这批档案,并将留住这批档案的意义上升到国家名誉高度,“拟请先生设法,以大学院名义买下,送赠中央研究院,为一种之Donation,然后由中央研究院责成历史语言研究所整理之。如此,则(一)此一段文物不致失败,于国有荣。(二)明清历史得而整理。(三)历史语言研究所有此一得,声光顿起,必可吸引学者来合作,及增加社会上(外国亦

① 傅斯年:《历史语言研究所工作之旨趣》,《国立中央研究院历史语言研究所集刊》1928 年第一本第一分。

② 《国立中央研究院历史语言研究所十七年度报告》,《国立中央研究院十七年度总报告》1928 年。

③ 傅斯年:《致蔡元培》,欧阳哲生主编:《傅斯年全集》第 7 卷,第 70 页。

④ 傅斯年:《历史语言研究所工作之旨趣》,《国立中央研究院历史语言研究所集刊》1928 年第一本第一分。

⑤ 傅斯年:《致蔡元培》,欧阳哲生主编:《傅斯年全集》第 7 卷,第 71 页。

然)对之之观念,此实非一浪费不急之事也。”[①]

这封信件,虽然不长,但是展现了以傅斯年为代表的新一代史学家对于档案史料价值的观点,表明了他们欲在东方学上与外人争胜的态度。引起了蔡元培的共鸣,经蔡元培的斡旋,这批内阁大库残余档案终被史语所收藏。

1929年春天,史语所从广州迁到北平,傅斯年派徐中舒带人将这批档案从天津运回北平,存放在历史博物馆的午门楼。9月,史语所成立“历史语言研究所明清史料编刊会”,傅斯年与陈寅恪、朱希祖、陈垣、徐中舒等任编刊委员。在整理内阁大库残余档案的工作中,傅斯年充分发挥了他能治事、善用人的才能,为档案整理工作扫除重重障碍。他为史语所的档案整理网罗人才,为档案整理工作组织起素质极高的学术班子。史语所的学者是一个有固定编制的学术组织群体,有鲜明的治学风格和相近的治史宗旨,在当时众多的学术派别中独树一帜。傅斯年在《历史语言研究所工作之旨趣》中提出:“一、把些传统的或自造的‘仁义礼智’和其他主观,同历史学和语言学混在一气的人,绝对不是我们的同志!二、要把历史学语言学建设得和生物学地质学等同样,乃是我们的同志!”[②]因此陈寅恪、朱希祖、陈垣、徐中舒被选入史语所,是由于这些学者的史料观大致相同。此外,他们对于某一领域有特别深厚的功力,与史语所崇尚专精不主张博通,力主深密不提倡周瞻的治学理念相契合。这些学者的组合,可称强强联合,老中青三代学人兼顾。他们以渊博的知识和精湛的识辨能力,为史语所的档案整理提供学术支持。

傅斯年制定了史语所内阁大库档案收藏、整理、刊布的方针。傅斯年要求史语所的学者“要能得到前人所得不到的史料,然后可以超越前人;我们要能使用新得材料于遗传材料上,然后可以超越同见这材料的同时人”[③],对于史料的整理他要求整理者要有客观公正的态度,反对疏通,认为“只是要把材料整理好,则事实自然显明了。”[④]在整理过程中,他教导工作人员要认真对待每一件档案,他说“我们晓得我们如果稍一疏忽,就有许多重要的史料,将被永远埋没。”对整理完的史料,他主张“凡已经整理出来

---

① 傅斯年:《致蔡元培》,欧阳哲生主编:《傅斯年全集》第7卷,第335页。

② 傅斯年:《历史语言研究所工作之旨趣》,《国立中央研究院历史语言研究所集刊》1928年第一本第一分。

③ 傅斯年:《史学方法导论》,欧阳哲生主编:《傅斯年全集》第2卷,第311页。

④ 傅斯年:《历史语言研究所工作之旨趣》,《国立中央研究院历史语言研究所集刊》1928年第一本第一分。

的史料,无论如何破烂,我们决不能使其毁在我们手中。"[①]

他亲自撰写《明清史料发刊例言》,详细阐述史语所对刊布档案的态度,"国内学人近年已甚注意档案一类之直接史料,不早刊布,无以答同祈求者之望。"[②]又规定史料选取的原则、刊布的格式等等。遵此原则,历史语言研究所于1931年将首批整理的档案公开刊行,取名为《明清史料》。此次刊行的档案称为甲编,共10册。到1936年已经出版乙编、丙编各10册。丁编10册篇目已经选定,但是因为战乱,迟迟不能出版,直到1951年由中国社会科学院整理、商务印书馆出版。1948年到1949年,史语所迁到台湾地区的杨梅镇,经过初步整理的内阁大库档案也运抵此处。自上世纪50年代到70年代,台湾"中研院"史语所相继出版了《明清史料》戊、己、庚、辛、壬、癸6编,共60册,影印出版李光涛选编的《明清档案存真选辑》……这些成果虽然是在傅斯年逝世以后问世的,但里面都凝聚着他的心血[③]。

傅斯年对于史语所内阁大库残余档案的整理,倾注了大量精力,正因为傅斯年"将史料的地位提到了不适当的高度"[④],这些宝贵的档案才得以保存。也正是他一直强调档案整理的方法,才为档案史料的整理、鉴定工作积累了更为丰富的经验。史语所整理内阁大库档案的每一点成就,都与傅斯年息息相关。"现在结算一下史语所二十三年的总成绩,可以说有赢余也有外欠。这笔账看去似乎是许多人的,事实上,是应该全记在孟真先生的名下"[⑤]。傅斯年本人虽没有留下煌煌巨著,但史语所本身就是他精心雕塑的一部学术精品[⑥]。

二、最早介绍清代档案之学者——徐中舒

徐中舒(1898—1991),安徽怀宁人,著名史学家、古文字学家,终身从事教学和科研工作,在先秦史、古文字学方面成就斐然。除先秦史、古文字学外,徐中舒为保护、整理清代内阁大库档案贡献良多。目前,学界对徐中舒在先秦史、古文字研究方面的成就多有表彰,但是对于他整理、研究内阁

---

① 李光涛:《记内阁大库残余档案》,张伟仁主编:《明清档案》第1册,第146页。

② 傅斯年、徐中舒:《明清史料发刊例言》,《明清史料》1930年首本第一本。

③ 岳玉玺、李泉、马亮宽:《傅斯年——大气磅礴的一代学人》,第115—119页。

④ 傅薇:《略论傅斯年的档案思想》,《山东档案》2003年1期。

⑤ 董作宾:《历史语言研究所在学术上的贡献》,《大陆杂志》1967年第2卷第1期。

⑥ 欧阳哲生:《傅斯年全集·序言》,欧阳哲生主编:《傅斯年全集》第1卷,第35页。

档案的重要贡献及档案学思想尚鲜有详细论述[①]。事实上，徐中舒直接领导了史语所对内阁档案的整理、刊布工作，也是最早对内阁档案进行专门研究的史学家，撰写了内阁档案研究的开山之作——《内阁档案之由来及其整理》和《再述内阁大库档案之由来及其整理》。他以史家和历史见证者的双重视角，不仅对内阁档案进行了具有开创意义的研究，也为我们研究民国内阁档案整理工作留下了大量第一手资料。徐中舒的档案史料思想，是处于萌芽期的中国近代档案学思想的重要组成部分。本节拟详细梳理徐中舒对内阁档案整理与研究作出的贡献，以期有助于全面总结徐中舒对近代史学的贡献。

（一）史语所整理档案的实际领导者

1925年，以一己之力拯救内阁档案的罗振玉终因财力不支，将这批档案转售给李盛铎。这些档案在李盛铎手中时间并不长，分别存于北京、天津两地，李盛铎并没有对其进行整理。史语所自1928年3月开始筹备，"即思利用可逢著之原史料为研究对象"。内阁档案因"在史学上极为珍贵，若不及时设法整理保存，随时均有湮灭散佚之患"[②]，故得到史语所的特别重视。1928年12月，由北京大学教授马衡介绍，史语所开始与李盛铎接洽，几经周折，于1929年9月才将分散于平津两地的档案全部运到北京[③]。

1929年2月，徐中舒经陈寅恪举荐，受聘于史语所任编辑员[④]。徐中舒为何到史语所从事档案整理工作，与他的学术背景有极大关系。1925年，清华国学院成立，招收第一届新生，以王国维、梁启超、赵元任、陈寅恪等著名学者为教授，另聘任李济为专任讲师。徐中舒当年参加考试，以第5名的成绩获得录取。在求学期间，王国维讲授《古史新证》和《尚书》，倡

① 目前公开发表的论文有：董俭《徐中舒教授话档案》（《中国档案》1982年第5期）、文尹《徐中舒教授与明清内阁档案整理》（《四川档案》1991年第3期）、赵彦昌《徐中舒与明清档案——纪念徐中舒教授诞辰110周年》（《兰台世界》2009年第5期）、刘永成《徐老与明清档案》（四川大学历史系编《徐中舒先生九十寿辰纪念文集》，成都：巴蜀书社，1990年，第307—314页）。前三篇文章因篇幅所限，仅扼要介绍了中央研究院历史语言研究所内阁大库档案的来源及整理概况，肯定了徐中舒在整理档案工作中的作用，但对其研究内阁大库档案的贡献及档案学思想涉及不多。最后一篇文章虽记录徐氏对档案的贡献及档案学思想，但该文重点不在于此，因此并未详述。

② 《国立中央研究院历史语言研究所十八年度报告》《国立中央研究院十八年度总报告》1929年。

③ 《国立中央研究院历史语言研究所十八年度报告》《国立中央研究院十八年度总报告》1929年。

④ 徐亮工：《徐中舒先生生平编年（未定稿）》，四川联合大学历史系编：《徐中舒先生百年诞辰纪念文集》，成都：巴蜀书社，1998年，第319页。

导的"二重证据法"深深影响了徐中舒。第二年徐中舒的毕业论文《殷周民族考》,可以看出"二重证据法"对他形成独具一格的研究方法和风格的影响至大。此后,他经国学研究院导师也是史语所第一组组长陈寅恪推荐进入史语所工作。徐中舒到史语所的第一项任务,就是从天津移运内阁档案到北京。1929年9月3日,"编辑员徐中舒率同书记尹焕章前往移运,计装二千七百麻袋,四十一木箱,四十三席包,于十四日抵平,随于十五十六两日运存午门楼上"。1929年9月底,史语所开始整理档案,"由研究员傅斯年,编辑员徐中舒,督同书记及工人二十一人,试行整理"①。

虽然史语所内阁档案整理工作的总设计师是傅斯年,但是徐中舒担任了日常工作的实际领导。1930年,徐中舒升任专门负责史学和古籍校定的史语所第一组②研究员,并担任内阁档案整理、出版工作的领导。他不仅协助所长傅斯年制订内阁档案的整理方针,还具体负责整理档案的一切管理工作,是实际负责整理档案的第一组第二室的"正式负责人"。1930年4月,历史博物馆得知北平当局有意接收该馆,史语所此前整理好的档案都存放在该处,于是徐中舒与第二室的工作人员计划将档案转移到史语所第二组。"四月四日……徐中舒先生来午门城上工作室,将已检好的档案五十四袋,雇拖车二部运东单牌楼羊尾巴胡同本所第二组暂存"。不久历史博物馆将该馆藏内阁档案转交史语所,也由徐中舒负责接收③。

在整理档案的同时,史语所组织明清内阁大库档案编刊会,推定陈寅恪、朱希祖、陈垣、傅斯年、徐中舒为委员④。徐中舒负责编印史料的审定工作,将整理出来的内阁档案"择其重要各件录成副本,以备编纂付印"⑤。因此他对《明清史料》刊载的内阁档案十分熟悉,在傅斯年拟就的《明清史料发刊例言》中,能够补充进去关于内阁档案整理规则的内容。

"此刊题、奏、书、启、揭帖、示、谕等名,皆各件固有者,编印时所标题目,仅在各件原名上加衔名、人名,凡于内容方面概不涉及,以免冗繁。又原件有前后残缺者,则用六号字注明上缺下缺字样;有文字漫灭者,则以□

---

① 《国立中央研究院历史语言研究所概况事务报告》,《国立中央研究院院务月报》1929第1卷第4期。

② 《国立中央研究院历史语言研究所十七年度报告》,《国立中央研究院十七年度总报告》1928年。

③ 李光涛:《记内阁大库残余档案》,张伟仁主编:《明清档案》第1册,第141—142页。

④ 《中央研究院历史语言研究所十八年度报告》,《国立中央研究院十八年度总报告》1929年。

⑤ 《中央研究院历史语言研究所二月工作报告》,《国立中央研究院院务月报》1930年第1卷第8期。

表之；有涂灭窜改者，其涂灭字如可辨时，仍按照原字排出，别加[]号表之；如不可辨时，则以□表之，其窜改字则用六号字，排于涂灭字下[①]”。

这篇文章特别标明“徐中舒加第七条”，不仅体现出傅斯年对徐中舒的赏识，也可见徐中舒在史语所整理内阁档案工作中举足轻重的作用。

在徐中舒的领导下，整理内阁档案工作进展迅速，仅用一年时间，就将全部档案初步整理完毕。徐中舒在领导档案整理工作中表现出来的才干，得到傅斯年的褒扬：“档案整理，已可作第二步之刊行。中舒先生善于布置，有事务长才，故工作进行得以迅速，至可喜也。”[②]第一组组长陈寅恪在给傅斯年的函中，对徐中舒也颇为赞赏：“弟意此次档案整理至此地步，微徐公之力不能如是。若任其他去，不独人才可惜，而替人亦难觅。第一组主任弟仅挂虚名，诸事悉托其办理，故弟个人对之有特别感谢之必要。”[③]能够得到两位史语所的领导兼学术大师的赞扬，足以证明徐中舒在内阁档案整理工作中的贡献突出。

（二）先进的档案史料思想

20世纪上半叶，近代档案学的创立与中国近代史学的发展关系密切。覃兆刿认为“没有近代史家和近代史学，就没有近代档案价值观的形成，就没有近代档案思想和档案事业的专门化”[④]。作为20世纪初最具影响力的史学思潮，“新史学”思潮要求史学突破传统的束缚，要求有新的工具、新的材料、科学的研究方法。在这一时期的史学实践中，受现代科学观念影响最为直接而成就最突出的，莫过于对各类新旧史料的大力开掘和整理[⑤]。徐中舒作为受赐于新史学又贡献于新史学的学者[⑥]，直接领导了史语所的内阁档案整理，其档案史料思想既有鲜明的时代特征，又具有开拓性。

新旧史料观的变化，是新派学者区别于传统学者的重要标志。受到新史学思潮洗礼的史家们，史料观发生了巨大的转变。新派学者不再囿于旧的传统史书记载，而是将视角放宽，更多地转向各种原始记录，力图创建一

① 傅斯年、徐中舒：《明清史料发刊例言》，《明清史料》1930年首本第一本。

② 傅斯年：《致蔡元培》(1932年12月26日)，王汎森、杜正胜编：《傅斯年文物资料选辑》，台北：“中研院”史语所，1995年，第79页。

③ 陈寅恪：《致傅斯年函之十八》，《陈寅恪集·书信集》，第39页。

④ 覃兆刿：《从“档房”到“档案馆”——关于中国档案事业近代化的文化反思》，《档案学研究》2004年第3期。

⑤ 胡逢祥：《“五四”时期的“科学主义”思潮与中国史学的现代化建设》，《华东师范大学学报(哲学社会科学版)》1995年第6期。

⑥ 徐亮工：《徐中舒先生的新史学之路》，《四川大学学报(哲学社会科学版)》2009年第4期。

种平等、科学的全新史料观念。

这种全新的史料观，首先体现于史料范围的扩充。徐中舒师从王国维，在先秦史研究中充分应用“二重证据法”，成果斐然。因此他充分重视新史料，从史学研究与史料关系入手，对史料范围的扩充进行阐述，在新派学者中卓具代表性。徐中舒认为，“因为历史观念的变迁，我们选择史料的标准，也跟著改变了不少。我们现在所需要的史料，乃关于社会全体的多方面的记录”。因为“历史的范围重行规定了，我们记述的体裁也更为严密了。我们如果叙写一事件，我们决不以这一事件的本身自为起讫。我们要探其发生原因，与其影响所及。我们以为凡是历史，都是具有连续性的，历史上往往以此事件之果，为彼事件之因，因果互嬗，无有已时”。所以需要发现和利用多重史料，为历史研究服务。“我们现在非在旧史料之外，多集史料，参互比观，则不能明其因果互嬗的关系。这些史料，往往存于旧史所刊落的史料当中。我们如其求史料于旧史，我们毋宁求之于旧史所依据的史料；如档案之类，我们绝不能任其轻易的逸去”①。

这种全新的史料观还体现于档案史料价值的全新认知。徐中舒充分肯定档案的珍贵学术价值。他认为“史料来源，当然不限于档案，而档案却是一切史料当中，最重要的史料。一切档案，都可当史料看待。”②清代内阁“在雍乾以前为国家庶政所自出之地，在雍乾以后犹为制诰典册之府，所存档案都是当时构成史迹者自身的叙述。虽不免带些官家的夸张，究竟还是第一等的史料。”③徐中舒认为内阁档案可作为第一手史料，用于校勘旧史。“旧史所录档案，经过选择删节或改窜之后，当然不及原本的可信。现在我们重行整理这些档案，也就是利用原本史料，将旧史重行校对一番。”特别是对于澄清清代史实，档案意义尤重，“清初《实录》，曾经数次涂改，同时又大兴文字之狱，屡申禁书之令，凡与《实录》相抵触的史料，无不摧毁殆尽。易世之后，往日违碍禁书，稍稍间出，然存者不过千百之十一。而此数百载严扃之大库秘藏，其中有未经涂改的《实录》，有两次涂改的《实录》残稿，有沈阳移来的开国期旧档。我们不但藉此可以看到《实录》的底本；我们还可以利用沈阳旧档，来校对这个底本”④。

---

① 徐中舒：《再述内阁大库档案之由来及其整理》，《国立中央研究院历史语言研究所集刊》1933 年第三本第四分。

② 徐中舒：《再述内阁大库档案之由来及其整理》，《国立中央研究院历史语言研究所集刊》1933 年第三本第四分。

③ 徐中舒：《内阁档案之由来及其整理》，《明清史料》1930 年首本第一本。

④ 徐中舒：《再述内阁大库档案之由来及其整理》，《国立中央研究院历史语言研究所集刊》1933 年第三本第四分。

徐中舒作为史语所清代档案整理的领导者，在集众式整理方法的基础上，提出跨机构、跨专业的联合整理方法，对探讨档案整理专门化具有开创性意义。

大规模的档案整理古无成法，20 世纪 20 年代，北京大学国学门首开学术机构整理内阁档案之先例。随后史语所、故宫博物院文献馆、清华大学历史系、禹贡学会先后介入清代档案整理工作。从这些学术机构对清代档案整理逐渐专业化的过程，可以看到近代史学科学化的步伐。史语所以“近代的历史学只是史料学”为宗旨，将史学作为一门“科学”看待，对内阁档案的整理力求科学严谨，以集众式的整理方法蜚声学界，在参与整理内阁档案的诸多学术机构中独树一帜。在工作中，徐中舒深切感受到内阁档案整理是一项浩大的工程，“决不是一个机关，或一小部分人所能办得了的”。因此他提出将档案集中整理。“我们对于档案一方面虽觉得材料太多，不易整理，同时又觉得像这同样的材料，现在分置三四处地方，材料不能集中，研究起来又要感觉材料的不够……依我的愚见，我很期望这几个收藏档案的机关，把这些档案集中一处，并集中各机关的人力财力，共同整理一番。”[①]徐中舒这一具有前瞻性的设想，由于战乱等原因，直到解放后第一历史档案馆成立才得以实现。

同时徐中舒以敏锐的眼光，看到了史语所学者的专业局限性。因为史语所学者的兴趣多为史学，势必造成其他专业的许多珍贵材料被忽略。为此，徐中舒非常希望其他学科与专业的学者，也能够来参加档案整理工作，“我们总想如何使别的方面的学者来参加这个工作；使这些被忽略的材料，也得有一批一批的刊布出来的机会”[②]。史语所后来也积极寻求与其他学术机构合作，曾将一部分清代钱粮黄册交给中央研究院社会所整理[③]。此外还与北大国学门、故宫博物院文献馆合作出版了《清代汉文黄册联合目录》，该书受到蔡元培的高度评价，认为是有功于史学的盛事。

内阁档案囿于当时的客观条件，保存起来比较困难，“即使在严密的妥善的保存之下，都不免要随岁月的迁移而日趋减少。因为有许多灾害，为财力的限制，简直是无从预防。”[④]史语所因此提出档案“不待整理完功，先

---

① 徐中舒：《再述内阁大库档案之由来及其整理》，《国立中央研究院历史语言研究所集刊》1933 年第三本第四分。

② 徐中舒：《再述内阁大库档案之由来及其整理》，《国立中央研究院历史语言研究所集刊》1933 年第三本第四分。

③ 李光涛：《记内阁大库残余档案》，张伟仁主编：《明清档案》第 1 册，第 159 页。

④ 徐中舒：《内阁档案之由来及其整理》，《明清史料》1930 年首本第一本。

分期刊行"[①]的方针,徐中舒在此基础上提出"以刊代存"的思想:"我们鉴于向来史迹保存的不易,例如冶金刻石,总算可以垂诸久远了;然而这一类史迹,正跟著逝去的时代,一天一天的摧毁,犹如巨浪淘沙,著实可惊!以彼例此,只有使我们惶惑,使我们怀疑这些档案,究竟能保存几时?我们对于档案的刊布,固然是供给一般不易接近此等史料的学者,使我们的同志多增加几个;在另一方面讲,也未始不想借此流传广远,以为一种保存的方法。"[②]这与清华大学历史系档案室"暂不预备出版任何刊物,决定集中全力在收买档案和整理档案上"的方针形成鲜明对比[③]。史语所从开始整理内阁档案,就成立了编刊委员会,从1930年9月开始到1949年,共编辑出版《明清史料》甲、乙、丙、丁各10册。《明清史料》成为近代学术史上持续出版时间最长的档案史料连续出版物,大量珍贵的档案得以保存和传布。

此外,徐中舒还主张按价值的高低,将档案分类、分地点保管。他认为"这样巨量的档案,全部保存,实在不是一件容易的事情。而且有许多档案,实在也无须保存的。如果因为要全部保存,使重要档案与不重要档案,一同保存于不完备的设备之下,而任其逐渐淘汰,自然毁灭,不如经过多数学者鉴定一番,选其重要的,存储于完备的库藏中,其较次之复本,或无须保存之件,也不妨分赠于各省县地方图书馆,博物馆,以供各地方学者的参考"[④]。这一观点已经初具档案管理专门化、系统化的思想。

有学者指出,创建中国近代档案学的有两个主力学派,其中之一就是档案馆学派或称历史档案学派,这一派学者已经具有了双重身份,既是历史学家又是档案学家[⑤]。徐中舒正是这一学派的代表性人物,他以一位史家深厚的学识素养,充分肯定档案的学术价值,并率先提出对档案进行分类、分期、分地点加以保存和利用。徐中舒的档案史料思想,在当时具有科学性和先进性,是处于萌芽期的中国档案学思想的重要组成部分。在这个意义上,徐中舒也可称为我国近代档案事业的奠基人之一。

(三)对内阁大库档案进行学术研究

20世纪30年代,档案馆学派的著述大体分为两类,"一类以系统分析

---

① 傅斯年、徐中舒:《明清史料发刊例言》,《明清史料》1930年首本第一本。

② 徐中舒:《再述内阁大库档案之由来及其整理》,《国立中央研究院历史语言研究所集刊》1933年第三本第四分。

③ 吴晗:《清华大学所藏档案的分析》,《中国近代经济史研究集刊》1934年2卷2期。

④ 徐中舒:《再述内阁大库档案之由来及其整理》,《国立中央研究院历史语言研究所集刊》1933年第三本第四分。

⑤ 黄存勋:《档案馆学派对创建中国近代档案学的贡献及其启示》,《四川档案》1998年第6期。

明清档案内容和价值为侧重点，可视为档案文献学或称档案史料学著作；一类以深入探讨明清档案的整理原则和方法为侧重点，可视为早期的档案馆学著作。”[①]徐中舒的两篇文章《内阁档案之由来及其整理》(1930年)和《再述内阁大库档案之由来及其整理》(1933年)，被视为档案史料学方面的开山之作。在这两篇文章中，徐中舒发展了其师王国维“二重证据法”的精髓，不仅将正史记载与档案史料相对照，同时还引用明清笔记、近人的记载，用多种证据对内阁大库档案进行全方位梳理，记叙翔实、分析精当。文章一经刊出，就以考证详明、理论透彻得到学术界的关注，对于我们今天利用清代档案仍然有指导和参考作用。

徐中舒是近代最早对内阁大库档案进行专门研究的历史学家，他利用考据学的方法，对档案、内阁制度、内阁大库位置、内阁档案分类等有关内阁档案的基本问题，进行了具有奠基意义的考证。

徐中舒对“档案”一词来源的考订，作为对档案最早的注释，至今仍屡被征引。他利用丰富的历史知识与内阁档案，考证清代“档子”的出处。“官署案卷，清初称为档子，内阁有满汉档子房。内阁档案中，有天聪时祝世胤奏本说：‘臣奉汗命跟随机儿哈贝勒，驻防海州四十余日，除先拏奸细二次，见有胡迷子榜什，大安榜什，‘当子’可据。’”徐中舒认为“榜什从汉语的博士出，意为文人。‘当子’为榜什所掌，知是档子的对音。”杨宾《柳边纪略》关于“档子”的解释是：“边外文字多书于木，往来传递者曰牌子，以削木片若牌故也，存贮年久者曰档案，曰档子，以积累多贯皮条挂壁若档故也。”徐中舒不同意杨宾的意见，他指出，“边外用木简书字，由来已久，这当因为边外得纸不易，所以这种旧俗一直流传到清初。”并引用《东华录》顺治二年所记“令各衙门奏事俱缮本章，不许复用木签”，证明“入关以前的奏事，明明是许用木签的，奏事用木，所以档字从木。汉语称木签为牌子、榜子，档子疑是汉语榜子的转音，后来与案卷连缀并称为档案。”[②]虽然对于档案的起源问题，学界至今仍有争议，但是徐中舒关于档案的解释是重要的一家之说。

关于内阁制度变迁，徐中舒认为很值得称述，他引用《明纪》《明史·职官志》等书中的相关内容，对明代内阁制度的演变进行叙述。从明初罢中书省，分职于六部，到设置内阁，再到内阁渐预机务，都引用充足的史料进

① 黄存勋：《档案馆学派对创建中国近代档案学的贡献及其启示》，《四川档案》1998年第6期。

② 徐中舒：《内阁档案之由来及其整理》，《明清史料》1930年首本第一本。

行说明。对于明代内阁制度到清代的演变,也引用《清会典事例》《簷醉杂记》《枢垣记略》等正史及笔记中的史料,并参照清代档案,将清代内阁由中央政府政令所出之处,到成为一个档案保存机关的变迁阐述得十分详尽。

关于内阁大库库储的考证,则充分根据史书记载与内阁大库所存档案记录,与清代王正功《中书典故汇记》及近人方甦生《内阁大库书档旧目叙录》的相关记载,互相印证,得出结论:"至今大库建筑仍保存雍乾之旧,所不同者,即东库储藏情形,略有改变。"[①]

徐中舒是较早撰述论文专门探讨内阁档案分类的史学家,他对于内阁档案的分类具有开拓意义。在《内阁档案之由来及其整理》中,徐中舒将内阁档案分为三类:"(1)清档　为清代入关以后的一切案卷、图册、碑记、试卷等。(2)盛京旧档　为后金天聪、崇德间的文件,清初由盛京移来。(3)明档　为清初征集的天启、崇祯朝的档案,及旧存的实录、诰敕等。"[②]《再述内阁大库档案之由来及其整理》将三部分的分类加以细化,分成五个大类:甲、内阁收存的各项档案;乙、内阁本身的各项档案;丙、修书各馆档案;丁、试题试卷及其相关的档案;戊、沈阳旧档。[③] 徐中舒对每一类档案逐一进行详释,对于每一类档案的由来、记录内容、保存方式都作了介绍,可称得上内阁各类档案的简史。徐中舒对内阁档案的分类,直到今天仍然为学者所认同,"就清代档案而言,以上五项档案在史语所现存档案中仍可见到,只是数量可能较减少一些。"[④]

徐中舒在研究内阁档案时,充分利用以档治史的方法,将史书的记载与档案相互印证,互相补充,以校正史书的错误。例如,关于诏与诰的解释,先引用《乾隆会典》"布告天下曰诏,昭垂训则曰诰",然后利用内阁档案,指出事实并非如此:"史言所所存诏的名目很多,有各帝登极诏,大赦诏,加上徽号尊谥诏,同光亲政诏,遗诏,哀诏等,诰则仅见昭圣太皇太后遗诰,仁寿皇太后遗诰数件。"又据史语所存《清查东大库分类目录》中有太上皇遗诏一目,得出结论:"盖出于皇帝者曰诏,出于太上皇,太皇太后,皇太

---

① 徐中舒:《再述内阁大库档案之由来及其整理》,《国立中央研究院历史语言研究所集刊》1933年第三本第四分。

② 徐中舒:《内阁档案之由来及其整理》,《明清史料》1930年首本第一本。

③ 徐中舒:《再述内阁大库档案之由来及其整理》,《国立中央研究院历史语言研究所集刊》1933年第三本第四分。

④ 刘铮云:《旧档案、新材料——"中研院"史语所藏内阁档案现况》,《新史学》(台北)1998年第9卷第3期。

后者，曰诰。其名虽异，其为布告臣民者则同。”[①]此外，徐中舒还利用档案与已有的文献互相参照以考证问题。如内阁大库与明代文渊阁之关系，因“明代文渊阁的所在，在清初著述中，已不能质言其地”[②]，所以学者们对此有不同的解释[③]。徐中舒引用清代阮葵生著《茶余客话》关于文渊阁的内容，认为“阮氏疑内阁大库即明代文渊阁，其说至当”。又引《可斋笔记》和明代孙承泽《春明梦余录》中对文渊阁和内阁的记载，比较文渊阁与内阁的位置，得出结论：“疑内阁大库之东库，当即明代之文渊阁。”再参考内阁档案，三礼馆记录收到各方书籍目录的《三礼馆收到书目档》（乾隆元年至四年）中有“乾隆三年正月取到文渊阁《三礼编译》九本不全，《唐六典》四本不全，《礼书》十八本不全。”[④]证明乾隆初年称内阁东库为文渊阁，当时还没有庋藏《四库全书》的文渊阁。

徐中舒对文渊阁的判断，通过单士元的文章得到了验证：“1958年，故宫博物院维修銮仪卫库（库在内阁最东头），从院中积土下发掘出明代古今通集库石碑，其地点与《明宫史》所称‘过小石桥北为古今通集库’的话相吻合。我们可以这样推论，从銮仪卫以西各库直到清内阁大堂，都应属于明文渊阁范围，古今通集库是明文渊阁库房的一区，在各库之东……清代将明古今通集库书籍等物移至小石桥之西库房，即清代实录表章库内。而将文渊阁东库改存銮舆。原来古今通集库石碑，则仍留銮仪卫库院中。”[⑤]

徐中舒将多种证据法在文章中融会贯通，对朝贡诸国表章、内阁本身的各项档案、修书各馆的档案等问题都详加辨析，以大量的内阁档案为论据，得出可信的结论。虽然对某些问题的认识囿于时间与材料的限制，例如内阁档案脱离内阁的经过及归宿、盛京档案的解释等问题，被此后的研究者质疑，但是他对于内阁档案研究的拓荒之功，不可磨灭。

（四）为史语所内阁档案工作留记录

徐中舒参加并领导了史语所对内阁档案的接收、整理工作。既是史学家又是历史亲历者的双重身份，使他对内阁档案流布情况的记述，以及史

---

① 徐中舒：《再述内阁大库档案之由来及其整理》，《国立中央研究院历史语言研究所集刊》1933年第三本第四分。

② 徐中舒：《再述内阁大库档案之由来及其整理》，《国立中央研究院历史语言研究所集刊》1933年第三本第四分。

③ 另一种说法详见方甦生《清内阁库贮旧档辑刊叙录》，《清内阁库贮旧档辑刊》（一），第1—6页。

④ 徐中舒：《再述内阁大库档案之由来及其整理》，《国立中央研究院历史语言研究所集刊》1933年第三本第四分。

⑤ 单士元：《文渊阁》，《我在故宫七十年》，第470页。

语所整理档案的工作记录，都极富史料价值，是研究民国时期清代档案整理最早的第一手资料，被当时的学者视为撰述史语所内阁档案整理最详者①。另一位为史语所内阁档案工作留史的学者李光涛撰写的《记内阁大库残余档案》置于徐中舒《内阁档案之由来及其整理》《再述内阁大库档案之由来及其整理》两文之后，作为《明清档案》的序言，1986 年在台湾地区出版。此时距离徐氏发表上述两篇文章已经过了半个多世纪，足以证明学界对徐中舒上述文章之重视与肯定。

《内阁档案之由来及其整理》发表于 1930 年，此时史语所刚刚开始整理档案的工作。《再述内阁大库档案之由来及其整理》发表于 1933 年，史语所已经将内阁档案初步整理完成，并出版了《明清史料》等一系列内阁档案出版物。因此，徐中舒在第一篇文章中详细记述了"八千麻袋"流出宫外的过程，及史语所购入内阁大库残余档案的经过。第二篇文章，侧重记录史语所整理档案的方法、过程、成果。文中专用一节记载了史语所档案的整理经过，叙述了史语所整理档案的七个步骤，对每一步骤都给予详尽注释，并对史语所整理内阁档案每一阶段的成果都予以总结。

徐中舒对史语所整理档案工作的细节记录，具有珍贵的史料价值。如徐中舒特别指出李光涛在裱褙工作中"贡献尤大，他在许多碎片当中，按纸质，纸色及纸的裂纹，先行接合，再选取碎片中字体相同，辞意连属者，参以经验，依次拼上，如明稿及謄黄之类，往往有连缀数十碎片而成一整件者。"②史语所对内阁大库残余档案的保护、整理、刊布情况，正是借徐中舒的记载得以完整保存。

此外，徐中舒以史学大家的眼界与客观立场，对曾经抢救、保护内阁档案的罗振玉和李盛铎给予了公允评价，充分体现了他客观公正的学术态度和胸襟。徐中舒并未因罗振玉的政治立场，抹杀他对内阁档案作出的贡献，不仅记录了罗振玉两次抢救内阁档案的过程，还指出"罗氏两次保存内阁档案的伟绩，即这内阁档案已足纪念他了。"并肯定罗氏的整理档案工作，指出"内阁档案自归罗氏以后，对于整理，储存，传布三事，都有相当的努力"。李盛铎虽未对内阁档案进行整理，但是"这内阁档案当时未曾流出国外，李氏保存的功绩，也不可埋没的"③。

徐中舒作为清代内阁档案的整理、编辑者之一，以深厚的史学功底，敏

① 方甦生：《清内阁库贮旧档辑刊叙录》，《清内阁库贮旧档辑刊》(一)，第 1 页。

② 徐中舒：《再述内阁大库档案之由来及其整理》，《国立中央研究院历史语言研究所集刊》1933 年第三本第四分。

③ 徐中舒：《内阁档案之由来及其整理》，《明清史料》1930 年首本第一本。

锐、独到的学术眼光，首开专门研究内阁档案的先河，开创了“以档治史”的研究方法，扩大了清史研究的范围，推动了史学研究的发展。他力主史料公开与学术合作，显示出一代学术大家的学术品格与近代学术意识。他对内阁档案流传、史语所整理内阁档案的记录，成为此后研究内阁大库档案及史语所的珍贵史料。他撰写的《内阁档案之由来及其整理》《再述内阁大库档案之由来及其整理》，“成为我国现代用科学方法大规模整理、出版历史档案资料之开端，在档案学史上具有重要意义”①。不论在近代史学史还是档案学史上，徐中舒对整理、研究内阁大库档案作出的贡献，都值得重视与深入研读。

三、终身从事清代档案整理研究的学者——李光涛

李光涛(1902—1984)，安徽怀宁人，幼时即随寡母姊弟入安庆清节堂，后在育正小学及安徽第一师范学校就学，1921 年 7 月从安徽第一师范学校毕业后，即就职于海关。1929 年秋因徐中舒的推荐，到史语所任临时书记员，从事档案的整理刊布工作。此后一直留在史语所从事档案的整理、刊布及研究工作。历书记、助理员、助理研究员、副研究员至研究员，著述等身，成为蜚声海内外的档案史学专家和明清史专家。

(一) 记录史语所整理工作详情

1929 年李光涛进入史语所担任临时书记，在第一组第二工作室负责整理内阁大库残余档案工作。当时参加整理工作的临时书记二十人，“而光涛先生陈力最肆，所长傅斯年先生遂授以实缺，独命实赞其务，渐遣散余人。先生自书记洊升为练习助理员、积资为助理员、助理研究员、副研究员、编纂、而专任研究员。”②李光涛作为参加整理档案工作的工作人员，以当事人的笔触，记录下史语所整理档案的工作实况。“我们的检理这宗烂字纸，都是和烂字纸打成一片……整天的八小时都在字纸堆里爬进爬出，一片片的字纸都要展开细看的。而且这些字纸都是几百年的旧物，附带的尘土又特别多，每一麻袋或席包倒在地上时，尘土便腾起多高，室内差不多犹如烟雾一般。不说别的，单说这些麻袋在我们初步整理结束之后，所装的灰土便有一百二十余袋堆在端门门洞内，每袋灰土至少以一百斤计算的

---

① 唐作藩主编：《中国语言文字学大辞典》，北京：中国大百科全书出版社，2007 年，第 1006 页。

② 周天健：《李光涛先生行述》，《新学术之路——“中央研究院”历史语言研究所七十周年纪念文集》(下)，台北：“中央研究院”历史语言研究所，1998 年，第 477 页。

话,也共有一万二千斤之多了。"①

李光涛不仅记录自己参加档案整理工作的情况,还为史语所的档案整理工作留下珍贵的日记。"在整理期内,傅先生尝令光涛须按日有一日记,作为不时查阅之用。"②这部分记录为1930年3月到9月的记录,是整理档案的"掌故"之一。这些日记不是每天整理工作的流水账,而是有针对性地记录整理工作。如关于档案整理内容的记录,"四月二日……检阅康熙钱粮册,因知康熙六十一年每两纹银兑钱八百七十文,贵州米价每石抵银八钱,云南亦不过一两二钱。生活如此便宜,人民自然安居乐业";关于档案整理进展的记录,"三月二十日,整理报销钱粮册;四月二日,检阅康熙钱粮册;四月二十八日,本日起开始整理席包工作";最有史料价值的记载是"九月三十日,档案初步整理工作本日告一段落,所有在事的职工,除九月份薪资照数支给外,并加发暑期未放假一月工资,作为遣散之费。"③作为史语所结束初步整理工作的重要记录,这一条被用于史语所的年度报告。

此外,日记里还有史语所整理档案的时间、人员安排的细节,以及外国学者参观的记录。这些看似琐碎的记载,却是史语所整理内阁大库档案工作最宝贵的记录,对研究史语所的历史有重要的史料价值。

(二)整理褴褙破碎档案

史语所的档案是"八千麻袋"档案中转手最多,破坏最严重的档案。在损失了二万余斤重量的同时,更有遭受水湿之事,"许多所谓'烂字纸'变成更湿烂的纸团了……所以史语所的整理工作也正是一件极其艰苦的工作。"④李光涛和他的同事们,每天的工作就是在破碎档案中寻找有价值的碎片。

对于工作中的心理,李光涛有精彩描述,"进工作室整理档案,如嗜赌者进入赌场打麻将一般,打麻将的朋友们一般的心理,都是喜欢中发白以及和三番,其中完全是一个得失心,适成就了损人利己的勾当。至于整理档案工作,心理又截然不同,'披沙拣金'是上知思想,只有希望心,而无丝毫患得患失心,有时于烂字纸堆中清出片纸重要的史料,真如拣金获宝一样的高兴,好像要将字纸灰都要吃下肚里去才过瘾,那里还知道什么这是一个很苦的工作呢?"⑤

① 李光涛:《记内阁大库残余档案》,张伟仁主编:《明清档案》第1册,第138—139页。
② 李光涛:《记内阁大库残余档案》,张伟仁主编:《明清档案》第1册,第140页。
③ 李光涛:《记内阁大库残余档案》,张伟仁主编:《明清档案》第1册,第140—143页。
④ 李光涛:《记内阁大库残余档案》,张伟仁主编:《明清档案》第1册,第138页。
⑤ 李光涛:《记内阁大库残余档案》,张伟仁主编:《明清档案》第1册,第142页。

由于档案中破碎的太多，重要的文件需要随时装裱，史语所特别设置了一间裱褙处在午门楼下，裱褙与整理工作同时进行。很多残件因为拼接裱褙后，复原成为完整的文件。徐中舒指出李光涛在整理裱褙破碎档案的工作中贡献尤大，“这样的工作，在史言所档案中，实在是必要的。”①

（三）《明清史料》的专属编辑

正是有了丰富的实践，李光涛对于整理档案工作十分熟悉，成为史语所编辑《明清史料》的责任编辑。徐中舒曾说“李光涛先生，当时汇编的四十册档案材料，差不多都是他选辑的。”②在 1930 年《明清史料》复刊的时候，由于李光涛的工作出色，特别任提举，“此书之编刊会现由本所第一组之三位专任研究员组织之，此会监理编辑之进行，并决定编刊之体式，其体式具如下文‘补例’所言。至于办理一切事务，自保存以至校对，统由提举李光涛君为之。李君为此劳苦，宜明志之。”③上述所说的“补例”，是“光涛在傅先生指导下承命为之，且系根据整理经验所得为之”④。

补例共有七条，除对甲编的例言进行补充外，还对甲编发刊词进行修正，“甲编发刊例言第七云：‘此刊题、奏、书、启、揭帖、示、谕等名，皆各件固有者。编印时，所标题目，仅在各件原名上，加衔名人名。凡于内容方面，概不涉及，以免冗繁。’兹以编刊经验所得，知此法未能一体采用。盖明稿大部分皆为兵部题行之件，而清移会又仅为中间衙门相互知会之件，移会衙门往往与事件之发生无关。如概题曰兵部题行稿或某衙门移会，势必失去标题意旨。其或原件前后残缺者，又势必无名衔可题。凡此皆撷举其原题奏塘报人名衔，以示事有本原。或撮其旨要一语，以便稽检。”另外对乙编的编辑体例、编辑方式等进行说明，“揭帖或题奏本章所附贴黄，如本文残缺不全，则贴黄自应附印于后。如本文完全无缺，则贴黄即从省略，因贴黄所撮要，已具疏内也。”“档案原文间有脱误，其脱误不逾一二字者，即为校正补缀之。校正之字，排于误字之旁。补缀之字，系于漏处之下。均用六号字，外加()号以别之。其脱误多者，既未便率意改写，亦未宜置而不问。关于此类，即用六号字注(疑误)或(疑脱)字样，于误漏处之下。至明稿，清移会及其他抄件，书写草率，有非以上诸例所能概括者，则用六号字详注于下。”“移会中往往有汇录数奏联为一件者，如其所录，事本相属，则

① 徐中舒：《再述内阁大库档案之由来及其整理》，《国立中央研究院历史语言研究所集刊》1933 年第三本第四分。

② 董俭：《徐中舒教授话档案》，《中国档案》1982 年第 5 期。

③ 傅斯年：《明清史料复刊志》，《明清史料》1936 年乙编第 1 本。

④ 李光涛：《记内阁大库残余档案》，张伟仁主编：《明清档案》第 1 册，第 156 页。

仍照原件编印,以存原来面目!其不相属者,自当酌为分别,或于题目中注明,以免混淆。"①

李光涛参与了《明清史料》甲编至癸编全部编刊工作,"明清史料之编布,自甲编以至癸编,凡十编一百册,都一千余万言,自选编校印以迄成书,固史语所诸前辈督导之勤,其实务琐琐,胥出先生之手。"②由于李光涛的工作成就突出,得到了中央研究所傅斯年所长的赏识,他的职位在 1947 年已经由最初的临时书记升任到副研究员③。此后,李光涛终身致力于档案整理和明清史研究,成为海内外公认的史学家。

(四)明清史研究

作为我国少数几位明清历史档案工作的拓荒前辈④,李光涛也是以档治史的开拓者,他利用档案订史辨误,拾遗补缺,用档案史料解决了一些多年聚讼的历史疑难,得出了令人信服的结论,在明清史研究领域取得了辉煌的成绩⑤。

李光涛运用档案治史,秉承了民国一些学者关于清朝开国史的观点,认为"《清实录》及《明史》等官书,于胜朝及清开国史事每多有讳饰,"⑥因此他认为"研究历史,当以求真为目的。盖曰明之亡也,清之兴也,其关键所在,总有一个重要的原因。这类原因,遍翻官书俱无纪录,只'烂字纸'中得见其大概。"李光涛长期从事档案整理工作,是他进行清史研究得天独厚的条件,"我从民国十八年九月史语所开始整理这批残余档案之时起,就参预了整理工作,此后更以管理人的身分直接负责档案之研究与保管,可说有四十多年的时间始终与档案在一起。由于长时间的钻研探讨,竟然让我发现了价值连城的宝藏,固然是学术之盛事,亦可说是我个人的绝大幸事。"⑦

李光涛的研究成就多论述明亡清兴的原因、明清之际的战争与和议经过、清兵入关统一全国的真相等,题材集中,时间跨度不大。离开大陆之前发表的文章多刊登在史语所集刊,如《内阁大库残余档案内洪承畴报销册

---

① 李光涛:《编辑明清史料补例》,《明清史料》1936 年乙编第 1 本。

② 周天健:《李光涛先生行述》,《新学术之路——"中央研究院"历史语言研究所七十周年纪念文集》(下),第 478 页。

③ 国立中央研究院:《国立中央研究院职员录》,南京:国立中央研究院,1947 年。

④ 朱金甫:《以档治史,贵在求真——读台湾李光涛先生的〈明清档案论文集〉有感》,《档案学研究》1989 年第 4 期。

⑤ 倪道善编著:《明清档案概论》,第 201 页。

⑥ 周天健:《李光涛先生行述》,《新学术之路——"中央研究院"历史语言研究所七十周年纪念文集》(下),第 476 页。

⑦ 李光涛:《自序》,《明清档案论文集》,第 2 页。

序》(第6本第1分册)、《清人入关前求款之始末》(第9本)、《清太宗求款始末提要》《清入关前真相》《记奴儿哈赤之倡乱及萨尔浒之战》《论建州与流贼相因亡明》《记清太宗皇太极三字称号之由来》《记崇祯四年南海岛大捷》《清太宗与三国演义》(第12本)、《洪承畴背明始末》(第17本)、《论崇祯二年"己巳虏变"》(第18本)、《毛文龙酿乱东江始末》(第19本)、《朝鲜壬辰倭祸中之平壤战役与南海战役》(第20本上册)等。这些论文基本代表了李光涛治史的方向与态度,不求"博大"但为"专深"。

李光涛对于清代开国史的研究目的为"凡涉及清人开国史事,其在官书所隐秘不书者,皆能一一指出其真象。"①因此他从档案中寻找线索,对于一些官方记载隐晦歪曲的事实能够首揭其隐。清人入关后,自称"自古得天下之正,莫如我朝,太祖太宗,初无取天下之心。……后流贼李自成攻破京城,崇祯自缢,臣民相率来迎,乃剪灭闯寇,入城大统,稽查典礼,安葬崇祯。"②但事实的真相并不是这样,李光涛在档案中寻找到了新的证据,他在档案中"检出顺治元年正月致西据明地诸帅书稿一件,并别纸附抄迟起龙回书稿一纸,全与诏语中'自古得天下之正莫如我朝'一言相反"③,"多尔衮勾结流贼李自成书稿,但云:'欲与诸公协谋同力,并取中原,倘混一区宇,富贵共之矣'等语,其于自成之名,并不涉及,但企图因诸帅之介,间接而达于自成。此种企图,所幸有赍书人迟起龙回书稿有一说明,始了解真相。如云:'有小的等,于本年初三日进榆林城,将书投递于大都督王帅处看了,给回书一封,又将原书给回,他说书上有众帅字,又有与他主上意思,书既拆开,不好与他主上,故将书给回,他即将书上话奏知他主上去了。'"④

这两部分资料,是李光涛在1933年整理档案中的湿烂档册中发现的。"所谓'湿烂档册',其封面俱书有'史书'二字,实际即所谓'科抄'。其数量,今约略计之,大概不外数十捆乃至百余捆之多,都是暂时提出,放在书架顶上的。民国二十二年春,档案大部分由午门迁北海蚕坛前殿,是年夏,我便意谓着架子顶上一些烂册多少总可以找出若干的史料。于是乎下定决心,将架子顶上的一些烂册取下来,一本一本的检查,有的真正无法揭开的便算了,有的也可以揭得一二叶如三藩史料,也是可喜,便即编入《丁编》

① 李光涛:《自序》,《明清档案论文集》,第2页。
② 王先谦:《王氏东华录》六十一年十一月甲午条《遗诏》,转引自李光涛《论建州与流贼相因亡明》,《国立中央研究院历史语言研究所集刊》1947年第12本。
③ 李光涛:《论建州与流贼相因亡明》,《国立中央研究院历史语言研究所集刊》1947年第12本。
④ 李光涛:《自序》,《明清档案论文集》,第2页。

了。其最可喜的，当为迟起龙回书稿，是用高丽纸写的，叠成数叠，夹在烂册中，取出一看，便轻易揭开，依然无恙。”[①]貌似偶然的发现，实则浸透了李光涛辛勤的劳动，他以这两部分史料为基础撰写的《论建州与流贼相因亡明》，得到了傅斯年的肯定。傅斯年称“只此一书，可值二万金”[②]。

这是李光涛以档治史的开始，此后他利用档案理清了洪承畴史事(《洪承畴背明始末》、毛文龙一案(《毛文龙酿乱东江始末》)、崇祯二年“己巳虏变”(《论崇祯二年‘己巳虏变’》)。李光涛认为上述问题，“由明清史言之，是皆其荦荦大者，其结论今则得之于档案。”[③]他根据档案记载，经过辛勤爬梳整理，使明清之际这些错综复杂的问题，以及被故意篡改歪曲的史实，得到匡谬纠误，取得了重大的突破。他的论文旁征博引，运用比较的考证方法，依靠内在逻辑将史料连缀起来，显示了他深厚的史料学功底。

李光涛以档治史虽然取得了丰硕的成果，但是他的研究有一些带有明显的民族、阶级偏见，对明清易代的研究以明代为正统，对清人仍有华夷之分，对农民起义统称为贼，这些传统的历史观影响了研究结果的客观性。虽然李光涛接触了大量的第一手材料，但是只作为辨别误说的证据，没有进行更深入研究，不能不说是一种遗憾。作为一位开以档治史风气之先河的学者，一位在档案整理和历史研究同样取得丰硕成果的历史学家，李光涛的学术道路，对今天从事档案研究工作的学者仍具有借鉴意义。

清代档案的保管在19世纪中叶，受到英人利洛的称赞，他1842年撰写的《英军在华作战末期记事》中，称“璞鼎查爵士以他得到的一些中国公文示余。从这些公文看来，中国有一套保管档案的好办法。政府最高部分，皆有不同式样的封套，上边注明文件的内容，然后编号保存，有专人负责保管。各部首长对皇帝负报关文件之责，而地方官吏又对他们负责。”[④]利洛所言中国有一套保管档案的好办法，确是事实。清内阁大库保存明末清初的档案，迄于二十世纪初叶，未有损失，可以为证[⑤]。但是到了20世纪，由于战争等种种原因，档案损失非常严重。内阁大库档案一度被当作商品出售和购买。直到罗振玉以一己之力，收藏了内阁大库的“八千麻袋”档案。此后沈兼士领导北京大学国学门、傅斯年领导史语所相继整

① 李光涛：《自序》，《明清档案论文集》，第2页。
② 李光涛：《自序》，《明清档案论文集》，第4页。
③ 李光涛：《自序》，《明清档案论文集》，第4页。
④ [英]利洛著，齐思和译：《缔约日记》，中国史学会主编：《鸦片战争》(中国近代史资料丛刊)第5册，上海：神州国光社，1954年，第505页。
⑤ 陈恭禄：《中国近代史资料概述》，第48页。

理内阁大库档案，直到故宫博物院成立，文献馆成为档案的专门保管机构。清代档案的整理一直处于个人比政府出力更多的情况。蔡元培、罗振玉、沈兼士、陈垣、傅斯年等学者为抢救、保护档案多方筹措资金，更多青年学者投身于史料整理研究工作，徐中舒、李光涛、方甦生、单士元、单士魁、张德泽仅是史语所、文献馆等学术机构的代表，他们中的多数将整理档案史料视为终身事业。这些学者因论文传世，得以留名，更多参加档案整理的工作人员至今默默无闻。但是他们皆以保护传承中国传统文化为己任，不计个人得失，在战乱纷飞的 20 世纪前半叶，历尽千辛万苦，将所有清代档案近乎完整地保存下来。他们在艰苦的条件下坚持整理出版档案，积极探索档案的整理保存方法，为档案学与史料学的创设迈出了坚实的第一步。

第四章 新材料的发现与清代专门史研究

中国古代史学和近代史学的转型，是一个渐变的过程。在这个过程中新材料的出现无疑为中国近代史学的转型提供了重要基础。只有掌握了新材料，才能开拓史学新的研究领域，出现新的研究成果。陈寅恪把是否掌握新材料的地位提升到能否进入学术前沿的必要条件，傅斯年则把史语所的研究旨趣归纳为"扩充材料，扩充工具，以工具之施用，成材料之整理，乃得问题之解决，并因问题之解决，引出新问题，更要求材料与工具之扩充。如是伸张，乃向科学成就之路。"①可以看出新材料是近代史学转型至关重要的因素。民国时期的新史料除清代档案之外，兼及官书记载私人著述，旁及国外的史料等等"已累计千万册而不止"②，新史料的发现推动了史学领域的开拓，特别是随着清代档案逐渐被整理、刊载之后，清史研究开拓出一些全新的研究领域，并结出累累果实。如清代开国史、清代经济史、清代外交史、清代宗教史、清代文化史等领域的研究，都是在新史料的基础上逐渐发展起来的。

北京大学国学门、故宫博物院文献馆以及中央研究院历史语言研究所、禹贡学会、清华大学历史系等学术机构，先后投入到清代内阁大库档案的整理发掘出版工作。作为近代我国第一个档案馆——故宫博物院文献馆，整理出版的大量档案，最具有典型性，从中可以看出当时学界对清史研究的关注点。故宫博物院文献馆从 1928 年开始出版各类档案史料，到 1936 年除了出版《掌故丛编》《文献丛编》《史料旬刊》等连续出版物之外，还出版了五十余种档案出版物，这些出版物大致可以分为下面几类：第一类，关于清代外交史料，如《康熙与罗马使节关系文书》《筹办夷务始末（道光、咸丰、同治三朝）》《嘉庆朝外交史料》《清光绪朝中日交涉史料》《清光绪

① 《国立中央研究院历史语言研究所十七年度报告》，《国立中央研究院十七年度总报告》1928 年。

② 孟森：《史与史料》，《文献特刊·论述》1936 年。

朝中法交涉史料》《朝鲜国王来书》《清道光朝外交史料》《清宣统朝中日交涉史料》《故宫俄文史料》《清季教案史料》《清季各国照会目录》等；第二类，关于清代学术史史料，如《清代文字狱档》《名教罪人》《乾隆朝各省汇呈禁书目录》《西征随笔》；第三类，关于清开国史史料，如《清太祖努尔哈赤实录》《多尔衮摄政日记》《清太祖武皇帝努尔哈奇实录》《阿济格略事件之满文木牌》等；第四类，关于清代内政史料，如《清三藩史料》《太平天国史料》《雍正朱批年羹尧奏折》《苏州织造》；第五类，清代舆图，如《乾隆铜板十三排舆地全图》《广西沿边各营驻防中越交界对汛法屯距界远近》《清内务府造办处舆图房图目初编》《清内务府藏京城全图》；此外还有关于清代经济史档案目录的《清内阁旧藏汉文皇册联合目录》。

新史料的发现与出版，为研究清代开国史、清代文字狱、清代外交史、清代宗教史、清代经济史乃至清代学术史提供了大量第一手史料，也可以看出 20 世纪 20—40 年代清史学研究的重点。民国时期清史学还包括丰富的研究内容，此章仅涉及由于新史料的发现而兴起的清史学研究领域，清代学术史虽然与清代档案关系不甚密切，但是却建立在大量清人档案、笔记、文集的基础之上，应用新的研究理路对新问题进行不断探索，取得了令人瞩目的成绩，因此一并收入本章。

第一节　清代开国史

满洲在明朝初年称为建州卫，后又分为三卫，建州左卫做为清世直系所自出。清自认其始祖“肇祖原皇帝”猛哥帖木儿及其父挥厚，在元明两代都在中央政府授有官职，满洲社会的发展得力于明朝的扶持，清之先世始终都受明朝中央政府统制与管辖。但清室对于清代先世的历史讳莫如深，入关前旧事长期隐晦史实。随着清朝被推翻之后，各类清史著述或依据野史传闻，或依据遗老之说，或因循日本人旧说，或参考耶稣会传教士著作，对清朝皇室的种种流言甚嚣尘上。特别是对于清朝讳莫如深的入关前及清初的历史，有著名的“三大疑案”，一时间“无南北，无老幼，无男妇，凡爱述故老传说者，无不能言之。”[①]随着“内阁大库档及故宫又大量发露旧档，多珍贵之第一手史料。朝鲜实录之景印，又为研究有清三百年史实者添极

① 孟森：《清初三大疑案考实》，成都：巴蜀书社，2002 年，第 1 页。

好之旁证。清史所资,独厚于往代矣。"[①]由此学界同仁为澄清史实,正本清源,积极利用新发现史料,并钩稽正史,细检其源,对于满洲先世以及清初历史进行了具有奠基性的研究,开创了清史研究的新境界,其中代表性学者是孟森与郑天挺。

孟森与郑天挺先后主持北大明清史讲席二十余年,是民国时期清史学的领军人物。他们两位学术交谊颇深,关系密切,在满洲世系、清初政治与制度史研究等诸多方面一脉相承,不仅关注的问题相类,研究方法也有诸多共同之处,郑天挺由此被视为"孟森先生的传人"[②]。

一、孟森的清代开国史研究

孟森(1868—1938)[③]被誉为中国近代清史学科的一位杰出奠基人,他的著作代表第一代清史学者的最高水平,是近代清史研究的重要里程碑。孟森对清史研究的突出贡献在于建立了一个整体,一个完整的清史体系[④]。在这个体系中,他"运用新史料,建设新论点,创立新方向。明清两代若干重要史事,因此晦而复现。"[⑤]这个体系中清朝建立之前满族先人、清室先世的历史是重要的组成部分。1929年,孟森受聘为南京中央大学历史系副教授,开始讲授清史。1930出版了《清朝前纪》,1931年北上至北京大学任历史系教授,讲授满洲开国史,1934年印发《明元清系通纪》,"此书先称《清朝前纪》,后又作《满洲开国史》,迭整理及补充。"[⑥]直到1937年夏《明元清系通纪》出版十五卷,共计九十九万言。这是最能体现孟森功力的著作,是按照明代的纪元叙述清代的世系,阐明满清先世的史实,补充明清两史的缺漏,揭发清代隐晦秘密的巨著。此外还有百余篇关于明清史论文,绝大部分收入《明清史论著集刊》及《续编》。

孟森取得的巨大学术成就,得益于大量掌握史料。孟森到北京大学任职之时,"故都人文荟萃,公私藏书丰富,时清廷严禁的明朝官私书籍陆续

---

① 《清史探微》,《图书季刊》1946年新7卷第1—2期。

② 参见孙卫国《郑天挺先生与二十世纪的明史研究》(《中国文化》2012年第1期),王永兴《忠以尽己,恕以及人——怀念恩师郑天挺先生》(封越健、孙卫国主编《郑天挺先生学行录》,北京:中华书局,2009年,第65页)。

③ 孟森生平详见第五章第四节。

④ 何龄修:《中国近代清史学科的一位杰出奠基人——试论孟森的清史研究成就,为纪念他的诞辰一百二十周而作》,《五库斋清史丛稿》,第24—25页。

⑤ 吴相湘:《孟森》,中华学术院编:《中国文化综合研究——近六十年来中国学人研究中国文化之贡献》,台北:华冈出版部,1971年,第259页。

⑥ 孟森:《明元清系通纪前编》,北京:北京大学出版部,1934年,第1页。

出现。心史先生因弃《清朝前纪》旧刊，别于北京大学印发《满洲开国史》讲义。翌年，国立北平图书馆自日本获得朝鲜李朝实录。心史先生检阅之余，欣幸治明清史学者又获一新宝库，亦其个人生平大快事。”①北京大学图书馆丰富的藏书，北京大学国学门收藏的大批清代档案，还有国立北平图书馆的藏书、故宫博物院文献馆的档案都为孟森的清史研究提供了便利。孟森在北京大学任职期间主持明清史料室，“余搜集清代史料，兼任北京大学史料室事，遇有必须问世之佳史料，原有代为传世之责。”②孟森对清代史料的搜集整理尤为着力，这一时期北大又购入了清内阁大库档案所藏，有关明清史档案六十余万件。自 1933 年起，开始对这些史料的整理、研究和刊印工作③。

孟森为搜集各类史料不遗余力，先后汇集了《清史稿》《清史列传》《宗室王公功绩表传》《蒙古王公功绩表传》《逆臣传》《国朝儒林文苑传》《贰臣传》《满汉名臣传》等著述，编定《清史传目通检》《清国史馆列传通编》。其中《夷氛纪闻》④是清代粤人梁廷枏的一本笔记，孟森早年曾见同乡赵竹君有一本，但未署名作者且题目错讹。到北京之后得知北平图书馆从东莞藏书家伦明手中购得一本，遂去信给赵竹君索寄原抄本，“冀审其撰人踪迹，并提其要旨，先公布于世，定其可传之价值，斯不患无代传之人。爰费数日之力，就本书中涉及著者自述之处，一一摘出而审之，然后知此书著者为梁廷枏。书名本作《夷氛纪闻》，《国史廷枏本传》可据，与本书一一吻合也。”⑤为搜集理藩部旧藏档案中散出的《宣统三年调查之俄蒙界线图》，他说服北大用 300 元巨款购入该图，并对该图的制作进行了考证，也正是这幅图成为最后夺走他生命的诱因。日本人强行借走该图，孟森气愤至极，然并无他法，导致卧床不起，终因胃癌不治而归道山。可以说孟森以生命做代价，希望保护档案史料不落入敌寇之手，无奈在日寇的铁蹄下，保全档案之愿望都无法实现。

在北大工作的七年间，孟森老骥伏枥终日伏案钻研，在研究中注意史料的钩稽与积累，善于应用最常见之史料，同时兼用国外新发现史料以及档案；虽应用传统史学的考据方法，但对于史料的应用却超越乾嘉诸老：

---

① 吴相湘：《孟森》，中华学术院编：《中国文化综合研究——近六十年来中国学人研究中国文化之贡献》，第 262—263 页。

② 孟森：《夷氛纪闻跋》，《明清史论著集刊续编》，北京：中华书局，1986 年，第 389 页。

③ 萧超然等编：《北京大学校史(1898—1949)》，上海：上海教育出版社，1981 年，第 211 页。

④ 据胡逢祥考证，此书名为《夷氛闻记》，详见乔治忠、朱洪斌编著：《增订中国史学史资料编年清代卷》，北京：商务印书馆，2013 年，第 520 页。

⑤ 孟森：《夷氛纪闻跋》，《明清史论著集刊续编》，第 389 页。

既看重官方史料,又旁及私人著述、文集、野史笔记,乃至外国史料,应用的史料范围之广远超所谓旧派学者。孟森认为“所谓史料,又分无数等级。其最初未经文人之笔所点窜者,有如塘报、有如档子,有如录供,此可谓初级史料。至入之章奏,眷之禀揭,则有红本揭帖,汗牛充栋,已为进一级之史料。至科臣所钞,一方下部议行,一方已录送史馆,其中已微用史文句例点改,此则与史发生关系,为又进一步之史料。馆臣据此,按日排纂,谓之日录,与记录王言之起居注,皆以日计,居然史之一体矣。而其距勒为正史,则等级尚远……明乎此则史自史而史料自史料,不偏废亦不可求全也。”[①]孟森的史料观与当时流行的“史学就是史料学”有所不同,常被视为旧派学者,但是他对史料与史学之间的作用与转换关系,今天看来不仅不旧且具有远见卓识。从他废掉《清朝前纪》而另成《明元清系通纪》,可以“给予后学一重要启示和模范:史学研究必须有日新又新追寻新史料的工作精神”[②]。

1932年朝鲜汉城帝国大学影印出版《李朝实录》,北京图书馆购买了一部,当时每日前往北京图书馆阅抄实录的有两位学者,一位是年近七十的孟森、一位是三十出头的吴晗。一老一少天天出入北平图书馆,成为文津街一道独特的风景。“孟先生携青布包裹文具,摘抄书中关涉明满关系史料,拟为其清先世研究构筑最坚实之基础”[③]。《清朝前纪》采用明代士大夫之著述、日人在关东搜集的材料,被当时的学者视为“欲为用新方法新材料研究清史者发其端也”[④]。《明元清系通纪》的史料来源一般认为主要来自《明实录》《清实录》以及《朝鲜李朝实录》,但是孟森引证的材料并不局限于以上三种。经过大量的史料积累,孟森对《清实录》史料价值的认识有了发展变化。他曾经有过质疑,认为“清改《实录》,乃日用饮食之恒事”[⑤],但是后期观点有所改变,认为“真正史料,皆出于史中某一朝之本身所构成。谀闻野记,间资参考,非作史之所应专据也。”[⑥]因此孟森在著述中不仅依靠历代实录,还旁及种类繁多的官私记载、档案、文稿等,凡是有关的材料都有所涉猎,经过长久积累,深入探索,“于官书中旁见侧出,凡其所不

① 孟森:《史与史料》,《文献特刊·论述》1936年。

② 吴相湘:《孟森》,中华学术院编:《中国文化综合研究——近六十年来中国学人研究中国文化之贡献》,第275页。

③ 杨向奎、何龄修:《孟森学案》,何龄修编:《孟心史学记》,北京:生活·读书·新知三联书店,2008年,第57页。

④ 《洪年图书馆新书介绍(第四次)》,《暨南校刊》1930年第56期。

⑤ 孟森:《读清实录商榷》,《明清史论著集刊》(下),第619页。

⑥ 孟森:《清史讲义》第一编第一章,上海:中国文化服务社,1947年,第2页。

经意而流露的，钩剔而出，庶几可得真相。”①

孟森对于清史学的重要贡献在于清先世研究。关于满族先人发展脉络的研究，他根据后汉挹娄与清室先世最早活动区域的共同地理位置，指出“今考挹娄之为部，当即清之祖先，所谓斡朵里部。”②通过比对挹娄、金人祖居和清之祖居，认为“金亡之日，即清始祖发生之年。由历史记载之迹而观，直衔接无少间断，亦不奇矣。始祖布库里英雄，由金遗民受元代斡朵里万户府职，为清发祥之始”③。清自认其始祖为肇祖原皇帝，名孟特穆，《清实录》《朝鲜实录》都记为猛哥帖木儿，名同音异，其实是同一个人。孟森指出清朝的子孙“宁使满洲为崛起之国，不使历史上得寻其为外夷之名称”，“世竭力为之掩盖曲说，以泯灭其事明之迹”④。孟森的这一研究揭破了三百年来对历史的讳饰、捏造，意义重大，客观事实有力地说明，与辛亥革命时期的观念（虽然那种观念在当时起过积极作用）相反，清朝君临全国是中华民族内部统治民族地位的递嬗变换，不是异民族的入侵，“清一代武功文治，幅员人材，皆有可观”，“故史学上之清史，自当占中国累朝史中较盛之一朝，从而摆正了清史在中国历史上的位置”。⑤ 孟森对于自己的研究成果也自视甚高，认为“至今日始大发明，而以余为发明最多，可云前无古人者也”⑥。

孟森晚年参加整理档案，对于清代档案的价值有更深刻的认知，“就史料论之，社会一部份素感缺乏。但现在已较易着手，因关于社会之风俗人情，以及民刑纠纷等等，均可以奏销册补充之。昔时刑名奏销册具存，社会风俗之史料，向来无人注意，今者整理档案，始知其重要异日编史大可利用之也”⑦。他的学生也曾说过“讨论有关清史史料的评价问题，孟先生强调清代档案的重要性，大有舍档案之外无从解决清史问题的可能之势”⑧。金毓黻曾评价孟森“孟氏尝于内阁大库红本中发见可贵之史料，如所考之朱三太子案、孙自式罢官案，皆由库本中发见确证，遂得定谳，此史料所以

---

① 吴相湘：《我的业师：孟心史先生》，何龄修编：《孟心史学记》，第 28 页。

② 孟森：《女真源流考略》，《明元清系通纪前编》，第 12—13 页。

③ 孟森：《女真源流考略》，《明元清系通纪前编》，第 17 页。

④ 商鸿逵：《述孟森先生》，《明清史论著集刊续编》，第 532 页。

⑤ 何龄修：《中国近代清史学科的一位杰出奠基人——试论孟森的清史研究成就，为纪念他的诞辰一百二十周年而作》，《五库斋清史丛稿》，第 35 页。

⑥ 孟森：《清史讲义》第一编第三章，第 15 页。

⑦ 孟森：《中国历代史料之来源并拟现代可以收集之方法》，《文献特刊·论述》1936 年。

⑧ 王钟翰：《孟森先生与邓洪二师》，《学林往事》（上册），北京：朝华出版社，2000 年，第 7 页。

可贵也。”[①]但遗憾的是天不假年,孟森的研究定格在1938年。郑天挺毕业于北大国学门,此后长期执教于北大与孟森共事,在学术上交谊颇深,关系密切。孟森去世时郑天挺悲痛异常,“先生治明清史为当代第一,所著《明元清系通纪》《清史汇编》,皆未观成,尤为可惜。余不学,往日所作,颇得先生奖饰。必努力设法续其书,以报知己也。”[②]郑天挺在清史学领域,被视为孟森的传人,他走上清史研究道路,由整理清代内阁大库档案开始。

二、郑天挺的清代开国史研究

郑天挺(1899—1981),原名庆甡,字毅生,出生于北京。1920年毕业于北京大学国文系,1922年考入北京大学国学门师从钱玄同读研究生。1922年7月北大成立“清代内阁大库档案整理会”,郑天挺加入了整理会参与了明清档案的整理工作。他后来回忆:“我在研究生期间,在研究所加入了‘清代内阁大库档案整理会’,参加了明清档案的整理工作,这无论对国家、对我个人都是一件大事情,从而奠定了我以后从事明清史研究的基础。”[③]郑天挺从事清史研究的开始,应该从整理档案开始,清史成为他一生的学术志趣。抗战胜利后,北大文科研究所明清史料室恢复,郑天挺亲自主持,做出不少成绩。奠定他清史学一代大师地位的著作《清史探微》,虽然名为“探微”但是研究的问题并不“微”,而是从细微之处着眼,探讨清代的政治大事,特别是对清朝开国史有诸多开创性贡献。

如摄政王多尔衮是清朝入关后的实际统治者,也是清朝统一全国的奠基人。但是多尔衮“以亲王摄政称皇父,为往史之所无,举世骇怪,颇多蜚语”,文章此处郑天挺做了注释,指出“近惟孟心史先生以为皇父之称犹古之尚父”[④],可视为郑天挺与孟森之的学术之共鸣与传承。清初三大疑案的“太后下嫁”更将多尔衮置于悠悠万民之口。郑天挺从多尔衮的称号开始入手,通过对多尔衮不同称号的考证,以探讨清朝开国史。先后写就并发表《多尔衮称皇父之臆测》《墨勒根王考》《多尔衮与九王爷》《释“阿玛王”》等文章。《多尔衮称皇父之臆测》一文运用了中央研究院史语所、北大文科研究所藏的清代档案,及故宫博物院文献馆藏《清实录》,从清代档案上的“叔父”入手,“‘叔父’与‘叔’在汉族家人称谓上原无歧异,而顺治初摄政王与辅政王以‘叔父’与‘叔’分冠之,尊卑秩然如此。其在文移题奏遇

① 金毓黻:《静晤室日记》第5册,沈阳:辽沈书社,1993年,第3966页。

② 郑天挺:《郑天挺西南联大日记》,北京:中华书局,2018年,第15—16页。

③ 郑天挺:《郑天挺自传》,冯尔康、郑克晟编:《郑天挺学记》,第378页。

④ 郑天挺:《多尔衮称皇父之臆测》,《国学季刊》1936年6卷1号。

‘叔王’及‘摄政王’称号之抬写亦与‘亲王’异。北京大学研究所所藏顺治五年九月二十四日户部尚书巴哈纳题本，‘皇上’，‘皇叔父摄政王’双抬，肃王，英王单抬；九月二十六日刑部尚书吴达海题本，辅政叔德豫亲王亦双抬，与皇叔父摄政王同，其例正多。”[①]通过档案，可证明“清初之‘叔王’，盖为‘亲王’以上爵秩，凡亲王建大勋者始封之，不以齿，不以尊，亦不以亲，尤非家人之通称。”[②]因此皇父摄政王为当时之最高爵秩，“多尔衮之称‘皇父摄政王’复由于左右之希旨阿谀，且其称源于满洲旧俗，故决无其他不可告人之隐晦原因在。”[③]

此后在《墨勒根王》中利用北京大学所藏题本，考证墨勒根王就是摄政王多尔衮。墨勒根王，汉语是聪明王，应该是从汉语睿亲王封号所从出。墨勒根在满语中是善射者的意思，引申为聪明之义，蒙古语是“统率者”。后由于多尔衮被夺爵位，章奏中不愿见其名，于是用满语旧封称之，亦犹官书之称睿王也。墨勒根王之号，“疑为入关前世俗通称，其后官书之称‘睿王’，即用其例，故不称睿亲王。满语名称能久传于后，应亦以当时习用之故”[④]。另外在《多尔衮与九王爷》中，依据故宫博物院文献馆藏《太祖武皇帝实录》《满文老档》对多尔衮被称为“九王爷”做了考证，九王爷就是多尔衮的称号，并对清初的封王制度进行了梳理，引用《文献论丛》的文章指出，“崇德本《清太祖武皇帝实录》满文之贝勒汉文俱作王，……乾隆重修之《太祖高皇帝实录》中，复改大王、二王之王字，仍为贝勒”，“九王即九贝勒也，然其事不见于官书，殆俗称耳”[⑤]。在《释“阿玛王”》中引用清初耶稣会的外文书牍及著作，对多尔衮的称号进行多方论证。

上述几篇文章一出，对多尔衮的称号以及在清初的历史地位一目了然，看似只针对对于多尔衮的称号，但实则涉及到清初的分封制度、清初的政治、军事等诸多方面的问题。郑天挺利用北京大学藏的题本、故宫博物院出版的《多尔衮摄政日记》、史语所出版的《明清史料》等档案，撰写《清世祖入关前章奏程式》，指出世祖未人关之前，臣工言事均称“启”，入关之后则称奏。自顺治元年多尔衮入京，到世祖迁都，当时的章奏皆上之多尔衮，称多尔衮为王上，官员对于多尔衮自称臣，上书称启，称多尔衮之言为

① 郑天挺：《多尔衮称皇父之臆测》，《国学季刊》1936年6卷1号。
② 郑天挺：《多尔衮称皇父之臆测》，《国学季刊》1936年6卷1号。
③ 郑天挺：《多尔衮称皇父之臆测》，《国学季刊》1936年6卷1号。
④ 天挺：《墨勒根王》，《益世报(天津)》1936年10月12日，第12版。
⑤ 郑天挺：《多尔衮与九王爷》，《清史探微》，第96页。

令旨①。

从郑天挺《清史探微》的文章中可见他的治史特点，善于利用多种材料进行考证，特别重视档案的价值，用实证释疑求真的方法进行论述。晚年他有专门文章《清史研究和档案》总结档案的价值，认为“历史档案在史料中不容忽视，应该把它放在研究历史的最高地位，就是说，离开了历史档案无法研究历史。”他认为清史研究与档案需要紧密结合，要以整理历史档案带动清史研究，“一是结合历史整理档案；二是根据档案改造历史。”②郑天挺的清史研究，从整理清代档案起步，成为他终生的学术旨趣。他在多年的治学与教学生涯中，积累了大量的清史资料，支撑他的清史研究体系，是清史研究的重要成果。有学者评论“北京大学的明清史研究，是由孟森一手开创的，继孟森之后，郑天挺以自己独创性的研究将北大的明清史研究推向了一个新的学术高度”③。

第二节　清代文字狱

清代文字狱档的整理与出版为清史研究提供了重要史料，也为清史研究开拓了一个全新的领域——清代文化专制制度研究。这也是故宫博物院文献馆对清代档案整理做出的重要贡献之一。文字狱作为中国古代文化专制制度的一部分，在历朝都程度不同的存在。但是有清一代文字狱不论从数量、还是规模、持续时间、牵连的广泛都要超越前代。这与清朝是少数民族建立的政权有一定关系，虽然清朝帝王汉化程度很深，但是在强调“内中国而外夷狄”的儒家思想中，他们始终是被排斥的对象。因此为巩固皇权统治与强制思想领域的专制，在康熙、雍正、乾隆三朝达到了高潮。随着民国建立，文字狱开始出现在学者们的研究视野中。最初对文字狱的关注出于“革命”的需要，“以五百万野蛮贱族高据四万万文明华胄之上，种性既判，仇怨复深。一蛮夷大长执长编以控御之，即帖帖然不敢动。左手扑之，右手抚之，天下英雄尽入我彀中，洵虏廷之好手段哉。”④文字狱作为满人统制汉人的罪恶手段被抨击，为“驱除鞑虏，恢复中华”的革命目标做

① 天挺：《清世祖入关前章奏程式》，《益世报(天津)》1936 年 3 月 26 日，第 11 版。

② 郑天挺：《清史研究和档案》，《清史探微》，第 311、315 页。

③ 王晓清：《学者的师承与家派》，武汉：湖北人民出版社，2007 年，第 221 页。

④ 中国少年之少年编：《文字狱》，《中国灭亡小史·第二章》，《复报》第 5 号，1906 年 8 月 20 日。

注脚。

随着清朝被推翻，内阁大库档案的发现与整理，越来越多的学者将目光转向清代文字狱的学术研究，不仅出于革命需要，更多的学者希望能够通过档案史料还原清代文字狱的真相，对清代的文化专制统制进行深入了解与分析。因为一方面“清世禁网太密，乾隆间更假四库馆为名，术取威胁，禁毁，改窜，甚于焚书坑儒之祸。”导致“有清易代之后，史无成书，谈故事者，乐数清代事实。”在全国人民乐谈“清代事实”的同时，坊间也出现了另一种倾向，甚至有些学者也对清史持这种态度，“弛禁以后，其反动之力遂成无数不经污蔑之谈。”[①]

此时的清史研究尚在起步阶段，作为清史学科的杰出奠基人孟森，在构筑自己的清史研究体系之初，就指出“吾曹于清一代，原无所加甚其爱憎，特传疑传信为操觚者之责，不欲随波逐流，辄于谈清故者有所辨正。”因此1916—1917年出版的《心史丛刊》收录了朱方旦案、查嗣庭试题案、王锡侯《字贯》案、蔡显《闲渔闲闲录》案，虽然孟森自称这些文章是“网罗轶事，非史家必取之资，要于襞積野史不为一鳞半爪之谈，譬如博弈犹贤乎已。”这些文章“盖无一事敢为无据之言，此可以质诸当世者也”[②]，因此时人评价“发掘文字狱史料最大的功臣是孟心史（森）先生，他在《心史丛刊》中已指出许多路径。”[③]《心史丛刊》已经初步显示出孟森的清史研究基于扎实考证，同时力求客观反映史实的特点，同时也能看出其早年参与政治生活的经历而形成的史识之过人之处。

作为中国近代大学最早建立的学术研究机构——北京大学国学门，甫一成立就立志“用历史的眼光来扩大国学研究的范围”[④]，专门成立整理档案会对清代内阁大库档案进行整理。1922年7月4日开始整理清代内阁大库档案，其中第一批整理出来的雍正间内阁抄本上谕档中就包括吕留良、陆生楠、谢济世、沈在宽、严鸿逵、曾静诸文字狱案件[⑤]。故宫博物院文献馆1928年1月开始出版第一套专门刊登档案史料的系列丛书《掌故丛编》，在第1—3册中收录了王锡侯字贯案相关档案，此后文献馆出版的《掌故丛编》《文献丛编》《史料旬刊》等专门档案资料丛书，均选登大量的文字狱档案，足见当时学者对于清代文字狱研究的兴趣与重视。1931—1934

① 孟森：《心史丛刊·序》，《心史丛刊（外一种）》，长沙：岳麓书社，1986年，第1页。
② 孟森：《心史丛刊·序》，《心史丛刊（外一种）》，第1页。
③ 周黎庵：《清代文字狱琐谈》，《宇宙风（乙刊）》1938年第17期。
④ 《发刊宣言》，《国学季刊》1923年第1卷第1号。
⑤ 《研究所国学门重要纪事》，《国学季刊》1923年第1卷第1号。

年文献馆连续出版了《清代文字狱档》9辑，共收录了清代雍正、乾隆两朝65期文字狱的档案，取材于军机处档、宫中所存缴回朱批奏折及实录[①]，弥补了“往者禁网严密，稗官野史偶有所记而语焉不详”之弊，“于清初史之研究，盖为有趣味之贡献也”[②]，为学界提供了确凿可信的第一手档案资料，被鲁迅称为是“一种好书”[③]。

大量档案的出版，促进了更多学者对文字狱研究产生学术兴趣。这一时期，学者们充分利用能够搜寻到的众多史料，特别是故宫博物院文献馆关于文字狱的档案，旁及清人笔记以及诗文集，对清代文字狱进行梳理与评价，并力图还原诸多清代文字狱中轰动一时的大案。邓之诚著《中华二千年史》在描述康乾的施政中，有《文字之狱》一节，充分利用了《清代文字狱档》《东华录》《掌故丛编》等书，对清代文字狱进行了列表式梳理，将顺、康、雍、乾四朝82起文字狱，分案由、时期、事略、定谳、备考等五个方面，简明扼要的理清了清代历朝的文字狱。贾逸君的论文《清代文字狱考略》、许霁英的《清乾隆朝文字狱简表》、均以“《东华录》，《文献丛编》，《清代文字狱档》诸书为主”，[④]特别是《清代文字狱档》及故宫《文献丛编》二书，对清代从顺治朝到光绪朝之间的历次文字狱进行梳理。许霁英的《清乾隆朝文字狱简表》聚焦乾隆朝的文字狱，作者认为“当时文网之密，波及之众，影响之大，则尤以乾隆一朝为最甚焉。”因此从“旧时文献中将乾隆一朝发生之文字狱，编比排列，制为简表”，[⑤]该表的时间从乾隆六年始至乾隆五十三年止，分年代、主犯、籍贯、牵涉人名、犯案书籍或文件、犯案情由、罪状、结果等类别，使乾隆朝的文字狱一目了然。

清代比较著名的庄廷鑨案、戴名世案、王锡侯字贯案等引起学者的、特别关注，分别有专门研究文章。仅庄廷鑨案就有朱襄廷著《庄史案辑论》(广州：国立中山大学语言历史学研究所，1926年)、夏廷棫著《〈庄史案辑论〉跋》(《国立中山大学语言历史所周刊》1928年第3卷29期)、《关于庄史案的材料》、(《国立中山大学语言历史所周刊》1928年第3卷第32期)、谢国桢著《庄氏史案参校诸人考》(《图书馆学季刊》1930年第4卷3—4期)、杨鸿烈著《清代庄史案之重鞫》(《中华法学杂志》1934年第5卷第8—9

① 《清代文字狱档编辑略例》，《清代文字狱档》第1辑，北平：国立北平故宫博物院，1931年，第1页。

② 明：《新书介绍：清代文字狱档》，《国立北平图书馆馆刊》1931年第5卷第3期。

③ 鲁迅：《且介亭杂文》，北京：人民出版社，1993年，第36页。

④ 贾逸君：《清代文字狱考略》，《中法大学月刊》1934年第5卷第5期。

⑤ 许霁英：《清乾隆朝文字狱简表》，《人文月刊》1935年第8卷第4期。

期)、周子美著《庄氏史案考》及《庄氏史案考(续)》(《湖州月刊》1933年第4卷9—11期)等。

通过这些史料的梳理与文章的研究,清代文字狱的真实历史面貌渐渐展现在世人面前,澄清了很多时人想象出来的史实。如当时人们普遍认为"文字狱的主角们个个都是心存故国的志士,想借文字的力量来推翻满族的统治,于是满族的统治者放出屠伯的手段,罗织成许多大狱。"但是事实真相并不尽然,"我们看了之后,才觉得所想象的并不皆是这样一回事,文字狱的许多主角们不独并不都是心存故国的志士,而且相反的是道地的奴才亦有之,更奇怪的连迂腐不堪甚至于疯癫的人物亦有之。"①文字狱研究的兴起代表清朝文化专制制度研究的开始,也体现出清史研究对档案史料的倚重,这是区别于过去史学研究从书本出发的最大的不同,开拓了清史研究新的学术领域,同时也澄清了一些关于清朝专制制度的混乱的史实。

第三节　清代外交史

民国成立后,由于屡次外交失败,促使学者们重视研究清代外交失败的历史经验教训。同时中华民族的危机和边疆危机并未随着民国的建立而消失,20世纪上半叶,俄国、英国、日本等势力进一步侵入中国东北、西北和西藏等地区,造成严重的边疆危机,特别是"九一八"事变、"卢沟桥"事变之后,中华民族陷入了全面的危机。国难当头,众多学者积极投身于边疆民族史的研究。此外中国人民反帝斗争的不断高涨和废除不平等条约运动的不断开展,学界开始对帝国主义侵华史和不平等条约签订史的研究,也逐渐形成热潮。而清代对外关系档案史料的大量整理与出版对清代对外关系研究起到了重要推动作用。当时的学者认为"史料者史籍之母,有完备史料,然后有可传之信史。晚近以来,国人治近代外交史者实繁有徒,究其取材,每有抄袭旧著或节译外籍,人云亦云,以讹传讹,其能利用中西之直接史料者盖鲜,则其书之声价从可知矣。"②

清代外交史研究的展开,首先得益于清代档案中一系列外交史料的整理与出版。故宫博物院文献馆出版了道、咸、同三朝《筹办夷务始末》《清代

① 周黎庵:《清代文字狱琐谈》,《宇宙风(乙刊)》1939年第17期。

② 袁同礼:《清代外交史料·序》,(清)王彦威、王亮辑:《清季外交史料》。

外交史料》(嘉庆、道光朝)、《清光绪朝中日交涉史料》《清光绪朝中法交涉史料》《清宣统朝中日交涉史料》《故宫俄文史料》《清季各国照会目录》等史料。此外还在《故宫周刊》上连载《清代外交史料拾遗》(1930 年 25—29 期、31—38 期)。《掌故丛编》《文献丛编》《史料旬刊》中也刊登了大量清代关于朝鲜、琉球、安南(今越南)、南掌(今老挝)、暹罗(今泰国)、苏禄(今菲律宾)、缅甸、廓尔喀、布丹、俄罗斯、英、法、荷兰等国的史料。对于刚刚起步的清代外交史研究,这是不可多得的财富,"外交史的特别在于它的国际性质。一切外交问题,少则牵连两国,多则牵连数十国。研究外交史者必须搜集凡有关系的各方面的材料。"①此前研究中国近代外交史的学者,无论中外人的著作均以西文材料为据,因为中国国内政府不公布外交文书,造成研究清代外交史的著作往往是一面之词。

故宫博物院出版的连续刊物《掌故丛编》《文献丛编》《史料旬刊》,均刊载大量清朝前期对外关系档案,如英使马戛尔尼来聘案、荷兰国交聘案、英吉利国交聘案、康熙与罗马使节关系文书、清嘉庆朝中外通商史料、清雍正朝关税史料、清嘉庆二十一年英使来聘案、朝鲜迎接都监都厅仪轨、安南档、关于鸦片战役之中英交涉事件、俄罗斯档、内阁库藏俄罗斯档、雍正安南勘界案、俄罗斯国喇嘛学生案、道光十一年查禁鸦片烟案、乾隆二十四年英吉利通商案、嘉庆朝英吉利通商案、道光朝外洋通商案、道光朝俄罗斯私入哈萨克边界建房案、雍正朝外交案、苏禄国贡使回国案、安南夷民拔竹毁栅案、西洋人进贡案、安南请查莫氏后裔案、暹罗国人贡案、查禁宽永钱文及私铸案、安南脱回厂徒案、缅匪进贡还人案等,以及《筹办夷务始末》《清季外交史料》等档案史料的相继出版,"为外交史学界别开一新生路"②。

文献馆的外交档案公布为清代外交史研究提供了大量第一手资料。而近代外交史最初的研究者蒋廷黻,正是在这些外交档案基础上展开研究。蒋廷黻(1895—1965),字绶章,湖南邵阳人,1923 年毕业于美国哥伦比亚大学,获哲学博士,被学界誉为"替中国近代外交史导航的人"③,他的外交史研究成就得益于长期搜集整理外交史料。他指出"关于中国外交的著作为数已不少。外国的著者姑置不论:就是国人中的著者有几个不是以英国的蓝皮书,法国的黄皮书,及其他外国的材料为根据呢?其责任确不专在著者,因为在故宫博物院发刊《筹办夷务始末》以前,除外交部的《各

① 蒋廷黻:《近代中国外交史资料辑要·自序》,《近代中国外交史资料辑要》上卷,上海:商务印书馆,1931 年,第 1 页。

② 袁同礼:《清代外交史料·序》,(清)王彦威、王亮辑:《清季外交史料》。

③ 朱传誉:《蒋廷黻传记资料》,台北:天一出版社,1986 年,第 55 页。

朝条约》以外,我国政府并无有系统的外交文件发表。私人的文集中有关外交的虽然不少,但都太零碎。兹故宫博物院有《筹办夷务始末》发表,我们研究中国外交史者始能中外材料参用。其中能造学术的发明的材料确乎不少。”①认为此书的出版是“中国外交史的学术革命”,改变了过去研究外交史者单凭外国文献资料的片面研究风气,从而使学术界得以关注中国的史料文献。这些官方档案史料的公布,转变了当时学界研究外交史专注于旧籍、外籍,转而将注意力投向中国官方档案,开始了内外并重、中西互通的新的研究境界。

蒋廷黻利用文献馆出版的《筹办夷务始末》《清代外交史料(嘉庆、道光朝)》《清光绪朝中日交涉史料》《清光绪朝中法交涉史料》《清宣统朝中日交涉史料》等资料,并用两年时间到大高殿清理军机处档案,从中辑录了两千多件文书,编辑了他在近代外交史研究领域的开山之作《近代中国外交史资料辑要》(上、中卷)。这本书基本理清了近代中国外交史的大致脉络,在每一章的“引论”中反应了蒋廷黻的外交史观。他编辑这本书的动机“不在说明外国如何欺压中国,不平等条约如何应该废除。我的动机全在要历史化中国外交史,学术化中国外交史。”②这是中国第一部不依靠外国蓝皮书等单方面文件编成的外交史料。蒋廷黻此时已经奠定了他“执中国近代史研究之牛耳”的学术地位③,“通过研究这些文献,蒋廷黻对晚清帝国时期的中国外交行为及其所以阻滞中国适应现代世界的潮流有了新的识见”④。

此外,蒋廷黻在这一时期还发表《评清史稿邦交志》(《国立北平图书馆馆刊》1929年2卷6期、1930年3卷1期)、《道光朝筹办夷务始末之史料的价值》(《清华周刊》1932年37卷9期)、《琦善与鸦片战争》(《清华学报》1931年6卷3期)、《李鸿章——三十年后的评论》(《大公报》1931年5月22日)、《最近三百年东北外患史》(《清华学报》1932年8卷1期)、《中国与近代世界的大变局》(《清华学报》1934年9卷4期)、《百年的外交》《再论百年的外交》(《新经济》(半月刊)1938年1卷4、7期)。

蒋廷黻在《评清史稿邦交志》中,指出《清史稿邦交志》的史学观念纯属袭旧,“近百年来中外关系之大变迁何在?其变迁之根本理由又何在?《邦交志》非特无所贡献,且直不知此二问题为撰《邦交志》者之重要问题也。

---

① 蒋廷黻:《道光朝筹办夷务始末之史料的价值》,《清华周刊》1932年第37卷第9期。
② 蒋廷黻:《近代中国外交史资料辑要·自序》,《近代中国外交史资料辑要》上卷,第2页。
③ [美]费正清:《费正清对华回忆录》,上海:上海知识出版社,1979年,第99页。
④ [美]包华德主编,沈自敏译、林东民校:《民国名人传记词典》第四分册,北京:中华书局,1983年,第20页。

至于近百年来中外交涉之重要案件,如鸦片战争、英法联军、同治修约、马加理案、伊犁案、中法战争、中日战争、瓜分与排外、东三省之国际问题等,皆《邦交志》所不理解者也。”①蒋廷黻反复强调“科学的思想方法是近代文化的至宝”②,他以进化论为指导,以经世致用为主旨,为清代外交史研究树立了正确的态度,对“华夷之辨”与近代民族主义的关系、中国固有的“忠奸之辨”及近代爱国主义的关系等问题进行了有益的探讨,对中国近代外交史研究及近代中国的几个观念的转变功不可没。

这一时期,关于清朝与其他国家关系的论文也很丰富。研究中德关系有周子亚《中德外交关系之回顾》(《外交研究》1939 年 1 卷 2 期);中俄关系有韩儒林《清初中俄交涉史札记》(《学思》1942 年 2 卷 2 期)、陈翔冰《清初之中俄外交关系》(《现代学报》1947 年 1 卷 4、5 期)、张维华《清初平定喀准两部时之中俄关系》(《学思》1947 年 2 卷 1—2 期)、葛启扬《尼布楚条约以前俄国交通中国记》(《国立中山大学文史学研究所月刊》1934 年 2 卷 5 期)、张玉全《俄罗斯馆始末记》(《文献专刊》1944 年);中意关系的有傅任敢《雍正年间意大利的中国学院》(《中华教育界》1936 年 32 卷 9 期);中葡关系有姚机《葡人侵略澳门之经过》(《亚洲世纪》1947 年 1 卷 4 期)等。

研究中英关系的论文比较多,有朱杰勤《英国第一次使臣来华记》(《现代史学》1936 年 3 卷 1 期)、许玄风《一七九三年英使马戛尔尼来华考》(《学术界》1943 年 1 卷 5 期)、陶在东《刘译〈乾隆英使觐见记〉之考证》(《宇宙风》乙刊 1941 年 42—46 期)、李兆强《十八世纪中英文明之接触》(《南风》1931 年 4 卷 1 期)、范存忠《十七十八世纪英国流行的中国思想》(《文史哲季刊》1943 年 1 卷 1—2 期)、龙凤章《鸦片战前之中英冲突》(《中原新潮》1942 年 1 卷 1 期)、千家驹《东印度公司的解散与鸦片战争》(《清华周刊》1932 年 37 卷 9、10 期)、杜若君《英国与中国》(《外交研究》1939 年 1 卷 2 期)、谢兴尧《鸦片战争前之中英外交》(《逸经》1936 年 15 期)等。

研究中法关系的论文,有张天护《清代法国对华贸易问题之研究》(《外交月报》1936 年 8 卷 6 期);张雁深《中法初期关系之研究》(《中国学报》1944 年 1 卷 2、3 期)、冯来仪《中国思想对于近代法国思想之影响》(《南方杂志(广州)》1946 年 1 卷 2 期)、阎宗临《中国与法国十八世纪之文化关系》(《建设研究月刊》1941 年 5 卷 2 期)等。

中国与日本、朝鲜的关系源远流长,因此得到学者的重视。研究中日

---

① 蒋廷黻:《评清史稿邦交志》,《北平北海图书馆月刊》1929 年第 2 卷第 6 号。

② 蒋廷黻:《中国近代史》,长沙:商务印书馆,1938 年,第 110 页。

关系的论文有：喻熙杰《中日关系的过去现在与未来》(《中国公论(北京)》1939年1卷3期)、刘永昌《三百年前中日关系纪要》(《黑白半月刊》1934年2卷1、2期)、罗香林《中日战史的透视》(《更生评论》1938年3卷1期)、林寿《清代学术对于日本的影响》(《中国公论》1939年1卷5期)、郑天挺《琉球应归还中国》(《益世报》1947年11月26日)等。研究中朝关系的论文有：陈澄之《韩国与中日间之关系及史略》(《新中华(复刊)》1944年2卷10期)、王崇武《朝鲜三田渡清帝功德碑文考》(《东方杂志》1943年39卷15期)等。

关于清代外交机构、政策、史料的论文有：周子亚《我国外交机构沿革考》(《大公报(上海)文史周刊》1947年8月27日)、张忠绂《清廷办理外交之机关与手续》(《文史杂志》1941年1卷1期)、张德泽《故宫文献馆所藏之清代外交史料》(《辅仁学志》1939年8卷2期)、姚仲寅《清代外交史略》(《人文月刊》1937年8卷6期)、沦落《满洲外交史略》(《新东方》1931年351卷)、老徐《清代外交史料》(《政治生活》1944年1卷1—7期)、庄泽宣、陈学恂的《从四方馆到同文馆》(《岭南学报》1947年8卷1期)等。

这些论文的学术价值虽然良莠不齐，但是开拓了诸多外交史研究方向，为此后的清代外交史研究指出了道路，奠定了基础。

第四节　清代宗教史

清代宗教史研究也是随着大量档案的发现逐渐发展起来。中国宗教史的奠基人陈垣是近代史家中较早接触和利用档案的学者。他先后担任过北京大学国学门导师，兼任北京大学明清史料整理会委员，故宫博物院图书馆馆长，指导了北京大学国学门和故宫博物院文献馆的清代内阁大库档案整理出版工作。在指导这些学术机构整理档案的工作中，陈垣总结出来的档案的保管、整理、编印等经验，成为当时整理档案学术机构的工作准绳。因此，清代内阁大库的档案史料成为陈垣缜密的历史考证中最有利的证据，为清代宗教史研究奠定考证学基础。

陈垣的宗教史研究著述宏富，研究内容广泛，包括基督教、回回教(即伊斯兰教)、一赐乐业教(即犹太教)、火祆教、摩尼教、佛教、道教等等。20世纪20—40年代，陈垣发表了约20篇明清之际的宗教史论文(具体见下表)，运用上谕、奏折和大量故宫文献馆藏官方档案，开创了清代宗教史研究的新领域。

陈垣20世纪20—40年代发表宗教史文章一览表

	题目	期刊	时间(年/月/日)	卷/期/号
1	开封一赐乐业教考	东方杂志	1920/2—4	17/5—7
2	基督教入华史略	南开周刊	1925/9	1/2
3	再论遵主圣范译本	语丝	1925/11	53
4	回回教进中国源流	北京大学研究所国学门月刊	1927/9	1/6
5	华亭许缵曾传	真光杂志	1927/6	26/6
6	雍乾间奉天主教之宗室考	辅仁学志	1932/7	3/2
7	从雍乾间奉天主教之宗室说到石老娘胡同当街庙	大公报·文学副刊	1933/3/20	272
8	陈白沙画像与天主教士	辅仁美术月刊	1933/6	3
9	从教外典籍见明末清初之天主教	国立北平图书馆馆刊/磐石杂志	1934/4、1935/1—3	8/2、3/1—3
10	泾阳王徵传	国立北平图书馆馆刊	1934/11—12	8/6
11	记许缵曾辑刻太上感应篇图说	图书季刊	1936/12	3/4
12	吴渔山晋铎二百五十年纪念	辅仁学志	1936/12	5/1—2
13	燕京开教略画像	益世报(天津)人文周刊	1937/6/18	24
14	墨井道人传校释	东方杂志	1937/1	34/1
15	墨井书画集录文订误	大公报·图书副刊	1937/1/7	164
16	吴渔山先生年谱	辅仁学志	1937/6	6/1—2
17	汤若望与木陈忞	辅仁学志	1938/12	7/1、2
18	语录与顺治宫廷	辅仁学志	1939/6	8/1
19	顺治皇帝出家	辅仁生活	1940/12	11
20	清初僧诤记	辅仁学志	1940/12	9/2

纵观这一时期陈垣对清代宗教史的研究,大量运用新发现的档案史料

是一大特色。他运用较多的是上谕、奏折和官方文件，或者填补天主教与清廷之间关系记录的空白，或纠正教会记载中的讹误之处。康熙四十四年及五十九年，罗马教王格勒门第十一两次派使节来华，汉文记载极少，中国教会史对此事叙述也很简略。《康熙与罗马使节关系文书》十四件是康熙亲笔修改过的珍贵档案，是这两次使节来华的重要资料，原藏于故宫懋勤殿，分别于1925、1928、1930年被发现。但是这十四件档案并未全部标明年月，仅有4件标明年月，1930年故宫博物院文献馆在《文献丛编》第六辑刊登了这批档案，但是先后次序颠倒。1932年故宫文献馆将这十四件档案影印出版，陈垣专门写了《康熙与罗马使节关系文书影印本叙录》，对这批档案的年代逐一考订，既为康熙与罗马教廷的交往保留珍贵的文件，同时使这批档案在历史研究中发挥重要作用。《从教外典籍见明末清初之天主教》一文应用大量军机处旧档、奏折、上谕、乃至殿试策等档案补教史之不足，与教史相参照，以正教史之讹误。陈垣认为"教史多译自西籍，故详于西士，而于中国修士或略焉"[①]，"欲研究教史，则不能不参考教外典籍"[②]，将档案史料与教士的记录在文章中运用自如，用客观的实证方法，具体考证明末清初天主教在中国的传播。有学者称，陈垣在清末民初的中国基督教史研究上，可以说是"现代意义上的学术研究"[③]。这种现代意义，应该是陈垣为清代宗教史带来的研究方法与材料的先进。

1925年11月18日陈垣为故宫博物院文献馆陈列的《教王禁约》《康熙谕西洋人》两份档案作跋，即《跋教王禁约康熙谕西洋人》，勾勒出中西思想矛盾斗争的一段重要事实：天主教传入中国之后，西洋教士对中国信徒既信奉天主教，又保留祭祖先、尊孔的传统持支持和反对两种态度，但是罗马教皇支持反对派，制定了七条禁约，并两次派使节来华申明禁约。康熙对教皇此举不满，以不准传教为抵制，并召集在京的西洋人，指示他们应对罗马教皇使节。这件事情在当时的文献中记载非常少，陈垣利用这两份档案展现了这一段重要的历史事件。

陈垣在《雍乾间奉天主教之宗室》一文中，对于苏努诸子的叙述，大量运用故宫博物院文献馆藏的档案补充文献之不足，进而纠正现存文献的错误。苏努是清太祖努尔哈赤四世孙，苏努和他的八个儿子都是天主教徒。后来因苏努父子获罪被削籍，因此在《宗室王公功绩表传》中无传。苏努父

① 陈垣：《从教外典籍见明末清初之天主教(一)》，《磐石杂志》1935年第3卷第1期。
② 陈垣：《从教外典籍见明末清初之天主教(续)》，《磐石杂志》1935年第3卷第2期。
③ 汤开建、陈文源：《陈垣与中国基督教史研究》，《暨南学报》2002年第24卷第3期。

子的事迹在教会史中虽有记载，但是因为西方人对中国的各种制度不了解，多与史实不相符合。如《圣教史略传》《天主教传行中国考》关于苏努的世系均有误，“谓苏努系太祖之孙，太宗之胞侄，与顺治为叔伯兄弟，与康熙为从叔侄，与雍正为从祖孙”①，《燕京开教略》卷中说苏努为亲王。陈垣根据文献馆藏雍正未刊硃批谕旨档案，证明康熙末年苏努仍为贝子，康熙六十一年十一月康熙崩，苏努始封贝勒。此外关于苏努父子如何获罪，也从雍正实录、上谕、内阁上谕八旗中关于苏努之罪状条举缕析，考证苏努父子获罪并非《燕京开教略》中所言苏努诸子奉天主教，而是因为“苏努曾助胤禩谋继立，大为雍正所忌，实为获罪之唯一原因。”②

这一时期陈垣对基督教的研究论文主要有《基督教入华史略》《雍乾间奉天主教之宗室考》《从雍乾间奉天主教之宗室说到石老娘胡同当街庙》《陈白沙画像与天主教士》《从教外典籍见明末清初之天主教》《华亭许缵曾传》《记许缵曾辑刻太上感应篇图说》《墨井道人传校释》《墨井书画集录文订误》等，均能运用大量档案史料，揭示基督教在中国的传播与发展，记录传教士的事迹。陈垣对近代基督教史的研究贡献良多，不仅揭示出基督教传入中国的四个时期③，还考证清代宗室苏努信奉天主教的态度，以及热心传教的许缵曾、墨井道人等人的事迹。关于佛教的研究论文主要有《汤若望与木陈忞》《顺治皇帝出家》《清初僧诤记》《语录与顺治宫廷》等。论述了明清之际的岭南僧人，开创了明清之际岭南僧传研究的先河。特别是在抗日战争中，陈垣以宗教史作为反抗日本侵略者的武器，他的《清初僧诤记》就是为抨击甘愿附逆投敌的汉奸而作。陈垣的宗教史研究重视“外典”史料，注重宗教与政治的关系，运用精密的考证广泛搜集资料，为近代宗教史研究指明了道路。

另外一位研究清代宗教史的大家是方豪。方豪字杰人，浙江杭州人，出生于基督教圣公会家庭。幼年家贫，仅读至小学四年级就辍学，后入天主教修道院继续学业。修道院为培养传教士之故，教授拉丁文、神学及哲学等宗教科目，方豪因为钟情于历史，经常不顾修道院禁令，私自阅读学术刊物并与史学前辈请教，特别对陈垣的宗教史著作反复研读，并与陈垣坚持长达二十年的通信往来，向陈垣请教学术，因而在学术上深得陈垣之真

---

① 陈垣：《雍乾间奉天主教之宗室》，《辅仁学志》1932 年第 3 卷第 2 期。

② 陈垣：《雍乾间奉天主教之宗室》，《辅仁学志》1932 年第 3 卷第 2 期。

③ 这四个时期分别是：第一期唐朝的景教，第二期元朝的也里可温教，第三期明朝的天主教，第四期清朝以后的耶稣教。详见陈垣：《基督教入华史》，《陈垣学术论文集》(第一集)，北京：中华书局，1980 年，第 93 页。

传。方豪虽然没有听过陈垣授课，但是以陈垣私淑弟子自居，陈氏门人亦以“新会学案”（陈垣为广东新会人）传人视之。陈垣对方豪的研究方向、材料搜集、论文写作的方式、乃至行文风格都有很大影响①。方豪自谓：我对历史的研究，受新会陈援庵先生影响最多且最深②。方豪的清代宗教史研究，几乎亦步亦趋跟随着陈垣的脚步③。

方豪的学术生涯由宗教史开始，由于神父之身份，因此他的宗教史文章最先发表于教会刊物《我存杂志》《圣教杂志》《新北辰》《磐石杂志》及《益世报·人文周刊》等。最早发表在教外期刊的文章有《浙江之犹太教》《浙江之景教》《浙江之摩尼教》《浙江之回教》《浙江之天主教略史》，均载于1936年《国风》月刊8卷9、10两期。因为方豪在修道院学习拉丁文、法文，因此方豪研究宗教史有得天独厚的条件。他在治学方法上继承了陈垣“竭泽而渔”的资料搜集方式，不仅在文章中运用清代档案，也利用大量外文宗教典籍。20世纪30—40年代方豪发表的论文如下表。

方豪20世纪30—40年代发表宗教史文章一览表

	题目	期刊	时间（年/月/日）	卷/期/号
1	浙江天主教略史	国风	1936/10	9—10
2	墨井道人年谱（简记）	新北辰	1936/12	2/12
3	明季西书七千部流入中国考（附表）	新北辰	1937/4	3/4
4	王石谷之宗教信仰	新北辰	1938/8	3/8
5	清初云南之犹太教人	益世报（重庆）文史副刊	1939/1/22	新6
6	康熙测绘图之新史料	益世报（昆明）宗教与文化	1939/8/6	新33
7	拉丁文传入中国考	国立浙江大学文学院集刊	1942/6	2

① 方豪视陈垣为恩师，其与陈垣之间往来书信的称谓及署名中可以看出，详见方豪：《与励耘老人往返书札残誊稿（一）》，《传记文学》1971年第19卷5期。陈垣门人亦视方豪为新会传人，详见牟润孙：《敬悼陈援庵先生》，《明报月刊》1971年10月。

② 方豪：《与励耘老人往返书札残誊稿（一）》，《传记文学》1971年第19卷5期。

③ 关玲玲：《方豪与陈垣之‘私淑’情谊——一位自学史家成长的关键历程》，《东吴历史学报》2008年第19期。

续 表

	题目	期刊	时间(年/月/日)	卷/期/号
8	明清之际中西血统之混合	益世报(重庆)文史副刊	1942/9/3	14
9	南怀仁尺牍	益世报(重庆)文史副刊	1942/12/11	21
10	康熙雍正二帝之提倡拉丁文	说文月刊(重庆)	1943/11	3/11
11	清代西文中国经济史料四则	东方杂志	1943/4	39/4
12	康熙前钦天监以外研究天文之西人	东方杂志	1943/7	39/10
13	明末清初旅华西人与士大夫之晋接	东方杂志	1943/5	39/5
14	十七八世纪来华西人对我国经籍之研究	思想与时代	1943/2	19
15	清代禁抑天主教所受日本之影响	益世报(重庆)文史副刊	1943/9/23	42
16	与陈援庵先生论吴渔山年谱	益世报(重庆)文史副刊	1943/7/29	38
17	明季西书七千部流入中国考	文史杂志	1943/10	1/4
18	明末西洋火器流入我国之史料	东方杂志	1944/1	40/1
19	吴渔山司铎三余集选注(牧羊词、渡黄集)	真理杂志	1944/1	1/1
20	顺治刻本西洋新法历书四种题记	东方杂志	1944/4	40/8
21	中国在日本与欧洲初期交通史上之地位	真理杂志	1944/1—2	1/1
22	十七、八世纪中国学术西被之第二时期	东方杂志(重庆)	1945/1	41/1
23	康熙间西洋教士测绘贵州余庆舆图简史	大风(贵阳)	1945/10	1/3
24	明末清初广东籍之耶稣会士	文理学报	1946/6	1/1

续　表

	题目	期刊	时间(年/月/日)	卷/期/号
25	跋《坤舆格致略说》抄本	益世报(天津)人文周刊	1947/5/19	新2
26	明清间译著底本的发现和研究	大公报(天津)图书周刊	1947/11/21、29	30—31
27	汤若望汉名之来历	大公报(天津)文史周刊	1947/11/14	40
28	康熙五十三年测绘台湾地图考	文献专刊(台湾)	1949/8	创刊号

方豪大量宗教史的论文都运用了档案史料、教内外典籍，不仅拓宽了与清代宗教史研究的史料范围，更形成了方豪治史的特点，为清代宗教史奠定了融汇中西史料，参考教内教外典籍，重视辨析与考证的研究模式。方豪的宗教史研究既涉及天主教在中国的传播，也涉及其他宗教。如《浙江外来宗教史略》一文，详细考察浙江天主教、回回教、犹太教、摩尼教及景教的渊源、分期等重要问题。勾勒出明清两代宗教在浙江的发展状况，开辟了区域宗教史研究的新路径。方豪重视西方教士与中国文化的关系，注意专题研究，如《明清之际中西血统之混合》《康熙前钦天监以外研究天文之西人》《明末清初旅华西人与士大夫之晋接》《明末清初广东籍之耶稣会士》《清初云南之犹太教人》等都是此类文章。此外方豪还十分注意拓展宗教史的史料来源，在研究中运用他的语言优势与神父身份，大量引用西文书册及教会人士著作，如《清代西文中国经济史料四则》《明季西书七千部流入中国考》《拉丁文传入中国考》《清代禁抑天主教所受日本之影响》等均引用第一手外文资料。

方豪的宗教史研究从中外文化交流的角度出发，不仅系统研究诸外教入华史实，注意把诸宗教流派的传布放在中国社会史的范畴中考察，且注意与天主教相关的校勘学、版本学与史料学，丰富了陈垣开创的宗教史研究的内容。

除了陈垣与方豪，这一时期的宗教史研究涌现出很多论文。关于西藏宗教史，学者们关注的重点是清代西藏喇嘛教，像张其勤《西藏宗教源流考》(《东方杂志》1911 年 8 卷 1—6 期)、曼苛《西藏神秘的宗教》(《国闻周报》1931 年 8 卷 12—14 期)、陈健夫《西藏佛教的过去与现在(附表)》(《新中华》1934 年 2 卷 14 期)、张辛南《西藏之喇嘛教(附图)》(《西北研究(北平)》1932 年 2 期)、刘振卿《清代喇嘛制度》(《国民杂志》1941 年 1 卷 2、3 期)等文章涉及到喇嘛教的渊源、制度等。

关于伊斯兰教的论文主要有高劳《中国回教传衍之历史及各省回教之近况》(《东方杂志》1917 年 14 卷 10 期)、白寿彝《明清间中国回教学术运动》(《文化先锋》1945 年 5 卷 11 期)、王树民《乾隆四十六年撒喇事变与西北回教新旧派分立之由来》(《西北通讯》1948 年 3 卷 5 期)等。

关于天主教、基督教研究文章较多，学者们关注外来宗教与本土文化之间的冲突与矛盾，梳理天主教与基督教来华的历史，以及与中国文化、宗教的矛盾与冲突。张维华《明清间佛耶之争辩》(《学思》1942 年 1 卷 2 期)是对明清间佛教与基督教之间关系的总结。其他如徐宗泽《中国天主教史：自清入关至康熙朝》(《圣教杂志》1937 年 26 卷 6 期)和《雍乾嘉道时之天主教》(《圣教杂志》1937 年 26 卷 7 期)、《中国圣教史：自鸦片战争至今日》(《圣教杂志》1937 年 26 卷 9 期)、《中国传教得力于学术之历史观》(《圣教杂志》1936 年 25 卷 1 期)、任有三《清初天主教与中国近代文明的关系》(《新史地》1937 年 2 期)、罗家柱《在华基督教之过去现在及将来》(《中央大学半月刊》1930 年 1 卷 9 期)、龚见《中国基督徒的分析》(《清华周刊》1930 年 33 卷 10 期)、李瘦枝《明末清初耶稣会士之贡献》(《图书馆月刊》1933 年 1 卷 2、5 期)等论文。

值得提出的是，这一时期出现了对于满族宗教专门研究的文章，涵秋《满洲旧教》(《文艺杂志(上海)》1914 年 10 期)、岂明《萨满教的礼教思想》(《语丝》1925 年 44 期)、孟森《清代堂子所祀邓将军考》(《国学季刊》1935 年 5 卷 1 期)、《故宫周刊》编辑《清堂子沿革考略》(《故宫周刊》1933 年 243、244 期)等，均对萨满教进行了初步研究与探索，开拓了宗教史研究的新领域。这一时期清代宗教史的研究以文献考证和历史描述两方面展开，使清代宗教史的文献与历史有了清晰的轮廓与脉络。

第五节　清代经济史

经济史在 20 世纪中国近代史学谱系上有非同寻常的地位，《现代史学》杂志的创办人朱谦之说过“现代是经济支配一切的时代，我们所需要的，既不是政治史，也不是法律史，而却为叙述社会现象的发展，社会之历史的形态，社会形态的变迁之经济史或社会史。所以现代史学之新倾向，即为社会史学、经济史学。”[①]可见在当时经济史不仅是新兴学科，而且代表了现代史学发展新趋势。近现代经济史研究从清代经济史开始，清代经济史体现了转型期史学的特点，在新史料、新领域、专门学术机构的共同作用下，作为民国时期清史学最具代表性的研究领域，引人注目。

民国时期最早对清代经济史进行大规模研究的学术机构首推北平社会调查所。社会调查所的经济史研究，通过发掘整理清代档案，开拓了清代经济史的研究领域；史学与多种社会科学的研究方法相融合，为清代经济史乃至中国经济史研究奠定了学术规范；培养出一批年轻学者并出版了在国际上有影响的清代经济史著作；创办了中国第一份以经济史命名的学术期刊——《中国近代经济史研究集刊》。北平社会调查所由此成为清代经济史研究的重镇，也为经济史学科的诞生奠定了基础。

一、北平社会调查所对清代经济史研究的缘起

北平社会调查所原本是以进行社会调查研究为号召的学术机构，为何对清代经济史研究产生兴趣？究其原因，当是远因与近因共同作用的结果。

北平社会调查所将清代经济史研究作为经济史研究重点的远因，与“新史学”对经济史研究的倡导、社会史大论战对经济史研究的推动这两件发生在20世纪上半叶的学界大事密不可分。首先是“新史学”对近代经济史研究的倡导。中国传统史学中，很早就有关于经济史的记载所谓“食货之学”。但是传统史学基本以政治、军事活动为中心，《食货志》多为国家管理经济的典章制度和相关经济政策，对社会、人民的经济生活鲜少反应。1902年梁启超的《新史学》横空出世，祭出“史界革命”的大旗，此后众多史家纷纷以“新史学”为号召，梁启超更身体力行，开始关注与民生有关的不同专史的写作。他认为“经济事项，譬如人生的血液”[②]，在文章中列出财政、田赋、盐务、商业等专史为经济史研究指出了方向。1904年梁启超写成《中国国债史》，被认为是中国经济史学出现的标志[③]，此后的经济史研究均程度不同的受到梁启超的影响。

梁启超的《新史学》等文章，是近代史学转型的奠基之作。对近代经济史研究的兴起有重要推动作用。此后中国经济史研究进展颇为迅速，特别

---

① 朱谦之：《西汉社会经济研究·序》，陈啸江：《西汉社会经济研究》，上海：新生命书局，1936年，第2页。

② 梁启超：《中国历史研究法补编》，《中国历史研究法（外二种）》，第300页。

③ 李伯重：《回顾与展望：中国社会经济史学百年沧桑》，《文史哲》2008年第1期。

经过20世纪20年代末30年代初的社会史论战，无论参与论战的各方均运用辩证法和唯物史观研究历史，马克思主义史学也由此建立。论战中的学者关注生产方式和结构的变化，社会经济的发展在社会机构与社会发展中起到基础性和决定性的作用，因此论战中很多学者对社会经济的大变动时期如春秋战国时期、魏晋时期、明清时期的经济投入关注。这也直接导致论战结束后，“一批学人转入社会经济史的学术探索”[①]，他们指出“中国社会史的理论争斗，总算热闹过了。但是如不经一番史料的搜求，特殊问题的提出和解决。局部历史的大翻修、大改造，那进一步的理论争斗，断断是不能出现的。”[②]社会史大论战之后，中国经济史研究出现空前繁荣，经济史也逐渐成长为一个独立的学科[③]。

北平社会调查所对于清代经济史研究的近因则是研究领域的不断拓展与新材料的发现共同作用的结果。

北平社会调查所的学者成立之初大规模从事社会调查研究，并有丰硕成果。但是他们深入进行社会调查之后，发现大量的社会现实与历史之间存在着千丝万缕的联系，“要认识现在的人类生活的任何方面我们便不得不追溯到他的历史的过去。因此有的人便说社会科学的大部分都是历史。社会科学的大部分都是历史的说法固然未免过于夸大，但是社会科学的研究的确离不开历史，却是不容否认的”[④]。20世纪30年代，随着社会的不断发展，中国的社会问题诸多，经济成为人类社会生活中起到支配性作用的因素，社会调查所的研究日益偏重经济问题，而经济史的价值逐渐被调查所的学者们看重，“在我们认识经济在人类生活上的支配力并且现代经济生活占据个人，民族，国际的重要地位的时候，我们便不得不说历史的大部分应该为经济史的领域。”[⑤]但是当时学界较少有学者关注到经济问题与历史之间的关联，在研究经济问题的时候“往往只注重问题或现象现在的本身，而忽视问题或现象所由成的过去——这是一种极严重的错误！本所认定过去必须与现在并重而同时研究，始可得到完满和正确的结果。”[⑥]由此北平社会调查所将经济史研究纳入研究视野。

北平社会调查所进行经济史研究存在两个困难的问题，首先是经济

---

① 乔治忠：《中国史学史》，北京：中国人民大学出版社，2011年，第383页。

② 陶希圣：《编辑的话》，《食货》1934年创刊号。

③ 李伯重：《回顾与展望：中国社会经济史学百年沧桑》，《文史哲》2008年第1期。

④ 《发刊词》，《中国近代经济史研究集刊》1932年第1卷第1期。

⑤ 《发刊词》，《中国近代经济史研究集刊》1932年第1卷第1期。

⑥ 汤象龙：《道光朝捐监之统计》，《社会科学杂志》1931年第2卷第4期。

史的研究范围广泛，其次是材料缺乏。而这两个问题能够迎刃而解有赖于清代内阁大库档案的发现与整理。故宫博物院文献馆出版的史料汇编《掌故丛编》《文献丛编》《史料旬刊》等丛书，率先公布了一部分清代经济史料，此后又出版了《内阁大库现存清代汉文黄册目录》《清内阁旧藏汉文黄册联合目录》等清代经济史的史料目录。这些档案与目录的出版，引起社会调查所学者的研究兴趣，他们最初从事经济史研究，幸运的得到了参考故宫博物院文献馆所藏清代军机处的档案的机会，“我们于是认识了档案在历史上的真价值，即一部分史料的最宝贵的源泉”，由此北平社会调查所将研究范围“专限于近代的，即过去三四百年以内的历史”[①]。

正是有了上述的远因与近因，北平社会调查所开始关注清代经济史，“吾人既知清代经济在研究中国现在诸种经济社会问题上之极端重要，而目前国内关于清代经济之著述，迄未多见，能以科学方法或从原始材料研究的尤少！”[②]北平社会调查所的年轻学者们开始由整理清代经济史档案入手深入到清代经济史的多个领域，为清代经济史研究开启了大门并奠定扎实的基础。

二、北平社会调查所对清代经济史的贡献

中国史学的近代化转型建立在学院化、专业化与与独立化三个基础之上[③]，讨论史学转型的问题，学院化建制对于史学诸多分支学科的影响与贡献巨大，以往学界更多关注这一问题。但是学院之外的学术机构、学术团体与学术刊物等，也是推动史学发展的重要力量。清代经济史正是依托北平社会调查所这样的专业学术机构，发展起来的历史学分支学科。

（一）奠定史料基础　拓展研究领域

社会调查所以科学的史料观统领清代经济史的史料发掘与整理，高度重视档案的史料价值、宽阔的学术视野，为清代经济史奠定了扎实的史料基础。

社会调查所学者多为成长于“五四”之后的学人，他们的史料观与旧派学人有明显不同：“我们的眼光既不同，他们所认为要件的，在我们也许不

---

① 《明清档案专号·导言》，《中国近代经济史研究集刊》1934年第2卷第2期。

② 汤象龙：《道光朝捐监之统计》，《社会科学杂志》1931年第2卷第4期。

③ 汪荣祖：《五四与民国史学之发展》，《五四研究论文集》，台北：联经出版事业公司，1979年，第221页。

是要件,他们所不要的,在我们看来或者倒是很宝贵的案件。"①他们高度重视清代经济档案的价值。因为经济史需要的史料是量化的数据,"故宫博物院的文献馆保存着前朝自雍正至宣统的军机处档案,内中藏有不少的财政金融物价的记录。因为这些档案大部分是量的记载,所以他对于我们的研究供给了极可宝贵的,经济史上不可少的材料。"②他们认为档案作为第一手资料,可以修订历史记载中的失误,为今后的史学研究开辟新路。他们强调,档案"虽不是每字每句都千真万确的绝对的可靠,可是根据这些资料我们可以改正以往许多书籍上的错误"③,"可纠正过去历史许多错误者,有可开后来研究史学一新纪元者。"④同时他们有宽广的史料视野,不局限于经典文献。除了二十四史、几千部的地方志之外,要搜读的材料浩如烟海,最重要的一种是档案,"第二种资料……重要的便是各地方政府的卷宗档册……第三种资料……便是各种账簿,如农民或家庭的流水账、店铺的生意账、公司的营业账、以及其他关于量的性质的记载。"⑤

档案对清代经济史起到至关重要的作用,促使北平社会调查所投入大量人力物力抄录。1930 年 10 月,由汤象龙负责,社会调查所组织人员到故宫博物院文献馆抄录清代经济档案。至 1937 年 7 月"卢沟桥"事变,已经抄录道光、咸丰、同治、光绪、宣统等五朝各督抚折片约 12 万件。这些档案"内容极为丰富,包括钱粮、粮价、关税、厘金、漕项、耗羡、参票等十数类宝贵资料。"⑥学术为天下之公器,这是"五四"之后学人的普遍认知,与抄录档案同时进行的工作,是在《中国近代经济史研究集刊》积极刊登档案,集刊开设专门栏目《史料参考》,"登载各种与前面论著有关而为外间未曾发表的史料","有了这种资料才可以将经济的真实意义表达出来",才能"引起读者的兴趣,去作同样的研求"⑦,使这些档案为更多学界同仁提供便利。《中国近代经济史研究集刊》第 2 卷第 2 期特辟明清档案专号,邀请中央研究院史语所、北京大学、清华大学、故宫博物院文献馆的学者——徐中舒、赵泉澄、吴晗、单士元,分别撰写文章,将各学术单位所藏档案做扼要叙述。明清档案专号不仅在当时学界起到普及与研究指南作用,也为后世

① 赵泉澄:《北京大学所藏档案的分析》,《中国近代经济史研究集刊》1934 年第 2 卷第 2 期。
② 《发刊词》,《中国近代经济史研究集刊》1932 年第 1 卷第 1 期。
③ 汤象龙:《对于研究中国经济史的一点认识》,《食货半月刊》1935 年第 1 卷第 5 期。
④ 汤象龙:《书籍评论·达衷集》,《中国近代经济史研究集刊》1932 年第 1 卷第 1 期。
⑤ 汤象龙:《对于研究中国经济史的一点认识》,《食货半月刊》1935 年第 1 卷第 5 期。
⑥ 北平社会调查所编:《社会调查所概况》,北平:社会调查所,1933 年,第 8 页。
⑦ 《史料参考》:《中国近代经济史研究集刊》1932 年第 1 卷第 1 期。

研究历史学、档案学留下珍贵的第一手材料，至今仍然为研究清代档案的学者所看重。

社会调查所的学者由清代档案入手，钱粮、金融、财政、税收、海关、厘金、盐务、捐监、交通等，影响清代经济至巨的各要素档案进行抄录整理，并在此基础上进行实证研究，开拓了清代经济史的研究领域。

汤象龙的论文《道光朝捐监之统计》发表于1931年，是国内较早运用档案研究清代经济史的论文，首开清代纳捐制度研究先河。这篇文章采用道光元年至三十年各省每年每月报告6000余件，制成《道光元年至道光三十年各省每年所收捐监银数总表》《道光元年至三十年各省捐监银之用途》等表格，以此说明"捐监"制度是清政府财政困难时期，通过卖官鬻爵弥补财政收入的重要手段，在清代财政史上起到过重要作用。该文经由南开经济所翻译成英文发表，继而由日本杂志译为日文发表，在国内外学界产生了影响[①]。罗玉东的《厘金制度之起源及其理论》发表在《中国近代经济史研究集刊》创刊号，是第一篇采用大量咸丰朝奏折详述清末厘金制度产生与发展过程的文章。文章详述厘金制度如何从临时抽捐变为国家经常正税，并对此前学者提出的厘金制度的产生原因进行补充说明。文章指出厘金制度的产生，并非仅由于太平天国运动导致清政府财政空虚，还与清代财政制度的结构性失衡有关。该文是罗玉东在社会调查所做研究生的研究成果，此后罗玉东又有文章《光绪朝补救财政之方案》发表。1934年，罗玉东出版《中国厘金史》，成为第一部研究中国厘金史的学术性著作，被誉为"奇峰突起地竖立了一块迄今为止难以攀越的学术丰碑"[②]。

这些年轻学者并未将学术研究局限于繁琐的史料考证，而是从社会与经济的角度分析史料，探讨具体问题，以"叙述文化的进步，经济的变动，社会的变迁"[③]。《道光时期的银贵问题》用清代档案分析道光时期的鸦片输入，白银外流导致国内经济紊乱，清政府不得不严禁鸦片，导致鸦片战争爆发。这是国内学界最早从经济角度分析鸦片战争原因的文章。《胡夏米货船来华经过及其影响》通过大量档案还原胡夏米案的经过，虽然胡夏米案是由于通商引起的纠纷，但是却成为影响鸦片战争的重要因素。胡夏米案

---

① 杨祖义、赵德馨：《特殊的贡献，特殊的地位——纪念汤象龙先生100周年诞辰》，汤象龙研究室编：《中国经济史学科主要奠基人——汤象龙百年诞辰文集》，第55页。

② 周育民：《罗玉东和他的〈中国厘金史〉》，罗玉东：《中国厘金史》，北京：商务印书馆，2010年，第732页。

③ 汤象龙：《太平天国史纲·序》，罗尔纲：《太平天国史纲》，上海：商务印书馆，1947年，第1页。

过程中英国对中国沿海口岸做了彻底调查，了解中国积弱的国力，给英国发动鸦片战争以及战后提出五口通商的要求提供了最强有力的理论支撑。这些文章均以经济入手分析鸦片战争爆发的原因，与唯物史观派的观点相类似。唯物史观通常主张从经济角度解释人类社会历史的变迁，汤象龙后来说“当时大家虽然说不上熟悉马克思主义的理论，但都倾向于唯物主义，对一些历史问题的分析，主要倾向于社会和经济的分析，反对理论脱离历史实际和从理论到理论。”①从他们发表的论文中可以明显看出，这些文章在利用档案等经济史料基础上，通过分析档案材料和实证研究，以阐释历史事件发生发展的原因与规律，试图打破“史观与史料两极对立的僵局，臻于融汇理论与材料的新境界”②，构建一种融合“史料”与“史观”新的史学。《中国近代经济史研究集刊》前 4 卷发表的论文共 23 篇，其中 20 篇均为清代经济史文章，分别围绕土地、赋税、财政、关税、厘金、盐务、货币、交通、对外贸易等经济史上至关重要的专题展开，基本奠定清代经济史研究的领域，由此使清代经济史从创建时就有国际化的学术视野与研究领域。

(二) 制定学术规范　探索书写模式

梁启超在构建近代史学的体系中，注意到史学与其他社会科学之间的关系。他认为不仅地理学、地质学、人种学、言语学、群学(社会学)、政治学、宗教学、法律学和经济学，“皆与史学有直接的关系”，乃至天文学物理、生理和化学等学科的理论，“亦常与史学有间接之关系”③。梁启超 1903 年发表的《中国史上之人口统计》等文章，尝试将统计学方法引入历史研究。但是真正将社会科学方法引入历史研究并结出硕果，当推北平社会调查所学者在清代经济史领域的探索与尝试。

陶孟和将历史学作为社会科学的一种，认为“历史是不是科学一个问题，曾引起了多少的争论。但是看现在的情形，应用各种科学、历史自身，已经无形的变为科学了。”④因此，他明确提出社会科学的研究方法有助于历史研究，“社会学、比较宗教学、经济学、心理学等，都可以帮助历史家考查历史事实，理会事实的意味，检查事实的关系。”⑤为社会调查所选拔人

---

① 汤象龙：《汤象龙自传》，晋阳学刊编辑部编：《中国现代社会科学家传略》(第四辑)，太原：山西人民出版社，1983 年，第 123 页。

② 王学典、陈峰：《二十世纪中国历史学》，北京：北京大学出版社，2009 年，第 96 页。

③ 梁启超：《新史学》，《新民丛报》1902 年第 3 期。

④ 陶孟和：《新历史》，《孟和文存》卷 2，上海：上海书店，2011 年，第 132 页。

⑤ 陶孟和：《新历史》，《孟和文存》卷 2，第 132 页。

才时，陶孟和更关注他们的多学科背景。汤象龙本科就读于清华大学政治系，是经济史研究生；刘隽毕业于燕京大学法学系、郑友揆毕业于燕京大学经济系、千家驹毕业于北京大学经济系、梁方仲毕业于清华大学经济系、巫宝三毕业于清华大学经济系等。这些多学科背景的年轻学者，普遍认识到从事经济史是一种“骑墙”的研究，一方面牵扯到纵的历史，而一方牵扯到横的经济社会各方面。史事的批判与资料的审定需要比较放大的眼光，现象和问题的分析复需要经济法律统计等科的知识，非比一种普通的单纯的研究[①]。基于此，研究经济史的方法必然要与其他社会科学的方法发生联系，“一切经济史的叙述必须根据事实，不可凭空臆度，所采用的方法应与研究其他的严格的科学无异。”[②]

社会调查所的学者在清代经济史研究中，广泛借鉴和应用经济学、统计学、数学的方法分析史料，得出具有说服力的结论。像《川盐官运之始末》《民国以前的赔偿是如何偿付的》《光绪朝补救财政之方策》《道光朝两淮废引改票始末》等文章，通过对档案进行分类与归纳，运用大量统计报表，对清代经济诸多问题进行梳理与定量分析。这种研究模式使经济史不再止步于现象描述，而成长为西方经济学、统计学等社会科学影响下的新式学科[③]。这批文章是这一时期清代经济史的重要收获，同时也确立了清代经济史的研究方法与学术规范。“习于从历史流变的视角观察社会、经济变迁的学人，一旦和重视档案、史料且急欲社会科学化的历史学者相遇，便有了共同关注的焦点，一种从历史发展脉络下观察经济活动与社会变迁的研究取径就此出现”[④]。

中国史学的近代化过程中一个显著的标志就是史学专科化的划分，专题研究与通史研究成为近代史学的主要研究和书写模式。由于学科的划分来自西方学术体系，被视为先进科学专业的理念，导致民国史学界重专题而轻通史，专题研究与通史研究处于失衡状态。

北平社会调查所的学者既受传统学术熏陶，也受到西方学术的训练，一些人还有在国外求学或者工作的经历，熟稔中国传统史学与西方史学的研究模式。他们开始从事经济史研究，对国内经济史的状况就有正确评

---

① 汤象龙：《对于研究中国经济史的一点认识》，《食货半月刊》1935 年第 1 卷第 5 期。

② 《史料参考》，《中国近代经济史研究集刊》1932 年第 1 卷第 1 期。

③ 吴敏超：《筚路蓝缕启山林：20 世纪上半期的中国近代经济史研究》，《兰州学刊》2014 年第 11 期。

④ 刘龙心：《知识生产与传播——近代中国史学的转型》，台北：三民书局，2019 年，第 391 页。

估,"研究经济史是一种艰难的事业……因为这种研究的第一步仍然是一种开荒的工作"①。大量的清代经济档案提供了研究基础,也带了问题:即研究范围广泛,研究题目需要专门化,同时需要分工合作②。北平社会调查所将经济史研究范围确定在近代三四百年以内,在研究题目上专注经济问题,特别关注清代经济问题。学者们根据研究兴趣分别选定不同专题,汤象龙选定清代财政制度,刘隽则考察清代盐务,罗玉东致力于清代厘金,梁方仲一直开拓明代财政制度。社会调查所同时制定分为两期共十年的研究计划,第一期是搜集材料时期,预定为四年;第二为整理研究时期,以六年为期。在第二期中,先则集全力于各种经济问题和现象之个别研究。然后再继以全部问题和现象之探讨。这个研究计划的实施,从专门问题的研究开始,采用分工合作的模式,从一点一滴汇集,对各类经济问题和现象进行个别研究③。

研究专题的最终目的,是集合众人之力做一部通史,"先有许多专门的研究,然后才有产生完整的历史的可能,正如先有许多完好的砖瓦、栋梁,然后才可以建筑坚固的大厦。"④这种不图急功近效由专题而通识的书写模式,揭示出社会调查所的学者,努力寻找打破专题与通史之间隔阂的途径,并勇于尝试实践。遵循"从大处着眼、小处下手"⑤的专题式研究,但是目标高远视野宏阔。《清代厘金税收及其用途》《中国厘金史》《清季五十年关税收入及其用途》⑥都是跨越时代,在该领域中具有奠基性作用的著述。社会调查所的学者们希冀在专门研究的基础上,"二十年中将中国经济史的头绪找着,三十年内写出一部像样的经济史"⑦。虽遗憾未能完成经济通史,但他们的治学理路为此后的经济史学者指明了道路。

(三) 培养专门人才　提供学术交流平台

北平社会调查所从1930年开始招收研究生,采用全新的、与当时大学研究生培养制度大不相同的人才培养模式。社会研究所的研究生选拔,注重学生本身的能力与学术背景,像蔡谦、汤象龙、梁方仲、刘隽、王镇中等均

---

① 汤象龙:《对于研究中国经济史的一点认识》,《食货半月刊》1935年第1卷第5期。

② 《明清档案专号导言》,《中国近代经济史研究集刊》1934年第2卷第2期。

③ 汤象龙:《道光朝捐监之统计》,《社会科学杂志》1931年第2卷第4期。

④ 汤象龙:《太平天国史纲·序》,罗尔纲著:《太平天国史纲》,第1页。

⑤ 《发刊词》,《益世报·史学》第1期,1935年4月30日,第11版。

⑥ 罗玉东著《清代厘金税收及其用途》、汤象龙著《清季五十年关税收入及其用途》,均在社会调查所新书出版预告中,见《中国近代经济史研究集刊》1934年第2卷第2期广告页,但最后成书时间还需考证。

⑦ 汤象龙:《对于研究中国经济史的一点认识》,《食货半月刊》1935年第1卷第5期。

已经是清华大学、燕京大学等高校毕业的研究生[①]。培养目的不是学历教育，而是致力于培养有独立研究能力的学者。培养方式也与普通学校不同，研究题目、导师由社会调查所指定，要协助本所开展研究工作，期限为一年。研究生期间每月有津贴，研究题目结束时，如果由调查所认定为成绩优良，还会得到奖金[②]。这种模式将研究生培养同调查所的工作有机结合，研究生更像见习研究人员而非纯粹的学生，使研究生迅速成长为调查所开展各项工作的生力军。

在培养学生的方法上，调查所不拘于常规，通过全所每周定期举办一次"读书会"的制度督促研究生。"一人就自己当时研究课题的进展情况、研究成果，或是外出调查的经历，或是读书的心得，在会上作报告，然后进行讨论"[③]，这种类似今天研究生讨论课的方式，使研究生能够从他人的工作中得到启发与借鉴，并且迅速成长为具有独立能力的研究人员。这种培养人才的模式不仅对社会研究所的事业之进展颇有助力[④]，且为此后的清代经济史研究储备了研究力量。这种打通"理论"与"实践"的培养模式，不仅有效扩充社会调查所的专业学者，同时为具有潜质的年轻人，提供了参与研究和崭露头角的机会，使他们的学术道路开始就有明确的方向，同时也具有较高的起点，能够尽快培养出人才。社会调查所利用这种培养人才模式，为清代经济史贡献了多位杰出学者。像汤象龙、罗玉东、刘隽、梁方仲、千家驹、吴铎、刘心铨、巫宝三、严仁赓等，他们的文章《民国以前关税担保之外债》《光绪三十年粤海关的改革》《厘金制度之起源及其理论》《光绪朝补救财政之方策》《道光朝两淮废引改票始末》《清代云南的盐务》《咸丰以后两淮之票法》等发表后，受到学界广泛关注，有些文章能够在国际学术界获得认可。

在中国近代史学转型过程中，史学专门期刊的出现对于近代史学转型发展至关重要。有学者认为"当代学术期刊是当代学术的晴雨表。当代学术期刊的成就决定了当代学术的成就。无一流的学术期刊，断然无一流的学术。"[⑤]北平社会调查所创办了中国第一份以经济史命名的学术期刊——《中国近代经济史研究集刊》(1937 年改为《中国社会经济史集

---

① 《北平社会调查所主要职员履历表》，转引自王亚奇：《北平社会调查所研究(1926—1936)》，硕士学位论文，华中师范大学，2016 年，第 32—34 页。

② 北平社会调查所编：《社会调查所概况》，第 5 页。

③ 严仁赓：《回忆陶孟和先生》，中国人民政治协商会议全国委员会文史资料研究委员会编：《工商经济史料丛刊》第 3 辑，北京：文史资料出版社，1984 年，第 5 页。

④ 北平社会调查所编：《社会调查所概况》，第 5 页。

⑤ 龙协涛：《当代学术与当代学术期刊》，《云梦学刊》2005 年第 4 卷。

刊》),这份学术刊物的出现被视为中国学术界研究经济史的创举[①],也被众多学者认为是中国经济史学发展史上的一件划时代的大事,它创刊的时间比美国经济史学会出版的Journal of Economic History(1941年5月创刊)还要早8年[②]。这份刊物"以讨论中国近代各种经济问题及现象,并介绍各种重要经济史料书籍为宗旨;而以根据充分的正确事实,原始资料兼用严格的客观的方法为讨论的基础。"[③]以《中国近代经济史研究集刊》为名共出版4卷7期,主编为陶孟和与汤象龙,萧一山曾经评价其发表的论文"根据实际材料,多有足取,将来成就,当可观也。"[④]

这份期刊具有鲜明的学术特色,认真贯彻了主编的治学风貌与学术个性,是清代经济史最重要的学术论文发表平台。虽然这本期刊有过多任主编,但汤象龙在历任主编中任职最长。在该刊发刊词中,汤象龙提出中国近代经济史的宗旨、目标、理论、方法、步骤等等,是建设中国近代经济史学的第一个比较全面的方案[⑤]。汤象龙对清代经济史的创建起到了不可替代的作用,以他为核心的"史学研究会",多位学者成长为经济史学界的栋梁,《中国近代经济史研究集刊》是他们崭露头角的第一个学术平台。这本期刊团结了一批学人,倡导了一种扎实的学风,有力推动清代经济史的创建,也成为中国经济史学发展新阶段的起点的标志[⑥]。

北平社会调查所虽然作为独立的学术机构时间并不长,但是在中国近代社会学与历史学研究方面均有不凡成就,清代经济史学科的创建基本借由该所完成。考察近代史学专门机构的兴起对近代学术发展起到的重要作用,北平社会调查所是极具典型性的案例。不仅研究目的明确、研究计划长远,在研究人员的培养、题目的选择、研究人员的分工合作等方面都有具体安排与制度,以保障学术研究能够按照计划顺利完成。因此北平社会调查所能够在短时间内取得众多学术成果。社会调查所取得诸多学术成果,还得益于以下几方面。

---

① 《社会调查所出版中国近代经济史研究集刊》,《中国近代经济史研究集刊》1934年第2卷第2期。

② 刘翠溶:《导言》,于宗先等编:《中国经济发展史论文选集》(上),台北:联经出版事业公司,1980年,第11—12页。

③ 《社会调查所出版中国近代经济史研究集刊》,《中国近代经济史研究集刊》1934年第2卷第2期。

④ 萧一山:《近代史书史料及其批评》,《志林》1942年第3期。

⑤ 杨祖义、赵德馨:《特殊的贡献,特殊的地位——纪念汤象龙先生100周年诞辰》,汤象龙研究室编:《中国经济史学科主要奠基人——汤象龙先生百年诞辰文集》,成都:西南财经大学出版社,2010年,第56页。

⑥ 李伯重:《回顾与展望:中国社会经济史学百年沧桑》,《文史哲》2008年第1期。

社会调查所是多学科融合，由社会学、经济学、历史学学者共同组成的学术机构。学科背景的多元化，必然导致学术研究方法与范式的互相借鉴。才会有清代经济史"历史学"与"社会科学"兼用的学术规范。也正源于多学科的学术背景，社会调查所学者才会有打破"史料"与"史观"壁垒的勇气与实践，使清代经济史从开始就走上了扎实考据与实证研究的学术道路，为清代经济史研究树立了良好的学风。

学术机构相对于学院体制，有更灵活的培养人才机制，为清代经济史乃至中国经济史培养了中坚力量。在实践中学习，制定明确的研究计划并考核，让有志于从事学术研究的学生参与整理研究清代档案，这样的便利条件在学院体制内不具备，也是使年轻学者迅速成才的捷径，汤象龙、刘隽、罗东玉等人最早的学术成果均为研究生的结业作业。这种研究生培养模式直到今天仍然具有参考价值。

学术机构与学术刊物的良性互动为清代经济史的创建提供了较高的起点与平台。社会调查所创办《中国近代经济史研究集刊》为调查所年轻学者提供展露才华的平台，而这些年轻学者的高水平论文又成就了《中国近代经济史研究集刊》在中国经济史学史上崇高的学术地位。这种学术机构与学术刊物之间的良性互动，对学术的促进作用在当下有别样的意义。

应该看到社会调查所诸位学者对于学术的执着与坚守。《中国近代经济史集刊》创刊于 1932 年，1937 年更名为《中国社会经济史集刊》，出版至 1949 年停刊。由于战事，四迁编辑部地址，五易主编，但是在战火纷飞中这本学术刊物却一直坚持出版，并保持了专业化的水准，成为中国经济史学科的标志性刊物。

虽然北平社会调查所对清代经济史学具有开创性的学术贡献，但是仍然存在一些问题值得反思。

北平社会调查所清代经济史研究的成就得益于一个稳定的研究平台。随着抗战爆发，频繁的战乱使人们颠沛流离，年轻的学者刘隽和罗玉东相继早逝，汤象龙离开社会研究所之后，清代经济史研究犹如昙花一现，后继乏人。甚至当年社会调查所抄录的大量清代档案虽然成为中国社会科学院经济研究所的"镇所之宝"[①]，但是此后被整理、利用的效率并不高，汤象龙时隔半个多世纪之后出版的《中国近代海关税收和分配统计（1861—1910）》仍然用的是他在社会调查所整理过的档案资料。可见学术研究在失去外部安定的条件下，实难以为继。

---

① 刘方健：《汤象龙百年追思纪念会综述》，《经济学家》2009 年第 8 期。

北平社会调查所开创了清代经济史的研究领域、奠定了研究基础与方法,虽然将经济史看成社会发展变迁中重要的组成部分,但他们认为"历史的用处不是供给人类行为的前提……要想明白现状,必须对于过去具有充分的认识。杜威博士曾说过:'读历史是明白现在,不是解决现在。'"[①]这就意味着虽然研究清代经济史有助于理解今天,但是并不能解决今天的问题,更不能为将来社会发展指出道路。随着20世纪30年代中日战争爆发后,中国向何处去成为研究经济史的重要问题,高涨的民族主义使经济问题与国家民族的未来相连,学者们纷纷转向以实用为主的研究领域,学术越来越为现实服务,要集中注意力解决现实的经济问题。而社会调查所的清代经济史研究并不能为解决现实问题提供助力,因此学界的关注越来越少,导致后续的清代经济史成果寥寥。

此外,虽然社会调查所诸位学者对专题和通史有比较清醒的认识,但是最终并没有能够完成一部通史著作,多数学者仍然是在某一专题上有所专长,不能不说是一种遗憾。作为北平社会调查所培养出来的杰出的清代经济史学者,汤象龙在1972年身患癌症之后,仍然笔耕不辍,从1930年开始收集资料到1992年出版《中国近代海关税收和分配统计(1861—1910)》,跨越半个多世纪。支持他完成这部巨著的动力,也许正是为了弥补当年未能完成清代经济通史的遗憾。作为第一代经济史学家群体的代表性人物[②],汤象龙的清代经济史思想具有代表性,通过研究他的清代经济史思想,可以窥见清代经济史的创建与发展,以及近代经济史在20世纪30年的发展走向。

三、汤象龙的清代经济史学思想

汤象龙(1903—1998),是社会调查所培养出来的中国经济史的主要奠基人,为清代经济史建设贡献了毕生精力,他的主要著述《道光时期的银贵问题》《道光朝捐监之统计》《鸦片战争前夕的财政制度》《中国近代海关税收和分配统计(1861—1910))》等都在国内外学界影响甚大,汤象龙对经济史学科发展有特殊的贡献,特殊的地位[③]。目前学界对汤象龙的学术成就、治学态度、治学方法等均有相关论述与评价,但是从史学史角度总结汤

① 陶孟和:《新历史》,《孟和文存》卷2,第135页。

② 杨祖义、赵德馨:《特殊的贡献,特殊的地位——纪念汤象龙先生100周年诞辰》,汤象龙研究室编:《中国经济史学科主要奠基人——汤象龙先生百年诞辰文集》,第56页。

③ 杨祖义、赵德馨:《特殊的贡献,特殊的地位——纪念汤象龙先生100周年诞辰》,汤象龙研究室编:《中国经济史学科主要奠基人——汤象龙先生百年诞辰文集》,第50页。

象龙的经济史学思想的文章尚不多见。作为经济史学家，汤象龙的史学思想自有其发展脉络。他以先进的史观为指导，从国际化的视野出发，在世界史学发展大势中为中国经济史找准定位，凭借深厚的理论功底和对史料的娴熟把握，注重从实证出发，在史观、史料、史法等诸方面提出独到见解，奠定了经济史学科的理论基础。总结他的经济史学思想，对于了解中国经济史学科的创建与发展有重要的意义。

(一) 汤象龙经济史学思想渊源

探究汤象龙经济史学思想的学术渊源，首先要追溯到他在求学道路上遇到的几位导师。梁启超是汤象龙走上史学道路的领路人，罗家伦的学术理路直接影响汤象龙选择经济史作为自己的终身研究目标。此后汤象龙被陶孟和慧眼识珠，得以到北平社会调查所做研究生，并任职于北平社会调查所、中央研究院社会科学研究所，这两个学术机构为他提供了良好的平台。

汤象龙 1925 年考入清华大学，进入大学的第一年就得到梁启超的亲炙，并确定历史学作为专业。1925 年恰逢清华改制增办大学部，汤象龙是清华大学的第一届学生。他虽然读政治系①，但当时清华的学制实行文理并重的通才教育，学生分成普通科与专门科，普通科与专门科学制各两年或三年，普通科“以使学生知中国之已往与世界之现状，籍以明了中国在此过渡时代之意义，并鼓励学生使为择业之考虑为宗旨。”②课程包括国文、英文、数学、自然科学、社会科学、哲学、语言学等通识科目。专门科是“为已选就终身职业或学科之学生作专精之预备而设”③。梁启超此时担任清华大学国学部教授，为全校学生讲授中国文化史，所以对历史学产生浓厚兴趣的汤象龙，得以选定梁启超为导师④。

汤象龙多年之后回忆与梁启超的见面，仍记忆犹新：“日前又想起六十多年前梁启超和我的一次谈话……我说，我已 16 岁多，有时自命不凡，有点自负；但相反，有时感到自己什么也不懂，究竟该如何做人，如何学习？梁先生笑着回答我：‘一个人的成长好似修建一条铁路一样，修到那里算到那里。首先要有一个志愿，靠自己的主观努力，向着正确的方向走；其次，

① 苏云峰编撰：《清华大学师生名录资料汇编(1927—1949)》，台北：“中研院”近代史研究所，2001 年，166 页。

② 《北京清华学校大学部暂行章程》，《清华周刊》1925 年第 24 卷第 9 号。

③ 《北京清华学校大学部暂行章程》，《清华周刊》1925 年第 24 卷第 9 号。

④ 《汤象龙先生简历》，汤象龙研究室编：《中国经济史学科主要奠基人——汤象龙先生百年诞辰文集》，第 45 页。

一个人的成就大小,也要看工作条件和社会环境,是不能完全自主的。'这次谈话给我留下深刻的印象。因此我现在想把我的铁路再向前修一段!舍不得抛弃过去多年努力尚未完成的工作。"[①]梁启超是汤象龙走上史学道路的领路人,梁启超"史家第一道德,莫过于真实","今后之历史,殆将以大多数之劳动者或全民为主体"的史学观与重视史料收集的方法,影响了汤象龙的一生治学[②]。

汤象龙选择经济史作为终生为之奋斗的研究方向,与他的研究生导师罗家伦有密切关系。罗家伦是近代史学的开山者之一,他注重近代史研究,主张用科学的方法研究近代史,搜集了大量近代史料,并有完整的近代史编写计划。罗家伦认为"做近代的人,必须研究近代史;做中国近代的人,更须研究中国近代史。"史学家应以搜寻与整理史料为己任,"我们不能不放开眼光,扩大范围,随时随地和猎狗似的去寻材料"[③]。罗家伦在清华大学担任校长期间整理并购买大量近代史料,直接带动了清华历史系重视考据的学风。罗家伦认为历史学科与其他学科一样,是经过科学方法检验史料,考订史实,最后形成科学的史学。罗家伦制定了完整的近百年通史撰写计划,希望写出中国第一部科学的历史,要做不理论化、不道德化、不国家化的历史[④],他指出研究中国近代史的学者"做学问应当有不计近功的精神"[⑤]。汤象龙的史学思想与罗家伦一脉相承,全盘吸收了罗家伦的史学思想,并应用于中国经济史学建设。由此可见中国经济史学科的创建与发展是几代学人不断努力的结果。

1930年汤象龙进入北平社会调查所工作,深受所长陶孟和的赏识,此后他在北平社会调查所和中央研究院社会科学研究所任职长达13年。北平社会调查所成为中国经济史研究的重镇[⑥],离不开所长陶孟和的领导与

① 汤经武:《饮水思源——父亲的恩师们》,汤象龙研究室编:《中国经济史学科主要奠基人——汤象龙先生百年诞辰文集》,第122—123页。

② 汤经武:《为开拓"中国近代经济史研究"而献身——读父亲遗训"自力更生 立身之道 建国之本"感思》,汤象龙研究室编:《中国经济史学科主要奠基人——汤象龙先生百年诞辰文集》,第39页。

③ 罗家伦:《研究中国近代史的意义和方法》,《国立武汉大学社会科学季刊》1931年第2卷第1期。

④ 罗家伦:《罗家伦致张元济函》,张元济:《张元济全集·书信》第2卷,北京:商务印书馆,2007年,第468页。

⑤ 罗家伦:《研究中国近代史的意义和方法》,《国立武汉大学社会科学季刊》1931年第2卷第1期。

⑥ 吴敏超:《筚路蓝缕启山林:20世纪上半期的中国近代经济史研究》,《兰州学刊》2014年第11期。

支持。陶孟和毕业于伦敦大学，是我国近代社会学的奠基人。他虽然不从事历史研究，但是对历史学自有高见，将历史学视为社会科学的一种，认为经济史研究“是社会科学中一门新兴的学科，应该大力发展”①。为此，陶孟和选拔人才不拘一格，在人才培养方面独树一帜，新进入社会调查所的研究生选定题目指定导师后，都要投入调查所的研究实践。汤象龙得以在进所之后直接参与抄录清代经济档案，此后又领导清代经济史档案的抄写与整理，都得益于陶孟和知人善任。汤象龙在多年之后回忆陶孟和“在 1932 年成立近代经济史研究组，集中研究人员六七人从事专题研究，每年有多篇研究成果产生，从而由陶孟和教授和我主编《中国近代经济史研究集刊》，这是中国经济史学界出版最早的一种学术刊物。当时我选定《中国近代海关税收和分配统计(1861—1910)》这个较大的研究课题，就是得到陶孟和教授的支持和鼓舞的。这项研究工作虽然拖到今天才完成，饮水思源，不能不对陶孟和教授当初的正确领导和对我个人的支持永远铭记在心。”②

（二）汤象龙的清代经济史学思想

汤象龙继承了梁启超、罗家伦的史学思想，并将这些史学思想在清代经济史学建设中发扬光大。作为中国经济史学科的主要奠基人，在长达半个多世纪的科研工作中，他始终不改初心，以严谨的学术态度，孜孜以求的学术精神，在清代经济史研究领域取得了令人瞩目的成就。他的清代经济史学思想散见于各类文章中，但是特色鲜明，在历史观、史料观、史学研究范式与书写模式、史家的职责、经济史学风等方面多有创建，为中国经济史学奠定了理论基础。

汤象龙继承发展梁启超的进化论史观，但并不拘泥，使经济史学从初创时期就在先进的历史观指导下展开。汤象龙认为历史的目的首先在于求真③，但是“历史是随着时代的进步，常常需要改造，各时代需要适合各时代的历史”。史学表达的主体已经由帝王将相转到社会大众，“以往的历史是以帝王朝代为连系，目的只在记载与帝王有关的言行，此后的历史是以整个民族或各民族的发展为主体，记载他们多方面的活动。”史学要反映的是人类进化发展过程中多种因素的变化，“叙述文化的进步，经济的变动，社会的变迁”④，

---

① 汤象龙：《自序》，《中国近代海关税收和分配统计(1861—1910)》，北京：中华书局，1992 年，第 6 页。

② 汤象龙：《自序》，《中国近代海关税收和分配统计(1861—1910)》，第 6 页。

③ 《发刊词》，《益世报·史学》第 1 期，1935 年 4 月 30 日，第 11 版。

④ 汤象龙：《太平天国史纲·序》，罗尔纲：《太平天国史纲》，第 1 页。

经济史则是这些因素中最为重要的内容。[①] 汤象龙将历史学与科学相提并论,认为"一切经济史的叙述必须根据事实,不可凭空臆度,所采用的方法应与研究其他的严格的科学无异。"[②]

随着经济史研究不断深入,进化论史观逐渐显现出一定的局限性,唯物史观的出现成为指导史学研究的更高层次的理论。严格说,汤象龙可能并未研读过马克思主义,但是他的历史观却与唯物史观有诸多不谋而合之处,在研究中有意识地践行唯物史观,以"进化论的历史观,修正了退落说的历史观;社会的历史观,修正了英雄的历史观;经济的历史观,修正了政治的历史观"[③]。汤象龙自己曾经说过,虽然不熟悉马克思主义的理论,但是倾向于用社会和经济的方法分析问题。因此有学者评价汤象龙虽然对马克思主义理论没有太多了解,但却倾向唯物史观[④],《中国近代经济史研究集刊》的创刊,是运用马克思主义唯物史观研究中国社会史之深入发展的表现[⑤]。

汤象龙用全新的史料观,为经济史研究奠定了扎实的史料基础。汤象龙的史料观在"五四"之后成长起来的学者中极具代表性,重视档案的史料价值,放宽史料的视野,认识到史料推动史学发展的积极作用。20 世纪"新材料的发见与整理,在很大程度上决定着中国史研究的路向,决定着中国史研究的学术趋势,"[⑥]而近代经济史建立在清代档案的发现与整理基础上。汤象龙高度评价档案的性质与价值,认为"档案是从前政府多少年遗留下来而未曾发表过的文件……从研究经济史的去看,里面可以得到许多关于国家财政和人民经济的统计。"[⑦]而清代经济档案,"是研究中国近代财政经济社会法律的头等资料","是研究中国经济社会背景、人民的痛苦、社会上争端的症结、以及社会制度的缺点的好资料。"[⑧]

汤象龙重视史料在史学研究中的基础性作用,"搜集资料的工作虽是

---

① 《发刊词》,《中国近代经济史研究集刊》1932 年第 1 卷第 1 期。

② 《史料参考》,《中国近代经济史研究集刊》1932 年第 1 卷第 1 期。

③ 李守常:《史学要论》,上海:商务印书馆,1924 年,第 10 页。

④ 李根蟠:《开创功　未尽才——2009 年 3 月 6 日在汤象龙先生百年诞辰追思会上的专题发言》,汤象龙研究室编:《中国经济史学科主要奠基人——汤象龙先生百年诞辰文集》,第 20 页。

⑤ 侯云灏:《"社会改造"思潮的兴起与 20 世纪的中国历史学》,《史学理论研究》1999 年第 3 期。

⑥ 谢保成:《民国史学述论稿(1912—1949)》,上海:上海人民出版社,2011 年,第 47 页。

⑦ 汤象龙:《书籍评论·谕折汇存及华制存考》,《中国近代经济史研究集刊》1932 年第 1 卷第 1 期。

⑧ 汤象龙:《对于研究中国经济史的一点认识》,《食货半月刊》1935 年第 1 卷第 5 期。

一种不成名不讨好的事业，可是我们不做这种工作，中国经济史将来永远是没有写成的日子。”认为现代经济史在史料范围上应该更宽广，不仅包括档案，还应包括地方政府卷宗档册乃至各种账簿，如农民或家庭的流水账、店铺的生意账、公司营业账、以及其他关于量的性质的记载①。汤象龙注意到史料与历史学之间的辩证关系，指出“研究者既多，史料之发现自益多；史料益多，则更足引起多数人之研究。此二者互相为因果。”②正是有上述史料观，汤象龙成为我国近代经济史资料收集与整理的开拓者③，同时也是将档案运用到经济史研究中的先行者。

汤象龙明确经济史的学科地位，开创了经济史的研究范式。汤象龙指出经济史具有交叉学科的特点，从事经济史研究需要借鉴其他社会科学诸多方法，“史事的批判与资料的审定需要比较放大的眼光，现象和问题的分析复需要经济法律统计等科的知识，非比一种普通的单纯的研究。”④针对社会史论战中暴露出来的重理论构建而轻实践的问题，汤象龙主张研究经济史要“从大处着眼、小处下手”进行实证研究，要遵循“个人的兴趣和所学，就每一个问题做广博深湛的探究”⑤，这样做出的研究才能避免“发生以前那样空洞的论战，因为一切都根据的是事实，有了充分的事实摆在前面，大家也无庸空论了。”⑥此外，汤象龙的经济史研究强调史料与理论结合，他认为档案在研究中不仅可以辨别历史记载的真伪，还“可开后来研究史学一新纪元。”⑦他的《民国以前的对外赔款》《民国以前海关担保的外债》等论文都是史料与理论相结合的典范，为此后的经济史研究开创了扎实严谨，脚踏实地的研究范式。

汤象龙为经济史预设书写模式，以“专题”开始，终极目标是“通史”。汤象龙希望打破“专题”与“通史”之间的隔阂，寻找一条由“专”而“通”的道路。因为中国经济史学科起步晚，与国外学者的差距大，不论是史料的搜集整理，还是专门问题的研究，仅靠某一个人的力量都很难完成，如果要取得成就，必须依靠众多史学工作者的分工合作。“目前我们最急切的办法，当然是集合许多有志的史家作大规模有计划的工作，每个人研究一个时代

---

① 汤象龙：《对于研究中国经济史的一点认识》，《食货半月刊》1935 年第 1 卷第 5 期。
② 汤象龙：《书籍评论·达衷集》，《中国近代经济史研究集刊》1932 年第 1 卷第 1 期。
③ 杨祖义、赵德馨：《特殊的贡献，特殊的地位——纪念汤象龙先生 100 周年诞辰》，汤象龙研究室编：《中国经济史学科主要奠基人——汤象龙先生百年诞辰文集》，第 50 页。
④ 汤象龙：《对于研究中国经济史的一点认识》，《食货半月刊》1935 年第 1 卷第 5 期。
⑤ 《发刊词》，《益世报·史学》第 1 期，1935 年 4 月 30 日，第 11 版。
⑥ 汤象龙：《对于研究中国经济史的一点认识》，《食货半月刊》1935 年第 1 卷第 5 期。
⑦ 汤象龙：《书籍评论·达衷集》，《中国近代经济史研究集刊》1932 年第 1 卷第 1 期。

或一专门范围。从时代划分,我们有各朝代的研究,如唐史、明史。从性质划分,我们有田赋史、货币史。或更进一步的分析,如明代田赋史、清代货币史、太平天国史等等。"[①]在此基础上,才能实现由专门史到通史的转化。这种由专题而通识的书写模式,揭示出汤象龙对中国经济史学的建设,有比较深远的学术规划,并且勇于尝试实践。汤象龙在北平社会调查所任职时,对近代经济史曾有十年研究规划,可惜因战乱以及汤象龙的离开未能完成。

汤象龙对经济史的学术定位以西方史学为参照,对经济史学研究者提出更高的专业要求。他认为史家要了解中国史学在国际史学界的地位,"每每翻阅一部西文的世界史,我们很难看到中国史在全书中占到一个相当的地位,总是五六百页的书中只有五六页或十页,或是一万页的丛书中只有二三十页讲到中国的过去。"清楚造成这种状况的主要原因:"一种是中国的文化在他们西洋人治世界史的眼光里没有地位,他们有成见看不起中国的文化,竟将史家的责任放弃而抹杀中国的历史。一种是他们不懂中国的历史,无从写中国的历史。"[②]对于中国史家来说,要树立在国际史学界争得一席之地的目标,"我们要建设一部健全的中国史,我们要增加中国史在世界史中的地位"[③]。同时研究经济史需要自信心与耐力,由于中国经济史研究起步较晚,面对一片荒芜的经济史园地,史家"不应图急功近效,我们只能一步一步的走,将来中国经济史的写成不一定要在我们的手","三十年内写出一部像样的经济史,就算不错。"[④]这是20世纪中国史家对中国史学与世界史学的清醒认识,也是中国年轻史家在国难当头之时爱国主义与民族主义精神的体现。

汤象龙重视史学评论,为经济史奠定了兼收并蓄的学风。有学者认为史学评论是史学发展到一定阶段的产物,对推动史学研究与史学理论的发展都具有重要作用[⑤]。在经济史学科建设的起步阶段,汤象龙重视史学评论,不仅在《中国近代经济史研究集刊》创办"书籍评论"专栏推介经济史书籍,还撰写中外经济史学书评以推动近代经济史学评论的发展。

汤象龙的史学评论兼收中外古今,如 Henri Hauser 的《Rechershes et Documents sur L' Histoire des Prix en France de 1500 a 1800》出版于

① 汤象龙:《太平天国史纲·序》,罗尔纲:《太平天国史纲》,第2页。
② 汤象龙:《太平天国史纲·序》,罗尔纲:《太平天国史纲》,第1页。
③ 汤象龙:《太平天国史纲·序》,罗尔纲:《太平天国史纲》,第2页。
④ 汤象龙:《对于研究中国经济史的一点认识》,《食货半月刊》1935年第1卷第5期。
⑤ 瞿林东:《中国古代史学批评纵横》,北京:中华书局,1994,第1页。

1937年，是国际物价史研究会在1930年5月召开各国著名经济学家与经济史学者会议商定的各国物价史研究五年计划的最新成果[①]；《Principles of Money Applied to the Present State of the Coin of Bengal》则是英国著名经济学家Sir Jsmes Steusrt Bart在1772年出版的经济学旧作，这部著作中有两节内容与中国密切相关，因此引起汤象龙的兴趣将其介绍到国内。汤象龙还很注重在书论中阐述自己对近代经济史的研究心得，对这些著作予以中肯的评价。如评论《达衷集》《谕折汇存及华制存考》等书籍，不仅对书中汇集史料的主要内容、价值与意义进行评述，还结合这这些史料阐述自己对近代经济史料的价值、搜集史料方法、史料与史学之间的相互关系等观点；在《Recharshes et Documents sur L' Histoire des Prix en France de 1500 a 1800》中对世界各国物价史研究做了简明扼要的学术史梳理；评价《张季子九录》时，在肯定这本书对研究近代经济史上著名历史人物的重要作用之后，也指出这本书的两个缺憾[②]。汤象龙经济史学的评论虽然数量不多，但却是他史学思想的重要组成部分，使经济史学在创建之初就能够站在中西方史学的交汇点上吸取国内外学术养分，养成兼收并蓄的良好学风。

（三）*汤象龙对清代经济史的贡献*

汤象龙的经济史学思想是他为中国经济史做出卓越贡献的理论基础。中国经济史发端于20世纪初，至20世纪30年代，经济史研究迎来了第一次高潮，不仅有大量的经济史著作问世，而且成立了经济史研究学术社团，创办专业学术期刊，经济史因此成为一门独立学科。汤象龙在经济史学科建设的上述几个方面均有杰出贡献，创造了经济史学上的若干第一：第一位近代经济史研究生；发表第一篇从经济角度研究鸦片战争的论文；北平社会调查所第一位从事近代经济史研究的专职研究员；主持第一次大规模清代经济档案的抄录与整理；创办主持第一份经济学专业刊物；领导发起了第一个以经济史为号召的学术团体。汤象龙作为中国经济史学科的主要奠基人当之无愧[③]。

汤象龙是中国第一位近代经济史研究生[④]，师从罗家伦专攻近代经济

---

① 汤象龙：《书籍评论》，《中国社会经济史集刊》1939年第6卷第2期。

② 汤象龙：《书籍评论·张季子九录》，《中国近代经济史研究集刊》1933年第1卷第2期。

③ 赵德馨：《汤象龙——中国经济史学科的主要奠基人》，汤象龙研究室编：《中国经济史学科主要奠基人——汤象龙先生百年诞辰文集》，第17页。

④ 杨祖义、赵德馨：《特殊的贡献，特殊的地位——纪念汤象龙先生100周年诞辰》，汤象龙研究室编：《中国经济史学科主要奠基人——汤象龙先生百年诞辰文集》，第50页。

史,选定的题目是"鸦片战争的经济背景"。1930 年 21 岁的汤象龙发表了学术生涯中的第一篇论文《道光时期的银贵问题》,论证了道光时期由于鸦片大量输入,中国白银大量输出,导致清政府严格禁烟,外国侵略者为了维护其掠夺的既得利益而诉诸武力,导致鸦片战争爆发。这是当时学术上的一个创见,也是近代第一篇从经济角度研究鸦片战争发生的背景的专题论著[①]。这篇文章利用大量清代档案进行论证,是为汤象龙的近代经济史研究基石。此后他的论文《道光朝捐监之统计》利用两千件清代档案作为基础,对清代财政困难时期卖官鬻爵以补收入的政策进行剖析。该文在国内外学界产生了影响。

汤象龙在社会调查所选定海关税收作为研究方向,并很快完成《清季五十年关税收入及其用途》[②]。汤象龙穷尽一生完成的《中国近代海关税收和分配统计(1861—1910)》,是《清季五十年关税收入及其用途》基础上的成果。《中国近代海关税收和分配统计(1861—1910)》的资料取材于清代军机处档案中各海关监督从 1861 至 1910 五十年中报销册共六千件,是汤象龙经手收集的全部档案的百分之五。这本书充分利用两套海关税收和分配统计表,论证以海关税务司制度为核心的海关行政权的沦丧,是中国封建经济变成半殖民地半封建经济的契机。书中利用的两套海关税收与分配统计表共计 118 个,均为汤象龙在 20 世纪 30 年代收集档案过程中指导相关人员采用统计方法完成的。这本书的出版为中国近代史、近代经济史和近代财政史的研究方面增添了新的内容,提供了新的资料,并提出了一些新的见解。该书被学界公认是中国近代经济史学研究的一座丰碑[③]。

汤象龙作为北平社会调查所从事近代经济研究的第一位专职研究员,主持了第一次大规模近代经济史料的抄录与整理。汤象龙自进入社会调查所做研究生,就参与这项开创性工作。1932 年汤象龙担任北平社会调查所近现代经济史组组长,主要有两个任务:主持全组研究工作,主持选抄整理清政府财政经济档案工作。最多时同时调度 52 人在故宫博物院文献馆、北京大学、中央研究院史语所等机构抄录清代经济档案。汤象龙带领北平社会调查所的工作队伍,从 1930 年到 1937 年共抄录 12 万件关于

① 汤象龙、罗尔纲、谷霁光:《〈中国近代海关税收和分配统计(1861—1910)〉序言三篇》,《财经科学》1992 年第 4 期。

② 汤象龙著《清季五十年关税收入及其用途》,在社会调查所新书出版预告中,见《中国近代经济史研究集刊》1934 年第 2 卷第 2 期广告页,但最后成书时间还需考证。

③ 杨祖义、赵德馨:《特殊的贡献,特殊的地位——纪念汤象龙先生 100 周年诞辰》,汤象龙研究室编:《中国经济史学科主要奠基人——汤象龙先生百年诞辰文集》,第 55 页。

清代经济的原始档案。[1]

除了抄录档案，汤象龙还大胆引进社会科学中的统计方法训练出一批具有专业历史知识的统计人员，根据清政府原有的统计制度，制定出不同的表格，训练这些抄录档案的人员学会使用表格，将原始档案上的数字填入这些统计表格，这样将原始档案转化成为计量表格，既减轻了抄录人员的工作量，又为使用者提供了方便。汤象龙及他的同事们抄录的12万件档案，有一半以上实现了统计表格化，可供研究者使用。这种发掘和利用政府档案为我国史学界研究近代史的工作开辟了一个新的园地，汤象龙是我国近代史在资料方面一个新的开拓者[2]。

1932年，汤象龙主持创办了中国第一份以经济史命名的学术期刊——《中国近代经济史研究集刊》。该刊以《中国近代经济史研究集刊》为名共出版4卷7期，主编是陶孟和与汤象龙，1937年更名之后共出版4卷7期，主编分别由陶孟和、汤象龙、梁方仲、朱庆永、张荫麟、吴晗担任。在该刊的五任主编中，汤象龙任职时间最长，对这本期刊的学术风格和旨趣影响最深。作为这本期刊的主编，汤象龙不仅自己撰写论文发表，同时组织北平社会调查所近现代经济史组以及“史学研究会”的成员积极发表论文，带动了一个活跃的经济史研究作者群，倡导了近代经济史实证研究，有力推动社会史论战后中国经济史学研究的学术大转向。《中国近代经济史研究集刊》虽然出版时间不长，但是却以专业化的作者队伍及高质量的文章成为中国经济史学发展新阶段的起点的标志。

20世纪专业学术团体如雨后春笋层出不穷，这是近代史学转型过程中的重要表现。1934年5月27日以清华同学会为主的史学研究会成立，由汤象龙和吴晗发起，汤象龙、吴晗、谷霁光、梁方仲、夏鼐、朱庆永、孙毓棠、刘隽、罗玉东和罗尔纲组成，汤象龙被选为总务。这个史学研究会是近代第一个以经济史研究为号召的史学团体，汤象龙虽然年轻但学龄最老，经常组织大家研究问题，开展会务，在短期内创办了《益世报·史学副刊》《中央日报·史学副刊》，发表了大量研究经济史的论文，研究会的会员此后多数成为中国经济史学界的栋梁。经济史研究专业团体的出现，被学界认为是经济史学科成熟的主要标志之一[3]，汤象龙在这个研究会中起到的

---

① 刘方健：《汤象龙百年追思纪念会综述》，《经济学家》2009年第8期。

② 汤象龙、罗尔纲、谷霁光：《〈中国近代海关税收和分配统计(1861—1910)〉序言三篇》，《财经科学》1992年第4期。

③ 赵德馨：《汤象龙——中国经济史学科的主要奠基人》，汤象龙研究室编：《中国经济史学科主要奠基人——汤象龙先生百年诞辰文集》，第14页。

重要作用不言而喻,因此被誉为第一代经济史学家群体的领军人物①。

通观汤象龙一生,少年聪慧,名师指点,又遇到了中国经济史的发展高潮,历史赋予了汤象龙良好的机遇,汤象龙也不负众望,为中国经济史做出了特殊贡献。他的史学思想成为中国经济史学的重要组成部分,为此后的经济史学科发展奠定了理论基础。他将学术视为毕生的追求,晚年在身患癌症之后仍然能够坚持完成专著《中国近代海关税收和分配统计(1861—1910)》,这本书"不仅为史学界提供了一部分很有价值的资料,更重要的是提倡一种扎实的治学作风,后者价值似乎更大于前者。"②这部跨越了56年写就的巨著本身就是中国史家精神最好的诠释。此外,汤象龙的学术经历也可以让我们了解到在20世纪上半叶,学术机构在近代经济史学科创建中发挥的重要作用。不论是北平社会调查所还是中央研究院社会科学研究所,为汤象龙以及和他同时代的学者们提供了稳定的学术研究平台,一旦离开这些平台,史家的学术生命会受到巨大的影响。专业的学术机构与学者的良性互动,共同推动了经济史学科的创建与发展。这是作为经济史主要奠基人的汤象龙除了丰富的史学思想及不忘初心的治学精神之外,留给史学史研究后学要继续深入探讨的问题。

北平社会调查所的学者们开辟了清代经济史的研究领域,清代经济史研究基本围绕钱粮、金融、财政、税收、海关、厘金、盐务、捐监、交通等研究方向展开。除《中国近代经济史研究集刊》之外,陶希圣主编的《食货》也是刊登经济史研究论文的重要阵地,清代经济史的很多论文发表于该刊。受当时经济史研究热潮的影响,许多学术杂志都争相刊登经济史研究文章。

反映清代山西票号的论文有卫聚贤《山西票号之起源》(《中央银行月报》1935年4卷6期)、高叔康《山西票号的起源及其成立年代》(《食货》1937年6卷1期)、谷霁光《明清时代之山西与山西票号》(《厦大学报》1943年第2期);研究清代货币的论文有吴晗《王茂荫与咸丰时代的新币制》(《中国社会经济史集刊》1939年6卷1期);谭彼岸《清中叶之货币改革运动》(《说文月刊》1944年4卷);傅镜冰《明清两代外银输入中国考》(《中行月刊》1933年7卷6期)、魏建猷《清代外国银圆之流入及其影响》(《东方杂志》1945年41卷18号)则是对清代外银输入问题的关注。

---

① 杨祖义、赵德馨:《特殊的贡献,特殊的地位——纪念汤象龙先生100周年诞辰》,汤象龙研究室编:《中国经济史学科主要奠基人——汤象龙先生百年诞辰文集》,第56页。

② 崔国华:《汤象龙著〈中国近代海关税收和分配统计(1861—1910)〉》,中国近代经济史丛书编委会编:《中国近代经济史研究资料》6,上海:上海社会科学院出版社,1987年,第162页。

反映田赋、漕运方面的代表作有夏鼐《太平天国前后长江各省之田赋问题》(《清华学报》1935 年 10 卷 2 期)、王毓铨《清末田赋与农民》(《食货》1936 年 3 卷 5 期)、葛寒峰《清代田赋中之耗羡》(《农学》1939 年 1 卷 5 期)、梁方仲《田赋史上起运存留的划分与道路远近的关系》(《人文科学学报》1942 年 1 卷 1 期)、苏良桂《清代田赋考》(《国学丛刊(北京)》1942 年 8—10 期)、单士魁《清代黄册与赋役问题》(《文献论丛》1948 年)、蔡狮《清代漕运之组织及其运输方法》(《交通杂志》1937 年 5 卷 3 期)、万国鼎《明清漕运概要》(《政治季刊》1941 年 4 卷 3 期)、李文治《清代屯田与漕运》(《学原》1948 年 2 卷 2 期)等。

反映清代盐税、盐政的相关文章有王叔涵《两淮盐务与钱庄》(《经济学季刊》1931 年 2 卷 3 期)、姚永朴《清代盐法考略》(上、下)(《安徽大学月刊》1934 年 1 卷 6 期、1935 年 2 卷 1 期)、吴雨苍《清代两淮盐政》(《国专月刊》1936 年 3 卷 5 期)、戴裔煊《清代盐课归丁史源试探》(《现代史学》1942 年 5 卷 1 期)等。

在厘金研究方面具有代表性的研究论文，有罗玉东《厘金制度之起源及其理论》(《中国近代经济史研究集刊》1932 年 1 卷 2 期)、傅衣凌《清末厘金制起源新论》(《社会科学(福建)》1946 年 2 卷 1/2 期合刊)；在海关研究方面，有郑友揆《我国海关贸易统计编制方法及其内容沿革考》(《社会科学杂志(北平)》1934 年 5 卷 3 期)、汤象龙《光绪三十年粤海关的改革》(《中国近代经济史研究集刊》1935 年 3 卷 1 期)等论文；外债与赔款研究方面，汤象龙《民国以前关税担保之外债》(《中国近代经济史研究集刊》1935 年 3 卷 1 期)、《民国以前的赔款是如何偿付的》(《中国近代经济史研究集刊》1935 年 3 卷 2 期)是两篇重要的文章；彭雨新《清末中央与各省财政关系》(《社会科学杂志(北平)》1947 年 9 卷 1 期)、吴廷燮《论光绪朝之财政》(《文献论丛》1936 年)，分析了晚清财权下移情势下清廷的财政清理；另外，汤象龙的《道光朝捐监之统计》(《社会科学杂志》1931 年 2 卷 4 期)，开清代捐纳制度研究的先河；陈文进《清代之总理衙门及其经费》(《中国近代经济史研究集刊》1932 年 1 卷 1 期)、《清季出使各国使领经费》(《中国近代经济史研究集刊》1932 年 1 卷 2 期)以及沈鉴的《辛亥革命前夕我国之陆军及其军费》(《社会科学(北平)》1937 年 2 卷 2 期)，都是相关论题的开创性研究。[①]

清代对外贸易领域的论文较为丰富，研究范围包括清代对外贸易制度、清代与各国贸易往来，以及具体对外贸易的货物等等。主要的文章有

① 本节内容参考陈锋：《20 世纪的清代财政史研究》，《史学月刊》2004 年 1 期。

侯厚培《五口通商以前我国国际贸易之概况》(《清华学报》1927年4卷1期)、张德昌《清代鸦片战争前之中西沿海通商》(《清华学报》1935年10卷1期)、周国钧《鸦片战争前中国对外通商与夷务体制》(《工商经济》1948年2卷6期)、严中平《各国在华棉货市场之开辟及其争夺(1833—1913)》(《中国社会经济史集刊》1939年6卷2期)、黄菩生《清代广东贸易及其在中国经济史上之意义》(《岭南学报》1934年3卷4期)、梁嘉彬《广东十三洋行考》(《清华周刊》1932年37卷5期)、傅衣凌《清代前期厦门洋行考》(《财政知识》1943年3卷4期)、张天护《清代法国对华贸易问题之研究》(《外交月报》1936年8卷6期)、刘选民《中俄早期贸易考》(《燕京学报》1939年25期)、侯厚培《华茶贸易史》(《国际贸易导报》1930年1卷2期)、陈瀚笙《最初中英茶市组织》(《国立北京大学社会科学季刊》1924年3卷1期)、范师任《中国丝业对外贸易之史的观察》(《社会杂志》1931年1卷2期)、张任侠《中国丝业及其对外贸易之史的回顾》(《中国实业(上海)》1936年2卷1期)等。

上述论文基本上都发表于各类期刊,显示出清代经济史从初创就通过现代传播媒介进行流布,这是有别于传统史学相对封闭的治学与传播方式的不同之处。

第六节 清代学术史

清代学术可谓集中国传统学术之大成者,又下启近代学术的源头,“国初之学大,乾嘉之学精,道咸以降之学新”①。从清初的天下巨变,学者对明末学术空疏之反省,使学风为之一变,回归汉代学术传统;至乾嘉时期考据之风大盛,学者尤重汉学,训诂、考证、校勘等治学方法越臻严密,并分“吴派”、“皖派”,此后的学术发展均与这两派有千丝万缕之联系,而与这两派治学理路不同的“常州学派”也代有传人;再到清代后期,国势衰微,西学涌入,学风与学派均受到影响,常州学派传人的公羊学异军突起,提倡通经致用褒贬时政,而以义理解经的宋学派别“桐城派”也不可忽视,至清末汉学于宋学之间夹杂西学东渐,清代学术自别有一番景象。

进入20世纪,随着大量清代的档案、笔记、文集等被发现,清代学术史

① 王国维:《沈乙庵先生七十寿序》,谢维扬、房鑫亮主编:《王国维全集》第8卷,杭州,浙江教育出版社,2009年,第618页。

研究也在不断发掘新资料的基础上成为清史学中备受关注的研究热点。这一时期的学术史研究，虽然在史观与方法上与传统史学迥异，但是仍然延续了传统史学中的学案式做法，对清代学术史的研究以人物为中心，叙述其师承系统与学派渊源，由此以显现一个时代的学风变化。但是，不同的史家笔下对相同的学者与学派的评述也会得出迥然不同的结论。因此对于清代人物的研究特别能够体现新旧史学交替之时，新光映幕而旧影犹在的特点。

一、清代学术史的研究理路

清代学术因独具魅力吸引了诸多学者，20 世纪初的主要代表人物是章太炎与刘师培。1903 年章太炎的《清儒》可以视为对清代学术进行提纲挈领的总结，特别是对于乾嘉时期学术的考据学风，与吴、皖中分乾嘉学术的观点都能直指清代学术史的重心，对清代学术史上重要学者的臧否也影响了其后的研究者。《清儒》对民国时期清代学术史研究影响深远，被视为“清代学术的概论。”此后梁启超的三百年学术史，实是从章太炎《清儒》那里来的[①]。与章太炎同时期的刘师培对于清代学术史的撰述也有统领性的贡献，撰写了《近儒学术系统论》《清儒得失论》《近代汉学变迁论》等文章，提出诸如代表清代学术的考证学的发端、清代汉学实质等问题，都对于清代学术史研究具有启发性意义。这两位学者的清代学术史研究成果多成于辛亥革命之前，从反清排满出发，有为革命服务的涵义，因此难免有主观意见在其中，但却为民国时期清代学术史研究之肇始。

辛亥革命之后，随着“新文化”运动的兴起与“五四”运动的促进，反封建、反理教、科学、民主成为主流话语，相比较辛亥革命之前章太炎等人为革命服务的学术史研究，这一时期的清代学术史研究发生了重要变化，学者们更着重从清代学术史当中发掘一些反对理教与科学的精神与研究方法，以此顺应时代潮流推动史学的转型与发展，这一时期的主要学者是梁启超与胡适。梁启超的《清代学术概论》与《中国近三百年学术史》是代表性著述，这两本著作一本勾勒了清代学术发展概貌，一本条理清晰将清代学术史的大势、流派与学者娓娓道来，“梁著《中国近三百年学术史》，实为他在《清代学术概论》中勾画的清学主线作阐释，那主线便是汉学‘以复古为解放’，但宣称直到今文学由汉学异端变为主流，才恢复了清初顾、黄、

① 周予同：《中国经学史讲义》，朱维铮编校：《中国经学史讲义（外二种）》，上海：上海人民出版社，2012 年，第 5 页。

王、颜等提倡的真精神。”[①]

梁启超对清代学术持“理学反动说”,认为清代学术来源于汉学,是对宋明理学的全面反动。什么是反动?“学派上之‘主智’与‘主意’;‘唯物’与‘唯心’;‘试验’与‘冥证’;每迭为循环。大抵甲派至全盛时必有流弊;有流弊斯有反动,而乙派与之代兴;乙派之由盛而弊而反动亦然。”[②]反动其实就是新学术对原有学术流弊的革新。梁启超认为,清代学者身体力行将清代学术的学风从明末由于理学导致的空疏冥想转变为客观的考实。在《中国近三百年学术史》中,他从五个方面论述“理学反动”,王学自身的反动;自然界探索的反动;西学输入的反动;讲学风气的反动;佛学反禅的反动[③]。清代学术正是建立在这些反动基础上,从而发展出乾嘉时期的考据学鼎盛。梁启超认为清代学术是以“复古”为职志,以“解放”为手段的“学术反动”的发展方向。先是复古宋代治学,从而使学者从王学中解放出来;继而复汉唐之古,使学者从程朱学中解放出来;再次复西汉之故,使学者从许、郑的家法中解放出来;最后复先秦之古,使学者从一切传注解放出来,最终从孔、孟的束缚下得到全面解放[④]。

梁启超的观点得到胡适的赞同,胡适认为近世学术可以分成理学时期和反理学阶段,从1600到1930年为反理学阶段,清代学术史正处于反理学时期[⑤]。胡适认为清代学者顾炎武、颜元、戴震分别是反理学的代表人物,并将反理学的下限延到20世纪初,以吴稚晖为首席。他的《清代汉学家的科学方法》《几个反理学的思想家》《戴东原先生的哲学》等几篇文章对梁启超的“理学反动说”进行了继承与修正。他认为清代学术是全面恢复传统经学的时代,“整理古书”、“发现古书”、“发现古物”构成了清代“古学昌明时代”[⑥]。胡适对乾嘉学者的方法特别推崇,他认为乾嘉学者的考证学运动就是带着反理学的使命。而这种考证学被认为确有“科学”的精神”,“清代学者的治学方法……总括起来,只是两点。(1)大胆的假设,(2)小心的求证。假设不大胆,不能有新发明。证据不充足,不能使人信仰。”[⑦]

这与“五四”时期学界提倡“科学”思想与精神密不可分,梁启超论述清

① 朱维铮:《题记》,《求索真文明——晚清学术史论》,上海:上海古籍出版社,1996年,第5页。
② 梁启超:《清代学术概论》,上海:商务印书馆,1921年,第14页。
③ 梁启超:《中国近三百年学术史》,上海:中华书局,1936年,第7—10页。
④ 梁启超:《清代学术概论》,第13页。
⑤ 胡适:《几个反理学的思想家》,《胡适文存》第三集,合肥:黄山书社,1996年,第74页。
⑥ 胡适:《国学季刊发刊宣言》,《国学季刊》1923年第1卷第1期。
⑦ 胡适:《清代汉学家的科学方法》,《北京大学月刊》1922年第1卷第9期。

代学术史也从清代汉学家的治学方法中提炼出科学的精神,“清儒之治学,纯用归纳法,纯用科学精神;此法此精神,果用何种程序始能表现耶?第一步:必先留心观察事物,觑出某点某点有应特别注意之价值;第二步,既注意于一事项,则凡与此事项同类者或相关系者,皆罗列比较以研究之;第三步,比较研究的结果,立出自己一种意见;第四步,根据此意见,更从正面旁面反面博求证据,证据备则泐为定说,遇有力之反证则弃之;凡今世一切科学之成立,皆循此步骤”①。梁启超、胡适都希望用西方的科学知识与方法来查点中国的传统,可以用现代眼光审视他们的工作,以期可以找到清代学术与西方科学知识的共同点,并以此来肯定清代考证学在近三百年做出的学术成就。

至20世纪30年代,随着民族矛盾的加剧,“救亡”的任务成为全民族关注的中心。这一时期的学术研究与当时普遍高涨的民族主义精神有密切关系。钱穆从年轻时代就是具有强烈民族意识的知识分子,“救亡意识”一直是鞭策他进行历史研究的动力,“凡我所讲,无不自对国家民族之一腔热忱中来。我之生年,在前清光绪乙未,即马关条约台湾割让日本之年。我之一生,即常在此外患纷乘,国难深重之困境中。民国元年,我即在乡村小学教书。我之稍有知识,稍能读书,则莫非因国难之鼓励,受国难之指导。我之演讲,则皆是从我一生在不断的国难之鼓励与指导下困心衡虑而得。”②1937年完成的《中国近三百年学术史》脱胎于钱穆1931年至1933年北大开设课程的讲义。这门课程开讲的时候恰逢“九一八”事变:“斯编初讲,正值‘九一八事变’骤起,五载以来,身处故都,不啻边塞,大难目击,别有会心。”③

钱穆作为梁启超的晚学,以同名出版的这部著作与梁氏的著作犹如民国时期清代学术史研究的双壁,自出版之后就反复被学者进行比较研究。钱穆是梁启超的后辈,虽然他未在书中对梁启超关于清代学术史一些论点进行批评,但是这两本著作,不论从结构还是内容乃至对于某些清代学者的具体评价,均有明显差异。特别是对于乾嘉考据学与理学在清代学术史中的地位和评价,钱穆与梁启超的结论迥异。钱穆认为考据学在清朝初期并没有成为学术中心,虽然在乾嘉时期取代理学成为清代学术的主流,但是并不代表考证学要比理学更先进或者更合理。“近人言治学方法者,率

① 梁启超:《清代学术概论》,第101页。
② 钱穆:《中国文化精神·序》,《中国文化精神》,台北:兰台出版社,2001年,第3—4页。
③ 钱穆:《自序》,《中国近三百年学术史》(上册),北京:商务印书馆,1997年,第4页。

盛推清代汉学,以为条理证据,有合于今世科学之精神,其说是矣;然汉学家方法,亦惟用之训诂考释则当耳。学问之事,不尽于训诂考释,则所谓汉学方法者,亦惟治学之一端,不足以竟学问之全体也。"①

钱穆更在《中国近三百年学术史》中开宗明义,认为"治近代学术者当何自始? 曰: 必始于宋。"这就与梁启超的"尊汉贬宋"有显著区别。钱穆说:"不知宋学,则亦不能知汉学,更无以平汉宋之是非。"②钱穆认为清代学术是"继承—发展"的过程,而非"理学反动"。"近世揭橥汉学之名以与宋学敌,不知宋学,则无以平汉宋之是非。且言汉学渊源者,必溯诸晚明诸遗老。然其时如夏峰、梨洲、二曲、船山、桴亭、亭林、蒿庵、习斋,一世魁儒耆硕,靡不寝馈于宋学。继此而降,如恕谷、望溪、穆堂、谢山乃至慎修诸人,皆于宋学有甚深契诣。而于时已及乾隆。汉学之名,始稍稍起。而汉学诸家之高下浅深,亦往往视其所得于宋学之高下浅深以为判。道咸以下,则汉宋兼采之说渐盛,抑且多尊宋贬汉,对乾嘉为平反者。故不识宋学,即无以识近代也。"③

钱穆的清代学术史研究不仅局限于《中国近三百年学术史》,此后他陆续发表了与清代学术史相关的论文二十余篇,其中又以《清儒学案序》具有代表性。钱穆在这些著述中对梁启超与胡适提出的"理学反动说"提出异议,并以"每转益进说"取代梁、胡二人的观点,认为"学术之事,每转而益进,途穷而必变。"④钱穆的这一观点认为清代的学术,延续了理学一派,虽然看起来清学与理学差别很大,但是其中有必然和内在的联系,有前后延续的成份。而途穷必变,则是指学术思想、方法的变革与创新⑤。钱穆将清代学术的发展置于中国古代学术发展的过程中,没有将清学与宋明理学对立,也未将清学与宋学等同,而是认为清代学术的起源是从宋学发展变化而来。此后钱穆的学生余英时在20世纪70年代发展了钱穆的学说,进一步提出"内在理路说",认为贯穿于理学与清学之间有一个内在的生命⑥。

20世纪40年代,马克思主义史学的代表人物侯外庐于1944年发表《中国近世思想学说史》,1947年更名为《近代中国思想学说史》,由上海生

---

① 钱穆:《中国近三百年学术史》(上册),第444页。

② 钱穆:《自序》,《中国近三百年学术史》(上册),第1页。

③ 钱穆:《中国近三百年学术史》(上册),第1页。

④ 钱穆:《清儒学案·序》,《中国学术思想史论丛》第八辑,台北:东大图书公司,1980年,第366页。

⑤ 陈勇:《不知宋学,则无以评汉宋之是非——钱穆与清代学术史研究》,《史学理论研究》2003年第1期。

⑥ 余英时:《论戴震与章学诚》,北京:生活·读书·新知三联书店,2005年,第326页。

活书店出版。侯外庐试图运用马克思主义的阶级分析理论来指导清代学术史研究。他提出“早期启蒙说”，认为在明清之际产生了早期资本主义的萌芽，与此相适应出现了早期启蒙思潮。侯外庐认为“早期启蒙思想”才是清代学术发展的主要脉络。侯外庐指出16、17世纪的中国土地日趋国有化，私人土地经营进一步持续发展。国有手工业因官方压榨处于停滞状态，而城市出现的私人手工业成为国民经济的重要承担者。此外城市商业与对外贸易的发展，推动了私有化进程。这种新旧的经济矛盾交织，反映在思想领域就是“别开生面，就不仅是反理学运动的量变，而是按他们自己的方式表现出对资本主义世界的绝对要求”，从而透射出预示近代社会即将来临的曙光，具有早期启蒙性质①。

侯外庐在《中国古代思想学说史》中提出了一系列问题：“社会历史的演进与社会思想的发展，关系何在?人类的新旧范畴与思想的具体变革，结合何存？人类思想自身的过程与一时代学说的个别形式，环链何系？学派同化与学派批判相反相成，其间吸收排斥，脉络何分？学说理想与思想术语，表面恒常掩蔽着内容，其间主观客观，背向何定？方法论犹剪尺，世界观犹灯塔，现实的裁成与远景的仰慕恒常相为矛盾，其间何者从属何者主导，何以为断?”②侯外庐提出以方法论、世界观为指导研究学术史的发展过程，从历史背景与社会思潮、阶级结构与经济水平等不同方面寻求学术发展内在演化理路，寻找学术发展与演化的规律。侯外庐的探索，代表着“中国学人已经超出了仅仅于仿效西欧的语言之阶段了，他们自己会活用自己的语言而讲解自己的历史与思潮了。”③侯外庐的学术史研究突破了梁启超的“理学反动说”、钱穆的“每转益进说”，将新的理论与研究范式引入清代学术史研究，为此后的清代学术史研究开辟出另一条大道。

不论梁启超、胡适的“理学反动说”还是钱穆的“每转益进说”，还是侯外庐的“早期启蒙说”，辛亥革命之后的清代学术史研究突破了旧式的学案体，对清代学术史的发展源流进行总结与概括，并呈现出转型期史学的特色：不同的史家在不同的史观指导下研究清代学术史，虽然力戒门户之见，对清代各个学派的评价都力求公允，注重揭示各学派兴衰的内在因果关系，并且运用中西文化比较的方法进行探讨，但是仍然会对同一研究对象得出截然不同的结论。这在清代几位著名学者如黄宗羲、戴震、章学诚

---

① 侯外庐：《中国思想通史》第五卷，北京：人民出版社，1956年，第30页。

② 侯外庐：《自序》，《中国古代思想学说史》，上海：文风书局，1946年，第2页。

③ 侯外庐：《再版序言》，《中国古代思想学说史》，第1页。

等人的评价上特别明显,展示出转型期的中国史学兼容并包的特色。

二、黄宗羲研究

黄宗羲(1610—1695),字太冲,号南雷,浙江余姚人。作为明末清初杰出的思想者与学者,师从刘宗周,与其兄弟主持"梨洲复社"兴学,因明末政权镇压东林党和复社,被捕入狱,明亡之后变卖家产,在家乡义军反抗清军,还曾渡海至长崎岛、萨斯玛岛"乞兵",后兵败隐居。入清之后拒绝出仕,以教学著述终老,有诸多著名弟子,著述等身,涉及史学、经学、地理、律算、数学、诗文杂著等诸多领域,有 50 余种书 300 多卷,其中《明儒学案》《宋元学案》《明夷待访录》等著作影响深远,在清代即受到学界的推重,有清初"一代学者宗师"的学术地位①。20 世纪初的反清排满运动中,主张民族革命的章太炎、马叙伦、刘师培、邓实、黄节②等人均有文章肯定黄宗羲的反对民主专制思想。

1904 年,但涛撰写《黄梨洲》,刊发于《湖北学生界》创刊号,被认为是目前所知的第一篇近代性质的清史论文。至 1921 年胡适发表《黄梨洲论学生运动》,这一时期的黄宗羲研究摆脱不掉"政治时论"的特征,其中以章太炎最为典型。他在《訄书·冥契》中,高度肯定黄宗羲的《明夷待访录》反对专制主义的伟大意义。他否定君主的至尊地位,主张公天下,认为"五洲诸大国,或立民主,或立宪政"而境内日治可证,"黄氏发之于二百年之前,而征信于二百年之后,圣夫!"③但是章太炎又激烈排满,他认为黄宗羲是改良派君主立宪派的先声,"衡阳者,民族主义之师;余姚者,立宪政体之师。观《明夷待访录》所持重人民、轻君主,固无可非议也;至其言有治法无治人者,无过欺世之谈,诚使专重法律,足以为治,既有典常,率履不越,如商君、武侯之政亦可矣;何以偏隆学校,使诸生得出位而干政治,因以夸世取荣;此则过任治人,不任治法,狐埋之而狐掘之,何其自语相违也。余姚少时,本东林、复社浮竞之徒,知为政之赖法制,而又不甘寂寞,欲弄技术以

---

① 沈善洪主编:《黄宗羲全集》第 12 册,杭州:浙江古籍出版社,2005 年,第 67 页。

② 主要文章有马叙伦《中国民族主义发明家黄梨洲先生传》(《政艺通报》1903 年第 2 卷第 17 期),刘师培《黄梨洲先生的学说》(《中国白话报》1904 年第 6 期),邓实《黄梨洲集外诗》(《国粹学报》1906 年第 13 期)、《黄梨洲〈行朝录〉自序》(《国粹学报》1906 年第 19 期)、《黄梨洲〈孟子师说〉题辞》(《国粹学报》1906 年第 20 期)、《明末四先生学说》(《国粹学报》1906 年第 23 期),黄节《明儒黄梨洲、顾亭林、王船山从祀孔庙论》(《国粹学报》1907 年第 3 卷)等。

③ 章太炎《冥契第十四》,上海人民出版社编:《章太炎全集》(第 3 册),上海:上海人民出版社,1982 年,第 29 页。

自焜耀。今之言立宪者，左持法规之明文，右操运动之秘术，正与余姚异世同奸矣。”[①]在《非黄》中，对黄宗羲又彻底否定，“黄宗羲学术计会，出顾炎武下远甚；守节不孙，以言亢宗，又弗如王夫之。”[②]章太炎对黄宗羲的评论自相矛盾，反应出来的恰是20世纪初的学者更多以政治目的作为评价学术的标准，因此会出现严重偏颇与失实。但是章太炎对黄宗羲的评价对后继学者确有极重要的影响力。

“五四”运动之后，梁启超、胡适、钱穆等诸大师均对黄宗羲的学术思想进行研究，分别从历史进化论与实证史学出发，极力矫正章太炎对黄宗羲评价的影响，但是仍不免打上时代的烙印。

梁启超运用中西兼容的观点与方法对黄宗羲的学术进行总结与研究，显示出他的远见卓识。他把黄宗羲与顾炎武、方以智、王夫之等清初思想家做为“反理学风潮”的健将，并将“反理学风潮”比附为欧洲的文艺复兴，将黄宗羲作为启蒙时期的代表性人物。梁启超认为清代学术史“大抵清代经学之祖推炎武，其史学之祖当推宗羲。”[③]梁启超认为黄宗羲的史学贡献在于“现行的《明史》，大半是万季野稿本，而季野之史学，实传自梨洲。”黄宗羲保存了大量明史资料，但是在学术上千古不磨的功绩，尤在两部学案——《明儒学案》和《宋元学案》。梁启超认为“中国有完善的学术史，自梨洲之著学案始。”梁启超认为黄宗羲奠定了此后学术史习作的范式，“将来做哲学史、科学史、文学史的人，对于他的组织虽有许多应改良之处，对于他的方法和精神是永远应采用的。”[④]

梁启超《中国近三百年学术史》将黄宗羲视作清代浙东学派的开创者，认为黄氏对史学与王学的贡献对后世影响最深广。梁启超认为“凡一个有价值的学派已经成立而且风行，断无骤然消灭之理，但到了末流，流弊当然相缘而生。继起的人，往往对于该学派内容有所修正，给他一种新生命，然后可以维持于不敝。”[⑤]黄宗羲的王学以“阳明为根底，但他对于阳明所谓‘致良知’有一种新解释。”[⑥]梁启超用实验哲学比附王阳明的致良知，认为黄宗羲是王学的修正者。梁启超对黄宗羲的史学、经学、算学、文学等领域的成果都有评述。他颇为称许黄宗羲的《明夷待访录》，认为这是影响他走

① 太炎：《王夫之从祀与杨度参机要》，《民报》1908年第2期。
② 章绛：《非黄》，《学林》1911年第2期。
③ 梁启超：《清代学术概论》，第29—30页。
④ 梁启超：《中国近三百年学术史》，第48—49页。
⑤ 梁启超：《中国近三百年学术史》，第40页。
⑥ 梁启超：《中国近三百年学术史》，第45页。

上政治道路的一本“怪书”:“梨洲有一部怪书,名曰《明夷待访录》。这部书是他的政治理想。从今日青年眼光看去,虽像平平无奇,但三百年前——卢骚《民约论》出世前之数十年,有这等议论,不能不算人类文化之一高贵产品……含有民主主义的精神——虽然很幼稚——对于三千年专制政治思想为极大胆的反抗。在三十年前,我们当——学生时代,实为刺激青年最有力之兴奋剂。”[①]梁启超对黄宗羲的研究基本涉及了黄宗羲学术的各个领域,奠定了后世黄宗羲研究的框架与基础,具有划时代的意义。但是梁启超对黄宗羲的研究仍然与章太炎存在类似的问题,从政治目的出发评价学者的学术成果,难免有失偏颇。

钱穆的《中国近三百年学术史》与梁启超的书虽同名,与梁启超的观点却大不同,从学理上对黄宗羲进行总结与评价。钱穆认为黄宗羲的学术开创了清代学术的新局面,“梨洲讲学,初不脱理学家传统之见。自负为蕺山正传,以排异端、阐正学为己任。至其晚年而论学宗旨大变,备见于其所为《明儒学案序》。然此特就其争门面、争字句处看则然耳,其实梨洲平日讲学精神,早已创辟新局面,非复明人讲心性理气、讲诚意慎独之旧规。苟略其场面,求其底里,则梨洲固不失为新时代学风一先驱也。”[②]钱穆认为黄宗羲的学术精髓在于“两面逼入。其重实践,重工夫,重行,既不蹈悬空探索本体、堕入渺茫之弊;而一面又不致陷入倡狂一路,专任自然,即认一点虚灵知觉之气,纵横放任以为道也。”[③]因此黄宗羲开拓清代学术的“务博尚实之风”,“梨洲为学,门路虽广,而精神所注,则凝聚归一。盖欲以博杂多方之学,融成精洁纯粹之知。以广泛之智识,造完整之人格。内外交养,一多并济。”钱穆对黄宗羲的学术给予很高评价,“梨洲经学,极多创获……而梨洲于史学,尤为有最大之创辟……其《明儒学案》,为学术史不磨之创作。所著明末史料亦极富……又究心天算之学……其究心地学,亦开风气之先”[④]。钱穆对黄宗羲的理学、史学、经学乃至算学等学术成就进行了较为客观的评述,认为黄宗羲经史并重、博学务实、会众合一的学术风气对清代学术的影响甚为深远,特别是他重现代、尊文献的史学研究思想,成为浙东史学的治史精神,“遂皎然与吴、皖汉学家以考证治古史者并峙焉”[⑤]。

---

① 梁启超:《中国近三百年学术史》,第46—47页。
② 钱穆:《中国近三百年学术史》(上册),第30—31页.
③ 钱穆:《中国近三百年学术史》(上册),第28页。
④ 钱穆:《中国近三百年学术史》(上册),第32—36页。
⑤ 钱穆:《中国近三百年学术史》(上册),第35页。

萧公权虽然不以研究学术史见长，但是他在 20 世纪 40 年代出版的《中国政治思想史》一书，以“时代的研究法”与“问题的研究法”相结合，对黄宗羲的学术与思想进行评价。“梨洲出于蕺山之门。然其治学兼通经史艺数，合心性事功而为一，非阳明学派所能范围。《明夷待访录》中极言政事，而就黄氏学术全体观之，尚非其根本之所在”，“虽然，吾人幸勿误会梨洲否认致用为治学之最后目的，盖梨洲所深恶者，空疏之心性与躁进之事功，而其所欲讲求者，修身治世之实学。”①萧公权对黄宗羲的学术特点总结可谓精当，对黄宗羲的政治思想也能够比较客观的评估，他认为“梨洲不汲汲于致用，而其《待访录》所陈之政治思想则为其学术中最精彩之一部分，在亡明遗老中殆可首屈一指……其实际上之影响，殆亦空前所未有。”②但是萧公权认为“梨洲虽反对专制而未能冲破君主政体之范围。故其思想实仍蹈袭孟子之故辙，未足以语于真正之转变。”③萧公权认为黄宗羲虽然有民本思想，但是并没有超越时代演变成现代的民主思想。萧公权对黄宗羲政治思想的评价，代表了黄宗羲政治思想研究的一种取径，也将黄宗羲研究推向具有现代意义的学术研究的新阶段，并深刻影响此后的黄宗羲研究。

20 世纪上半叶的黄宗羲研究，很大程度上仍然无法摆脱时代的烙印，学术为政治服务的特色明显，特别是对于黄宗羲这样处于时代变化之际具有争议的学者，20 世纪初的革命派学者，更看重的是表彰黄宗羲的政治思想作为反清革命的理论根据，但是随着新史学的理论与方法的广泛应用，更多的学者致力于以客观的学术态度总结、评价黄宗羲在学术上的成果，这也能够折射出近代史学转型中的特点，不同流派不同学者对于同一位历史人物的评价往往会呈现出南辕北辙的结论和观点。

三、戴震研究

关于戴震的研究，也能够体现出来数家学者评价一人而结论各异这一特色。戴震(1724—1777)，字东原，安徽休宁人，是清代最负盛名的考据大家、朴学大师，能够代表清代学术精粹的乾嘉考据学派之巨擘泰斗。但是他一生困顿，屡试不第，晚年入四库馆为纂修，赐同进士出身，授翰林院庶吉士，最后死在四库馆臣任上。戴震虽然在科举考场上并不得志，但是自

---

① 萧公权：《中国政治思想史》，上海：商务印书馆，1935 年，第 257 页。

② 萧公权：《中国政治思想史》，第 257 页。

③ 萧公权：《中国政治思想史》，第 264 页。

幼遍览群书,先后师从经学大学江永、惠栋,著述丰富,多达四十余种,涉猎哲学、史学、伦理学、语言学、地理学、经学、数学、天文学等诸多领域,且在上述每一领域中都能显示出他的考据论析功力,可谓博学又专精。简单将他的学术归类,大致可以分为两类:考据之学与义理治学。考据之学的目的是为义理服务,所以"经之至者道也,所以明道者其词也,所以成词者字也。由字以通其词,由词以通其道,必有渐。"①因此在戴震心里,他的生平著作中以考据求义理的《孟子字义疏证》为第一②。

戴震在乾嘉时期作为考据学派的领军人物,友朋、弟子及再传弟子众多,如金榜、洪榜、程瑶田、段玉裁、任大椿、孔广森、王念孙、王引之等,以及受到戴震影响的扬州学者汪中、焦循、李惇、贾田祖、刘台拱、凌廷堪、阮元等人,他们或者师从戴震,或者推崇戴震的考据学成就,并运用戴震的治学方法,将戴震的考据学逐渐发扬光大,遂成为乾嘉时期时期名声显赫的考据学派皖派,与惠栋吴派并行,且影响深远直抵清末。由于戴震的考据之学太深入人心,所以掩盖了他的义理之学的光芒,有清一代知音寥寥,恐怕这也与清代学风推重考证重训诂之学,谈义理经常被视为"空说"有关。虽有章学诚、洪榜、焦循、凌廷堪、段玉裁等少数学者认识到戴震义理之学其实才是他看重的学术,如章学诚虽然对戴震多有批判,但是却指出"凡戴君所学,深通训诂,究于名物制度,而得其所以然,将以明道也。时人方贵博雅考订,见其训诂名物有合时好,以谓戴之绝诣在此。及戴著《论性》、《原善》诸篇,于天人理气,实有发前人所未发者,时人则谓空说义理,可以无作,是固不知戴学者矣!"③

戴震可以称得上清代学术史上之奇人,因此他的学术与为人从清代开始就充满争议。在皖派学者及他的弟子眼中,戴震不仅学术造诣精深,是学通天地人的一代汉学宗师,且为人刚正不阿且不畏权贵,是待人诚挚的君子。段玉裁的评价可谓最具代表性,"先生合义理、考核、文章为一事,知无所蔽,行无少私,浩气同盛于孟子,精义上架乎康成、程、朱,修辞俯视乎韩、欧焉"④。然而在当时吴派的一部分学者眼中,戴震的形象却没有那么高大,不仅学术称不上"乾嘉学者第一人",为人也没有戴震弟子们称颂的那么谦和。如王鸣盛认为戴震的学问只能排第二位:"方今学者,断推两先

① (清)戴震:《与是仲明论学书》,《戴东原集》,上海:商务印书馆,1929年,第30页。
② (清)段玉裁:《戴东原集·序》,《戴东原集》,第1页。
③ (清)章学诚:《书〈朱陆〉篇后》,仓修良编:《文史通义新编·内篇二》,上海:上海古籍出版社,1993年,第76页。
④ (清)段玉裁:《戴东原先生年谱》,《戴东原集》,第153页。

生,惠君之治经求其古,戴君求其是,究之,舍古亦无以为是。"①江藩记载戴震曾经说"当代学者,吾以晓徵为第二人",并以此下评论"盖东原毅然以第一人自居"②。

此外戴震在当时以科举为业的文人眼中,为人怪癖狂狷,著作奥曲可笑,在四库馆还与钱载、翁方纲、程晋芳、姚鼐等人交恶,"戴东原新入词馆,斥詈前辈,亦篺石有以激成之,皆空言无实据耳。"③至于章学诚虽然是戴震义理之学的知音但是对于戴震的批判却不遗余力,不仅认为戴震"心术未醇",谓其"丑贬朱子,至斥以悖谬,诋以妄作",此言"害义伤教",使徽歙两地"自命通经服古之流,不薄朱子,则不得为通人,而诽圣排贤,毫无顾忌,流风大可惧也!"同时攻击戴震言语虚伪,人品特差,不仅见风使舵且妒贤嫉能④。章学诚能够看到戴震义理之学造诣深厚,但是对于戴震却横加指责。因为戴震的义理之学提倡以"情即理"替代宋明理学的"性即理",从学理上动摇了宋明理学"存天理 灭人欲"的根基,引起以纲常名教为安身之旨的学者极大不满。章学诚认为戴震可以校订宋儒之讹误,但不能否定纲常之准则。此外戴震的义理在于经学,而章学诚的义理在史学,戴震与章学诚在史学的观点上存在严重分歧,因此章学诚对戴震的不满,其实反映出以戴震为代表的乾嘉考据学风在当时也面临着挑战。

戴震的学术在清代被肯定的是考据之学,而义理之学的价值、以及在清代学术史上重要地位的确立,与清末民初学者对他的阐扬分不开。章太炎是近代首先评论戴学的人,"近儒首尊东原者自太炎。"⑤章太炎在《学隐》《清儒》等文章中首先评价戴震的考据学。但是章太炎在《学隐》中从革命的需要出发,通过反对魏源对戴震及其学派的批评,以达到对康有为媚清的批判;《清儒》虽然梳理了戴震之后"皖派"师承,并分析"皖学"与"吴学"的区别,但并未对戴震的思想进行深入论述。章太炎在1910年发表《释戴》,对戴震的义理之学进行阐发,仍然从革命派的角度出发,认为戴东原的义理之学是针对清廷皇帝⑥。

另外一位革命派学者刘师培对戴震进行了比较全面的论述,从而推动

---

① (清)洪榜:《戴先生行状》,戴震研究会等编纂:《戴震全集》第6册,北京:清华大学出版社,1999年,第3383页。

② (清)江藩:《汉学师承记》,上海:上海书店,1983年,第51页。

③ (清)翁方纲:《附录与程鱼门平钱戴二君议论旧草》,《戴震全书》(七),合肥:黄山书社,1997年,第297页。

④ (清)章学诚:《书〈朱陆〉篇后》,仓修良编:《文史通义新编·内篇二》,第77—78页。

⑤ 钱穆:《中国近代三百年学术史》(上册),第396页。

⑥ 章太炎:《释戴》,上海人民出版社编:《章太炎全集》(第4册),第122页。

戴学的复兴。刘师培的《东原学案序》《戴震传》《南北学派不同论》《近儒学术系统论》等一系列著述,系统阐述了戴震的学术,为后人研究戴学指引方向。刘师培不仅认为戴震和皖派的考据之学值得肯定,另外对戴震的义理之学给予更多阐释。他指出"近代以来,鸿儒辈出,鄞县万氏、萧山毛氏渐知宋学之非,或立说著书以与宋儒相诘难,而集其成者实惟东原戴先生。东原之书,以《原善》、《孟子字义疏证》为最著。"①刘师培可以称得上戴震百年之后的知音,超越了章太炎以反满为中心的民族主义解释,把戴震的评价从政治领域转移到了思想领域,发掘戴震推翻宋儒回归孔孟义理之学的价值。

戴震的考据之学与义理之学,在章太炎与刘师培的共同推动下被学界重视,由于章太炎在清末的学界地位更具影响力,因此他对于戴震义理之学的推重使戴震的哲学思想开始被学界注意②。此外,王国维也充分肯定戴震的哲学思想,他在 1904 年撰写《国朝汉学派戴阮二家之哲学说》,将戴震的《原善》《孟子字义疏证》同阮元的《性命古训》等"皆由三代、秦、汉之说,以建设其心理学及伦理学。其说之幽元高妙,自不及宋人远甚,然一方复活先秦之古学,一方又加以新解释,此我国最近哲学上唯一有兴味之事,亦唯一可纪之事也"③。王国维将戴震的哲学思想置于西方哲学的背景下重新解释,这是王国维对于戴震哲学评价的新的角度与方法,在一定意义上王国维塑造出戴震哲学家的形象,推动了戴震的哲学思想逐渐被学界重视。但是王国维对于戴震的人品进行严厉批评,认为戴震平生不肯言学问所自出,又对赵一清的《水经注》抄袭④,"凡此等学问上可忌可耻之事,东原胥为之而不顾,则皆由气矜之一念误之。"⑤因此可以看出戴震的学术虽受学界重视,但是对于戴震的品格一直都有不同的意见。

将戴震的哲学思想进行系统深入研究,并且使戴学在民国时期名声大噪的当推梁启超。梁启超对于戴震哲学的评价,随着研究的不断深入而不断改变。1904 年梁启超发表《论中国学术思想变迁之大势》,根据章太炎《訄书》增补而成,对吴、皖两派的分析基本与章太炎相类,肯定考据之学的科学性,但是对乾嘉学术总体评价并不高,特别指出戴震的理欲论弊害甚

---

① 刘师培:《东原学案序》,钱玄同等编:《刘申叔遗书》,南京:江苏古籍出版社,1997 年,第 1823 页。

② 侯外庐:《近代中国思想学说史》(上册),上海:生活书店,1947 年,第 387 页。

③ 王国维:《国朝汉学派戴阮二家之哲学说》,《教育世界》1904 年第 76 号。

④ 关于戴袭赵的《水经注》学术公案,从清代一直延续至民国,成为学界一桩引人注目的事件,牵涉大量的学者。其间的曲折在当代学者陈桥驿的《〈水经注〉戴、赵相袭案概述》(《郑州大学学报(哲学社会科学版)》1986 年第 1 期)中有详细阐述。

⑤ 王国维:《聚珍本戴校水经注跋》,《王国维全集》第 14 卷,第 480 页。

多，认为“人生而有欲，其天性矣，节之犹惧不萉，而岂复劳戴氏之教猱升木为也。二百年来学者，记诵日博，而廉耻日丧，戴氏其与有罪矣。”[①]所以梁启超这一时期认为戴震不论义理还是考据，都有一定的局限性，因此不能给予过高的评价。

但是善变与多变是梁启超的特色，“尝自言曰：不惜以今日之我，难昔日之我”[②]。在《清代学术概论》中梁启超再论戴震，态度发生了反转的变化，热烈颂扬戴震的科学精神，认为他们的考据学的“无用”体现的是纯粹的学术精神，并认为“苟无戴震，则清学能否卓然自树立，盖未可知也。”[③]对戴震的《孟子字义疏证》也给出了很高的评价，认为是“轶出考证学范围以外，欲建设一‘戴氏哲学’矣。”[④]认为“《疏证》一书，字字精粹”，“综其内容，不外欲以‘情感哲学’代‘理性哲学’；就此点论之，乃与欧洲文艺复兴时代之思潮之本质绝相类。”[⑤]梁启超将清代学术与欧洲文艺复兴运动做比较，认为“戴震盖确有见于此，其志愿确欲为中国文化转一新方向。其哲学之立脚点，真可称二千年一大翻案。”[⑥]戴震被梁启超塑造成为，具有科学精神的清代考据学家与肯定人欲的思想家，并称赞其研究方法和“近世科学精神一致”，是“科学界的先驱者”、“哲学界的革命建设家”[⑦]。

1924 年 1 月 19 日是戴震诞辰二百周年，以戴震二百年生日的活动为契机，学术界开展了一系列活动，包括在戴震诞辰日举办纪念会，撰写戴震研究论文、发行报刊专号、出版纪念文集、设立东原图书馆等。一时间戴震研究成为显学，这其中梁启超起到了举足轻重的作用。

1923 年 10 月 10 日，梁启超在北京倡导发起戴东原生日二百年纪念会，主张在戴震生日那天在北京举办“东原学术讲演会”，并理出了所要讲的大致范围一共八个部分[⑧]，且打算写五篇文章纪念戴震，一是《东原先生传》、二是《东原著述考》、三是《东原哲学》、四是《东原治学方法》、五是《颜习斋与戴东原》。但是后来因为太忙，并没有做出五篇文章，仅写出《戴东

① 梁启超：《论中国学术思想变迁之大势》，《新民丛报》1904 年第 3 卷第 7 期。
② 梁启超：《清代学术概论》，第 143 页。
③ 梁启超：《清代学术概论》，第 56 页。
④ 梁启超：《清代学术概论》，第 63 页。
⑤ 梁启超：《清代学术概论》，第 68 页。
⑥ 梁启超：《清代学术概论》，第 68 页。
⑦ 梁启超：《戴东原生日二百年纪念会缘起》，《戴东原二百年生日纪念论文集》，北京：晨报出版部，1924 年，第 2 页。
⑧ 梁启超：《戴东原生日二百年纪念会缘起》，《戴东原二百年生日纪念论文集》，第 3 页。

原先生传》《戴东原哲学》《戴东原著述纂校书目考》。在当时学界,热心写作并积极组织活动纪念戴东原,梁启超出力最多。不仅如此,他还力邀在上海的胡适来北京来参加戴东原学术讲演会。据1923年11月13日胡适给梁启超的回信可知,梁启超不仅邀请胡适参加演讲会,并委托胡适寻找到戴震遗像①。

胡适于当年12月开始撰写文章,为参会做准备。胡适撰写了两篇文章,一篇是《戴东原在中国哲学史上的位置》,一篇《戴东原的哲学》,第二篇文章一改再改,直到1925年8月13日才脱稿。胡适将戴震在中国思想史上与朱子、王阳明并列,作为八百年来中国思想史上的重要人物,认为他们每人画出了一个新纪元②。胡适之所以将戴震与朱熹、王阳明比肩,主要是着眼于戴震治学方法与治学精神的"科学"性,力图从以戴震为代表的清代考据学中发掘西方的"科学精神与方法"。他认为戴震是精通科学方法的"清学的宗师",甚至称戴震为"一个科学家",因为戴震"长于算学,精于考据,他的治学方法最精密,故能用这个时代的科学精神到哲学上去,教人处处用心知之明去剖析事物,寻求事情的分理条则。他的哲学是科学精神的哲学"③。此后胡适在几十年的学术生涯中,对于戴震研究予以关注,用了二十年的时间对戴震的《水经注》公案进行辩驳,对戴学研究贡献卓著。

梁启超与胡适在学界的影响深远,他们对于戴震学术的推崇,迅速掀起一阵研究戴震的热潮。1924年1月19日,在北京安徽会馆举行的戴东原先生二百年生日纪念讲演会,可谓群贤毕至。梁启超、胡适、沈兼士、钱玄同、朱希祖、伊凤阁、高曙青、汪震等,当天到会多达三四百人,盛况空前④。讲演会后有出版社出版《戴东原二百年生日纪念论文集》,梁启超关于戴震的三篇文章均收入其中。此次会议在学界造成很大轰动,"当时整个一年期间,报纸副刊与杂志上几乎成为戴学的天下,在'整理国故'的风气之下,戴学最为出风头"⑤。戴学在20世纪20—30年代成为显学,一方面得力于梁启超胡适等人的推崇,另一方面是由于戴震的学术方法满足了20世纪初学界对"科学精神"呼唤。乾嘉考据学成为科学的治学方法和精神的体现,戴震由于是乾嘉考据学的代表性学者,所以受到重视;此外,戴震的哲学思想里对宋儒"存天理,灭人欲"的批判,提出"性即理",适应了新

---

① 耿云志、欧阳哲生编:《胡适书信集》(上),北京:北京大学出版社,1996年,第323页。
② 胡适:《戴东原在中国哲学史上的位置》,《读书杂志》1924年第17期。
③ 胡适:《几个反理学的思想家》,《胡适文存》第三集,第74页。
④ 《戴东原二百年纪念盛会》,《晨报》1924年1月24日,第6版。
⑤ 侯外庐:《近代中国思想学说史》(上册),第387页。

文化运动中要求人性解放的思潮。20 世纪上半叶，中国社会现代化的要求，促使学术界热衷于引进西方学术范式研究中国学术与思想，梁启超与胡适是其中的干将，为戴震学术研究打下了时代烙印。

虽然在梁、胡等学者的推动下，戴学受到学界追捧，但是仍然存在不同的声音。钱穆在《中国近代三百年学术史》中专门辟出一章，对戴震的学术进行评述。钱穆认为戴震学说的发展脉络分为两个阶段：第一个阶段是 30 岁之前，汉宋并重，从文字语言典章制度入手研究儒家经典；第二阶段是 35 岁之后见到惠栋，思想发生了变化。钱穆认为戴震思想转变与惠栋的关系密切，《原善》《绪言》《疏证》三书"虽大体一贯，而其间亦有议论详略，意向轻重，可以征东原学说之与年俱变者。"[①]《原善》"绝不排诋宋儒，而《绪言》则颇排宋。其最要者则为'理、气之辨'"[②]，到《孟子字义疏证》已经大不同《绪言》，"以理欲之辨极诋宋儒"[③]。钱穆认为戴震学术之流变，是受到惠栋的影响，才会尊汉诋宋，因此钱穆诋戴。他引用方东树《汉学商兑》批评戴震，"程朱所严辨理欲，指人主及学人心术邪正言之，乃最吃紧本务，与民情同然好恶之欲迥别。今移此混彼，妄援立说，谓当通遂其欲，不当绳之以理，言理则为以意见杀人，此亘古未有之异端邪说。"[④]虽然方东树的评论充满了门户之见，但是也颇能切中汉学的流弊。钱穆认为方东树之言虽诋毁逾分，但却得宋儒"理"之义的一面。"植之则谓宋儒辨理欲，本亦为立言从政者之心术言之也。惟其如此，故东原辨理欲，虽语多精到，而陈义稍偏，颇有未圆。"[⑤]由此可见钱穆对戴震的抑宋攻朱之不忿。

钱穆对于积极宣扬戴震理欲的梁启超和胡适也颇为不满，认为是他们的推崇，导致风俗败坏，《中国近三百年学术史》最后一章《康长素》中的文字其实有所指：

> 近人所以盛推戴东原，以东原高提人欲，人欲与奢侈相通，亦谓由是可以企及西洋之文明也。近人见解，仍沿长素而来。其所唱非忠孝、非节义诸端，即谭氏仁学"衡决网罗"之教；所主"全盘西化"，则尚不过到达长素大同书境界应有之一级，（以其无国界、种界故。）而尚不足以企及大同书之最高层。（以其尚有人、禽之别等故。）则长素仍安踞最近思想界之峰巅也。

---

① 钱穆：《中国近三百年学术史》（上册），第 369 页。
② 钱穆：《中国近三百年学术史》（上册），第 374 页。
③ 钱穆：《中国近三百年学术史》（上册），第 395 页。
④ （清）方东树：《汉学商兑》卷中之上，上海：商务印书馆，1937 年，第 44 页。
⑤ 钱穆：《中国近三百年学术史》（上册），第 396 页。

> 故近人所主“打倒孔家店”者，与长素之尊孔，实同一见解，无大异也。康、谭论奢俭，全由震惊西化而来。今国人风尚日奢，然文明未见遂进，若康、谭见之，不知又将何说？[①]

从上述两段话中可以清楚看出，钱穆对于盛推戴震的“近人”之所指，且对梁、胡发挥戴震理欲观表达“由是可以企及西洋文明”的诉求的讽刺。不仅如此，钱穆还以“东原在四库馆，盗窃赵东潜校《水经注》，伪谓自永乐大典辑出，以邀荣宠，其心术可知”[②]，以此来贬低戴震之人品。可见钱穆虽然认可戴震的考证精当，但是并不认同其义理，并质疑戴震之人品，恐怕与钱穆尊崇宋学始终如一不无关系。他认为“东原以朱学传统反攻朱子，故实斋讥之，谓其‘饮水忘源’也。”[③]

侯外庐运用马克思主义基本理论研究清代学术史，对于戴震的评价则是从唯物史观出发，与“早期启蒙思潮”的整体思想联系在一起。他与梁启超、胡适将清代学术类比为西方“文艺复兴”有所不同，用“启蒙”来概括中国16—19世纪学术的变迁。侯外庐1944年出版的《中国近世思想学说史》，在历史唯物主义和唯物辩证法思想的指导下，对乾嘉学术与戴震的学术进行系统研究与批判。侯外庐认为乾嘉汉学(或称为)朴学，有科学精神的要素，而不是代表科学方法，戴震不仅是一位汉学家，而且是一位哲学家，肯定了戴震在汉学上的成就。“汉学，严格讲来，始于惠定宇，而发展于戴东原，在贡献上而言，古书经过了他们的努力，始可能读得通，讲得明，这对于中国古典文化的认识上，确是打下了初步的基础，所谓初步者，即指东原所谓的‘由文字以通乎语言，由语言以通乎古圣贤之心志’”[④]。但是作为哲学家的戴东原并未受到侯外庐的较高评价：“在这里，我们认为东原思想的天地比船山习斋更狭隘，故他的哲学思想所具有的光芒虽不能忽视(尤其在乾嘉时代)，而其规范则不能不说逊色于清初大儒的成就。”[⑤]

应该看到，侯外庐将戴震研究带入了一个新的领域，在现代性的背景下，寻找中西早期启蒙思想的差异，并把明清之际的早期启蒙思想与中国现代化的进程结合起来，深入探讨中国自17世纪以来的思想与学术。侯外庐从唯物史观出发对于学术史进行关注，将戴震之学分为自然哲学、人性论与伦理学、知识论，将戴震的学术纳入西方现代学术框架中进行探讨。

---

① 钱穆：《中国近三百年学术史》(下册)，第780—781页。

② 钱穆：《中国近三百年学术史》(上册)，第355页。

③ 钱穆：《中国近三百年学术史》(上册)，第430页。

④ 侯外庐：《中国近世思想学说史》(上册)，重庆：三友书店，1944年，第368页。

⑤ 侯外庐：《中国近世思想学说史》(上册)，第393页。

他认为“我们历史地研究古人，既不能没有真理的信仰，堕于‘客观主义’，又不能以主观成见的好恶是非，而远于‘客观研究’。”[①]基于此他对于此前的戴震研究学者均作出评价，理出他们的不足与问题。侯外庐的戴震研究，由历史唯物主义与辩证唯物主义出发，引入一套新的理论解释中国传统学术，肯定戴震在各个学术领域的建树，同时又通过与王夫之、颜元哲学思想的比较，揭示戴震哲学思想存在的不足之处。但是，由于侯外庐引用的西方现代学术体系与中国传统学术之间的差异，导致他的评价有时还有水土不服或者生搬硬套之嫌疑。

20世纪上半叶的戴震研究与近代学术的转型密切相关，中国近代学术转型一方面源自西方新思想，另一方面也有来自中国社会，特别是晚明以来的近现代思想的变化。以戴震为代表的乾嘉学术与思想，对中国近代学术与思想发生了直接与间接的影响。中国近代学术的转型发展与变化，在戴震研究上体现出来的中西方学术交融汇通，进而促进近代学术与文化发展的特征非常明显。乾嘉学术的“实事求是”精神与现代科学精神的对接，在20世纪上半叶对中国史学及学界都产生了重要而广泛的影响。另外一位乾嘉巨子章学诚在20世纪上半叶的研究也同样具有这样的特点。

四、章学诚研究

章学诚(1738—1801)，字实斋，号少岩，浙江会稽人。在清代学术史上是一个比较特立独行的存在，他在民国时期学界受到的热捧，与他在清代暗淡的学术地位相比，简直有云泥之别。章学诚研究在民国学界成为显学，不仅胡适撰写《章实斋先生年谱》，对章学诚的生平事迹与学术详加考证，推动章学诚的研究热潮，还有梁启超、何炳松、钱穆、金毓黻、钱基博、姚名达等诸多知名学者，对章学诚的学术进行多方面研究，使章学诚的史学思想在民国时期大放异彩。而章学诚也由此，一跃成为民国时期清代学术史研究中最闪耀的学术明星。

章学诚一生居无定所，穷困潦倒，将学术视为终身的追求与寄托。他生于乾嘉考据大兴的时代，却不与学术主流相逐，而是独辟蹊径，在举世硕学鸿儒都在崇尚考据文字、校勘与音韵之学的时候，以文史校雠之学努力构建属于自己的学术体系。因此，虽然他对自己的学术思想相当自负，但是因其学术理念与道路皆与时代主流相悖，终其一生他的学术与思想虽然

① 侯外庐：《中国近世思想学说史》(上册)，第393—394页。

被世人所知①,却并未被主流学界所重视,因此影响力在清代有限。

章学诚被学术界重新发现,要得益于日本学者内藤湖南1920年发表的《章实斋先生年谱》②。此后章学诚的学术成就渐为学者所知,也深深刺激了中国学者。"中国知识分子,尤其是史学家的任务极富挑战性:他们必须寻求一种对于中国历史的新的理解,以使中国历史成为世界历史的一部分,并使中国在世界民族之林中至少是平等的成员之一。同时,他们还必须维护历史的延续性从而为中国认同提供基础——而这一历史在'延续'过程中则经常发生显著的变化。他们对历史的书写还要满足让中国能与西方比肩(如果不是高于西方)的要求。最后,所有这些只能在历史传统和当时环境之双重背景下实现,使得历史以及历史学家处于一种特别的政治性地位,由于必须提出解决问题的答案而因此感受到相当大的压力。"③这样的负担推动下,中国的史家在20世纪初普遍有"为中国寻找现代认同"的责任感,这一点体现在章学诚研究上特别显著。

胡适对章学诚的研究,除了"章实斋这一位专讲史学的人,不应该死了一百二十年还没有人给他做一篇详实的传。《文献征存录》里确有几行小字,但把他的姓改成了张字!所以《耆献类征》里只有张学诚而没有章学诚"之外,"最可使我们惭愧的,是第一次作《章实斋年谱》的乃是一位外国的学者。"④胡适经过仔细收集资料,认真撰写,于1922年出版了《章实斋先生年谱》,字数超出内藤湖南的章氏年谱几十倍。这本年谱在年谱类撰著中具有开创新例的重大意义,在这本年谱中不仅梳理了章学诚的著作、事迹、与同时代学人的交往,也对于章学诚及其同时代学者的学术、思想都有所考证、叙述和评论,使年谱真正成为有史料清理、史事考证和分析评论的完整意义的学术著作⑤。

---

① 章学诚去世之后,对于他的生平与学术进行记录与评议的多为他的亲人及弟子,《文史通义》直到章学诚去世之后三十一年(1832年),才由章学诚之子章华绂刊刻于开封,此为大梁本。之后周尔墉、李元度、叶廷琯、伍崇曜、谭献、李慈铭等学者或褒或贬,对章学诚的学术有所评述,其中谭献为章学诚做《章先生家传》,是为记录章学诚生平、著述和学术旨趣的第一篇传记。此后虽经龚自珍、魏源、康有为、郑观应等人对章氏予以关注,但是多从经世济用角度出发,将章学诚的学术作为阐发个人拯救时艰的理论来源,并未对章氏的学术予以全面的清理与评述。

② [日]内藤湖南:《章实斋先生年谱》,《支那学》(日本)1920年卷1第3—4期。

③ [德]施耐德著,关山、李貌华译:《真理与历史:傅斯年、陈寅恪的史学思想与民族认同》,北京:社会科学文献出版社,2008年,第238—239页。

④ 胡适:《章实斋先生年谱》,欧阳哲生编:《胡适文集》(7),北京:北京大学出版社,1998年,第25页。

⑤ 乔治忠:《章学诚学术的百年来研究及其启示》,《史学理论与史学史学刊》2003年。

此后这本年谱又经过著名学者姚名达的修订补充，1931 年出版订补本，直到今天仍然是研究章学诚学术的最重要的参考著述。此后陶存煦的《胡适姚名达章实斋先生年谱举正》和吴孝琳的《章实斋年谱补正》，对胡适和姚名达的两部年谱加以补正。经过这些学人的努力，章学诚的生平事迹以及学术思想，开始为民国学界熟悉。胡适的《章实斋先生年谱》开启了章学诚研究的热潮，此后诸多学者在章学诚的生平、学术、思想、出版著作的清理与考释等研究领域留下一系列文章。由于章学诚的学术领域多在于史学，因此本节着重从章学诚的总体学术地位及其在史学史上的地位两个视角，考察民国学界对章氏的研究与成就。

梁启超对章学诚的关注早于胡适，他在 1902 年发表的《论中国学术思想变化之大势》中高度评价章学诚，“实斋为《文史通义》批郤导窾，虽刘子元(玄)蔑以过也；其《校雠通义》，启研究周秦学之端矣。”[①]在《清代学术概论》中，认为章学诚的学识在刘知几、郑樵之上，将《文史通义》视为乾嘉后思想解放之源泉，实为晚清学者开拓心胸，非直史家之杰而已[②]。1921 年梁启超的《中国历史研究法》，将章学诚与刘知几、郑樵并列，认为这三位之后“中国始有史学矣”，“章氏生刘、郑之后，较其短长以自出机杼，自更易为功，而彼于学术大原，实自有一种融会贯通之特别见地，故所论与近代西方之史家言多有冥契”。但是此时梁启超对于对于章学诚的评价，还未达到后期的高度，而是认为章氏史学仍有缺陷，“惜其所躬自撰述者，仅限于方志数种，未能为史界辟一新天地耳”[③]。

此后，梁启超却在《中国近三百年学术史》，对章学诚的学术地位与学术贡献推崇备至。首先肯定章学诚在清代史家中的地位，认为“浙东学风，从梨洲、季野、谢山起以至于章实斋，厘然自成一系统，而其贡献最大者实在史学。实斋可称为‘历史哲学家’，其著作价值更高了。”[④]在《清代学者整理旧学之总成绩(三)》中，梁启超对章学诚史学成绩予以更高的评价，“清代史学开拓于黄梨洲、万季野，而昌明于章实斋……实斋才识绝伦，大声不入里耳，故不为时流宗尚。三君之学不盛行于清代，清代史学界之耻也”[⑤]，“千年以来，研治史家义法能心知其意者唐刘子元(玄)，宋郑渔仲与清章实斋(学诚)三人而已。”“实斋之于史，盖有天才，而学识又足以副之。

① 梁启超：《论中国学术思想变迁之大势》，《新民丛报》1904 年第 3 卷第 7 期。
② 梁启超：《清代学术概论》，第 113—114 页。
③ 梁启超：《中国历史研究法》，《中国历史研究法(外二种)》，第 34 页。
④ 梁启超：《中国近三百年学术史》，第 93 页。
⑤ 梁启超：《中国近三百年学术史》，第 270—271 页。

其一生工作,全费于手撰各志,随处表现其创造精神。以视刘子元(玄)、郑渔仲,成绩则既过之矣。"[①]梁启超本欲为章学诚的史学撰写专书,只是因为天不假年,没能完成此心愿。

对章学诚在方志学的创建,梁启超也大加推崇,"实斋以清代唯一之史学大师而不能得所藉手以独撰一史,除著成一精深博大之《文史通义》,及造端太宏未能卒业之《史籍考》外,其创作天才,悉表现于和州亳州永清三志及《湖北通志》稿中。'方志学'之成立,实自实斋始也。"[②]虽然梁启超并没在《中国近三百年学术史》为章学诚单独列出章节,但是他对章学诚学术成就的高度评价,对于推动此后"实斋研究",居功阙伟[③]。民国时期章学诚研究,基本围绕梁启超开拓的内容展开。有学者认为"可能由于梁启超在其文章中多次颂扬章学诚的贡献,才导致内藤虎次郎和胡适分别为章学诚做年谱。"[④]

1929年钱基博的《文史通义解题及其读法》刊发于《国光》,全文约3万字,分为论世、叙传、解题、读法四章,是对章学诚学术思想研究比较透彻与深入的文章,后来此文单独成册由龙湖书店出版。钱氏虽不是史学家,但是这篇文章对于章学诚的学术,以及《文史通义》的解读不仅全面且深入。他对章学诚的学术推崇备至,将其定位为"浙东开山之祖"。他在叙传中对章实斋的生平和学术的特色进行论述,解题则针对《文史通义》书名,读法中又分为辨本、析篇、原学、异议,分别对《文史通义》的版本进行了辨析;将《文史通义》中的重要文章依照通论、穷经、核史、衡文、校雠等五项,进行分门别类;并梳理近现代学人继承章学诚学术之成果,评述近代学人论学旨趣与章学诚的差异,借他人之口揭示章学诚学术之不足。[⑤]

钱穆与章学诚的治学旨趣相类,因此非常推崇章学诚的学术,认为章学诚的学术是在当时盛行的考据走向极端而转生的产物。钱穆从"辨章学术,考镜源流"出发,对章学诚的学术渊源及与清学风的关系进行考察,将章学诚的学术地位定位在"东原、实斋乃乾、嘉最高两大师。"[⑥]在"传略"中介绍章学诚的生平和学术概况,在学术概要部分囊括章学诚学术的各个方面,"文史通义与经学"介绍章学诚与经学学风的关系,"浙东学派与浙西学

① 梁启超:《中国近三百年学术史》,第298、309页。

② 梁启超:《中国近三百年学术史》,第304页。

③ 黄兆强:《章学诚研究述评(1920—1985)》,台北:学生书局,2015年,第33页。

④ 陈鹏鸣:《试论章学诚对近代学者之影响》,中国历史文献研究会编:《章学诚国际学术研讨会论文集》,北京:北京图书馆出版社,2004年,第421页。

⑤ 钱基博:《文史通义解题及其读法》,《国光(无锡)》1929年第1期。

⑥ 钱穆:《中国近三百年学术史》(下册),第525页。

派”阐述了章学诚的学术渊源，“实斋学风之影响”厘清了章学诚的学术交游和影响，“实斋文字编年要目”按照时间顺序罗列章学诚的学术经历。通过比较章实斋与当时及其身后学者之间的异同，论述章学诚的学术旨趣与特色之所在。如比较章学诚与戴震在“道”这个问题上的异同，钱穆认为“实斋论道之意，盖采诸东原而略变者。实斋于东原论学，颇持异见，而于其《论性》、《原善》诸篇，则极推许……实斋谓道不外人伦日用，此在东原《绪言》、《疏证》两书中，主之甚力，即《原善》亦本此旨，惟发之未畅耳。实斋所谓‘道之自然’与‘不得不然’者，亦即《原善》‘自然’与‘必然’之辨。故主求道于人伦日用，乃两氏之所同。”[①]

再如通过比较章学诚与颜、李学派，认为“实斋论学，虽重当身事功，而路径较习斋为宽，辩证较恕谷为达。颜、李以《周官》乡三物言六艺，亦不如实斋古者政教不分，官师合一，以《周官》三百六十为六艺源本之论之为大而精也。”“自实斋见地言之，颜、李固亦不失为因偏救弊之一端，而实斋之论，尤为得其通方矣”[②]，此为钱穆论章学诚学术的方法。对于章学诚学术思想的核心“六经皆史”，钱穆认为章学诚想以史学代经学，称《书教》三篇“实可代表实斋晚年成熟的史学见解也。实斋唱为‘六经皆史’之论，欲以史学易经学，故其论‘六经’，于书与春秋最为经意，书教之成独晚”[③]。

从梁启超到钱穆，章学诚的学术史被梳理得越来越清晰，章学诚的学术地位也随之大为提升。梁启超和钱穆之后，举凡有关清代学术史的论著皆会论及章学诚，章学诚已经作为重要史学家出现于清代学术史的中心地位。

专门论述章学诚史学思想的著述，是1922年张其昀发表在《学衡》杂志上的《刘知几与章实斋之史学》。张氏有感于德国史学家贝恒(Bernhein)的《史法教科书》考订史著裁定史例仅32年，但是此后西方学者“或究义理，或述史册，故年未半百，而成效卓然”，虽然“吾国有千二百年前百五十年前史学大家发凡起例，特著专书，至今竟以无学闻于世。”张其昀将《史通》《文史通义》，与西洋史家朗各(Langlois)、辛诺波(Seignobos)、文森(Vincent)、鲁滨孙(Robinson)、法林(Flilng)诸氏之书相比较，“觉西人所研究之史学问题，二君多已道其精微，其不逮之处，则在近世西洋史家能吸收科学发明之精华。故于人类起源、演进、及未来诸观念，皆有实证以张其新理。”[④]有感于此，张其昀综述《史通》《文史通义》《校雠通义》三书以

① 钱穆：《中国近三百年学术史》(上册)，第422—423页。
② 钱穆：《中国近三百年学术史》(上册)，第442—443页。
③ 钱穆：《中国近三百年学术史》(上册)，第468页。
④ 张其昀：《刘知几与章实斋之史学》，《学衡》1922年第5期。

彰显中国史学的精粹。全文分成八个部分，通过对比刘知几与章学诚的史学，指出章学诚的史学是刘知几史学的进一步发挥与补充，认为《文史通义》“大抵仿《史通》之体，而详其所略，补其所不及”[①]，并说两人的史学“互相补益，相需而备；章君实刘君之功臣，其论史之精神先后一贯”[②]。张其昀将章学诚的《文史通义》视为“吾国史学评论第二部名著”，在文章中应用西方史学观念来说明刘、章史学，“藉西学之光以照我中学之晦”，最后的结论是我国史学义理之探究实早于西洋。

张其昀在文章的最后，对新史学提出具有建设性的希望。这篇文章最突出的特点，是将章学诚的学术贡献放置于横向与纵向的时间轴上进行研究，纵向与是与刘知几的《文史通义》进行比较，横向与当时世界上其他国家从事史学研究的学者进行比较。这种研究方法，也突显了 20 世纪 20 年代史学研究的特色，借助西方史学理论发掘中国古代史家的“科学精神”，同时试图构建中国史学与西方史学相比肩的发展体系。

1925 年何炳松撰述《章学诚史学管窥》，是第一篇以章学诚史学命名的文章。这篇文章列举了 23 条章学诚的史学见解，以提要方式介绍了章学诚的史学思想。在为胡适《章实斋年谱》写的序言中，何炳松将章学诚对史学的贡献总结为三点，“章氏对于中国史学上的第一个大贡献就是记注和撰述的分家……章氏对于史学上第二大贡献，我以为就是他对于通史这一类著作的观念表示得非常切实非常正确……章氏对于史学上第三个大贡献，我以为就是他所说的‘天人之际’完全就是我们现在所说的历史上的客观主义和主观主义。”何炳松认为“章氏已经当得起世界上史学界里面一个‘天才’的称号”[③]，对于章学诚的学术地位评价极高。

此外傅振伦的《章实斋之史学》，对章学诚的史学进行了更为细致的论述，傅振伦认为章学诚为“清代唯一之史学大家而兼大思想家，其见解之卓特，多前无古人，诚不世出之奇才也！考其能成史学大家蔚为不朽者，在于发凡起例，不为常法所拘。”[④]傅振伦从尚通、贵征实，而切入事、倡史德、详近略远，侧重进化、扩充史部范围五个方面论述章学诚的史学特点，对章学诚的史学思想进行了全面梳理与概括。

章学诚在近代史学史书写中的崇高地位，是通过金毓黻的《中国史学

---

① 张其昀：《刘知几与章实斋之史学》，《学衡》1922 年第 5 期。

② 张其昀：《刘知几与章实斋之史学》，《学衡》1922 年第 5 期。

③ 何炳松：《章实斋年谱 · 序》，胡适：《章实斋年谱》，上海：商务印书馆，1934 年，第 8、15、17、22 页。

④ 傅振伦：《章实斋之史学》，《史学年报》1933 年第 1 卷第 5 期。

史》奠定的。金毓黻的《中国史学史》，被视为民国时期史学史专著的集大成者。该书中他专门撰写《刘知几与章学诚之史学》，用二十余页的篇幅详述章学诚的史学特色，将其作为重要史家纳入中国史学史的学科谱系。金毓黻认为刘知几与章学诚是中国历史上以史学为研究对象的两位史家，与其他以历史为研究对象的史家不同，马、班二位"作史家之权舆"，而"刘、章两家为评史家之圭臬"①。金毓黻发掘章学诚的史学与西方新史学的契合之处，认为"现世史籍之分类，其法不一，而以史料、史著分为两类，为最新之方法，或谓此受远西史学传来之影响，与中国无与，不知百余年前，有若章氏，已为之阐发无遗。"②金毓黻将章学诚纳入到中国史学史的学科谱系，金毓黻之后的学者们撰写的中国史学史，章学诚基本都成为不可或缺的一部分。章学诚也由此完成了由藉藉无名而一跃成中国史学史上著名史家之一的转变过程。

民国时期的清代学术史硕果累累，时至今日两部《中国近三百年学术史》仍然是研究清代学术史的扛鼎之作"双壁辉映，光彩照人，影响历久不衰"③，无论从论述深度还是广度上，与这两部著作相媲美的著作至今还未出现。民国时期的清代学术史研究，充分体现了研究范式多元化与兼收并蓄的特色。一方面由于学习西方民主、科学的风尚，学者们或着力发掘清代汉学考据的科学精神，或强调清代学者的启蒙意义，由此形成了时至今日仍具影响力的清代学术史研究的重要解释框架；另外一方面，传统的学案体研究范式仍然存在，最典型的由徐世昌主编的《清儒学案》④，这是最后一部严格意义上的"学案"体著作。1938 年问世，虽然在立案标准和人物择取存在"以成败论人"、"政治党派之故"等问题，"有失是非之公"。但是该书致力于对清儒和学术的全面总结，"虽非一家之言"，却"颇足供学人之参考"，被视为研究清代学术史的长编资料⑤。由此体现出，转型时期的史学在不同的时代背景下，虽带有时代烙印，但是学者们仍努力致力于学术研究，并能发表各具特色的研究成果。即使这些文章的观点受到不同作者的意识形态影响，但是今天我们也应该抱有"温情与敬意"，进一步客观评价与认知其中的史学价值，这些研究成果本身也作为史学史研究的对象，值得我们仔细品读。

---

① 金毓黻：《中国史学史》，北京：商务印书馆，2010 年，第 302 页。
② 金毓黻：《中国史学史》，第 314 页。
③ 陈祖武：《前言》，《清除学术思辨录》，北京：中国社会科学出版社，1992 年，第 5 页。
④ 本章主要围绕新材料与清代专门史展开论述，因此未收录该书。
⑤ 容肇祖：《〈清儒学案〉述评》，《图书季刊》1940 年新 2 卷第 2 期。

第五章　新史观的兴起与清史著述

民国时期清史书写可谓“百花齐放，百家争鸣”。民国取代清朝，是一种全新的政治体制代替落后的政治体制，随之而来的是社会的每一个方面都发生了翻天覆地的变化，史学也一样面对由传统史学向近代史学的转变。正如陈其泰指出：“戊戌前后至20世纪初年，西方近代进化论在国内迅速传播，成为国人观察历史和民族前途的指导思想，并在史学理论和通史撰述上结出硕果，宣告了严格意义上‘近代史学’的诞生，同时革命派人物在运用历史知识宣传革命思想方面也有突出的成就；至民国初年，虽然政治环境十分恶劣，但由于近代史学在观点上、方法上、史料上经过长时间的积累、蓄积了有力的势头，因而在史学研究和历史观点上都引人注目地创辟了新的局面，预示着中国史学将跨入新的时代。”[①]有学者认为，20世纪中国史学最显著的进步是历史观的进步。与循环史观相比较，进化史观是一大进步；与进化史观相比较，唯物史观则是又一大进步，“历史观的更新，恰如更上一层，以观环列的光景，所造愈高，所观愈广。”[②]从20世纪初到40年代，中国史学基本完成了由传统到现代的转化，从进化论史观到唯物论史观，历史观的变化成为史学转型最具代表性的特征之一。

清史学的发展基本与近代史学的发展脉络相同。清代“二百六十八年之局，实国史中最大之转机，而又错变丰伟，至有研究之价值”，“以政体言，清代终君主专制之局；以国境言，清代肇五族共和之端。以文化言，则朴学发前儒之潜光，实学开现今之新机；而中西交通之进步，使学术骤呈变化，又文化媾通罕有之盛会。更自外交国际以观，则数千年自尊怀柔诸观念，至十九世纪初叶始不能不破除。自后失败相仍，威权凌夷，寖成今日国际集矢萎靡苟全之局。此尤吾国莫大之变化，且亦世界之大问题。然则清虽

① 陈其泰、王秀青：《民国初年历史观领域的新变革》，《陕西师范大学学报》(哲学社会科学版)2005年第34卷第2期。

② 李大钊：《史观》，朱文通等整理编辑：《李大钊全集》第4卷，石家庄：河北教育出版社，1999年，第311页。

异族为治，其传世又不及三代汉唐宋明，而清史之重要，实可谓出诸史而上之也。”[①]因此清朝灭亡之后，总结与撰述清史著作，成为当时学者关注的焦点。从民国建立至40年代，清史编纂呈现的多样性、复杂性是中国史学史上不多见的。中国古代历史，历来有官方史学与私家史学之分别，正史与私家修撰的史书交相辉映，彰显出史学丰富多彩的画卷。回望历史上的正史、通史，基本由官方主导，而清史撰述与此前历朝的修撰均有所不同。官修史书已经从此前史学撰修的主导地位退居次要，除《清史稿》延续了官修史书形式，其余皆为私撰。清史首先由私家修史开始，这也是清史有别于其他断代史的显著特点。私家纂修一个朝代的通史，且同时出现众多不同版本，实为近代史学史上一桩极为值得研究的现象。

纵观这一时期的清史撰述，既有传统意义的官方史学，又有大量的私人纂修；既有传统的纪传体、编年体史书，又有新式的章节体史书；既有清代遗老本着效忠清室撰述整理清代史，也有革命志士为清算“满清”而考述其史，更有利用唯物史观总结清代社会症结所在，为当下寻找出路的书写。总之，不论是史观还是编纂形式，这一时期的清史都呈现出百花齐放的特点。从辛亥革命到30年代末，短暂的不到三十年间，出现了19部清史著述，至30年代后继之而起的是晚清史的撰述，成为清史著述的延续。

这一时期的清史囊括了几乎中国史学所有的编撰体例，既有中国古代官方史学的终结——《清史稿》，又有新式断代史的典范——《清代通史》，还有被学界高度赞誉的“先生著作出而早期诸清断代史遂废，而先生著作至今仍未失去其科学光华”[②]的《清史讲义》，清史修撰在20世纪30年代达到了一个高峰，“在此后的半个世纪里尚无出其右者。”[③]20世纪30—40年代，随着中国社会的急剧变化，未来出路的问题，摆在了学者面前，促使清史研究更趋于为当下的社会寻找道路。欲了解现在的社会状况与社会性质，就要回顾历史，特别是近百年来中国的历史与社会，晚清史研究在这一时期逐渐受到学界重视。加之这一时期的通论性清史已经很少出现代表性著作，而此时唯物辩证法方兴未艾，逐渐应用于清史研究。一些学者以唯物史观作指导构建起晚清史研究的革命叙事模式，如李鼎声《中国近代史》(光明书局，1933年)、范文澜《中国近代史》(读书出版社，1947年)，将

---

① 陈训慈：《清史感言》，《史地学报》1922年第1卷第3期。

② 杨向奎、何龄修：《孟森学案》，杨向奎等著：《百年学案》(上)，沈阳：辽宁人民出版社，2003年，第23页。

③ 钞晓鸿：《明清史研究》，福州：福建人民出版社，2007年，第77页。

1840年之后的晚清史作为研究对象,认为这一时期是"帝国主义和中国封建主义相结合,把中国变为半殖民地和殖民地的过程,也就是中国人民反抗帝国主义及其走狗的过程"[①]。与此同时,另外一些学者如陈恭禄《中国近代史(上、下)》(商务印书馆,1935年)、蒋廷黻《中国近代史》(商务印书馆,1938年)在进化史观指导下,将1840年鸦片战争之后晚清史的主题,定位为中国如何借鉴西方现代思想与技术,建立近代民族国家,实现近代化过程。由上述学者们构建起来的现代化叙事模式与革命叙事模式,成为深刻影响20世纪后半期的晚清史研究范式。

上述著述,几乎包含了当时学界所有的历史观,既有承袭传统的循环论史观,又有当时最流行的进化史观、唯物史观,因此对于同一历史事件、历史人物的评述甚至出现尖锐对立与矛盾。这些著述的研究内容及研究方法,呈现出丰富多彩的风貌。一个朝代的历史出现众多版本,众多截然相反的记述,在史学史上是一个独特的景象,这种现象和造成这种现象的原因,值得我们关注和研究。通过对这些清史进行比较研究,可以清晰地看到近代史学在继承传统中有创新,在吸收西方新思潮中又融合,具有中国特色的史学体系的构建。

第一节　多种史观下的清史书写

20世纪初期,清史研究者所处的时代,是中西史学交汇、传统史学向近代史学转型的时代。中国的传统史学与西方各种史学思想的融合,是孕育近代史学及史学思想的源泉。因此,当时的学术界,或研究、批评传统学术和史学得失,或翻译、介绍西方学术和史学,一时蔚为大观。1902年,梁启超的《新史学》,是近代史学的奠基之作,对封建史学进行了无情批判。此后的新文化运动,在史学界也掀起了"新史学"的浪潮,1911年何炳松在北京大学史学系讲授历史研究法,以鲁宾逊的《新史学》作为课本。西方的史学方法论名著,也陆续翻译出版。除了当时许多学者倡导的科学治史方法和进化论史观外,1920年李大钊也在北京大学等校讲授《史学要论》,倡导唯物史观研究方法。在这样的学术背景下,几乎每一位史家都会在自己的研究领域去寻找某种历史观和史学思想,程度不同地向西方汲取营养。

① 毛泽东:《中国革命和中国共产党》,《毛泽东选集》第二卷,北京:人民出版社,1991年,第632页。

清朝的灭亡，标志着封建王朝统治在中国的终结。突变的政治形式与复杂的社会现实，造成人们在思想观念上的冲突与矛盾，不同的政治观点与派别反映在清史研究中，使清史的写作紧密反映时代潮流与思想。20世纪的清史写作开始于辛亥革命前后。随着辛亥革命胜利，清史的编撰掀起了一个热潮，在短暂的时间内出现了多部清朝断代史。如陈怀著《清史要略》(北京大学出版部，1920 年)[①]、吴曾祺等编《清史纲要》(商务印书馆，1913 年)、汪荣宝、许国英编纂《清史讲义》(商务印书馆，1913 年)、刘法曾编《清史纂要》(中华书局，1914 年)、黄鸿寿著《清史纪事本末》(文明书局，1914 年)、许国英纂辑《清鉴易知录》(藻思堂刊本，1917 年)、上海文明书局编《清鉴辑览》(上海：文明书局，1918 年)等。这种新朝开国之初，私家撰述踊跃的现象在前代较少出现。

这些史书基本倾向是带有革命党人偏激的民族情绪，对清朝统治者进行抨击，广泛称赞孙中山领导的革命，详细叙述革命党人的活动。这些书以通俗易懂的文字，新颖的体裁，在专制与民主，光明与黑暗，侵略与反侵略等问题上都能从革命者的角度出发，宣扬新思想，启迪读者，在当时广受欢迎。

影响了几代史学家的进化论史观，在清史撰述中非常明显。华鹏飞的《清史》开宗明义"历史学之要义，在使读者明于民族之进化，社会之变迁，邦国之兴衰，而政体沿革，与夫国家建设之根本，尤有关系焉……清史者，全史中之近世史。其因果首尾，均足为现世之研究资料者也。革命功成，专制告毕。彼满清帝室，以二百六十八年之铺张事业，结数千年专制君主之局，无论其种族风俗政体，在在供人注意，即此大变革之改良进化，已非寻常之近世史可比。"[②]《清史讲义》则称"历史之要义，在以钩稽人类之陈迹，以发见其进化之次第，务令首尾相贯，因果毕呈。晚近历史之得渐成为科学者，其道由此。"[③]许国英在序中引申为"汪君是编，眼光直注于世界进化之公例，及外交上所受若何影响，隐然越出专制范围外而树文明改革之

① 据中国社会科学院历史研究所资料室编《八十年史学书目》(北京：中国社会科学出版社，1948 年)记该书出版时间为 1910 年，据何龄修函告胡珠生："《清史要略》1910 年本，弟之北图、科图等数处寻找，迄未得见。弟自北大借阅者，仅此为 1920 年线装本(亦系转托袁良义先生代借，袁先生告知无 1910 年本)，科图则惟有 1931 年中华书局铅印平装本。"再参以陈怀 1917 至 1922 年任北大教授，故 1920 年说是确切的。参见胡珠生：《清史两种·前言》，陈怀著、胡珠生点校：《清史两种》，上海：上海社会科学院出版社，2006 年，第 6 页。

② 华鹏飞：《清史·绪论》，《清史》上海：中华书局，1912 年，第 1 页。

③ 汪荣宝：《清史讲义·绪论》，汪荣宝、许国英：《清史讲义》，上海：商务印书馆，1913 年，第 1 页。

竿影。”[①]

进化论史观跳出了中国传统史学历史循环论的窠臼，站在历史发展的角度，将清朝的历史划分为开创期、兴盛期、衰弱期、灭亡期[②]，并且在总结清朝灭亡的原因时跳出历史循环论，应用事物发展的起源、变化、衰亡的过程，说明清朝灭亡的原因。如《清史纂要》将清朝灭亡的原因分为远因与近因两部分，认为清朝的灭亡从兴盛时期已经开始，从民族主义的角度出发，对满汉之间的民族问题与文字狱对思想的钳制，乃至列强的入侵都视为促使清朝走向灭亡的原因。《清史讲义》则认为“自嘉庆初年迄于咸同之际……内则教徒苗族，相继煽乱，而太平天王洪秀全以匹夫崛起，席卷中国本部之大半。更历清廷三朝，用兵十余年，卒已灭亡。外则欧人东渐之势力，日以扩张。自鸦片战争以来，数与外人搆兵，而每战必败，每败必丧失权利无算，实逼处此，已兆其端。于是西力之东侵，遂如洪水猛兽，一发而不可制。而革命潮流，亦与之俱长。专制帝国之命运，盖骎骎告终矣。”[③]《清史要略》中在日俄战争之后发出议论“满洲为有清祖宗发祥之地，而为日、俄两国势力之范围；中国尚复有主权之可言耶？厥后云南边境片马之地复为英人所占，中国益莫能与之争，悲夫！弱国与强国交涉，殆无有不失败者。”[④]《清史纂要》中说“今满清易为民国，种族一改革也。专制易为共和，政体一改革也。”[⑤]这些清代通史著作，比起传统史书中的因果循环、天人感应之类的陈词滥调给人以耳目一新之感。历史要向前发展，清朝的灭亡是历史发展的必然。

这些清史多数诞生于辛亥革命发生前后，基本都能跟随时代的步伐，支持资产阶级革命派推翻清王朝的统制。像《清史讲义》讲“民党稔此情势，知非实行革命，不足以建新国而谋自存。义旗屡起，卒以辛亥八月，大举于武汉，越四月而南北统一，民国政府成立。于是改革之事告终，而建设之局方始，盖历史所未有也。”[⑥]而《清史纪事本末》专门设置《光复军之顿挫》《民军起事及下诏辞位》等卷，专门记述民国的诞生过程。

---

① 许国英：《清史讲义·序》，汪荣宝、许国英：《清史讲义》，第1页。

② 这四个分期的名称各书不同，如《清史讲义》分为开创、全盛、忧患、改革时期；《清史纂要》分为崛兴、极盛、衰弱、改革及灭亡时期；《清史纪事本末》则分为开创、全盛、衰亡三个时期等，但是基本上能将清朝的兴起、发展与灭亡的过程高度概括。

③ 汪荣宝：《清史讲义·绪论》，汪荣宝、许国英：《清史讲义》，第3页。

④ 陈怀：《清史要略》，陈怀撰、胡珠生点校：《清史两种》，上海：上海社会科学院出版社，2006年，第139页。

⑤ 刘法曾：《清史纂要》，上海：中华书局，1914年，第1页。

⑥ 汪荣宝：《清史讲义·绪论》，汪荣宝、许国英：《清史讲义》，第4页。

这些清史著述虽然能够承认资产阶级革命的先进性，但是由于撰稿时间短，资料不够丰富，因此书中出现了许多荒诞无稽的传闻。正所谓“应急类清史书籍，虽然条理清楚，实则失之简略，大都仍不脱王朝政治史藩篱，无法全面反映清代社会实况，于波澜起伏的社会情态和风雨多变的中外关系，多所阙闻不载。因此民初写清史的人虽然不少，但始终没有令人满意的学术专著出现，对清史全局性的研究，尚待时日”①。但是这些清史的修撰，在史学史上应该有它们的一席之地，在于它们是中国史坛上的新鲜事物，“它们是中国近代清史学科的第一批作品，属于中国近代历史科学的一部分，即中国资产阶级史学的一部分。中国资产阶级性质的断代史著作，是从清史开始的。”②

20 世纪 20 年代出现了两部风格迥异的清史，《清史稿》与《清代通史》。这两部书直到今天仍然是清史研究者的入门教材，可称为民国清史学的双峰。这两部书无论从思想到形式都相差甚远：《清史稿》被视为中国传统史学的殿军，历时 14 年，集中了近百位史学名家的集体力量，按照传统纪传体史书的体例，编纂出 536 卷大著；《清代通史》以萧一山一己之力，在不到 10 年的时间内撰写《清代通史》三卷五册，运用全新的章节体，以及大量的清代档案史料，被视为新史学的杰出成就。

《清史稿》基本延续中国传统史学的史观，被批评者视为“史观反动”，但是毕竟撰稿人生逢近代，时代车轮浩浩汤汤，欧风美雨几十年，共和之风沐人心，所以他们的思想在潜移默化中逐渐转变，较之以往旧史，在史观方面还是能够看出有一些变化。如金兆藩评论满洲的兴起：“（扈伦）四部有才而不能用，太祖股肱爪牙取于敌有余，国之兴亡，虽曰天命，岂非人事哉？”③关于革命党人“革命党人，共和之原因也。讳言革命，则清室之禅让为无名矣。故革命党人，与吴耿洪杨图帝者自殊。”④但是史稿成于众手，又多为清朝遗老，修史的目的在于“国亡无所自尽，修故国之史，即以恩故国”⑤，因此《清史稿》的史观未突破传统唯心史观，但是应该看到在传统史观中毕竟有了一点新意。

萧一山《清代通史》的横空出世，用彻底的民族革命史观为指导撰写了

---

① 王家范：《萧一山与〈清代通史〉》，《历史研究》2006 年第 2 期。

② 何龄修：《中国近代清史学科的萌生》，《五库斋清史丛稿》，第 9 页。

③ 《清史稿》卷二百三十《武理堪传》，北京：中华书局，1977 年点校本，第 31 册，第 9332 页。

④ 袁嘉谷、陈敬第：《清史凡例商榷》，朱师辙：《清史述闻》卷十一，北京：生活·读书·新知三联书店，1957 年，第 214 页。

⑤ 张尔田：《清故学部左丞柯君墓志铭》，《史学年报》1939 年第 3 卷第 1 期。

一部名为"通史"的清朝断代史[①],成为近代史学转型中涌现出来的"新史学"代表作。这部清朝史最突出的特点,在于萧一山强烈的民族革命史观,与富有激情的鲜明个人特点。萧一山的民族革命史观在《清代通史》中喷薄欲出,是他全部清史研究的核心。他曾经总结自己的史观:"我是主张民族革命史观的,尤其讲中国近代史,必须以它为骨干,为史心。"[②]《清代通史》以民族革命作为叙述线索,笔锋常带情感,热情肯定与歌颂近代以来的中华民族反对民族压迫、争取民族独立的精神,充分肯定天地会、太平天国运动在民族革命中的地位。对郑成功、天地会、白莲教,乃至太平天国、义和团等等的反清起事,均不以"盗、匪"称之。这在当时一众清史著述中似一股清流,别开新格局。萧一山的民族革命史观引起学界的极大震动,胡秋原把"民族主义与经世学之提倡为萧一山的三大贡献之一"[③],在读者中的影响也非常大。萧一山的革命史观具有鲜明的时代特点与转型期史学的特征,即独树一帜具有开创性,又有局限性与不完善之处,恰是这样的特点折射出近代史学在转型期曲折的发展历程。

《清史稿》与《清代通史》都是瑕瑜互见的史著,在立论方面两部著作都有所偏颇。《清史稿》以遗老的史学思想,站在清朝的立场,为之唱赞歌,对新诞生的共和制度报以轻视态度。《清代通史》则以激烈的民族革命立场,对清朝的统治加以抨击,甚至在严肃的史学著作中引用一些传闻。从这两部史学著作,可以看出近代史学的转型不是一蹴而就。如何面对西方史学的冲击,做到一面学习西方的史学理论和思想,一方面又保留住传统史学的优良传统,是处于转型期的中国史学面临的问题。

萧一山对于史学的研究讲究"博、约、通":第一阶段是博览群书,打好宽广而深厚的基础;在此之上要专攻一代之史或者某一方面之史,这是第二阶段;第三阶段是"通",要对古今中外历史的发展变化有透彻的了解,并能掌握法则,能够"盱衡天下",预示出历史发展的趋势,以指导当今社会前进的方向。这样的史学思想,试图通过传统史学的经世致用,调和新史学"专"与"博"的矛盾,是萧一山这一代学人对新史学理论建设的贡献。

孟森的出现,将清史学的研究推到了民国时期的学术高峰。孟森是一

---

① 萧一山对《清代通史》的书名解释过两个内涵:一即中国通史之清代部分,一即西人所谓普通史也。前者虽系时间之连贯,后者则示综合的组织……或有以断代称"通"为不典者,特书此以代释名。见萧一山:《清代通史·序例》,《清代通史》卷上,台北:商务印书馆,1962年,第3页。

② 萧一山:《清代史·引论》,《清代史》,上海:商务印书馆,1947年,第1页。

③ 胡秋原:《我所知道的萧一山先生》,萧一山先生文集编辑委员会编:《萧一山先生文集》下册,台北:经世书局,1979年,第764页。

位深受传统史学影响的学者，但是对于新史学的史学思想也有所吸收。孟森史学思想的变化，是近代史学转型期中的学者最典型的范例。他继承了中国传统史学的信史观念，以求真求信为史学研究的出发点，同时将西学的方法应用到本国传统史学的脉络中，这样的研究理路是近代史学转型发展的必然过程。在前一时期的经验积累上，孟森撰写了《明元清系通纪》《清史讲义》等史学著作。这两部书在取材立论方面都经过鉴别斟酌，慎之又慎。前一本书针对入关前清先世的史实，逐年考证清朝先世事迹，从明初到嘉靖年间，可以视为明清两史，补其共同之缺。后一本书针对入关以后清朝历史进行研究，客观公正评价清史的历史地位，反对历史虚无主义，树立起学术研究的严肃性。经过孟森的考释订正，一些附会传说得到纠正，在清朝的定位问题上虽然还存在不同倾向，但是从发展的角度看，总体上趋向客观。

孟森经常被视为“旧派”学者，原因是他的历史书写中“帝王将相占据历史舞台的中心，扮演历史进程的主角”[①]，英雄史观乃至天命史观在孟森的清史书写中还有一席之地。但是孟森早年留学日本，回国后积极参加宪政运动，他的前半生一直都在为中国实现君主立宪奔走不遗余力。孟森还是“一位爱国者，他壮年的游学，中年的从政，以及热心于介绍国外政法经济学说，都是想把中国富强起来。”[②]因此孟森的史观，在传统史观的基础上受到进化论史观的影响。孟森对于各个民族报以平等的现代民族观念，在这一点上孟森的史观超越萧一山的“民族革命史观”。他认为清之先世作为明代的臣属，就是中国东北境内的一个少数民族并非外族，“其为保护清室之意少，而为维持史学之意多，故虽不信官书，亦不轻听世俗之传说，尤不敢盲从革命以后之小说家，妄造清世事实，以图快种族之私，而冀耸流俗好奇之听。”[③]孟森的清史因此能将为帝王提供借鉴的“资治通鉴”，发展为增强民族凝聚力与促进国家富强的“国民通鉴”。

孟森认为清朝作为中国历史上的一个朝代，不能因其是满族建立的政权就割断历史的继续，书写清史是对中国历史的继承，“近日浅学之士，承革命时期之态度，对清或作仇敌之词……清一代武功文治，幅员人材，皆有可观……革命时之鼓煽种族以作敌忾之气，乃军旅之事，非学问之事也。故史学上之清史，自当占中国累朝史中较盛之一朝，不应故为贬抑，自失学

① 何龄修：《中国近代清史学科的一位杰出奠基人——试论孟森的清史研究成就，为纪念他的诞辰一百二十周年而作》，《五库斋清史丛稿》，第 26 页。

② 郑天挺：《孟心史先生晚年著述述略》，《清史探微》，第 730—731 页。

③ 孟森：《清朝前纪·叙言》，《清朝前纪》，上海：商务印书馆，1930 年，第 3 页。

者态度。”[①]孟森的学术态度与众多研究成果,对清史走上扎实稳健的研究道路,具有重要的示范与促进作用,由此被视为20世纪清史研究的开拓者与奠基者之一。孟森的研究风格至今仍为一些清史研究者所传承,形成了清史研究的一个主要学派。在他逝世前后的一、二十年中,影响了一大批清史学者,如当代著名的清史学家郑天挺、谢国桢、罗尔纲、马奉琛、李光涛、谢兴尧、商鸿逵、王钟翰等,大大推进了清史的研究工作。

从《清史稿》到《清代通史》,再到《清史讲义》,这几部清史对清朝历史从不同的角度进行叙述,无论是编纂方法还是史学思想,都体现了传统史学向近代史学的转变是一个逐渐发展的过程。20世纪30—40年代,随着“九一八”事变、“七七”事变等社会巨变,越来越多的学者因为民族救亡的需要,积极为民族寻找出路,将目光投向近百年来中华民族被列强侵略的历史,通过书写晚清以来的历史总结经验,找出解决中国当前现实问题的方法与出路,回答“中国向何处去”。这一时期的晚清史著作反映出在不同历史观指导下,史家对晚清史的书写呈现出截然不同的面貌,提出不同的社会改造实践方法。需要指出的是,民国时期晚清史既属于清史学同时也属于近代史学,但是近代史著作中民国历史仅有二三十年,而晚清七十年成为近代史的主要内容,由此近代史的著作其实质多为晚清史著作。本书中的“近代史”与晚清史概念通用,均指代晚清史。

蒋廷黻的《中国近代史》代表了风靡一时的现代化史观,一经出版即引起学界的广泛关注。蒋廷黻接受过西方史学严格训练与进化史观的影响,更多关注史事的内在联系。他认为人类文明的发展是一个整体的进化,通过中西文化的对比,认为西方已经进入了近代文化,而东方世界仍然滞留于“中古”。因此他认为中西文化冲突在十九世纪是必然的,进而构建了近代化的范式,把中国能否实现近代化,作为度过空前的民族危机、摆脱中古状态的历史主线。该书观点鲜明,视角独特,对于晚清政治与外交的书写,有很多振聋发聩的观点:诸如对琦善、奕䜣、李鸿章等人的赞扬,对林则徐的批判;对中英《南京条约》签订的意义,蒋氏认为其意义是使中国与西洋的关系更加密切了;此外蒋廷黻对于太平天国运动、义和团运动持否定态度,对于洋务运动洋务派、戊戌变法与维新派、清末新政与清廷改革派、立宪运动与立宪派等大体做正面论述。当时就有学者认为,这部近代史是为帝国主义侵略罪行进行辩护的卖国主义。

蒋廷黻的历史观,可以概括为以“近代化”为标准的史观,即晚清以来

---

① 孟森:《清史讲义》第一编第三章,第2—3页。

任何历史事件、历史人物，都以是否有利于“近代化”作为考量标准。蒋廷黻因此也为晚清史构建了一个“近代化”的研究范式。但是蒋廷黻对晚清史的书写过程中，只看到了列强入侵后给中国带来的“近代化”成果，却忽视了中华民族遭受的苦难，且对于中国社会的基本矛盾认识不够明确，认为现代化是近代中国的首要问题，“近百年的中华民族根本只有一个问题，那就是：中国人能近代化吗?”[①]只有现代化才是推动社会发展的因素，才是中国摆脱被帝国主义侵略的状况。在蒋廷黻的《中国近代史》之前，陈恭禄的《中国近代史(上、下)》也是风行一时的晚清史代表性成果，与蒋廷黻共同构建了晚清史研究的“现代化范式”。

李鼎声的《中国近代史》，代表了异军突起的唯物史观指导下的晚清史研究成就。他最早将唯物史观应用于晚清史的研究与写作，被视为近代用唯物史观对中国现代史的开创性研究[②]。李鼎声重视史事发生之社会、国际背景与经济基础，每一重大事变之因果与过程必多方阐明，务使读者由此获得明确之历史概念[③]。全书分成十八章，从第一章到第十三章论述从鸦片战争到辛亥革命之间的史事，通过具体史实的剖析，说明“中国近代史为一部帝国主义侵略史”[④]，而研究中国近代史的主要任务就是“要说明国际资本主义侵入中国以来中国社会、经济、政治所引起的重大变化，中国民族的殖民地化的过程，以及在此过程中所发生的社会阶级之分化与革命斗争的发展起落。”[⑤]因此在书中通过帝国主义列强的入侵、农民起义等重大事变的分析，不仅叙述事件，还结合中国社会的具体特点分析这些事件产生的原因，显示出一定的理论深度。

李鼎声为中国马克思主义史学建设作出开拓性贡献。作为唯物史观指导下的第一部晚清史力作，《中国近代史》观点鲜明，结构严谨，自成体系，为晚清史研究构建了革命史范式。该书指出1840年后的近代中国是中国人民反抗帝国主义的过程，反帝反封建成为中国近代历史的主题，为此后的晚清史指出方向，奠定基础。李鼎声的《中国近代史》一经出版，就受到多方推赞，在八年内连续印刷了十余版。此后用唯物史观指导的晚清史又有范文澜《中国近代史》(华北新华书店，1947年)、胡绳《帝国主义与中国政治》(香港生活书店，1948年)、华岗《中国近代史》(东北书店，1949

---

① 蒋廷黻：《中国近代史·总论》，《中国近代史》，第3页。
② 胡逢祥：《李平心与中国近代史研究》，《江西社会科学》2005年第4期。
③ 李鼎声：《编辑凡例》，《中国近代史》，上海：光明书局，1935年，第1页。
④ 李鼎声：《编辑凡例》，《中国近代史》，第1页。
⑤ 李鼎声：《中国近代史》，第2—3页。

年)等,迅速推动"革命史范式"的晚清史研究走向成熟,并在1949年之后很长时间里成为晚清史研究所遵循的基本学术范式。

第二节　传统断代史的终结——《清史稿》

《清史稿》在近代史学史上,可称为最富有争议的一部史书。它是清朝被推翻以后的官方修撰史书,延续了中国传统史书的史观与体例,长期以来与二十四史并列。但是《清史稿》在其地位被肯定的过程中,受到了禁锢、解禁、否定、肯定等不同对待,这个过程充满传奇色彩。也许因为它的成书方式过于奇特、也许是由于它的撰述者经历过于曲折,直到今天,《清史稿》仍然是一部饱受争议的清史。本节简述《清史稿》的编纂过程,侧重于对《清史稿》的禁毁与解禁过程进行梳理,以期为民国史学发展研究提供一个研究范例。

"国可灭,史不可灭"是我国传统的修史观念。按照古代成例,隔代修史,是为总结过去、借古鉴今,也有象征承继正统的意义。虽然民国取代清朝,推翻了封建专制统治,但是以袁世凯为首的北京政府,并未割断与逊清旧朝的联系。袁世凯本为内阁总理大臣转作民国总统,追随他周围的官员也各就其位。民国政府中的前清官员,更视新旧朝代更替为清室的"禅让"结果,"迨共和宣布,让德昭垂,我中华民国特颁优待条文,允彰崇德报功之典"①,因此纂修清史让很多人念念不忘。此外,袁世凯也想以编纂清史拉拢清朝旧臣,"含有藉是延揽胜朝遗老山林隐逸之用意,犹之清初修明史"②,撰修清史因此受到袁世凯的特别重视。

一、《清史稿》编纂过程

1914年2月3日,根据袁世凯旨意,国务院正式向大总统提出设立清史馆的请求。报请设立清史馆的呈文称:

> 大清开国以来,文物灿然,治具咸饬,远则金川请吏,青海敛兵,拓土开疆,历史之光荣犹在,近则重译通商,诏书变政,鼎新革故,贞元之继续攸关,洎乎末叶,孝定景皇后,尤能洞观世势,俯察舆情,宣布共

① 《政府公报》660号,许师慎辑:《有关清史稿编印经过及各方意见汇编》(上),台北:"中华民国史料研究中心",1979年,第2页。

② 徐一士:《清史稿与赵尔巽》,《逸经》1936年第2期。

和，与民更始，用能成德美文明之治，洵足追唐虞揖让之风。我中华民国，追维让德，于大清皇室，特颁优待条文，崇德报功，无微不至。惟是先朝纪载，尚付阙如。后世追思，无从观感。及兹典籍具在，文献未湮，尤宜广召耆儒，宏开史馆，萃一代人文之美，为千秋信史之征。兹经国务会议议决，应请特设清史馆，由大总统延聘专员，分任编纂，总期元丰史院，肇启宏规，贞观遗风，备登实录，以与往代二十四史，同昭垂鉴于无穷。[①]

1914 年 3 月 9 日，袁世凯发布大总统令，批准成立清史馆。1914 年 8 月，袁世凯派贴身秘书吴璆，带着亲笔信到青岛，聘请前清东三省总督赵尔巽担任清史馆馆长一职。1914 年 9 月 1 日，清史馆正式成立，馆址位于故宫东华门内。清史馆有房子一百多间，库房一座，这里原来是清朝的国史馆和会典馆。《清史稿》从 1914 年开始纂修，到 1928 年正式出版，历时 14 年。先后聘任编纂人员一百多人，另外还有名誉总纂、纂修顾问等近百人。参加撰写工作较多的有：柯劭忞（任天文、时宪志）、王树枏（任部分列传、地理志）、吴廷燮（任部分本纪、表、地理志）、缪荃荪（任儒林、文苑传、列传、土司传）、金兆藩（任清前期列传）、吴士鉴（任宗室、世系表、部分地理志）、袁励準（任列传）、万本端（任礼治、舆服志）、邓邦述（任本纪、光宣列传）、秦树生（任地理志）、章钰（任忠义传、艺文志）、俞陛云（任兵制、列传）、姚永朴（任食货志、列传）、罗惇曧（任交通志）、吴广霈（任邦交志）、张尔田（任地理志、刑法志、乐志、后妃传）、李岳瑞（任列传）、金兆丰（任地理志）、马其昶（任列传）、刘师培（任出使大臣表）、夏孙桐（任列传）、奭良（任列传）、瑞洵（任本纪）、姚永概（任食货志）、朱师辙（任艺文志）、李哲明（任本纪、列传）、戴锡章（任邦交志、列传）[②]。

上述主要撰稿者以桐城古文派为主，也有一些旗籍文人。桐城派在撰写史稿中多主文，纂修汉传、列传；旗籍文人在撰写史稿中多主义，纂修满传、本纪。桐城派在清代文坛占有主要位置，“天下文章，其出于桐城乎！”《清史稿》主要撰稿者大多出于桐城派门下：马其昶、姚永朴、姚永概都是桐城人，三人同乡同里又同为吴挚甫高足，二姚为同胞兄弟，是桐城大家姚鼐的后裔，姚永概又为马其昶之妻弟；夏孙桐之母姚太夫人为姚鼐之裔，自小受教于其下；夏孙桐与缪荃荪为同乡，其三妹嫁与缪荃荪；朱孔彰为朱师辙之父，朱家世习桐城古文，朱方饴为朱师辙堂兄，娶夏孙桐三女，因此朱师

① 朱师辙：《清史述闻》卷一，第 2 页。

② 本节参考朱师辙：《清史述闻》卷三、卷十四。

辙称夏氏为“夏闰丈”;秦树声为固始桐城派传人,朱师辙为其门下弟子,且为其婿。八旗籍文人中,奭良为赵尔巽表侄,瑞洵与(骆)成昌为表兄弟;吴廷燮、金梁为赵尔巽幕府中人;王树枏、柯劭忞、秦树声、瑞洵为光绪十二年(1886 年)同榜进士;夏孙桐、吴士鉴为光绪十八年(1892 年)同榜进士;秦树声、柯劭忞二人入仕后,诗词唱和,直至秦终;张尔田又曾师秦树声。[①] 虽然昔日满汉官宦间政治上的防范根深蒂固,学术上的门户之见又由来已久,但两派的学术旨趣在编纂清史时渐趋一致,一时间清史馆可谓人才济济。

《清史稿》的编纂过程大约分三期,第一期为开馆写初稿(1914 年到 1920 年初),这一时期最初的工作为定修史体例。先在馆内外征集,有于式枚、缪荃荪、秦树声、吴士鉴、杨钟羲、陶葆廉六人合上《拟开馆办法九条》、梁启超《清史商例第一、二书》、吴廷燮《清史商例》、金兆蕃《拟修清史略》、吴士鉴《纂修体例》、袁嘉谷、陈敬第《清史凡例商榷》、朱钟琪《拟修清史目例》、袁励準,王桐龄《纂修清史管见书》、张宗祥《纂修清史管见数则》、朱希祖《清史宜先修志表而后纪传议》、刘树屏《陈述邦交志意见书》、卢彤《征集书籍及分类纂修办法》。[②] 史馆采纳馆内外人士建议,拟定史例史目,然后将史例登载于报纸,接受社会各界人士评议。这是史馆体例讨论的第二步。

《清史稿》的例目刊登之后,在社会上引起了很大反响,《东方杂志》《中国学报》《甲寅》等杂志都刊登了讨论清史修撰体例的文章。这中间特别值得注意的是易培基,时任湖南省立第一师范校长,在《甲寅》上发表的《清史例目证误》。易培基是同盟会成员,辛亥革命之前在日本留学,追随孙中山,1911 年参加武昌起义,任黎元洪的秘书。易培基是参与清史体例讨论的唯一一位参加过武昌起义的学者,可视为辛亥革命时期新知识分子的代表。他撰写的《清史例目证误》,刊登在《甲寅》杂志,文中认为缪荃荪编的清史例目,“误漏蠭午,触目皆是。”易培基认为志目太繁,“过于诸史”[③]。并且提出十三点谬误:第一是国语列志,第二是氏族列志,第三是兵制分类不当,第四是遗漏武宪志,第五是不设公主传,第六是增加诸臣列传,第七是清初部分布衣遗民不列传,第八是隐逸列志,第九有属国列传而无其他国家列传,第十叛臣传之误收,第十一无奸臣传,第十二有明遗臣传而无明

① 刘海峰:《〈清史稿〉撰述人及其关系考》,《史学月刊》2003 年第 2 期。

② 朱师辙:《清史述闻》卷一,第 3 页。

③ 易培基:《清史例目证误》,《甲寅》1915 年第 1 卷第 6 期。

政权，第十三应为党籍列传。① 易培基从新式知识分子的角度，对纂修清史提出改革。他认为清史非一家一族之史、提倡男女平等、对西方国家应平等对待、对革命党人应给予重视等建议，体现了资产阶级革命派的立场。易培基对例目的纠正得到了一定的重视，《清史稿》最后定例目时删减了国语志、氏族志。但是他在 1915 年的担忧“此仅一史例耳，谬误已多。将来书成，可想见矣……清史之为清史，不綦哀耶”②，在《清史稿》出版之后得到了验证。

经过各方对《清史稿》体裁体例的讨论，大致达成了以“于氏九条为主，而参取各家所长以补之，大体近法《明史》，而稍有变通”③的修撰体例，共有纪 12 篇，志 16 篇，表 10 篇。制定好修史体例，随后开始的是搜集整理史料工作。清史馆依据的史料大致有如下两类：第一类是各种档案。有史馆大库档案、军机处档案、方略馆、内阁大库、内务府、国子监、各部院及各省督抚署档案；第二类是各种书籍。清史馆原拟征集书籍，包括各种图书、各埠报章、名人事略、各省地志、各省舆图及名人手札小照等，并为此制定了《清史馆征书章程》发到各省。江苏、浙江两省设了采访局，派人抄录、征集私家著述文集及有关书籍史料；云南、甘肃、山东等省，设置了专门访员，专事负责征集史料。另外，当时还有私人及图书馆呈送书目及相关史料到馆内。

清史馆的工作从开始就没有严密的组织和章程，人员管理松散。以第一时期的人员最多，管理最混乱。开馆时延聘 130 余人，实际到馆工作 80 余人，分任提调、总纂、纂修、协修、校勘等职，到馆离馆悉听尊便。虽然各人在馆任职时间不一，成稿多寡不等，但是这一时期由于经费较为充沛，且有清国史馆各种史料作为基础，因此 1916 到 1917 年间成稿最多。1917 年张勋复辟，受战事影响，清史馆闭馆数月，撰稿工作停滞。后来虽然恢复，但是经费减半，撰稿人大半散去，仅能勉强维持。

第一阶段撰成的书稿主要有：纂修柯绍忞撰天文志、时宪志；纂修吴廷燮撰诸大臣年表、部分本纪及地理志内外蒙古七卷；纂修王树枏撰咸丰、同治朝大臣传；纂修夏孙桐撰嘉庆、道光朝列传及循吏传、艺术传，纂修缪荃荪撰儒林传、文苑传、康熙朝大臣传、土司传；纂修金兆蕃撰太祖、太宗、顺治朝列传及列女传；纂修吴士鉴撰地理志贵州、新疆各一卷、宗室世系

---

① 易培基：《清史例目证误》，《甲寅》1915 年第 1 卷第 6 期。

② 易培基：《清史例目证误》，《甲寅》1915 年第 1 卷第 6 期。

③ 朱师辙：《清史述闻》卷一，第 4 页。

表、公主表、皇子世表及艺文志初稿;纂修邓邦述撰太祖、太宗本纪及光绪、宣统朝大臣传;纂修秦树声撰地理志直隶卷;纂修王大钧撰嘉庆朝列传;纂修章钰撰忠义传、艺文志;纂修姚永朴撰部分列传及食货志盐法卷;纂修张采田撰地理志江苏卷、刑法志、乐志、后妃传等;纂修金兆丰撰地理志之浙江一卷及光绪、宣统朝列传;纂修马其昶撰光绪、宣统朝大臣传;纂修刘师培撰出使大臣年表;纂修唐恩溥撰地理志之广东、湖南二卷;纂修万本端撰礼志、舆服志。

协修袁励準撰部分列传(后全未采用);协修李岳瑞撰部分列传;协修韩朴存撰地理志东三省卷、属国传;协修朱孔彰、其子协修朱师辙继任撰咸丰、同治、光绪朝列传并补儒林、文苑各传共 170 余篇;协修黄翼曾撰部分列传;协修吴广霈撰邦交志、地理志安徽一卷及部分列传;协修罗惇曧撰交通志;协修成昌撰氏族志之满洲、蒙古、汉军三卷(后因《清史稿》删氏族志而未用);协修李景濂撰部分列传(后未采用);协修叶尔恺撰宗教志之喇嘛教、基督教、回教各一卷;协修瑞洵撰部分本纪;协修田应璜撰地理志山西一卷;协修蓝钰撰地理志云南一卷;协修唐邦治撰军机大臣年表;协修俞陛云撰兵志与部分列传;协修吴怀清撰地理志陕西一卷、食货志征榷卷;协修张书云撰礼志并补辑舆服、选举二志;协修张启后撰选举志、交通志;协修李哲明撰部分列传及食货之田制一卷;协修奭良撰部分列传;协修戴锡章撰邦交志等等①。

第二阶段从 1920 年到 1926 年秋,这一时期由于直皖、直奉大战相继开战,“东华门时启时闭,馆员不能调书考证,停顿益多,加以薪水减而又减,已不足以养人”②,清史馆进入了“整理收束史稿”时期。

针对第一阶段稿件体例不一、质量不齐的问题,1922 年清史馆召开关于统一列传的会议。与会者有柯绍忞、王树枏、夏孙桐、马其昶、姚永朴、奭良、金兆蕃、张尔田、金兆丰、王大钧、邵章等 10 余人,议决办法十余条,主要有臣工传脱稿之期限,臣工传分卷方法与页数(篇幅),附传之体例,传论之办法,功课担任之进行,清稿之办法等。当时议定,全传脱稿期以当年旧历十二月为限,分四月、七月、十二月三期交稿。此时在馆人员仅二十余人,会上进行了分工:由柯绍忞、金兆蕃、奭良任国初,奭良并担任诸王传;缪荃荪、吴士鉴任顺康(吴士鉴未到,缪荃荪旋卒,以张尔田任之);金兆蕃独任雍乾;夏孙桐任嘉道,王大钧、朱师辙协助;王树枏、柯绍忞任咸同,朱

① 朱师辙:《清史述闻》卷三,第 51—60 页。

② 朱师辙:《清史述闻》卷四,第 75 页。

师辙协助；马其昶任光宣，邓邦述、金兆丰、姚永朴协助。这是一次重要的会议，但是仍未能统一撰者（统稿人）的工作标准。议定的凡例，有些人遵守有些人不遵守，工作进度也不一致，一直拖延了两年才勉强完成。咸、同、光、宣四朝，仍然无法用，众人推举由柯绍忞、夏孙桐再加整理，柯劭忞又委托给金兆蕃。但是因为此时经费没有人支付，加之时局动荡，夏孙桐金兆藩两人都未开始撰写，导致后来刊印的时候，这几朝仍然用的是原稿，因此质量差强人意。

其他如纪、志、表等原本多有专撰之人，此时在馆者继续编纂修订。而离馆诸人的稿件，无力顾及，基本上未加整理。因此第二阶段统稿，主要进行的是列传，至1925年大部已结束。

第三阶段是1926年秋到1928年聚稿刊行时期。由于这一时期"政府财政艰窘，屡减经费，以至于无，遂全局停顿。至十六年，尔巽乞款于张作霖、吴俊升，而袁金铠为之介，果得款，于是议重加整顿，预定三年告成，甫逾半载，而尔巽以齿迈，全史删定成书。"[①]由上述记载，可以看出第三阶段之仓促。到1926年，馆中仅剩十余人，"在馆之员，等于半尽义务，皆为赞成清史必成之人。"虽然剩下的人员稀少，然"颇努力，渐能统一办法，始有第三期修正结束之举"[②]。这十余人分工进行终审定稿工作：柯绍忞、奭良、金兆蕃、李哲明总阅本纪；王树枏、吴怀清、俞陛云、金兆丰、戴锡章、朱师辙等总阅各志；吴廷燮总阅表；夏孙桐与金兆蕃总阅列传，其中金兆蕃任乾隆以前，夏孙桐任嘉庆以后；汇传由夏孙桐任循吏传、艺术传，章钰任忠义传，柯绍忞任儒林传、文苑传、畴人传，其余皆归金兆蕃阅审[③]。

1927年中，赵尔巽因"心力已竭，老病危笃"，急欲将手稿付印。虽然馆中有不同意见，但赵尔巽自认"年齿之迟暮，再多慎重，恐不及待"，此时联系筹款的袁金铠到了北京，赵尔巽付给其经费，将刊印之事情委托于袁金铠。赵尔巽认为"盖此稿乃大辂椎轮之先导，并非视为成书也"[④]，因此仿王鸿绪《明史稿》定名为《清史稿》。袁金铠委任金梁为总校，督促各位编审加快进度，每一卷成，即交馆发刊，期以一年完成。1927年9月，赵尔巽病逝，柯劭忞代馆长职，因与袁金铠、金梁意见不一致，交稿不阅，即付排印。此时北伐军节节胜利，北京政府岌岌可危，刊印书稿的时间缩短为十个月。一些书稿还来不及审阅校对，只能付印。本次刊印《清史稿》共536

① 张尔田：《清史稿纂修之经过》，《史学年报》1938年第2卷第5期。
② 朱师辙：《清史述闻》卷四，第75页。
③ 朱师辙：《清史述闻》卷三，第52—53页。
④ 赵尔巽：《清史稿发刊缀言》，《清史稿》，北京：清史馆，1928年，第2页。

卷,12月印刷完成各朝本纪以及部分志、表、列传共50册,1928年5月,其余81册印刷完毕。第一版《清史稿》共印1100部,金梁私自运往关外400部,此为后世所称的关外本,另外700部,因馆内同仁发现了金梁的行为,遂进行了抽改,此为后世所称关内本①。

二、《清史稿》被禁与解禁

《清史稿》在民国的遭遇十分传奇,先是被南京政府严禁出版,但是禁锢范围仅为大江南北地区,关外及华北地区禁锢令所不及。由于有金梁的关外本存在,"禁锢者仅只国人之耳目,实则《清史稿》成为异国文人学士研究探讨我国清代史的不可或缺之宝贵资料。"②除外国的各大图书馆有收藏,国内的图书馆如北平图书馆、北京大学图书馆、清华大学图书馆及其他国家机关都有收藏。而关外本大量入关,每部索价高于原价的五、六倍,日本商人将多卷本《清史稿》缩印成两大本,后又缩印成两小本,高价卖到国内。更有甚者,盗印金梁关外本以牟利。后来,在孟森等学者的呼吁下,《清史稿》逐渐解禁,成为清史研究者必备的研究资料。下面简要叙述《清史稿》的被禁与解禁经过。

1928年6月28日,故宫博物院接收清史馆③。《清史稿》此时尚未出售完,也被故宫博物院一并接收。故宫博物院以其书"承袁世凯及北洋军阀之余荫,修史者悉用亡清遗老……彼辈自诩忠于前朝,乃以诽谤民国为能事"④,于1928年12月14日组织委员会⑤,对《清史稿》进行初步检阅审查。检出《清史稿》有十九项错误与问题:主要有反革命、藐视先烈、不奉民国正朔、例书伪谥、称扬诸遗老鼓励复辟、反对汉族、为满清讳、体例不合、体例不一致、人名先后不一致、一人两传、目录与书不合、纪表传志互相不合、有日无月、人名错误、事迹之年月不详载、泥古不化、忽略等等⑥。

有鉴于此,1929年12月16日,故宫博物院院长易培基提请行政院院长谭延闿,请求"将背逆之清史稿一书,永久封存,禁其发行。"故宫博物院计划再修一部清史,"现在职院已聘请专家,就所藏各种清代史料,分年别

---

① 该节内容主要参考戴逸《〈清史稿〉的纂修及其缺陷》(《清史研究》2002年1期),刘海峰《〈清史稿〉撰述人及其关系考》(《史学月刊》2003年第2期),邹爱莲《〈清史稿〉体例的讨论及确立》(《清史研究》2003年第3期)。

② 王锺翰:《〈清史稿〉说略》,《清史补考》,沈阳:辽宁大学出版社,2004年,第199页。

③ 许师慎辑:《前言》,《有关清史稿编印经过及各方意见汇编》(上),第4页。

④ 《故宫博物院呈请严禁清史稿发行文》,朱师辙:《清史述闻》卷十八,第418页。

⑤ 傅振伦:《三论清史稿》,《文化先锋》1946年第5卷第8期。

⑥ 《故宫博物院呈请严禁清史稿发行文》,朱师辙:《清史述闻》卷十八,第418—422页。

月，编辑清代通鉴长编，一俟编成，再行呈请国民政府，就其稿本再开史馆，重修清史。一举而数善备矣。”[①]但是，这一计划后并未实现。1930 年 1 月 18 日，故宫博物院存《清史稿》成部者粉连纸一百三十八部，毛边纸一百九十八部，共计完整者仅存三百三十六部。又粉连纸散本二万另八百七十册，毛边纸散本二百五十三册，总计六万五千一百三十九册，与故宫博物院清史馆各种重复书籍一起南运[②]。1930 年 2 月 19 日，国民政府训令行政院：“查清史稿纰缪百出，现经本府第六十三次国务会议决议禁售在案。除派员前赴北平将故宫博物院现存之该项史稿，悉数运京永禁流传外，所有从前已经发行者，应一律严禁出售。”[③]

国民政府禁止了《清史稿》的出版和发行，一面是很多关心清代文献的海外学者，“欲购无从，引以为憾。”一面是金梁运到关外的《清史稿》已经流传到民间，很多不法书商私行刻印以牟取暴利。因此“报章杂志，常载有批评禁令之文字，大意谓‘政府既以该稿有违民国体制而禁其发行，即应由政府派员重修，既不重修，又不弛禁，徒令研究清史者，无所取资，殊非郑重文献之意。’”[④]许多学者也请求政府弛禁，或者重修清史。

1934 年 11 月 23 日，行政院“以众议为韪”[⑤]，向国民政府呈检校《清史稿》报告案，呈请国民政府派员详加审订。1935 年 1 月，行政院设置检校清史稿室，检校《清史稿》工作，主要由吴宗慈负责，于 1935 年 9 月中旬完毕。除作成检校记外，还有检正表九册，补表六册。据检校报告，纪、志、表、传中有大量内容或书法不合，或事实讳略，或浅陋，或疏略，或错漏，需要分别修改、另撰、改写、补辑，删除。最严重的是所谓“属大体者”，主要有二：“（一）清历代帝后失德者，均讳略不载。（二）反对汉族及反对民国之用意措辞，随处可见。言其大者，如康、雍、乾三朝之文字狱或讳而不书，或略之已甚；如咸同朝之太平天国与清末革命党史迹，或书法不合，或故为书法以示贬；此为大体上应根本改正者。”[⑥]

经行政院 230 次会议决议，检校结果由教育部于两个月内提出意见。

---

① 《故宫博物院呈请严禁清史稿发行文》，朱师辙：《清史述闻》卷十八，第 423—424 页。

② 许师慎辑：《有关清史稿编印经过及各方意见汇编》（上），第 239 页。

③ 《国民政府训令第九十六号》（1930 年 2 月 19 日），许师慎辑：《有关清史稿编印经过及各方意见汇编》（上），第 238 页。

④ 彭国栋：《清史纂修刍议》，许师慎辑：《有关清史稿编印经过及各方意见汇编》（下），第 821 页。

⑤ 彭国栋：《清史纂修刍议》，许师慎辑：《有关清史稿编印经过及各方意见汇编》（下），第 821 页。

⑥ 《行政院提：检校清史稿报告案》，许师慎辑：《有关清史稿编印经过及各方意见汇编》（上），第 243 页。

教育部将原文函送中央研究院史语所征询意见,史语所所长傅斯年撰写《关于清史稿事敬述所见》《检校清史稿初步述略眉识》呈送行政院。行政院综合教育部与中央研究院的意见,经院会讨论,呈请中央政治会议为最后办法之决定。中政会召开第一次会议,推国民党党史史料编纂委员会主任委员邵元冲审查,邵主张清史应该设馆重新修撰,由政府拨款一、二十万,在两三年内完成。但是因为第二次中政会议上意见纷争,又交中政会内政、教育两组审查。教育部于同年 11 月 29 日呈报国民政府的意见是:"在该史稿未修正以前,原稿似亦不妨仍准国内书店发行,惟须责令附印吴氏之检校述略或检正表,以资纠正。或由国立中央研究院历史语言研究所纂述序言一篇,责令印行《清史稿》书商将序言刊诸卷首,俾读者对《清史稿》撰著人之政治僻见及莠言,预先明了,免兹煽惑。"[①]1937 年"七七事变"爆发,国民政府连续南迁,国难时期《清史稿》的禁令已经形同虚设,"是书不解禁而亦自解禁矣"[②]。

三、民国学者对《清史稿》之评论

《清史稿》成书于 1927 年,出版后一直处于争议之中。对于这部"未臻完整"的"急就之章",出版之前赵尔巽已意识到此书的缺陷,"所有疏略纰缪处,敬乞海内诸君子切实纠正,以匡不逮,用为后来修正之根据。"[③]且成书于众手,存在问题必不可免。因此从《清史稿》甫一面世,就引起各方争论。

《清史稿》刚发行,就有众多学者发表专门文章指出《清史稿》的不足。最详细者当属傅振伦的《清史稿评论》(上、下),这两篇文章可代表当时新式学者对《清史稿》的态度。傅振伦的文章详细考察《清史稿》的内容,仿"吴缜《新唐书纠谬》之体……总论赵柯诸氏《史稿》之得失"[④]。这两篇文章按照《清史稿》的原来次第,逐卷概论,将其瑕疵一一摘出,列成条款,指出《清史稿》在序、目录、本纪、志、表、列传等方面的得失二十八条。每列出一处失误,都以《清史稿》中数例作为依据,具有很强的说服力。例如在说明"书之内容与序例抵牾者",就举出"《舆服志》序云:'光宣之际,海陆军兴,旗式服章,旧观顿改,已见兵志,兹不复述。'然考本书兵志中,不言旗

① 《教育部呈行政院:转陈中央研究院书面意见》,许师慎辑:《有关清史稿编印经过及各方意见汇编》(上),第 244 页。

② 王锺翰:《〈清史稿〉说略》,《清史补考》,第 199 页。

③ 赵尔巽:《清史稿发刊缀言》,《清史稿》,第 1 页。

④ 傅振伦:《清史稿之评论》(下),《史学年报》1931 年第 1 卷第 4 期。

式，服章。而《海军篇》中只有'……其定仪制也，曰冠服，曰相见礼，曰国乐，曰军乐，曰王命旗牌，曰印信。'之语。余均不详。岂作者嫌其烦屑而故诿之曰'已详他篇'以掩其简陋他耶!"又如"断限参差不一"中举出"于式枚、王凯运、林纾、王国维等人，均卒于民国。亦分载大臣、儒林、文苑、忠义诸传。侵官离局，莫过于此"①。傅振伦虽然指出《清史稿》的很多缺陷，但是并未以偏概全，全部否定《清史稿》。他在文中对于一些写法表示肯定，在"论赞之得失"中，认为《清史稿》的论"优点颇多。其间有述新意外事者，有辨释疑惑者，有记传闻异辞者。对于史事之真伪，裨益不少。他若立论公正，阐明因果，论事利弊，犹其余事焉。"②这样的评论在傅振伦的文章中还有多处，由此可以看出傅振伦尚能从学术争论的角度评判《清史稿》得失。

这一时期对《清史稿》的评论还有范希增《评清史稿艺文志》(《史学杂志》1929 年 1 卷 3 期)、蒋廷黻《评清史稿邦交志》(《国立北平图书馆月刊》1929 年 2 卷 6 号、3 卷 1 号)、王伯祥《读清史稿述臆》(《民铎杂志》1929 年 10 卷 1 期)等。这些文章普遍提出《清史稿》存在的问题，其中《评清史稿艺文志》与《评清史稿邦交志》，专门对《艺文志》《邦交志》作出批评。对于《清史稿》的评论多为指陈《清史稿》的失误之处，并未禁止《清史稿》出版与发行。

蒋廷黻评论《邦交志》，"近百年来中外交涉之重要案件，如鸦片战争，英法联军，同治修约，马嘉里案，伊犁案，中法战争，中日战争，瓜分与排外，东三省之国际问题等，皆《邦交志》所不理解者也。《邦交志》既不说明各案之所以成问题，又不指定各案结束之得失，其史学上之价值，可想而知。"③并逐一列举出《邦交志》俄罗斯、英国、法国、美国、德意志等国家记载失实的内容。范希增在评《艺文志》先例举体例的失误，又分别列举书名有误、卷数有误、撰人有误、著录之书有以明初书而误作清人书、以外国人书而误做国人书、有一书而重复著录、有一书二名遂误为二书而分别著录、有诸书已散见各类又复列书之总名、更有重复著录等随处可见的错误。至于门类出入有界划不清，部居舛误、次序错乱欠考这些问题都举出例证，均能切中要害。但是这些评论中仅限于对《清史稿》文本的辨析考证，也未涉及要求禁止《清史稿》出版。

① 傅振伦：《清史稿之评论》(上)，《史学年报》1931 年第 1 卷第 3 期。
② 傅振伦：《清史稿之评论》(上)，《史学年报》1931 年第 1 卷第 3 期。
③ 蒋廷黻：《评清史稿邦交志》，《北平北海图书馆月刊》1929 年第 2 卷第 6 期。(此刊 1930 年后更名为《国立北平图书馆月刊》)

《清史稿》的禁令出台，首先提出异议的是清史学界知名学者、北京大学教授孟森。孟森的《〈清史稿〉应否禁锢之商榷》，从一位清史学者的态度对政府禁止《清史稿》提出不同看法。他认为："史文有详略不副人意之处，及纪表志传间有自相抵牾，此皆史学家研究之范围，虽马班之书，亦可条举得失；且非有得失可指，即无史学；故可资研究，不得即谓可予禁锢也。应否遭禁，或以与民国，有无抵触为限；或谓史料自史料，抵触亦使国人自相纠正，而不必掩没其文。"①在列举《清史稿》与民国相抵触之处后，孟森认为"审查结果，或有可嫌之处，要之已尽具于是。是本书无谤史之价值，但当指明其应酌正之体例，并出党史，以供参照，为据稿修为正史时之标准，无毁弃此大宗史料之必要。且若有可嫌，必关外本之嫌尤重，故当日在事之馆员，删成关内之本。然令关外本捆载以入异邦，竟为毁禁之所不及，则所锢者国人之耳目，而为异国添研究我国史书之资料，使我学术界欲广佚闻，恒裨贩于异国史学家之著述，心知其可耻而无如之何！此不能不望政府当局，为学界一垂怜，而弛其购买或翻印之禁也！"②

孟森提出为《清史稿》解禁后，原燕京大学中文系教授容庚，先后发表《清史稿解禁议》与《为检校清史稿者进一解》两文，支持为《清史稿》解禁。前文指出："夫学校皆有历史一门，欲知中华民国肇建之由，不能废清代二百六十八年之历史而不讲，即不能废此一百册《清史稿》而不用，使政府果有改编之志，国人犹可少忍须臾。今改编既无其期，而研究历史者不能蔽聪塞明，则政府之威令有不暇顾者矣。在昔专制之世，'普天之下，莫非王土'，生杀予夺，惟意所欲，取违碍之书而销毁之，岂不掀髯自得曰：'莫予毒也已'。然十世之下，销毁之书，犹有存焉者。……北平图书馆、北大图书馆、清华图书馆等国立机关，皆有收藏，私开阅览。甚至辇毂下之江苏省立国学图书馆，称以正史，列于书目，政府威信，自践踏之。而私立学校，如燕大图书馆，辅大图书馆，岭南图书馆，昔皆预约购得前半部者，亦不能不忍痛再斥巨金，购以供用。关外之本，捆载入关，每部索价五六百金。政府之禁令，徒为奸人牟利之具。假使关外之民，复翻多本，运销关内，政府将若之何？"③

后文说："孟心史先生之论至为允当。清帝逊位后，民国所订优待条例首云'大清皇帝辞位之后，尊号仍存不废，中华民国以待各外国君主之礼相

① 孟森：《清史稿应否禁锢之商榷》，《国学季刊》1932年第3卷第4期。
② 孟森：《清史稿应否禁锢之商榷》，《国学季刊》1932年第3卷第4期。
③ 容庚：《清史稿解禁议》，《行素杂志》1935年第1卷第5—6期。

待。’在此条例被取消之前，窃号自娱，原为中华民国所允许，则彼时之不奉民国正朔，再颁谥典，无足怪者。即收诸遗老于列传中，以为效忠者劝，亦当不为旧道德所非难。其他体例不合、体例不一致，殊不足为禁锢之理由。古书体例不合、或体例不一致者何限，政府可胜禁乎？为政府计，与其锢诸文官处图书馆，何如将所存二百四十五部，除酌留若干部为检校之用外，尽数颁发各大图书馆；其经预约者，一律发还下半部，以供众览而听取国人之公评。”①

1937年之后，《清史稿》已经自动解禁。基于《清史稿》的种种缺憾，一些学者希望能够重新校订《清史稿》。这一主张以傅斯年为代表，他认为“永禁为势不可能……重修清史，自是国家应做之事……据清史稿底本重修之……可不必也。将清史稿之伪南明、伪太平、伪民国、及下视革命党人之处尽改正之，此外一切仍旧。此项办法……似轻而易行……更简便速成省费。”②1939年12月，国民政府设立国史筹备委员会，由张继主持，主要的工作就是审查校订《清史稿》，准备重印问世。

金毓黻作为筹备委员会委员，于1948年发表《读清史稿劄记(附校订清史稿意见及办法)》。这篇文章首先肯定《清史稿》的价值，“平心论之，是书积十余年之岁月，经数十学者之用心，又有国史原本可据，而历朝所修之实录圣训，及宣统政纪，并蒋王潘朱四氏之东华录，采摭甚富，史实赅备，囊括以成一代大典。信足以继前代正史之后，而同垂于奕祀矣。”③随后，分析《清史稿》的本纪、表、传记等部分，指出《清史稿》之得失。他认为“史稿诸本纪论赞，皆以清代遗臣口吻……综而言之，诸纪论赞，概属遗臣称颂之词，可取者寥寥。”④他认为《清史稿》“各传叙事，多仍国史本传旧文。浮辞太多，洗刷未尽。一如赏赐大臣之常语曰：赏头品顶戴，双眼花翎，穿黄马褂，团龙补服，赏用紫韁，紫金城骑马之类。二如大臣之卒，必曰上震悼，上悼惜，予祭葬，赏陀罗经被，许柩入城治丧之类，皆近于谕旨公牍文字。入之列传殊为不类，而史稿诸大臣传中，屡屡见之。非概从删削，无以见史体之严。史稿应重加修定，此亦其一端。”但是对于军机大臣表则称赞“纪载计有条理”，对清史稿的诸合传也认为撰述“颇有法”。对于《清史稿》列传，金毓黻认为可称佳史，“列传之可贵者在此。盖纪传体之史，以列传为重

① 容庚：《为检校清史稿者进一解》，《大公报》1935年1月11日，第11版。

② 傅斯年：《关于清史稿事敬述所见》，许师慎辑：《有关清史稿编印经过及各方意见汇编》(上)，第245—246页。

③ 金毓黻：《读清史稿劄记》，《国史馆馆刊》1948年第1卷第3号。

④ 金毓黻：《读清史稿劄记》，《国史馆馆刊》1948年第1卷第3号。

心。其数量亦占全书十分之六七。断无列传不佳,而堪称为正史者。清史稿执笔诸氏,于清代诸臣之分合,颇具匠心。自不愧为佳史。如将其各传之率尔操觚者,加以改撰删定,亦庶几一代之正史矣。”①金毓黻因“所读尚不及全书之半”,仅对《清史稿》的列传部分进行了详细评述,“他日当尽其全帙,而续有所作。”②

1945年,重庆中国史学会呈文教育部,主张史学会推举会员,校订《清史稿》。该文对于《清史稿》评价比较中肯,详细分析了该书的长处与不足。认为“时贤之评清史稿者,多谓其乖谬甚多,几无一顾之价值,此非衷于情实之论也,清代盛时诸帝,已各有编年体之实录,所采史实甚备,又置国史馆别纂国史,有本纪列志表之分,一如正史之体,今坊间刊行之清史列传,即清代国史馆所纂之诸臣列传也。史稿之修,多据实录国史,为外间所不得窥,今取史稿三百余卷之列传,与清国史列传互勘,其同者十之七八,则本纪志表亦可知。今人未知实录及国史原本,而盛讥史稿之不当,何异夏虫之不可语冰。”③

该文认为《清史稿》的可取之处在于“其专传中之合传,颇为有法。如汤斌陆陇其张伯行三人合传,以其同以理学名于康熙之世也。徐乾学王鸿绪高士奇三人合传,以文学侍从同为清圣祖所宠遇也。李卫田文镜二人同传,以其惨刻寡恩同为清世祖所倚信也。其他如范文程洪承畴李绂洪亮吉官文文祥诸传,无不叙次有法,其敷衍成篇叙次无法者,仅光宣时代诸传耳。”另外修史的学者皆为当时的最佳人选,“考修史之执笔者,本纪及诸表为吴廷燮,列传为马其昶吴士鉴,地理志为秦树声,礼志乐志为张尔田,皆一时知名之士,而吴廷燮氏尤号通习掌故,故所撰诸表,精密突过前史,论者咸无异辞。”④

对于《清史稿》的不当之处,该文指出:“细检清史稿之失,举其樊樊大者,盖有两端:一曰谬妄,二曰阙略。”并举例证指出《清史稿》谬妄之处,“往代修史之例,皆以昭代为内,胜朝为外,以明主客之分,其于易代之际,称昭代开创之君,必曰我太祖,新朝之军,必曰大军。清史稿不然,其于总理孙先生,则指斥其名,其于革命军之起义,则书曰党人谋乱,其以举义不

① 金毓黻:《读清史稿劄记》,《国史馆馆刊》1948年第1卷第3号。
② 金毓黻:《读清史稿劄记》,《国史馆馆刊》1948年第1卷第3号。
③ 《中国史学会为校订清史稿呈教育部文》,许师慎辑:《有关清史稿编印经过及各方意见汇编》(下),第726—727页。
④ 《中国史学会为校订清史稿呈教育部文》,许师慎辑:《有关清史稿编印经过及各方意见汇编》(下),第726—727页。

成被戕者，则书曰伏诛，是以革命先烈为叛徒，民军起义为谋逆。求诸前史，绝无此例。抑清末诸氏如康有为王闿运严复皆卒于民国纪元以后，亦一一收入，似失于断限。王国维卒于民国十六年，更无收入之理。至列国维于忠义传，以明其忠于清史，尤为可笑，此则谬妄之宜纠者也。"[①]

该文认为《清史稿》的阙略主要在列传中，如"爱新氏起于辽东，引蒙古以自助，创立八旗制度，终得入主中原，故满蒙二族为清代氏族之主位，应为撰氏族志，以明原委，而史稿无之，盖未暇以为也。清代中叶以降，外患日亟，外交尤重于内政，而史稿之邦交志，不足以赅之。艺文志疏舛甚多，亦应订补，至于列传之漏略亦有可言。朱筠为清代名贤，四库全书由其首倡，应为之立专传，否则应入儒林传，而两者俱无之，清国史已为崇实立传，而史稿麟庆传云，子崇实崇厚俱有传，今崇厚有传，而无崇实，则由执笔者之健忘也。类此者盖非一事，此阙略之宜补者二也。"综合上述观点，该文提出应该以客观态度对待《清史稿》，"盖清史稿本为得失互见瑕瑜不掩之书，论者攻其瑕疵，而略其优点，揆之事理，岂得谓平。"[②]

上述评论，代表20世纪40年代学者对于《清史稿》的观点，不再一味从政治立场对其发难。一些学者开始从《清史稿》得失两个方面进行探讨，对其得体之处加以肯定，对其不当之处要求加以修定或补充。这样的学术评论是30—40年代学术自由争论风气影响下的产物。从上世纪20年代《清史稿》诞生至今，《清史稿》的史学价值已经逐渐被学界公认，"尽管此书存在错误和缺点，它根据的大部分材料如《清实录》、清代的《国史列传》、《清会典》和一些档案等，今天也可以见到，但编者把大量的资料汇集起来，初步做了整理，这就使读者能够得到比较详细系统的有关清代史事的素材。而且有些志和清末人物的传，并非取材于常见的史料，当另有所本。因此，这本书仍有它的参考价值。"[③]

四、《清史稿》作者群的历史观与史学思想

为前朝修史是中国古代史学传统，"春秋而降，凡新陈之递嬗，每纪录而成编。"[④]《清史稿》作为中国古代传统史学的殿军，虽称"史稿"，尚不是

① 《中国史学会为校订清史稿呈教育部文》，许师慎辑：《有关清史稿编印经过及各方意见汇编》(下)，第727页。

② 《中国史学会为校订清史稿呈教育部文》，许师慎辑：《有关清史稿编印经过及各方意见汇编》(下)，第727—728页。

③ 《清史稿·出版说明》，《清史稿》，第1册，第1页。

④ 《北京政府国务院请设清史馆呈文》，许师慎辑：《有关清史稿编印经过及各方意见汇编》(上)，第1页。

定稿，但仍然严守中国传统史学的“家法”，其“书法及其根本史学观念，则纯为袭旧”[①]，在当时被诟病最多的“反动史观”，则充分体现《清史稿》编纂者的政治立场：“我大清定鼎二百余年，厚泽深仁，修养生息，上无失德之君，下无抗令之臣，固属前代所稀有，而武功赫奕，拓土开疆，文教昌明，轶唐绍汉，急宜及时纪载，足以信今传后。”[②]清史馆从成立时的基调，就是清朝遗老为报答旧主之恩而撰写清朝历史，他们的历史观与史学思想必然与传统史学一脉相承。但是毕竟时代洪流滚滚向前，《清史稿》在成书过程中面临的新旧史学思潮的对峙，中西文化的碰撞所产生的困惑与忧虑，在《清史稿》中都有所反应。在由“皇清”到“民国”的转型中，《清史稿》本着“内清室外民国”[③]而维护封建纲常之义明显，但是在封建史观中也能看到一抹新意，以及诸多互相矛盾的史学思想之间的裂隙。

（一）传统历史观中的新质

《清史稿》的历史观基本上继承了封建唯心史观中的“天命史观”、“循环史观”。书中不奉民国为正朔，每位皇帝皆非等闲，极尽褒奖之词，如太祖“孕十三月而生”，“仪表雄伟，志意阔大，沈几内蕴，发声若钟，睹记不忘，延揽大度。”[④]“圣祖仁孝性成，智勇天锡。早承大业，勤政爱民。经文纬武，寰宇一统，虽曰守成，实同开创焉。圣学高深，崇儒重道。几暇格物，豁贯天人，尤为古今所未觏。”[⑤]对光绪皇帝都评价甚高“德宗亲政之时，春秋方富，抱大有为之志，欲张挞伐，以湔国耻。已而师徒挠败，割地输平，遂引新进小臣，锐意更张，为发奋自强之计。然功名之士，险躁自矜，忘投鼠之忌，而弗恤其罔济，言之可为于邑。洎垂帘再出，韬晦瀛台。外侮之来，衅自内作。卒使八国连兵，六龙西狩。庚子以后，怫郁摧伤，奄致殂落，而国运亦因此而倾矣。”[⑥]

反观对革命党的评价则从封建“正统论”出发，对于辛亥革命与革命军极尽贬义，在《忠义传》中称辛亥革命为鄂变、发难，对革命军称为变军、匪徒、群贼。纂修者从遗民的视角审视，辛亥革命乃是一场叛逆的变乱，对于辛亥革命进行反抗报效朝廷的人则是忠义之人。所以在《忠义传》里费尽

① 蒋廷黻：《评清史稿邦交志》，《北平北海图书馆月刊》1929 年第 2 卷第 6 期。
② 于式枚、缪荃荪、秦树声、吴士鉴、杨仲羲、陶宝廉：《拟开馆办法九条》，《清史述闻》卷六，第 110 页。
③ 孟森：《清史稿应否禁錮之商榷》，许师慎辑：《有关清史稿编印经过及各方意见汇编》（下），第 610 页。
④ 《清史稿》卷一《太祖本纪》，《清史稿》第 2 册，第 2 页。
⑤ 《清史稿》卷八《圣祖本纪三》，《清史稿》第 2 册，第 305 页。
⑥ 《清史稿》卷二十四《德宗本纪二》，《清史稿》第 4 册，第 965 页。

大量笔墨铺陈殉清者的节烈，而贬低革命军操守和革命党人的残暴。对于清末为解决战败赔款以及经济面临崩溃的压力，采取的种种改革措施，则认为“新政繁兴，孳孳谋利，而于古先圣王生众食寡、为疾用舒之道，昧焉不讲。夫以唐、虞治平之世，而其告舜、禹也，谆谆以‘四海困穷，天禄永终’为戒。有国者其可忽哉！”[①]这种对于新事物抵制的态度一目了然，纵观《清史稿》对于列强的入侵、多个不平等条约的签订、辛亥革命等大事均不详细记录，足以看到在唯心史观指导下编纂的《清史稿》诸多疏漏，由此被众多学者诟病也是师出有名。

但是《清史稿》各位纂修者的经历与学养都不相同，在时代大潮浩浩汤汤新史学如火如荼的年代，他们对于世界大势不是闭目塞听，对于社会与时代的发展也非充耳不闻，因此在《清史稿》中能够窥见一些对唯心史观有所突破的新质。

《清史稿》的某些论断突破“天命观”，对清朝兴衰变化进行剖析。虽然纂修者在“依恋逊清”与“拥护共和”之间徘徊纠结，但是能够客观分析清朝的灭亡不仅是“运”与“势”的作用，而是有政治、经济、军事、文化、外交多方面的原因。《清史稿》首设《邦交志》，第一次全面记录清代中外关系，基本上能抛弃陈腐的夷狄观念，不再将西方诸国视为附属国，而是平等看待西方国家，重视西方的物质文明；设置《交通志》记述了铁路、轮船、电报、邮政等新兴事业。蒋廷黻评价“主持《清史稿》诸公，能不为成法所束，而创《邦交志》一门，足证诸公之能审时察势，亦足证今日中国思想之进步也。”[②]虽然在《清史稿》中并没有明确“近百年来中外关系之大变迁”与“变迁之根本理由”，但是纵观《清史稿》各部分，大致能够看出清朝 268 年间由盛转衰至灭亡的发展变迁轨迹。

如王树枏在《食货志》中谈到“道、咸以降，海禁大开，国家多故。耗材之途广，而生财之道滞。当轴者昧于中外大势，召祸兴戎，天府太仓之蓄，一旦荡然，赔偿兵费至四百余兆。以中国所有财产抵借外债，积数十年不能清偿。摊派加捐，上下交困。”[③]此处俨然指出清朝灭亡与经济之间的关系。通过史稿对各朝代的年初入财政盈亏情况也可看出清王朝的财政收入到咸丰年间已经入不敷出[④]。秦树声在《地理志》中说：“洎乎末世，列强

---

① 《清史稿》卷一百二十《食货一》，《清史稿》第 13 册，第 3479 页。

② 蒋廷黻：《评清史稿邦交志》，《北平北海图书馆月刊》1929 年第 2 卷第 6 号。

③ 《清史稿》卷一百二十《食货一》，《清史稿》第 13 册，第 3479 页。

④ 刘海峰：《百年清史纂修史》，合肥：安徽人民出版社，2014 年，第 65 页。

环起，虎睨鲸吞，凡重译贡市之国，四分五裂，悉为有力者负之走矣。"[①]张书云在《选举志》中说："康、乾两朝，特开制科，博学鸿词，号称得人。然所试者亦仅诗、赋、策论而已。洎乎末造，世变日亟。论者谓科目人才不足应时务。"[②]俞碧云在《兵志》中说："道、咸以后，海禁大开，德宗复立海军，内江外海，与水师并行。而练军、陆军又相继以起，扰攘数年，卒酿新军之变。以兵兴者，终以兵败。"[③]金兆丰在《职官志》中说："嘉、道以降，整厘如旧，日久颓弛，精意尽失，日革月易，百职相侵。"[④]吴昌绶在《交通志》中云："宣统初……顾言利之臣胥欲笼为国有，以加诸电商者加之川汉自办之路，操之过激，商股抗议者辄罪之。淫刑而逞，以犯众怒，党人乘之，国本遂摇。"[⑤]张尔田在《刑法志》中云："宣统逊位，而中国数千年相传之刑典俱废。"[⑥]戴锡章在《邦交志》中云："洎乎道光己亥，禁烟衅起，仓促受盟……海疆至此多事矣……咸丰庚申之役……其患日深。至光绪甲午马关之约，丧师割地，忍辱行成，而列强据利益均占之例，乘机攘索，险要尽失……庚子一役，两宫播迁，八国连师，势益不支，其不亡者幸耳。"[⑦]

评价部分历史人物能跳出成王败寇窠臼，不以成败论英雄。《清史稿》对于明遗民、维新派乃至农民起义领袖的评价，能够跳出成王败寇的传统史观。对于明代遗民不仅没有因为他们与清为敌就大加挞伐，反而对李定国、张煌言、郑成功等人给予很高的评价："当鼎革之际，胜国遺臣举兵图兴复，时势既去，不可为而为，盖鲜有济者。徒以忠义郁结，深入于人心，陵谷可得更，精诚不可得沫。煌言势穷兵散，终不肯为逭死之计。成功大举不克，退求自保，存先代正朔。定国以降将受命败军后，崎岖险阻，百折而不挠"[⑧]。此处论断皆因事而发，不因传主的反清而持论有偏。对于戊戌六君子则寄予深切同情："百日维新，中外震仰，党争剧起，激成政变。锐、光第、嗣同、旭及深秀、广仁同日被祸，世称'六君子'，皆悲其志。"此处对于"六君子"的褒奖之意尽显，而"维新变法"的失败实为清朝最后一次主动追赶世界潮流的脚步受阻，此后"内争不已，牵及外交。其后遂酿庚子排外之

① 《清史稿》卷五十四《地理志一》,《清史稿》第 8 册,第 1892 页。

② 《清史稿》卷一百六《选举志一》,《清史稿》第 12 册,第 3099 页。

③ 《清史稿》卷一百三十《兵志一》,《清史稿》第 14 册,第 3859 页。

④ 《清史稿》卷一百十四《职官志一》,《清史稿》第 12 册,第 3263 页。

⑤ 《清史稿》卷一百四十九《交通志一》,《清史稿》第 16 册,第 4426 页。

⑥ 《清史稿》卷一百四十二《刑法志一》,《清史稿》第 15 册,第 4182 页。

⑦ 《清史稿》卷一百五十三《邦交志一》,《清史稿》第 16 册,第 4481—4482 页。

⑧ 《清史稿》卷二百二十四《张煌言传》,《清史稿》第 30 册,第 9173 页。

乱，终致危亡。此亦清代兴衰一大关键也。”①

虽然《清史稿》中称呼农民起义不是“匪”就是“叛”，但颇为吊诡的是《洪秀全传》却是篇幅最长的列传之一，一般大臣的列传多为三五页，曾国藩、李鸿章不过十余页，而洪秀全传有一百多页，为一代农民领袖立传，且远远超出大臣的传记，这是历代正史里比较罕见的现象。《洪秀全传》的执笔者是王树枏，做为《清史稿》的总纂官，王树枏对《清史稿》出力最多，他编纂过多部欧洲史及地方志，是一位颇具世界眼光的遗民史家。王树枏记录太平天国定都天京后“与人民以自由权，解妇人拘束……行军严抢夺之令，官军在三十里外，始准掳劫；若官军在前，有取民间尺布、百姓钱，杀无赦。”②认为洪秀全创建太平天国导致的内乱是清朝走向衰败的开始，“当时竭天下之力，始克平之，而元气遂已伤矣。中国危亡，实兆于此。”但是从字里行间却能隐隐看出对洪秀全革命事业的赞叹与肯定“秀全以匹夫倡革命，改元易服，建号定都，立国逾十余年，用兵至十余省，南北交争，隐然敌国。”洪秀全最后以失败退出历史舞台，但“成者王，败则寇，故不必以一时之是非论定焉。”③农民领袖在《清史稿》中难逃“叛匪”之名，但作为官方史学对洪秀全的评价颇值得玩味。在辛亥革命之后，太平天国起义的正义属性已经被很多史家肯定，因此王树枏对洪秀全的描述与评价，虽带有主观立场但能做到相对客观。

《清史稿》对“五行论”质疑，在部分志书中体现科学态度。《清史稿》将《五行志》改为《灾异志》，这是中国历代正史中唯一有《灾异志》的官方史著。《灾异志》开篇对《五行志》里的“五行大论”提出怀疑，赞同明史的做法，不再看重“天人感应”之事，“《明史·五行志》著其祥异，而削事应之附会，其言诚韪也。今准《明史》之例，并折衷古义，以补前史之阙焉。”④如《灾异志》中记载了从顺治元年(1644)到宣统元年(1909)清代268年间发生的609次地震，平均每年2.27次地震⑤。这609次地震，包含了79次山崩、6次山裂、1次山陷、1次山移⑥。对于每一次的地震，都有详细描述，如康熙十八年(1679)，“七月初九日，京师地震；通州、三河、平谷、香河、武清、永清、宝坻、固安地大震，声响如奔车，如急雷，昼晦如夜，房舍倾倒，压毙男

① 《清史稿》卷四百六十四《杨深秀传》，《清史稿》第42册，第12748页。
② 《清史稿》卷四百七十五《洪秀全传》，《清史稿》第42册，第12871页。
③ 《清史稿》卷四百七十五《洪秀全传》，《清史稿》第42册，第12966页。
④ 《清史稿》卷四十《灾异一》，《清史稿》第6册，第1487页。
⑤ 朱凤祥：《中国灾害通史·清代卷》，郑州：郑州大学出版社，2009年，第98页。
⑥ 朱萍：《从档案角度看〈清史稿·灾异志〉的地质学研究价值》，《兰台世界》2013年第19期。

妇无算,地裂,涌黑水甚臭。二十八日,宣化、钜鹿、武邑、昌黎、新城、唐山、景州、沙河、宁津、东光、庆云、无极地震。”[①]

其他的灾害性气候诸如洪水、旱灾、火灾、虫害等均有详细记录,这些灾异之事后面并没位附上瑞应,可见《清史稿》对自然现象已经具有理性态度。《灾异志》将清代大量灾害史资料收集在一起,可以称得上是清代官方最完备的灾害档案,为清代灾害史研究留下了许多珍贵的史料,对诸如地质学、气象学、水文学等学科研究也具有宝贵史料价值。《地理志》第一次收录了各省、府、州、厅的经纬度,这些科学数据进入到官方史书,具有里程碑的意义;为自然科学家开设《畴人传》,“清代算数,融合中西,超轶前代,实学术上一大特色。本书甄其卓然名家者,传之”[②],这是此前正史中所不见的新质。这些内容能够出现于《清史稿》中,证明各位编纂者没有完全囿于唯心史观,而是能够正视自然世界的变化,新生事物的出现,并对这些事物进行记录。

《清史稿》编纂的时代,欧西风尚已经传入中国多年,因此史馆诸公的思想也被潜移默化,由于每位纂修者的史识不同,因此在具体内容书写中仍能够窥到转型期史家在历史观上的细微变化。而在《清史稿》的史学思想中,更能够体现出这样的时代特色。

(二) 充满矛盾的史学思想

《清史稿》的史学思想比较鲜明的特点,是诸多看起来矛盾的史学思想都应用于编纂,而这些相互矛盾的史学思想中折射出的是纂修者思想上的矛盾。

首先是歌功颂德与以史为鉴并存。清史馆的建立与《清史稿》的纂修,从开始就以“往代修书,即以养士,欲援曩例以縶逸贤可乎”[③]为目的。且多数清史馆修史者为清朝遗老,因此很多学者认为,《清史稿》谀扬清朝、反对革命,对于清朝灭亡的撰述语焉不详,对清末革命党的活动写得很少。对于孙中山领导的起义,《清史稿》中全都没有记载。反观对于在革命中被革命军击毙的督抚恩铭、端方、松寿、赵尔丰等人则大加颂扬。《清史稿》的史鉴作用远没有前代正史突出,但是并不能说《清史稿》完全丧失了史鉴作用。

中国古代史学的优良传统是以史为鉴,《清史稿》的一些编纂者,还是

---

① 《清史稿》卷四十四《灾异五》,《清史稿》第 6 册,第 1633 页。

② 傅振伦:《清史稿之评论》(下),《史学年报》1931 年第 1 卷第 4 期。

③ 徐一士:《清史稿与赵尔巽》,《逸经》1936 年第 2 期。

遵循“述往事，思来者”[①]的原则，从不同的角度，为清朝灭亡总结经验教训。柯劭忞、夏孙桐、缪荃荪、金兆蕃、王树枬、马其昶等人在列传中从君臣关系、吏治得失以及个人在清兴清亡中的历史作用等不同方面分别总结。金兆藩在《拟修清史略例》中指出：“清亡于贫，事往而病在，深求其利弊，而极论之，后来之龟镜也。”[②]金兆蕃评高宗后期朝臣：“乃营私执法，前后相望，岂以执政者尚贪侈，源浊流不能清欤？……要可以鉴矣！”[③]马其昶评光宣朝臣：“辛亥革命，乱机久伏，特以铁路国有为发端耳……鄂变猝起，瑞澂遽弃城走，当国优柔，不能明正以法。各省督抚遂先后皆不顾，走者走，变者变，大势乃不可问矣。”[④]这样的论述仍然沿袭历代官修史书的论赞模式，但是已具有以史为鉴之意。《清史稿》编撰者大都亲历清末到民国的变革，作为历史的见证人，他们的观点反映了当时一部分知识分子对于清朝灭亡的思考，其中不乏精辟之见。

其次是传统纪传体例与变通并行。《清史稿》按照我国传统正史体裁纪传体进行编写，分为纪、志、表、传四部分，共536卷，其中本纪25卷、志142卷、表53卷、传316卷。1934年将16卷《时宪志》删除7卷，现在全书529卷。《清史稿》撰述的具体方法依照《明史》分目，略有变动，先列史目条例，然后各自分别撰写，再由总纂进行润色。但是由于《清史稿》仓促成书，并未严格按照上述方法进行，存在诸多不足。如果仅从体例上来看，《清史稿》“保持了我国正史的传统与体例的延续性，就此而论，是其他新史体裁的清史难以取代的。”[⑤]从《史记》到《清史稿》，纪传体正史囊括从上古到民国为止的全部中国历史，这是中国史学为世界史学发展史做出的独特贡献，是一件非常有意义的工作。

纪传体的编纂体例，较之编年体、纪事本末体更适合记载人物生平、重大事件，为记载历史提供了最大限度的容量。此外，《清史稿》在体裁上效仿《明史》。《明史》以严谨著称，质量在二十四中属于上乘。《清史稿》对于明史的体裁稍加变通，因时代的变迁而新增设了一些新的类目，为《清史稿》增添少许时代特点，可称为体例上的创新。比如《邦交》《交通》二志，记述中西政治、经济交往与新式交通工具的采用，受到当时学者的肯定，“清

① 《汉书》卷六十二《司马迁传》，北京：中华书局，1962年标点本，第2735页。

② 金兆藩：《拟修清史略例》，朱师辙：《清史述闻》卷九，第172页。

③ 《清史稿》卷三百三十九卷《恒文传》，《清史稿》第36册，第11084页。

④ 《清史稿》卷四百七十一《瑞澂传》，《清史稿》第42册，第12814页。

⑤ 陈清泉等编：《中国史学家评传》(下)，郑州：中州古籍出版社，1985年，第1148页。

史倘无《邦交志》,则《清史》无从理解,即今日中国之时局,亦无从探研。"[①]此外史表的设置,也受到广泛赞誉。特别是对于《疆臣》《诸臣》等表,对于大臣何时任何职,封何爵,有何功绩,受何奖惩,都一目了然。

再次是曲笔隐晦与秉笔直书相伴。《清史稿》被学者所诟病的重要缺陷之一,就是"清史记事,曲笔甚多"[②]。《清史稿》对清王朝的统治与清室诸帝备加颂扬,认为清代诸帝,人人堪比尧舜汤武。对于清朝统治者的弊政和暴虐曲为隐晦,诸如圈地、逃人法和剃发令,《清史稿》竭力回护,或者语焉不详,或削而不书。对人民的反抗斗争,皆称为"贼"、"寇"、"叛逆",对清代遗老却大加赞赏,对于文字狱的记载从简等等。傅振伦在《清史稿之评论》(上)中罗列出 9 条曲笔之失误,基本能代表《清史稿》中曲笔隐晦的不足。但是《清史稿》中并不是全书都充斥曲笔隐晦,在一些重大的问题上,也能运用传统史学的秉笔直书。对于清代先世在明受建州卫指挥之职,清人虽然讳饰,但是《清史稿》能如实记载。能够清醒认识 1840 年之后的晚清史,道光朝是走向衰落的关键,而道光帝应负责任。"驭之无术,措置张皇,而庸佞之辈,转以弥缝迎合售其欺,其召乱可幸免哉?宣宗初政,一倚曹振镛,兢兢文法;及穆彰阿柄用,和战游移,遂成外患。一代安危,斯其关键"[③]。对于戊戌变法,《清史稿》也能对光绪帝表示同情。总之,《清史稿》的曲笔隐晦与直书,可称得上"瑕瑜互见"[④]。

1928 年《清史稿》匆匆付梓,一百多位学者历时 14 年的作品,为纪传体官方史学画上了句号。但是这部草草完成的史书似乎预留下了待续的伏笔,从它面世之日起就引起众多争论。在中国传统史学中,新朝为前代修史成为惯例。但是对于已经结束的清朝,民国政府选择一种怎样的编纂方式保存有清一代的历史,在清史编纂之前已经成为争论的焦点。选择了纪传体史书的方式之后,清史的撰写又成于众手,没有真正完成最后的审定,势必造成《清史稿》中充满矛盾的史学思想统一于一部书中。因此《清史稿》注定不能成为一部真正的《清史》。但是作为集中了当时近百位专家学者智慧的结晶,作为民国初年一群特定知识分子编纂的历史著作,《清史稿》将不会被忽略。因为它除了记录清朝的历史,还给我们提供了解民国初年史学发展的一个重要线索。

---

① 蒋廷黻:《评清史稿邦交志》,《北平北海图书馆月刊》1929 年第 2 卷第 6 号。

② 傅振伦:《清史稿之评论》(上),《史学年报》1931 年第 1 卷第 3 期。

③ 《清史稿》卷三百六十三《潘世恩传》,《清史稿》第 38 册,第 11419 页。

④ 傅振伦:《清史稿之评论》(上),《史学年报》1931 年第 1 卷第 3 期。

第三节 新式断代史的典范——《清代通史》

萧一山(1902—1978),著名清史学家。本名桂森,号非宇,字一山,江苏铜山人,自上世纪20年代初在北京大学就读期间开始研究清史。1923年,年仅21岁的萧一山编纂的《清代通史》(上卷)出版,轰动了史学界。梁启超、李大钊、朱希祖、蒋百里及日本帝国大学教授今西龙纷纷为之作序,孙中山先生为是书题写书名。此后,萧一山又连续撰写《清代通史》中、下卷。《清代通史》既是萧一山的成名之作,也奠定了他在清史研究领域中的学术地位,被称为清史研究的重要开拓者①。萧一山的《清代通史》填补了当时同类著作的空白,以全新的撰述体例、丰富的史料和富有激情的民族革命思想,在当时独树一帜,具有很高的史学价值,直到现在仍是清史研究的重要参考书。

一、《清代通史》撰述背景

清朝作为中国最后一个王朝,是传统与现代的转折时期,引起近代史学家的关注。清史撰述开始于清朝学者的著述,如赵翼的《皇朝武功纪盛》、魏源的《圣武记》等,但是这些著作多为对清朝歌功颂德的记录。清朝灭亡前后,因为革命排满的需要,清史研究为政治服务,鲜少持论公正的清史研究著作,几部清史教科书多简单且夹杂许多不实传闻。此时,日本人的清史著作乘虚而入。1915年日人稻叶君山著《清朝全史》由但焘翻译出版,这部清朝史"阅十余载之星霜,撷数百种之载籍",不仅引官私文书广博,取材旁及蒙古、朝鲜乃至西方文献,且综合日本国内矢野仁一《清朝史讲义》、内藤虎次郎《清朝衰亡论》和《清朝开国史料》、烟山专太郎《俄国黑龙江史》、田中萃一郎《太平天国革命意义》等专著②。因此,稻叶君山的《清朝全史》,实立足于此前日本学者清史研究基础之上,是当时日本对中国清史研究的集大成者。日人对清史如此关切,起步之早,钻研之深,足令国人感到汗颜。译书一出,即风行全国,"对于当时的史学界,的确是一个

① 马金科、洪京陵编著:《中国近代史学发展叙论》,北京:中国人民大学出版社,1994年,第302页。

② [日]稻叶君山著,但焘译订:《清朝全史·编辑大意》,《清朝全史》(第一册),上海:中华书局,1915年,第1—2页。

很大的震撼!”①

这部书的出版,极大地刺激了萧一山的民族自尊,成为他发奋撰写清史的直接原因。1934年萧一山在《清代通史下卷讲稿辨论集序》中的自述,描述编著《清代通史》前后的心境:“民国三四年间,海上有译日人稻叶君山氏之《清朝全史》者,颇风行一时。余方读书中学,以国人不自著书,而假手外人,真吾国学术界之耻也!稍长,乃埋头致力,发奋著《清代通史》。民国十二年上卷出版,越年余,中卷亦出版;自后教授国立各大学,既十年,而下卷犹未能卒业。国家既无暇以奖励学术,士林尤多存门户方隅之见,稿费报酬,不足抄工,遑言资生与参考书乎?讲课劳人,光阴虚度,非余疏懒,势使之也。顾常端居私念,以为国史之大业,岂学殖谫浅者,或一手一足之烈所能胜任,使余努力以成草稿,藉开近代史研究之先路,则外人视之,或不至目中国学术为无人,斯余之愿遂矣。”②

1918年,萧一山考入山西大学预科,此时已经开始撰写《清代通史》部分初稿③。1920年,萧一山转入北京大学政治系学习。当时的北大正是各种史学观点汇集传播时期,史学系主任朱希祖讲授兰克学派观点,何炳松讲授美国鲁宾逊的《新史学》观点,李大钊讲授唯物史观。萧一山广泛吸收新史学养分,并参加北京大学对内阁大库档案的整理工作,为《清代通史》撰述打下了理论及史料的坚实基础。经过勤奋写作,1923年30万字《清代通史》上卷初稿出版。梁启超、朱希祖、蒋百里等学者都是仅看到了稿本,就为《清代通史》欣然作序,不吝溢美之词,热情奖掖后学。梁启超充分肯定《清代通史》及萧一山对清史的贡献,“萧子之学,未见其止;但以所睹本书四篇论,其所述者,为明清嬗代之枢机,为欧亚接触之端绪,为迹至棼,而不易理;为几至微,而不易析。读兹书,何其乙乙而抽,渊渊而入,若视庵摩罗于掌上,而嚼谏果于回甘也!遵斯志也,岂惟《清史》?渔仲实斋所怀抱而未就之通史,吾将于萧子焉有望也!”④朱希祖则对萧一山寄予厚望“萧君年富力强,既以《通史》自任,则俟《清史》成后,尤深望其再作《民国史》,即所谓《现代史》;推而上之,继成上古、中古、近古诸史,以定成中国全

---

① 王家俭:《萧一山先生对于清史研究的贡献》,萧一山文集编辑委员会编:《萧一山先生文集》下册,第736页。

② 萧一山:《清代通史下卷讲稿辨论集·序》,《清代通史下卷讲稿辨论集》,北平:中华印书局,1934年,第1页。(该书封面为《清代通史卷下讲稿辨论集》,但正文通篇皆为“清代通史下卷讲稿辨论集”,疑为封面排版有误)

③ 江地:《萧一山传略》,《社会科学战线》1987年第2期。

④ 梁启超:《清代通史序》,萧一山:《清代通史》卷上(一),北京:中华印刷局,1923年,第2页。

部通史,其功德尤为无量！此余所以乐为之叙,而馨香以祷祝者也!”①

二、民族革命史观下的《清代通史》

萧一山属于一鸣惊人的早慧型史学家,他的民族革命史观的形成受诸多因素的影响。1902年萧一山出生于江苏徐州,生长在书香门第,其父是一名教师“好史鉴,尤喜公羊春秋”②,幼年时萧一山经常听父亲讲述故事并学习治学方法。在父亲的教导下,萧一山树立了儒家传统的夷夏观和“国家兴亡 匹夫有责”的观念。读小学的时候又受到文史老师的熏陶,使他对历史产生兴趣。萧一山的家乡在明末清初出过两位抗清志士,沛县阎尔梅和铜山万寿祺,两人诗文都有爱国伤时之词。萧一山年幼时喜欢阅读③,读过这两位抗清志士的诗文,民族意识从他幼年时就已经埋下了种子。

萧一山亲身经历辛亥革命的剧变,社会上风起云涌的革命思潮,给年轻的萧一山以极大触动。待他走进北京大学之后,正值蔡元培执掌北大提倡自由与民主的精神。北大的教学开风气之先,废除年级制,采用“选科制”,规定修满80个学分,本科就可以毕业。选科制被认为是“我国大学教育上一个极大的进步”④,萧一山广泛涉猎多个学科,共选修了社会科学170个学分,为此后的史学研究打下了基础。民国初建,虽然纂修清史成为一时热潮,出现了诸多以清史为名的著作,但是“鼎革至今,倏逾十年,清史之作,阒焉无人。史馆虽开,而国运飘摇,几等虚设;讲述虽伙,而事实简陋,每病枯寂。”⑤此外,自从甲午战争之后,日本史学界对中国历史的研究与写作,在很多领域中已经超越中国学者,“东洲邻国以三十年来学术锐进之故,其关于吾国历史之著作,非复国人所能追步。”⑥1915年日本人稻叶君山撰写的《清朝全史》出版,被翻译成汉语之后风靡一时,但是实际上“观点纰缪,疏舛颇多”⑦。萧一山在1919年前后阅读之后,痛感“国人不自著

① 朱希祖:《清代通史叙》,萧一山:《清代通史》卷上(一),第3页。

② 萧一山:《先父宗雅先生行述》,萧一山:《非宇馆文存》卷十,北平:经世学社,1948年,第65页。

③ 刘季洪:《萧一山先生文集·序》,萧一山先生文集编辑委员会编:《萧一山先生文集》上册,第6页。

④ 高平叔:《北京大学的蔡元培时代》,《北京大学学报(哲学社会科学版)》1998年第2期。

⑤ 萧一山:《清代通史·叙例》,《清代通史》卷上(一),第1页。

⑥ 陈寅恪:《吾国学术之现状及清华之职责》,《金明馆丛稿二编》,第361页。

⑦ 萧一山:《清代史·后记》,《清代史》,上海:商务印书馆,1947年,第307页。

书,而假手外人,真吾国学术界之耻也!"[1]

为了写出一部能超越日人的清朝历史著作,萧一山从1920年始,"专力于蒐集有关清史之资料,拟订编写大纲,并着手编写导论。"1921年在北大政治系,"课余致力著作,于本年完成《清代通史》第一、二篇。"1922年"完成《清代通史》第三、四篇著作",1923年,三年级完成了《清代通史》上卷6篇[2]。1923年《清代通史》上卷出版,1925年《清代通史》中卷出版。萧一山以弱冠之年出生之犊的勇气,凭一己之力完成《清代通史》两卷。虽然这部通史直到1963年,才由台湾商务印书馆出版下卷成为完璧,但是并不影响这部著作在当时被视为最为出色的清史。该书上卷受到学界的充分肯定,萧一山本人也被寄予厚望,"萧先生乃是一个年纪还不到二十二岁的青年学者。他既有天赋的聪明,又富于春秋,只须好学不倦,将来造诣,实未可限量,必有成为世界的大史家之一日。"[3]

萧一山的民族革命史观贯穿于《清代通史》,是他全部清史研究的核心。他总结自己的史观:"我是主张民族革命史观的,尤其讲中国近代史,必须以它为骨干,为史心。因为它——民族革命——整个支配了中国近代社会,一切都是依它为枢纽,而变动的。我们为什么革命?因为帝国主义者压迫我们,不得自由,不得平等,无论是政治上,经济上,或文化上。抵抗是人类的天性,我们能不努力吗?"[4]

民族革命史观,直接指导了《清代通史》中历史的分期。封建史学讲究一治一乱,无所谓分期问题。但是新史学讲人类社会的发展与变化,出现了历史分期问题。历史分期的研究,往往能体现出史学家的眼界和学识。萧一山肯定历史分期的意义,"历史断(断代)分(分期)之当否,亦为吾人所当研究之问题也。断代为史,始于班固,郑樵《通志》曾力抵之;谓其昧于相因之义。夫历史事变,具有因果,首尾相承,累代一贯;吾人既不能于其间有所绠断,则历史亦不当于彼此有所分割。且社会演进之象,又属'有渐无顿';而人类旧习之保存,亦为人性自然之倾向,其结果即成历史上所谓'历史之继续'(Unity Or Continuity of History)盖以人类习惯无骤变之迹,亦无骤变之理;此语殆成史学上最重要之原理。故以历史连续之事实,划而

---

① 萧一山:《清代通史下卷讲稿辨论集·序》,《清代通史下卷讲稿辨论集》,第1页。

② 《萧一山先生生平大事记》,萧一山先生文集编辑委员会:《萧一山先生文集》下册,第641—642页。

③ [日]今西龙:《清代通史序》,萧一山:《清代通史》卷上(一),第2页。

④ 萧一山:《清代史·引论》,《清代史》,第1—2页。

为二者,其不当也明矣。"[①]萧一山认为历史事变是互为因果、首尾相成、累代一贯的,没有骤变的历史,如果割断历史,不考察历史内在的联系,就会失去历史的连续性与整体性。他将中国历史分成五期,上古期汉族成育时代(太古至秦统一)、中古期汉族全盛时代(秦至唐亡)、近古期蒙古族盛势时代(五代至明)、近世期满族主政时代(清)、现代期五族团结时代(民国以后)等五期[②]。包遵彭评价萧一山的《清代通史》"根据中外史料,以阐明其事变演进之迹,并推求其因果相互之关系,斯真可达渔仲实斋所谓圆通之旨,而尽新史学有系统有组织之能事矣。"[③]

中国近代史起于何时是一个值得深入探讨的问题,萧一山提供了思考这一问题的新视角。他认为中国近代史的开端,应在明清之际。因为这三百年,中国社会及历史的中心是围绕民族革命发展的。他把近代历史分成三个时期,从清初到天平天国运动是民族革命的第一个时期,民族革命的对象是满清,目的是"反清复明",因为满清统制中国,是异族的宰制。出于民族主义的观念,是要奋起抵抗并驱逐。第二阶段,我们民族革命的对象,不是满清的帝国主义而是列强的帝国主义。以"海禁既开,列强之帝国主义如怒潮骤至,武力的掠夺与经济的压迫,使中国丧失独立,陷入半殖民地之地位。"第三阶段则根据不同的革命对象又分为两个阶段:前一阶段民族革命的对象是列强的帝国主义,后一段民族革命的对象,是日本帝国主义[④]。

萧一山认为清史就是中国近代史,"一部清史,就是一部中国近代史。近来常有人把近百年史作为近代史,这不是很合理的。因为中国有四五千年的历史,那能把一百年以前,就算做'近古'呢?他们的理由是以为近百年受帝国主义的压迫最甚,我们在这个时期内,要建设一个近代国家,恰如李鸿章所说的:'三千年未有之一大变局'。殊不知就整个世界潮流和中国历史来看,三百年以前,才是这'变局'的开端呢。"[⑤]因此萧一山在《清代通史》中,特别说明该书不仅是清朝史,更是中国近代以来的历史,"盖本书所述,为清代社会之事变,而非爱新一朝之兴亡。换言之,即所述为清国史,亦即清代之中国史;而非清朝史,或清室史也。故本书又名曰《中国近

① 萧一山:《清代通史·导言》,《清代通史》卷上(一),第2页。

② 萧一山:《清代通史·导言》,《清代通史》卷上(一),第2—3页。

③ 包遵彭:《谈萧一山先生清代通史》,萧一山文集编辑委员会:《萧一山文集》下册,第683页。

④ 萧一山:《清代史·引论》,《清代史》,第2—4页。

⑤ 萧一山:《清代史·引论》,《清代史》,第1页。

世史》。"[1]

萧一山的《清代通史》,以民族革命作为叙述线索,笔锋常带情感,热情肯定与歌颂近代以来中华民族反对民族压迫、争取民族独立的精神,充分肯定天地会、太平天国运动在民族革命中的地位。对郑成功、天地会、白莲教,乃至太平天国、义和团等等的反清起事,均不以"盗、匪"称之。萧一山将清朝建立之后的排满思想与运动单独列为一章,分析民族思想的产生渊源有来自于中国固有的民族思想与西方思想的输入两个方面。但是两种思想之融通,乃为革命运动中极可注意之事,且其中主要之民族思想,亦已滥觞于二百六十年前,期间伏流奔莽,潜灭无定。至于清末,乃成雄伟壮观之波澜耳。他认为"革命运动之发生,无不由秘密结社起,此一定之现象也。"因此对于从天地会开始的秘密结社,均大力鼓吹赞扬。他总结排满运动的三种方式:"明室覆亡之后,义士遗民,既以排满复明为职志,而其所取之方法若何,吾人若就其经过之历程以综观止,盖不外乎三端:一曰革命之运动,二曰秘密之结合,三曰文字之鼓吹。"[2]萧一山指出"革命之运动,不在消极的保守,而在积极的起兵,事虽不成,其义有足多者。"[3]对天地会与太平天国的事迹都详加描述,并称赞天地会"替国民革命做了先锋","三点五祖之说,罔不与近时革命有联络之关系。"[4]充分肯定太平天国在历史上仍有相当之价值,在《清代大事年表》中将洪秀全与咸丰帝并列,"清文宗亦詝在位十一年,洪天王秀全在位十四年。"[5]这种排列方法,前所未见,有振聋发聩的作用。

三、萧一山的史学思想

1923年萧一山的《清代通史》上卷出版,得到众多史学前辈的激赏。从1923年到1949年,萧一山在清史领域中取得了骄人的成就,他先后撰写《清代通史》《清史大纲》《曾国藩传》《清代史》《中国近代史纲要》《洪秀全传》等著作,同时搜集整理了《太平天国丛书》《太平天国诏谕》《太平天国书翰》《近代秘密社会史料》等文献汇编,是太平天国史研究的开拓者之一。他在清史研究领域取得的成绩,在民国时期可谓独步一时。萧一山对中国近代新史学理论建设也见解独到。

---

① 萧一山:《清代通史·叙例》,《清代通史》卷上(一),第3页。
② 萧一山:《清代通史》卷上(二),北京:中华印刷局,1923年,第92页。
③ 萧一山:《清代通史》卷上(二),第93页。
④ 萧一山:《清代通史》卷上(二),第97页。
⑤ 萧一山:《清代通史》卷上(一),第26页。

萧一山的史学思想丰富，既有深厚的传统史学根基，在北大读书时又受到新史学的影响，同时广泛关注西方史学思潮。因此他的史学著作均以阐扬我国古代经世致用之学为根本，同时又体现全新的革命史观与新的编撰方法，萧一山也由此被誉为民族主义史学家。

萧一山的史学思想首先表现于对历史与史学有明确判定。虽然在北大梁启超没有为萧一山亲自授课，但是萧一山后来成为梁启超的私淑弟子。在萧一山撰写《清代通史》之时，《清代学术概论》《中国历史研究法》等书必然成为其参考书目，因此梁启超的史学思想潜移默化的影响了萧一山。萧一山认为历史是“宇宙现象之叙述录也”，凡是记载天地之变迁，事务之原委，政教大纲，里巷琐谈，无论巨细有纪述而昭示者，皆可为史；故官书，传记，稗史，口碑，皆史也①。而史学却是“勾稽史实之真相，为有统系有组织之研究，以阐明其事变演进之迹，并推求其因果互相之关系者也。”②萧一山对史学概念的叙述，是对梁启超“新史学”理论的继承与开拓。他进而反思具有悠久历史的中国，为什么被外国人质疑中国无史，指出旧史学的弊病，“岂真无史哉？无史学而已矣。乙库之书，浩如烟海，类多补叙事实，因袭成例。读之者不惟徒耗脑力，且足使思想智慧，错综无序”。萧一山作为历史学家深刻感受到史学对于中国学术进步的作用，“中国学术之不进步，史学不良，未始非一要端也！而今文化革新，国运衰替，士子多瞩目痒心于世变之哲理，与夫实用之科学；于史学之綦要，乃鲜有注意及之者。”③萧一山以 20 岁的弱冠之年，对中国史学有如此细致的观察与精辟的总结，梁启超称赞他“识力精越”！

同时萧一山充分认识档案的史料价值，但其治史又不拘泥于史料。萧一山是成长于“五四”之后的学人，他认为档案“为近代史料辟一新纪元。真迹秘录，可证传闻之辞，异籍遗书，足补文献之阙”④。《清代通史》采用了大量的清代档案史料，一改此前清史著述史料来源单薄之弊。萧一山在北京大学读书期间，北京大学接收了清代内阁大库档案的一部分，北京大学对与这批档案整理工作非常重视，在全校征集过对档案感兴趣的同学参与整理，萧一山在北京大学国学门整理档案的过程中，曾经“躬与斯役，批阅所及，取证滋多。此虽案牍之言，实难尽信，然较之官书，胜万万矣！”⑤

---

① 萧一山：《清代通史·导言》，《清代通史》卷上(一)，第 1 页。

② 萧一山：《清代通史·导言》，《清代通史》卷上(一)，第 1 页。

③ 萧一山：《清代通史·导言》，《清代通史》卷上(一)，第 2 页。

④ 萧一山：《近代史书史料及其批评》，《志林》1942 年第 3 期。

⑤ 萧一山：《清代通史·叙例》，《清代通史》卷上(一)，第 2 页。

萧一山对与太平天国史料的重视与他的民族革命史观密不可分。“太平天国为近代民族革命运动之一大壮澜,其思想及影响,均足以翻旧史而开新运,顾官书所载,比于寇盗之列,遗文遗物,多被清人毁灭殆尽,即曾国藩幕僚所编之《贼情汇纂》一书,亦不使之流传。”①因此萧一山对太平天国史料的搜集非常关注,为了使“有志研究太平一代史迹者,即可就史实而致力焉,庶不为一二标新奇材料之人所擅惑,使吾国复蒙落后浅薄之羞”②。1932年到1933年萧一山到欧洲考察,从英国大不列颠博物院广泛搜集当时国内罕见的太平天国文书史料,抄录了大批珍贵文书。1935年出版《太平天国丛书》第一集,以及《近代秘密社会史料》《太平天国诏谕》《太平天国书翰》等书,这些海外史料为国内太平天国研究带来新鲜的内容,此书出版后引起学界关注,朱希祖在为《太平天国丛书》一辑所撰序文中赞到:“此书一出,吾知本国研究太平天国史者必咸嘉萧君之功,盖其成绩比程、刘二君更弘大也。”③罗尔纲则肯定了萧一山的贡献,“肖先生对于太平天国史料的搜集的功绩,实在不小,这是值得我们表示敬意的。”④这些史料为萧一山此后的太平天国史研究奠定了基础。

但是萧一山并不赞同将史料与史学等同起来,认为中国传统史书多为史料而非史学,“学人能用史料以治史学,万勿以史料为即史学”,他认同章学诚的观点,“王伯厚氏搜罗摘抉,穷幽极微,其于经传子史,实能讨先儒所未备。然王氏诸书谓之纂辑可也,谓之著述不可也;谓之学者求知之功力可也,谓之成家之学术则未可也。学与功力实相似而不同,学不可以骤几,人当致攻乎功力则可耳。指功力以为学,是犹指秫黍以为酒也。”萧一山认为章学诚的论断“不啻为今日痛下针砭”⑤。联系当时的史学潮流,可以看出萧一山似在纠正史料学派“史学本是史料学”的观点。他认为当时“史料学派”的观点影响甚巨,但是也存在一定的弊端,“俗儒道长甚或有不事搜讨如实斋所谓擘绩补苴者,而惟以资料为学,茧麻可称巧匠,秫黍指为醇醪”。萧一山“深恨学术之乱真而以媮巧矜奇为耻,欲继章氏功力学术之辨,以挽此颓风。”⑥

此外,萧一山将经世致用思想发扬光大。经世致用是中国古代史学的

---

① 萧一山:《近代史书史料及其批评》,《志林》1942年第3期。

② 萧一山:《天平天国丛书·自序》,《太平天国丛书》第一集第一册,北平:国立编译馆,1935年。

③ 朱希祖:《太平天国丛书第一集·序》,《太平天国丛书》第一集第一册。

④ 罗尔纲:《太平天国丛书第一集》,《中国社会经济史集刊》1937年第5卷第1期。

⑤ 萧一山:《天平天国丛书·自序》,《太平天国丛书》第一集第一册。

⑥ 萧一山:《天平天国丛书·自序》,《太平天国丛书》第一集第一册。

优良传统，基本上民国时期的史学家对此都有继承。萧一山则不仅将史学视为可以开启民智的重要学科，视培养史学人材为己任，且开办专门的文史学院。1937年之后，更大力提倡“经世”之说，创办《经世半月刊》，1943年在重庆筹组“经世学社”。萧一山将史学的经世致用思想由史学推广到政治、经济等领域，他认为经世学的体是历史和哲学，用是政治和经济，目的是治国平天下。萧一山极力称赞顾炎武、黄宗羲、王夫之等“负经世之志”的学者，将自己的史学研究与经世致用联系在一起。他认为历史研究的意义在于知今，“史学要务，贵乎达变，尤贵乎知今，盖知今之所以变，即知后之所当因，古人所谓因革损益，百世可知，其理不外乎此。是以史学有详近略远之例，有鉴往知来之机，而皆以近代为枢纽”①，“学者欲知社会变迁之大势，与中国今日事变之由来乎？则研究近世史为尤要焉，昔龙门作史，罗及汉武；千古史识，首推子长。陈栎著论（栎，元人，著《历朝通略》），独多两宋；详近略远，为史正职。”②

他选择为清代作史，就是因为“清自创业，以迄于今，历时约三百年，史事虽要，无书可凭；非官牍铺张之言，则口碑疑似之说，藉资考镜，宁为信史？且史学既兴，当注意于社会现象之真谛，以明变迁之由；东西文化之融冶，以促交流之会。征上诸端，此《清史》之所为作也。”③他对于鸦片战争之后，“吾国史学，不能与时俱进，又为浅闻浮慕之士所曲解误引，走入支离破碎勦说辍辑之途，以致史学人才不能负荷时代所赋予之使命”④深表痛惜。因此，萧一山希望能用历史揭示中国变动的特殊性，以此疏通民族的智慧。“而今文化革新，国运衰替，士子多瞩目瘁心于世变之哲理，与夫实用之科学；于史学之綦要，乃鲜有注意及之者。不知增进文明，濬疏人智，史学之在今日，较他学科，为尤要焉。”⑤这也是萧一山后来独自创办“文史政治学院”，以培养更多文史类文科学生的初衷之一。他希望能够培养更多史学人才担负起时代使命。

但是萧一山的史学思想也有其局限性，他明确表示对唯物史观的抵触，“近世《唯物史观》(Economic Interpretation of History)之学说兴起，谓经济之趋势，当求诸历史；历史之变迁，亦根据于经济：二者有相互之关系，而历史之因革，尤以经济为转枢。此盖社会主义(Socialism)之大旨，而以目前的实

① 萧一山：《近代史书史料及其批评》，《志林》1942年第3期。
② 萧一山：《清代通史・导言》，《清代通史》卷上(一)，第3页。
③ 萧一山：《清代通史・导言》，《清代通史》卷上(一)，第3页。
④ 萧一山：《近代史书史料及其批评》，《志林》1942年第3期。
⑤ 萧一山：《清代通史・导言》，《清代通史》卷上(一)，第2页。

际的生计问题,为中心者也。吾人既不能不认生计为历史上最重要之问题,亦不能认文化政治纯受经济之支配。"[①]另外他对阶级分析方法也不认同,认为"中国没有绝对不平等阶级,至少在成文历史中,是找不出来的"[②]。

萧一山史学思想的局限,直接导致他对某些重大问题判断失误,陷于自我矛盾中。例如他对于义和团运动的评价,既称其为"拳匪",又称其为"爱国保家运动",说他们有"民族自救观念",但是最后又总结为"反动之横流",这样的问题在萧一山的史学著作中还有不少。因此萧一山的《清代通史》在刚出版后就受到陈恭禄、吴宓等人的指正,之后又有许多学者对其进行纠正,但萧一山直到晚年仍坚持他的史学思想。有人说萧一山是过早凋零的史学奇才,这样的论断基本公允。萧一山的大多数史学著作,都完成于 1945 年之前,1945 年以后萧一山涉足政界,与学院渐渐疏离。这也许是他到晚年修定自己的著作不能闻过则改的原因之一。

四、《清代通史》的成就与局限

萧一山的《清代通史》作为新史学的重要成果,在编纂方式、史料运用及史学思想等方面都呈现出与传统史学迥然不同的风貌,但是也有不足之处。《清代通史》的成就总结起来,最突出之处是上文提到的鲜明的民族革命史观,以及撰述方法与体例的创新和丰富的史料。

萧一山对传统史学的编纂体例提出批评,他认为"纪传之属,详于状个人,而疏于谈群治;编年之作,便于检日月,而难于寻终始。其间虽纪事本末一体,略有合于新史学之义,然其体创始于袁枢,特以便读《通鉴》者之寻览。即后之继此而作者,亦不能有深识别裁,以斟酌乎其中,故皆史实散漫,略无系统,可以为史料,不足以为史学。"[③]因此《清代通史》采用全新体裁,综合纪传体、纪事本末体、通志、通典与新式章节体,"全书十七篇,分九十六章,四百二十九节,节之下又立目,篇章节目,各有标题,不惟可见纂组之功,抑且有助循览之易。自司马迁仿世本旁行斜上为十表,著者亦师其意,所附宰辅、军机大臣、督抚三表,固旧史所曾有,大事、世系、学者著述、外交章约四表,则此编所新创。贯会全史,补其未详,既省史文,复便检寻。至全书事求详确,文务明晰,征引必列其书名,附及则系於小注"[④]。这样

① 萧一山:《清代通史·叙例》,《清代通史》卷上(一),第 1—2 页。

② 萧一山:《自由与平等》,《非宇馆文存》卷一,第 104 页。

③ 萧一山:《清代通史·导言》,《清代通史》卷上(一),第 1 页。

④ 杨家骆:《萧一山先生著清代通史稿跋》,萧一山文集编辑委员会编:《萧一山先生文集》下册,第 680 页。

的编排体例，能够适应新史学的要求，将清代社会变迁的趋势、政治因革的由来、经济发展的状况和学术文化的脉络叙述清楚，全方位地反映了清代的社会生活。萧一山的《清代通史》因此被视为新的撰述体例第二个成功的例子[①]，这种体例也成为此后史书编纂的范例。

萧一山的《清代通史》与此前的清史最大的不同，是广泛利用第一手材料，特别是引用大量清代档案。1922 年，北京大学接收教育部存清代内阁大库档案，并组织本校教职工与学生进行整理，成立了整理档案会。萧一山参加了整理档案的工作，成为较早利用清代档案史料进行清史研究的学者。内阁大库档案中包含丰富的清代社会资料，内容涉及地丁、漕运、旗营、军饷、垦牧、盐行、课税、织造、物价等等。这些资料大大开阔了萧一山的视野，使他的《清代通史》建立在扎实的史料基础上，并且广泛关注到清代社会、政治、文化的各个层面。[②] 萧一山因此在书中保存了大量原始历史文献。但是面对"备极繁赜"的清代史料，萧一山以"披沙拣金"的态度进行取舍，"力求详确，凡讪谤失实，粉饰已甚者，当推求其真象之所在，而辨正之。"[③]顾颉刚在《当代中国史学》里曾说："编著中国通史的人，最易犯的毛病，是条列史实，缺乏见解[④]。"但是萧一山《清代通史》迥异于此，《清代通史》的立论以丰富的史料作为基础，罗织有序，叙议相洽，读来令人信服。今西龙称赞萧一山"将浩瀚的旧史料，融化成自己的东西，又加上许多新史料，并且记述也安排得宜，详而且确，实是从来得未曾睹的佳著！"[⑤]《清代通史》可视为借助检阅之书，至今仍成为清史入门必读，这是一个很重要的原因。

《清代通史》得到了当时众多史家的大力肯定，但是也有人提出不同意见。1932 年 10 月 3 日，陈恭禄在《大公报·文学副刊》上发表了《评萧一山清代通史下卷》，指出书中的错误。例如资料不实，体例失当，抑扬偏颇，不充分重视档案，从外文资料中取材很少，引文过长等等。这些意见还是十分中肯的，但是萧一山并没有从中吸取教训，而是在同年 10 月 20 日致《大公报·文学副刊》编者，对陈恭禄的批判反唇相讥，也许是当年的萧一山还比较年轻气盛，缺乏虚怀气度。以致三十年后，在《清代通史》最后定稿问

① 戎笙：《萧一山和他的清史研究——纪念他逝世十周年》，中国社会科学院历史研究所清史研究室编：《清史论丛》(第八辑)，北京：中华书局，1991 年，第 19 页。

② 萧一山：《清代通史·叙例》，《清代通史》卷上(一)，第 2 页。

③ 萧一山：《清代通史·叙例》，《清代通史》卷上(一)，第 2 页。

④ 顾颉刚：《当代中国史学》，第 77 页。

⑤ [日]今西龙：《清代通史序》，《清代通史》卷上(一)，第 2 页。

世时,陈恭禄所指出的一些错误,仍然保留下来。今天看来,萧一山的《清代通史》中存在较明显不足,首先是民族主义思想极端化。正所谓成也萧何败也萧何,《清代通史》贯穿民族主义思想,他把清朝到民国近三百年间的一切矛盾,都用民族压迫或民族反抗来解释。这就使他的研究陷入了画地为牢的境地,无法对丰富的清代历史展开全方位的研究,而且会造成难以自圆其说的困境。他划分第一时期民族革命的对象是清政府,把天地会、朱一贵、林爽文等领导的起义,太平天国起义都称之为民族革命运动,但是却把王伦、白莲教首领、李文成等先后发动的起义称为民乱或者海贼。将太平天国和湘淮军,都纳入了民族革命运动,认为太平天国所做的贡献是革命的政治和思想影响,镇压太平天国的中兴将帅曾国藩等为民族革命所作的贡献是使部分满人政权转入汉人之手。这样的结论让人匪夷所思。其次是明清帝王不用庙号。《清代通史》中对明清两朝的帝王,不称庙号,也不按照习惯称年号,而是直呼其名,由检、福临、玄烨等等。这样的行为今西龙当时就指出:"把帝讳改称直书,在东洋文化的精神上,是我所不敢苟同。"①三十年代《大公报·文学副刊》主编吴宓也曾对此有过批评:"书中称清诸帝皆不云世祖圣祖等而曰福临玄烨等。夫既称唐太宗、明太祖,则于清不当独异,徒令读者觉其生僻迷乱。"②再次是采用了关于清室的不实传言。《清代通史》中虽然引用了大量清代档案史料,但是却对一些不实的清室传闻不加考辨,直接应用。例如太后下嫁多尔衮,顺治出家等,当时已有学者进行了考证,"张尔田君《清史后妃传稿》等书辨之已详。"③但是萧一山仍然采用了不实传闻,以至为评论者所诟病。

虽然萧一山的《清代通史》,学术界一直毁誉不一,但是撰述清史的难度,正如朱希祖所述,"清史馆之设,十年于兹,史稿之成,邈不可期。加之道光以后,东西交通,事迹繁赜,迥异前代;外人记载清代史事,国有其书,渊博翔实,殆反胜于吾国。不通各国文字,实难胜作史之任,故清史之作,其难尤甚于前代也。"④像每一个领域内开拓前进的大师们一样,萧一山的失误在所难免,但是我们并不能因此抹杀他在清史研究中的卓越成就。萧一山一生都以清史为主要方向,作为清史学的奠基人之一,萧一山对民国时期清史书写作出过杰出贡献:以一己之力撰述清朝全史,至今无人能与之匹敌。

---

① [日]今西龙:《清代通史序》,《清代通史》卷上(一),第2页。

② 吴宓:《文学副刊编者案语》,《清代通史下卷讲稿辨论集》,第25页。

③ 吴宓:《文学副刊编者案语》,《清代通史下卷讲稿辨论集》,第25页。

④ 朱希祖:《清代通史叙》,《清代通史》卷上(一),第1页。

萧一山以他独特的民族主义史学思想，为新史学理论体系的构建添砖加瓦，也对后世清史研究产生重要而深远的影响。萧一山深受新史学及西方史学思潮的影响，又有深厚的传统史学功底。他的史学思想借鉴、融合了西方史学思想，但是又保持学术与意识的独立。萧一山强调"把中国文化和西洋文化互相融合起来，产生一种新的文化，以为中国复兴的动力"[①]。这样的理论，对于今天的学术现状，仍然有很强的启发意义。

第四节　传统与现代之间——《清史讲义》

孟森(1868—1938)，字莼孙，号心史，江苏武进人。早年从里中名师研习科举制艺，获得廪生功名。由于受到"洋务运动"与"戊戌变法"的影响，于光绪二十七年(1901)留学日本，就读于东京法政大学。1904年回国，次年开始作广西边防大臣郑孝胥幕僚。1908年，孟森接任《东方杂志》主编，此后数年出入政界与实业界，鼓吹君主立宪制。1913年当选为民国临时政府众议院议员、国会宪法起草委员会委员。1914年因袁世凯下令解散国会，停止众、参两院议员的活动，孟森从此告别政坛，进入学界，潜心于清史研究。孟森最为学界称颂的是对清史学的杰出贡献，他终后半生之精力，钻研清代史学，对清先世源流考定、满洲名称考辨、八旗制度考实、清初史事人物考辨等问题都有深入研究，建立了"一个完整的清史体系"，被史学界誉为近代清史学派的开山鼻祖。

孟森作为清史学科的奠基人，对于清史学的贡献是多方面的。1929年，他受聘就任中央大学历史系副教授，开始走上大学讲台，1931年任北京大学历史系教授。在教书之余，先后出版了《清朝前纪》《明元清系通纪》《清初三大疑案考实》《清史讲义》《八旗制度考实》《海宁陈家》等著作，再加上早年出版的《心史丛刊》一、二、三集，孟森以数百万言的著述，代表了"民国时期清史学科第一代的最高水平，是近代清史研究发展的一块重要里程碑"[②]。

孟森的《清史讲义》并不是严格意义上的清朝史，因为该书并没有勾勒清朝的全部历史，仅用五章内容，叙述了清朝从开国到咸同之间的重要史

---

① 萧一山：《中国文化之复兴》，《非宇馆文存》卷一，第32页。

② 何龄修：《中国近代清史学科的一位杰出奠基人——试论孟森的清史研究成就，为纪念他的诞辰一百二十周年而作》，《五库斋清史丛稿》，第25页。

事,特别对康、雍、乾三代经营边疆做了较大篇幅阐述。这部讲义,以孟森自己的研究成果编写而成,将孟森对清史研究的发明创建都糅合其中,“非一味抄掇史料,以文繁卷厚为胜者所可比拟,称得上是一部具有高度水平的著作。”[①]

一、《清史讲义》的编撰与版本

1931 年秋至 1938 年 1 月,孟森受聘于北京大学史学系,担任明清史教职。这是孟森学术生涯中最重要的一段时期,除了在各种学术期刊上发表众多学术论文,他一生的几部重要学术著作,主要完成于这一时期。其中《明元清系通纪》在他生前出版了 16 卷,《明史讲义》《清史讲义》在他去世前后都出版过,《满洲开国史》讲义经其弟子商鸿逵整理,也于 1992 年出版。作为清史研究学术大家,孟森这三部根据讲义出版的清史著作,影响深远。

《清史讲义》,是孟森在 1935 年到 1937 年间为北京大学历史系学生授课时的讲稿。孟森在北京大学 1932 年至 1933 年开设的是明清史,单独的清史课到 1936 年之后才开始讲授[②]。因此,《清史讲义》最初仅编至乾隆末年,也就是我们现在看到的第二编的前三章,1932 年秋,孟森开始讲授明清史课程的时候已经编好。现在第二编的第四章、第五章是后来增补的,但仍然没有增补完全。据孟森的学生吴相湘回忆,“《清史》是民国二十四年至二十六年,孟先生在北京大学教授清史的讲义,全书分两编十章但第二编原稿目录著明:‘第六章光宣末造嗣出’。故实际上第二篇只有五章,叙事止于同治末年。民国二十六年冬,先生归道山,时值对日抗战,各大学迁西南各省,‘诗书缺,惟口舌’。中国文化服务社为适应需要,特根据北大讲义组本复印。逮抗战胜利,编者重回故都,与同学数人整理先师遗稿,没有发现这第六章的续稿。因此,现在重印也只有根据北大旧本。”[③]

目前笔者见到的最早版本,是标注为著者不详、出版年份不详的《清史讲义》[④]。这两册书均没有封面和封底,第一册 266 页,第二册从 267 页到 544 页。这两册书均在偶数页面,印有“北京大学讲义　文六三　出版组

---

① 商鸿逵:《明清史讲义·前言》,孟森:《明清史讲义》(上册),北京:中华书局,1981 年,第 2—3 页。

② 尚小明:《孟森北大授课讲义三种编撰考》,《史学史研究》2006 年第 4 期。

③ 吴相湘:《编校前言》,孟森编著、吴相湘校读:《清代史》,台北:正中书局,1990 年,第 1 页。

④ 见附录 4《清史讲义》书影。

印"字样。第一册 266 页，印有"孟森"，第二册 543、544 页印有"孟森"。这一版《清史讲义》共分两编，第一编总论，第二编各论分为六章（讲义目录中出现了两个第二章，因此全书共六章，应为印刷时的失误，实际为五章，这恰说明此书校对潦草，非正式出版物）。第二编的六章分别是：第一章开国、第二章巩固国基、第三章全盛、第四章嘉道守文、第五章咸同之转危为安、第六章光宣末造（嗣出）。上册书从目录页到第 3 章第 5 节，下册书从第 3 章第 5 节开始至第 5 章第 6 节①。此书还有多处修改与勾画之处，看起来像被使用过的讲义，这与吴相湘的回忆相符。

此外，据 1938 年发表在《东洋史研究》上的《孟森先生著作目录》，"明史、清史以上二种为北京大学讲义、非卖品"②，可以推断《清史讲义》曾经作为北京大学的讲义出版，但并未公开发行。1947 年出版的《清史讲义》应该是翻印自 1930 年代北大出版的《清史讲义》。这本讲义在北大内部发行的时间，吴相湘曾记："1934 年由北京大学刊行的《清初三大疑案考实》和《清史讲义》"③，《孟心史学记》附录《孟森史学论著目录》，也认为该书的首次出版时间是 1934 年④。由此可判断，《清史讲义》在 1934 年曾作为讲义出版，但并未公开发行。最早公开出版的《清史讲义》，是 1947 年中国文化服务社的排印本。全书两编，共九章，第一编四章，第二编五章，总计 34 万字左右。现在我们看不到孟森撰写的清代全史，是一种巨大的遗憾。但是孟森《清史讲义》仅有的章节已经为清史之大发现，"清世尽讳之，于清史料中固不见其事，于明史料中虽见，而清修《明史》，务尽没之。至今日始大发明，而以余为发明最多，可云前无古人者也。"⑤

二、《清史讲义》的特点与贡献

《清史讲义》虽然是一本未完成的书，但是丝毫不能影响该书的价值。孟森运用了民国时期新的撰述方法，将此前他的研究成果杂糅进去，对清朝的政治、经济、文化进行全面研究，简要叙述，自成一家之言，该书名为讲义且是残稿，却能成为民国时期清史专著的奠基之作，可见孟森的史学功力。

《清史讲义》突出的特点主要有两点，其一是编纂方法的改进，其二是

---

① 孟森：《清史讲义》，国立北京大学出版组，1934 年，未刊，收入《中国历史文献库中国历史文献库·民国图书数据库》，（http://202.120.82.147/library/publish/default/BookPicTxtReader.jsp?bookLibID=36&bookID=25226600&pageNum=270）

② 黄仲编：《孟森先生著作目录》，《东洋史研究》1938 年 4 卷 2 号。

③ 吴相湘：《我的业师：孟心史先生》，何龄修编：《孟心史学记》，第 30 页；

④ 《孟森史学论著目录》，何龄修编：《孟心史学记》，第 279 页。

⑤ 孟森：《清史讲义》第一编第三章，第 15 页。

引用材料多用正史。

传统史学的编纂方法,一直到二十世纪初期才开始发生变化。从民国时期的史学发展看,彻底打破旧体裁,到新体裁的完全建立,经过了一个过程。孟森的《清史讲义》采用章节体体例,将叙事、考辨、评史融为一体,对清朝的兴起、朝政的递嬗、兴衰沿革进行叙述和考证。这样的体裁,更有利于全方位多角度反映历史的联系性。全书共分两编,第一编分四章,分别为《清史在史学上之位置》《清史体例》《清代种族及世系》《八旗制度考实》。这四章属于通论性质,充分发挥了孟森考史与辨史的长处,纠正和补充了"正史"对于历史事实的歪曲和疏漏。第二编分五章,分别为《开国》《巩固国基》《全盛》《嘉道守文》《咸同之转危为安》。这一编体现了章节体叙述的综合性长处,以清朝的文治武功为主线,将清朝的历史进行了提纲挈领地叙述。先对清朝建立前后三帝"开国"的功业,进行了概略叙述,把叙述重点放在"康、雍、乾"三朝。通过康熙朝的"撤藩"、"治河"、"绥服蒙古"、"定西藏"、"移风俗"、"兴文教"等政策,到雍乾的"并地丁"、"加养廉"等制度,通过武力平定边疆,昌明学术文化而使帝业臻于"全盛",其后"嘉道守文"、"光宣嗣出",一代帝业结束。这样的编纂方法,使清朝的历史成为一个紧密衔接的整体,朝代的递嬗与兴衰一目了然。

孟森在《清史讲义》中应用当时先进的章节体撰述方式,但是他依据的材料仍然严守传统史家之门户。《清史讲义》的史料来源秉承孟森一贯注重正史的特点,主要取材于《清实录》《清史稿》、清代档案、《八旗通志》《李朝实录》,经反复比勘,证明事实。孟森特别对《清史稿》的正史地位加以肯定,认为"然则于清一代史料之正确者,悬设一正史之位置处之,史料极富。《清史稿》为排比已有具体之一大件,亦应在悬设正史之位置中,参加史料之一席。"[①]虽然《清史稿》在内容与体例上都存在缺陷,但是它经过众多史家努力,充分利用清史馆的文献,对前代史事的叙述超越所有私家著作。因此孟森将《清史稿》也作为史料来源。

《清史讲义》的编纂自成体例,融会贯通,材料翔实,叙事稳妥,行文简洁,一直被史家所称道,被学界誉为我国近代清史学派的开山之作,是研究清史的学者必读入门书。这本书中第一次明确提出清史在史学上的地位,考辨出八旗制度的演变轨迹,对清代历朝分别进行评价,得出很多具有开创性的见解,为此后的清史学奠定了研究理路。

孟森在《清史讲义》开篇就以《清史在史学上之位置》为题,为清史研究

① 孟森:《清史讲义》第一编第一章,第1页。

正名，为《清史稿》正名。他认为"论史之原理，一朝之经过，是否有为修正史之价值？能统一国土，能治理人民，能行使政权，能绵历年岁，则能占一朝正史之位置，意义全矣。"因此对于"一代武功文治，幅员人材，皆有可观"的清朝，应该给予充分的重视，不能以辛亥革命时期的仇视清朝的态度，故意歪曲清朝的历史，"史学上之清史，自当占中国累朝史中较盛之一朝，不应故为贬抑，自失学者态度。"[①]

八旗制度是清初政治制度的重要组成部分，由于八旗制度的演变轨迹，为清朝历代史书所隐晦，因此直到清朝灭亡，无人能揭示真相。孟森的考据，能够发前人之未发，他指出八旗的性质为"太祖所定之国体也"。"太宗以来，苦心变革，渐抑制旗主之权，且逐次变革各旗之主，使不能据一旗以有主之名，使各旗属人，不能于皇帝之外，复认本人之有主。盖至世宗朝而法禁大备，纯以汉族传统之治体为治体，而尤以儒家五伦之说压倒祖训，非戴孔孟以为道有常尊，不能折服各旗主之禀承于太祖也。"[②]孟森将八旗制度的起源、性质与演变都作了充分研究，最早提出八旗制度不仅是一种兵制，而且是一种政治制度，为后来研究八旗制度的学者导引方向。

孟森对清朝历代的评价，注意进行纵向比较，将成就与缺失进行对比，得出诸多开创性见解。孟森对于历朝皇帝的研究非常细致，能够从清朝诸帝的才能、品质、作风、气度等方面进行分析比较。例如对"清代两权相，和珅以前有明珠，皆以得君之故，造成贪黩乱政之罪。"但是"圣祖之于明珠，一经发觉其罪，即授权言官，使振纲纪。去明珠如土芥，且又不至于养成大患，免其阁职，仍获以内大臣效用。于所宠爱，保全实多。高宗自谓英明，方之圣祖，有愧多矣。有制裁之臣民，享高年或可言福；无制裁之帝王，享高年恒足为祸。"[③]此外，对于康熙的统治之术，也有详细论述。如在平藩过程中，战事稍有转机，即开博学鸿词科和明史馆，指出康熙"极得抚驭汉人之法。兵事实力在八旗世仆，人心向背在汉士大夫。处汉人于师友之间，使忘其被征服之苦，论手腕亦极高明矣。"[④]他对于清代的皇帝还有很多精辟的论断，对于研究清代政治史都极富参考价值，兹不赘述。

对于清代历朝政策，孟森也能够用比较法进行分析。如对于清初的用人政策，他指出"入关之初，以兵事为重，其于政务，但期规复明代纪纲，即

① 孟森：《清史讲义》第一编第一章，第1—3页。
② 孟森：《清史讲义》第一编第四章，第29页。
③ 孟森：《清史讲义》第二编第四章，第409页。
④ 孟森：《清史讲义》第二编第二章，第202页。

不至凌乱无序,故以引用明季旧臣为急……而以满洲重臣驱策之”。“至傅以渐、吕宫为开国首两科一甲一名进士,用为阁臣,不过以状元宰相歆动汉人,争思入彀,其为公辅之器与否,非所计也。”[①]又如顺治、康熙两朝的辅政制问题,康熙也是冲龄践祚,但是辅政皆非宗室,因为“惩于前次摄政之太专,以异姓旧臣当大任,而亲王贝勒监之,其用意可见也。”[②]以此比较出清廷在清初的用人更多出于政治上的考虑。

作为一本在清史学初创时期的奠基之作,孟森的《清史讲义》存在一定的缺陷与局限是必然的。例如他只注重纵向的历史比较,而忽视横向的比较,对于同清朝处于同一时期兴起的欧洲资本主义国家只字未提。清朝建立之后,荷兰、俄罗斯、英国、法国、美国、德国列强先后发动对中国的侵略,这是19世纪影响中国的重要因素。但是这样一个重要的外因及相关史实,在《清朝讲义》中几乎被忽略掉,不能不说是该书的缺陷。此外,孟森在上世纪30年代,仍然用文言写作,也是一种缺憾。

三、孟森的历史观与史学思想

孟森在《清史讲义》中再现了清朝由盛转衰的历史画卷,是他清史研究领域取得巨大成就的代表性著作之一。《清史讲义》体现出孟森的历史观与史学思想最具转型期史家的特点,既能继承中国史学的传统,又明显受到狂飙突进的新史学与西方史学的影响,且能够在他的史学研究中并行不悖,推动孟森建立起属于自己的清史体系。因此,孟森的历史观与史学思想值得研究与总结。

(一)转型期史家的历史观

纵观孟森的历史观虽严守传统史学法度,“后代于前代,评量政治得失以为法戒,乃所以为史学。”[③]但是却已经区别于完全秉承传统史学的遗老学者,与梁启超倡导的“新史学”、何炳松为代表的欧美史学也有所不同。他的旧史学已经装上了“新酒”,吸收了新的史料、新的观点、新的方法,与旧史学相比已经有很大变化,即使与新史学相比较,也是各有千秋。时人评价“孟君耆年宿学,而其意见明达,前后不变,往往出后辈贤达之上,可谓难得矣。”[④]

孟森继承了古代传统历史观,在他的《清史讲义》中仍然能够看到,古代史学的“天命史观”“英雄史观”等等,历史的发展或是“英主独断”,或“中

---

① 孟森:《清史讲义》第二编第二章,第232—233页。

② 孟森:《清史讲义》第二编第二章,第188页。

③ 孟森:《清史讲义》第一编第一章,第3页。

④ 周作人:《知堂回想录》,香港:三育图书有限公司,1980年,第490页。

主""守文",都是个人所决定。人民群众并不是历史的主体,而人民群众反抗封建统治的主动行动,不是历史的壮举,更不是历史发展的一种动力,而是"盗""匪"为"患"作"乱"。这自然既谈不上以社会生产方式,作为决定社会性质和面貌的杠杆,而且社会经济生活的各方面都不为作者所注目[①]。孟森构建的清史体系中,历史就是国家活动的结果,以评价前代政治得失作为史学的基本任务,清朝的文治武功贯穿于他的清史研究。

但是孟森身处 20 世纪中西交汇的大时代,此时"以进化史观为指导进行历史研究和历史撰述,是 19 世纪末 20 世纪初年中国史学的重要特征,已经开始成为许多史家自觉信奉并加以使用的基本观点。"[②]在这种情况下,"历史家会更明确地去寻求某种历史观和史学思想的指导,程度不同地向传统和西方汲取营养,这就从一个非常重要的方面决定了自己的研究和著作的面貌。"[③]孟森早年留学日本,学习法政、经济,回国后积极参政,不仅撰述与翻译法学书籍,同时也对经济问题很感兴趣,是南通著名实业家张謇的亲近幕友,且写过《论裁厘不可为加税所误》《销场税、生产税及通过税界说》等文章。1908 年孟森还担任过当时的新媒体——《东方杂志》的主编,重新编订杂志体例,革新版面样式,并发表过多篇文章,提倡宪政,讨论君主立宪制。因此"孟森先生是一位曾得到过良好的传统教育,后又转而接受西学的中国近代学术过渡时期的学者"[④]。今天我们重新审视孟森的历史观,应该看到孟森的历史观不仅仅局限于传统史观,同时有时代风潮的印记。

孟森的历史观以传统史观为主,书写一代关乎盛衰兴亡的典章制度沿革,但并不默守。他将清代分成不同的发展阶段,使清代历史的描述有了完整性且反映出历史的联系。孟森虽有乾嘉史学旧功,但也有科学实证之方法。他在梳理清代主要政治事件的同时,囊括了清代政治、经济、文化的相承因革的全景,并对清代由盛转衰的原因进行多方论证,其中所采用的辩证方法与体现出来的科学精神,都能够看到孟森受到的西方史学思想的影响,对当时学术界起过进步作用,是谁也不能抹煞的[⑤]。他在《清史讲义》中分析清朝的衰落与灭亡的原因,能够从满汉民族关系、外敌入侵、乃

① 何龄修:《中国近代清史学科的一位杰出奠基人——试论孟森的清史研究成就,为纪念他的诞辰一百二十周年而作》,《五库斋清史丛稿》,第 30 页。
② 张越:《进化史观对中国史学转型的促进和影响》,《求是学刊》2003 年第 1 期。
③ 何龄修:《中国近代清史学科的一位杰出奠基人——试论孟森的清史研究成就,为纪念他的诞辰一百二十周年而作》,《五库斋清史丛稿》,第 26 页。
④ 商传:《明史讲义·导读》,孟森:《明史讲义》,上海:上海古籍出版社,2002 年,第 21 页。
⑤ 王钟翰:《(明清史论著集刊正续编)前言》,何龄修编:《孟心史学记》,第 41 页。

至于清代的文化政策等多个方面，以辩证的眼光寻找清代灭亡的远因与近因、客观原因与主观原因。

孟森分析清代衰亡的原因，不仅有“气运说”，更能从汉族与满族的文化差异与融合的关系转化，由文化专制政策与士人风气的转变，寻找清朝衰亡的原因。孟森认为“清一代有功文化，无过于收辑《四库全书》”，但是“其搜采各书，兼有自挟种族之惭，不愿人以胡字虏字夷字加诸汉族以外种人，触其忌讳，于是毁弃灭迹者有之，刊削篇幅者有之。至明代野史，明季杂史，防禁尤力。海内有收藏者，坐以大逆，诛戮累累。以发扬文化之美举，构成无数文字之狱，此为满汉仇嫉之恶因。统观前史，暴君虐民，事所常有，清多令主，最下亦不失为中主，宜可少得罪于吾民，而卒有此涂毒士大夫之失德。”[①]孟森此处从正反两方面分析《四库全书》在清代学术与政治中的作用，认为严酷的文字狱已经触怒于民。孟森在政治上主张实行宪政，他看到民众在社会改革中的巨大能量，认为“宪政筹备不能据官文书以为定评，必须社会程督，始有实效。”[②]由此他对于清代文化专制造成的严重后果，有比较深刻的认知。文字狱严酷导致清代朴学大兴，虽然“毕注于经学，毕注于名物训诂之考订，所成就亦超出前儒之上”，但也为清朝的灭亡埋下了隐患，“其弊至于不敢论古，不敢论人，不敢论前人之气节，不敢涉前朝亡国时之正义。此止养成莫谈国事之风气、不知廉耻之士夫、为亡国种其远因者也。”[③]”对于文字狱这样一项政策，孟森能够从不同角度分析论述，展示他敏锐的观察力和辩证的思想。

再如对清末历史的叙述，从清朝统治者的不思进取到清末内忧外患的国势，孟森均有客观剖析。他认为鸦片战争一役，“为中国科学落后之试验，为中国无世界知识之试验，为满洲勋贵无一成材之试验。二百年控制汉族之威风，扫地以尽，于清一代兴亡之关匪细也。”[④]虽然鸦片战争震动朝野，但是并未让清朝统治者警醒，咸丰朝仍然“文恬武嬉。满洲纨绔用事，伏莽遍地。清室本以八旗武力自豪，为英吉利所尝试，而旗籍大员之奸佞庸劣无一不备。举国指目穆彰阿琦善，谓之奸臣。文宗即位，虽斥退穆相，琦善以下偾事之旗员，仍以勋戚炳用[⑤]”，导致清末各地民众纷纷揭竿起义，“以太平军为蔓延最广”。对外则“国际应付尤荒谬，召闹取侮，乘内

---

① 孟森：《清史讲义》第二编第三章，第384页。

② 转引自吴相湘：《我的业师：孟心史先生》，何龄修编：《孟心史学记》，第27页。

③ 孟森：《清史讲义》第二编第三章，第384页。

④ 孟森：《清史讲义》第二编第四章，第484页。

⑤ 孟森：《清史讲义》第二编第五章，第526页。

乱方亟之际，挑激不已，致四国联军逼京师，文宗走避热河，清之不亡如缕。”[①]此时士大夫成为挽救清朝颓势的一股清流，“士大夫讲学问，研政治，集合同志，互相策励，遂收救国之效。”同治、光绪朝，还能收复新疆，有中兴之势，但是清朝统治者未能利用有利形势，“与全国为一体，惟才是用，竟破满汉之限，则以二百余年统治之名义，国人习为拥戴，君主尚有威权，重造一进化之国家可也。气数有穷，女戎复作，中兴之象，转瞬即逝。然其旋转之机，不可不审视之，以知兴亡之关键焉。”[②]由此可知清朝灭亡不仅是气数问题，更是内政外交种种失误导致的结果，是历史的必然。

此外，孟森从现代国家观点出发，认为中国是多民族国家，而非仅仅是汉族国家。他希望“使吾中华大国，得一位置于列强之间”，是“无汉无满，一视同仁，为国为民，务求在我，将泯贵贱亲疏为一大平等，即合行省藩属为一大共和”[③]。清朝以异族入主中原，不同地域不同民族之间的交流与沟通，是贯穿于清代的一件大事。孟森用了大量笔墨，书写关于多民族之间的冲突、融合，汉民族的传统与正统如何被满族统治者利用，以及清朝四周的边事包括清朝后期同各国之间的关系，都做了精当而详尽的阐述。在很多重要问题上有发前人所未发之论，令人深省。孟森认为女真不是一个先进的少数民族，但却是一个善于学习的优秀民族，“顾其种族为善接受他人知识之灵敏种族，其知识随势力而进，迨其入关抚治中国，为帝王之程度，亦不在历朝明盛诸帝之下。若非死于安乐，以至亡国灭种。在女真之根性，实一优秀之民族也。”[④]孟森能够跳出狭隘的民族革命史观，肯定女真族的优秀，对清史研究的风气起到了矫正的作用。

孟森作为一位由传统走向近代的过渡型史家，无法看到清朝灭亡的根本原因在于落后的封建专制制度，但是能够从政治、经济、外交、文化等及多个角度审视清朝灭亡。晚年孟森指导参加清代档案的整理工作，认识到“关于社会之风俗人情，以及民刑纠纷等等，均可以奏销册补充之。昔时刑名奏销册具存，社会风俗之史料，向来无人注意，今者整理档案，始知其重要异日编史大可利用之”[⑤]。孟森此时已经开始重视社会发展的更多方面，历史观有进一步的变化。但遗憾的是孟森过早离世，使《清史讲义》缺了最后一章，假如能够补齐，定会有更多新意迭出的高见。孟森曾赴日本

---

① 孟森：《清史讲义》第二编第五章，第526页。

② 孟森：《清史讲义》第二编第五章，第526页。

③ 转引自戎笙：《孟森小传》，何龄修编：《孟心史学记》，第137页。

④ 孟森：《清史讲义》第二编第一章，第149页。

⑤ 孟森：《中国历代史料之源并拟现代可以收集之方法》，《文献特刊》1935年。

留学,得到西方人文科学的影响,同时又具有极深厚的国学功底,在他未从史之前,更是亲历20世纪初的社会变迁。这些教育和社会阅历,为其后来的治史提供了别人难以相比的条件[①]。他的清史研究从开始就抱着"清史一科,固以纠正清代官书之讳饰,但亦非以摘发清世所讳为本意。"[②]因此孟森的《清史讲义》能够成为清史学里程碑式的著作。

(二) 传统史学思想的继承

孟森继承传统史学尊重客观事实,秉笔直书的研究态度,开创了清史研究多个领域。他的法戒说,直接承继司马光修史"善可为法,恶可为戒"的思想,认为历史就是国家活动的结果。"国家将行一事,其动机已入史"[③],因此他的清史多以帝王世系、生平、清朝一代的政治军事为主要内容。在孟森的清史体系中,帝王将相仍然是历史舞台中心位置的主导因素,扮演了推动历史进程的角色。普通民众的经济社会生活,基本不在孟森的清史研究体系之内。何龄修将孟森的研究成就总结为四个方面:第一是关于满族先人发展脉络的补充研究;第二是关于明代清室先世活动的研究;第三是关于创业开基之祖太祖努尔哈赤、太宗皇太极两世生平事迹的研究;第四是关于八旗制度起源、演变、性质的研究[④]。孟森的《清朝前纪》《满洲开国史》《明清开国史》以及《八旗制度考实》《清史稿中建州卫考辨》等著述,都是围绕上述四方面问题展开的。可见,孟森的清史研究基本是循着中国传统史学研究模式展开的,这也是他主张君主立宪制的政治立场在学术上的反映。

中国传统的史学思想,提倡秉笔直书,提倡留信史,孟森继承了这一优良传统。作为一名史学家,孟森尊重客观事实,有严格的史学家的职业道德。他认为"历史上有此一事,其甫动至确定,一一留其蜕化之痕迹,则虽欲不公正而不能遇事捏造,除故意作伪之别有关系者外,国事之现象,如摄影之留真,妍媸不能自掩也。"[⑤]因此,他尊重客观历史事实,努力在前代史书记载中寻找事实的真相,使自己的著作达到与历史事实基本吻合。例如清先世源流,本有迹可循,具在载籍。但是经过清室涂抹改窜,使本真尽失。孟森是第一位对此进行详细考证的学者,他经过钩沉索隐,取得了卓

① 商传:《明史讲义·导读》,孟森:《明史讲义》,第21页。

② 孟森:《清朝前纪·叙言》,《清朝前纪》,上海:商务印书馆,1930年,第3页。

③ 孟森:《清史讲义》第一编第一章,第1页。

④ 何龄修:《中国近代清史学科的一位杰出奠基人——试论孟森的清史研究成就,为纪念他的诞辰一百二十周年而作》,《五库斋清史丛稿》,第33—36页。

⑤ 孟森:《清史讲义》第一编第一章,第2页。

越成就，使清室先世在开国前三百年历史得以清楚再现。他对明代清室先世的研究，从活动领域和发展程度两方面，把整个女真族划分为野人女真、海西女真和建州女真三部分，重点叙述建州女真。他肯定清史祖布库里英雄(布库里雍顺)的存在，认为他居住在俄莫惠的斡朵里城。“朝鲜镜城之斡木河，实当《清实录》之俄莫惠”[①]，并以《元史·地理志》证之，“元初设斡朵怜万户府，即设长白山之东。清为斡朵里部族，实始于此。”[②]元亡之后，胡里改万户阿哈出、斡朵怜万户猛哥帖木儿等曾一度臣服朝鲜。永乐中间，阿哈出与猛哥帖木儿又入明，阿哈出被授为建州卫指挥，猛哥帖木儿被授为建州左卫指挥。后几经反复，他们都回到明边，镜城之地被弃归入朝鲜。猛哥帖木儿及清室肇祖都督孟特穆，是清室嫡传之祖。《清朝前纪》孟森专门辟一系列专章《女真纪》《建州纪》《建州左卫前纪》《肇祖纪》《褚宴充善纪》《妥罗纪》《兴祖纪》《景祖纪》《显祖纪》《太祖纪》对清室的世系进行详尽排列。又在《满洲开国讲义》中作综合叙述，将猛哥帖木儿到努尔哈赤之间共历七世的清室世系完全明确，并且揭示清室先世一贯臣属于明朝，并担任明边疆武职。

这一研究结果，揭开了三百年来清朝对历史的讳饰，意义十分重大。孟森的研究结果，将《清实录》语焉不详的世系揭示清楚，也以事实证明清朝统治中国，并不为外族侵略，而是中华民族内部统治民族地位的递嬗。从这个事实中得出的结论，推翻了辛亥革命时期视清朝为鞑虏的观念。

此外，孟森还以详细的考证澄清了辛亥革命之后，对清史的一些不实传闻。他的《心史丛刊》一、二、三集和《清初三大疑案考实》，以及一些论文都是以还原清朝前期历史真相，澄清对清朝的诬蔑与不实传闻为写作目的。如乾隆香妃、海宁陈家等，既不诋毁清朝，又将清朝所隐瞒的事实揭示出来。孟森指斥伪造历史，混淆视听的行为是“失纪载之道德”。对于吕四娘刺杀雍正的传闻，孟森“亲见吾乡许国英伪造，当时责其紊乱史实，为失纪载之道德，许唯唯。今许君殁矣，而其说为浅薄好事者所乐述。又以《聊斋侠女篇》为证，夫《聊斋》多脱胎《广记》，以笔墨自娱，原不负纪事之责。且蒲松龄卒于康熙五十四年，何以能知雍正十三年以后事？以好奇之故而不顾常识，愿谈历史者自重，勿蹈此陋习。”[③]孟森将清史研究引导到客观求实的大路上，对此后的清史研究者影响至深。

---

① 孟森：《清始祖布库里雍顺之考订》，《历史语言研究所集刊》1932 年第 3 卷第 3 期。

② 孟森：《清始祖布库里雍顺之考订》，《历史语言研究所集刊》1932 年第 3 卷第 3 期。

③ 孟森：《清史讲义》第二编第四章，第 459 页。

(三)新史学思想的影响

虽然孟森主要承继了传统史学思想，但是他毕竟在日本受到西方先进文化熏陶，领略过资产阶级民主主义思想，又在国内从事政治活动多年。因此，孟森的史学思想也受到了新史学的影响。

孟森史学思想中，最能体现转型期史家时代特征的是史料观的变化。孟森前期治史，明确指出清代官修史书讳饰的弊端，“易代以后，纂修清史，仅据官书为底本，绝不足以传信而存真。”[①]对于《清实录》的史料价值，孟森采取完全怀疑的态度，“改实录一事，遂为清世日用饮食之恒事，此为亘古未闻者。”[②]虽然这一论断未免主观，但是可以看出，孟森对于清代正史的真实性持有很大怀疑。这种对于清代官修史书的态度，与傅斯年、陈寅恪等人“认为清代官书实录经过历朝篡改，极不可信”[③]异曲同工。因此孟森前期的著作，非常重视私人记载，“吾党今日尚能考见清代一二真象，皆前人冒死藏匿，以为我后人稍留根据。易代之后，禁网尽除。吾辈不能继先民忍死留待之意，为之胪列发扬，以成信史。徒据清世矫诬揑饰之本，作成一代之史。是国民果可欺，而国史真无足轻重，非学人治历史者之本怀也。”[④]孟森早期的《心史丛刊》多用私家著述，于“旁见侧出之文”，“不经意而流露者”，“随处留心”，极尽钩剔之能事，最后贯串成编以写成信史。梁启超称赞孟森的治学成就：“顺治十八年之‘江南奏销案’……官书中并丝毫痕迹不可得见。今人孟森，据数十种文集笔记，钩距参稽，然后全案信史出焉。”[⑤]可见民国时学界“‘史料的广泛扩充’与‘不看二十四史’这两种倾向并存的诡论现象”[⑥]也影响了孟森。

但是孟森到晚年，几乎完全推翻前期对官方史书的否定，不仅认为“真正史料，皆出于史中某一朝之本身所构成，谀闻野记，间资参考，非作史之所应专据也。”[⑦]对清史研究更指出“但言清事，非清官书中求之不足征信”[⑧]。这些观点与他前期的观点可谓针锋相对。孟森的史料观以1931年到北大任教为界，清晰地划分为前后两期。之所以产生如此巨大的变化，

---

① 孟森：《清朝前纪·叙言》，《清朝前纪》，第3页。

② 孟森：《读清实录商榷》，《大公报(天津)》1937年3月25日，第11版。

③ 王汎森：《什么可以成为历史证据——近代中国新旧史料观点的冲突》，《新史学》(台北)1997年8卷2期。

④ 孟森：《清朝前纪·叙言》，《清朝前纪》，第1页。

⑤ 梁启超：《中国历史研究法》，《中国历史研究法(外二种)》，第67页。

⑥ 罗志田：《史料的尽量扩充与不看二十四史——民国新史学的一个诡论现象》，《历史研究》2000年第4期。

⑦ 孟森：《清史讲义》第一编第一章，第1—2页。

⑧ 孟森：《清史讲义》第一编第四章，第29页。

当与孟森参与整理北大清代档案有重大关系。自北大整理档案开始，孟森的史料观为之一变，同时他的学术研究与治史眼光及史学观念随之发生变化。孟森在整理档案中发现“清之于史，自代明以来，未尝一日不践有史之系统。中国史之系统，乃国家将行一事，其动机已入史，决不待事成之后乃由史家描写之。……中国有史之系统，严正完美，实超乎万国之上。”[①]孟森在整理档案过程中，逐渐认识到当时人记录当时事情，之于后人再记载，主观程度大为降低。档案就像摄影留真一样，不能随意捏造与涂改。孟森由此改变了对于官书史料价值的评价标准，这一改变体现于他对《清史稿》前后不一的态度上。

孟森曾认为《清史稿》的纂修，仅据官书为底本，决不足以传信而存真[②]，因此应该摒弃、废止该书。这是建立在《清实录》乃不可据信史料上的观点，待发现档案是最原始的第一手资料，孟森逐渐认识抄录档案基础上完成的《清实录》是可信的史料，而“《清史稿》即就此取材，故大致当作《清史》规范，”[③]因此建立在官书基础上的《清史稿》也不必久禁，作为大宗史料，“故为治清代掌故者所甚重。即将来有纠正重做之《清史》，于此不满人意之旧稿，仍为史学家所必保存，供百世之讨论。”[④]孟森对《清史稿》是否当禁态度的转变，体现出他的史料观随时代变化在不断发展演变。

孟森晚年对于档案的重要性非常重视，“大有舍档案之外无从解决清史问题的可能之势。”[⑤]甚至开始以档案为依据，探讨新的研究领域[⑥]。但是非常遗憾，孟森还没有来得及进行社会史方面的研究，就已经离世。如果假以时日，相信他在清代社会史领域定会有更多建树。

史料观的改变，推动孟森对于史学与史料之间的辩证关系进行思考。孟森认为“史自史，而史料自史料，不偏废，亦不可求全也。”[⑦]史书的修撰是建立在史料的基础之上，他将史料分为不同的等级：“最初未经文人之笔所点窜者，有如塘报，有如档子，有如录供，此可谓初级史料。至人之章奏，膳之禀揭，则有红本揭帖，汗牛充栋，已为进一级之史料。至科臣所钞，一方下部议行，一方已录送史馆，其中已微用史文句例点改，此则与史发生关系，为又进一步之史料。馆臣据此，按日排纂，谓之日录，与记录王言之起

① 孟森：《清史讲义》第一编第一章，第2—3页。

② 孟森：《清朝前纪・叙言》，《清朝前纪》，第3页。

③ 孟森：《清史讲义》第一编第一章，第2页。

④ 孟森：《清史稿应否禁锢之商榷》，《国立北京大学国学季刊》1932年第3卷第4期。

⑤ 王钟翰：《孟森先生与邓洪二师》，《学林往事》(上册)，第7页。

⑥ 孟森：《中国历代史料之来源并拟现代可以收集之方法》，《文献特刊》1936年。

⑦ 孟森：《史与史料》，《文献特刊・论述》1935年。

居注，皆以日计，居然史之一体矣。而其距勒为正史，则等级尚远。”①不同等级的史料既具有相对性，又具有绝对性。史料之间的级别是可以互相转化的，但是当史馆编撰完成的正史修完之后，此前的所有史书都退而成为史料。史学与史料不能画等号，孟森认为“撰史必须广征史料，剪裁精当，而后成书。”②进而探讨史家对于著史，要区别开史料整理者与作史者的职责，不能只将史料堆砌于正史之中，以坏史法。孟森推崇司马迁、欧阳修的治史方法，足当笔削与法戒之责任，而非只停留于堆砌材料，由此才能达到不偏废亦不求全的目的。“史自史，史料自史料”观点的提出，与史学界流行的“史观派”提出的“史学即史料学”的观点有所差距，但是孟森对于史学与史料关系之判断，持论客观，其说甚谛。

孟森在从事清史研究中，承袭乾嘉学派的考据学方法，并将乾嘉学派的方法发扬光大，对所研究的对象，尽量搜集完备的资料，进行排列、对比、研究，以揭示矛盾，发现问题，获得线索，找到答案，这是孟森运用自如的考据方法。但是，孟森并不满足于利用传统考据学，他还发展了这一方法，将乾嘉史学的考据与辨证分析方法结合在一起，以提高分析历史问题的能力，力图避免片面化、简单化等形而上学的看问题方法。孟森有深厚的法政专业知识，使他在研究问题时拥有交叉学科的优势。孟森的考据学从引证、运用史料的方式看基本是乾嘉史学考证的范式，但是得出的结论却往往叠出新意。

孟森留学日本所学专业是法律。因此在他的著述里能看到“无一事敢为无据之言，”③同时也能看到造诣深厚的法政专业知识，多学科交叉的研究方法，使孟森的清史研究独树一帜。他的一系列“考实”的文章中，引证、运用史料的方法基本上是乾嘉考据面目，但是文章中显示出的是史学与政治学、法学乃至经济学的多学科结合的研究模式。如《八旗制度考实》中，基本上看不到新史学的影响，但是最后得出得结论却是“八旗者，太祖所定之国体也……此太祖之口定宪法。其国体假借名之，可曰联邦制，实则联旗制耳。”④这一观点为后世言八旗制度学者奉为圭臬，但是对于孟森如何得出这一论断则不知所以。如果不考察孟森早年的学术背景，就不可能得知孟森的史学研究是建立在法学与政治学的基础之上，因为“宪法”、“国

① 孟森：《史与史料》，《文献特刊·论述》1935年。

② 商鸿逵：《述孟森先生》，中国社会科学院历史研究所清史研究室编：《清史论丛》(第六辑)，北京：中华书局，1985年，第22页。

③ 孟森：《心史丛刊·序》，《心史丛刊(外一种)》，第1页。

④ 孟森：《清史讲义》第一编第四章，第28页。

体”、“联邦”等概念，非一时兴起的时髦用语，而是得益于早年在东京法政学院学习的经历，这些政法知识已经深入他的史学研究，因此能在解决清初制度问题上超越一些只将目光投入故纸堆的学者。此观点一出，长期困扰学界的八旗制度的性质问题迎刃而解。

对于鸦片战争的爆发，孟森从法律、制度层面寻找鸦片战争的失败，指出《南京条约》系城下之盟，乃一时之事。而通商，并不等于辱国。是中国国际知识太浅，不知国际公约，“中国之盲于外交，应受事变之教训，则固不自量力者所必致也。政治不自量力，必使万国就臣妾之列。学问不自量力，致使国防民用皆自趋于弱与贫，而以强与富让人。”①中国自己不用平等相待，领事裁判权归英人并非英人自己提出，而是中国赠与英人，“且历久无诋斥之声”，“其不平等者，中国君臣强要之，使英人不得不复，而后节节授以侵占之便利”②，“故鸦片非主因，中国之政与学相形见绌，乃其主因。”③

在孟森其他的史学论著中，也能够看到法政学专业背景。如《明史讲义》论及明代的锦衣卫制度，认为“近世各国都市皆有警察侦探，在清则谓之步军统领衙门。古今中外大略相类，原不得为弊政。明以诏狱属锦衣卫镇抚司，遂夺法司之权，以意生杀，而法律为虚设。盖弊在诏狱，尚不在缉事也。”④此外对于明初的“峻法与守法”等问题，孟森都能从法律专业的角度考辨问题，得出精辟论断。纵观孟森的史学著作，他的许多考据文章如老狱断案，逻辑严密，论据确凿，有古代“判牒”之风范，他对明清政治制度的研究也多有贡献，这些学术成就的取得，得益于他的专业学术知识。虽然孟森的清史仍然以“文治武功”为研究主线，但是他使用的研究方法已经超越乾嘉考据学。孟森的好友郑孝胥评价他“新故巧吐纳，读书兼读律”⑤，这不能不说是孟森清史学研究的一大特色。

在民国史学界一提起诗史互证，一般都认为陈寅恪是诗史互证的开山祖师。陈寅恪将这一研究方法应用到他的一系列专著中，《元白诗笺证稿》《柳如是别传》取得了令人瞩目的成果。但是孟森在陈寅恪之前，已经利用诗史互证的方法进行史学研究。他于 1916 年—1917 年结集出版的《心史丛刊》（一、二、三集）中，就采用了诗史互证的方法，以诗证史，以史证诗，解

① 孟森：《清史讲义》第二编第四章，第 484—485 页。
② 孟森：《清史讲义》第二编第四章，第 515 页。
③ 孟森：《清史讲义》第二编第四章，第 485 页。
④ 孟森：《明史讲义》，第 171 页。
⑤ 郑孝胥：《赠孟莼孙》，郑孝胥著，黄坤、杨晓波点校：《海藏楼诗集》，上海：上海古籍出版社，2003 年，第 178 页。

决了一些关于清朝的疑案。如《科场案》《王紫稼考》《董小宛考》《世祖出家事实考》《横波夫人考》《丁香花》等。

这些考述,孟森认为是"网罗轶事,非史家必取之资,要于襞襀野史,不为一鳞半爪之谈,譬如博奕犹贤乎已"[①]。对于这些问题的考证,孟森并未用传统考据学的方法,而是运用以史证诗。如在《王紫稼考》中,考证王紫稼生平与枷毙他的江南巡案李森先的事迹,用来"证史"的诗歌有五十多首,且主要选自被誉为"江左三大家"的钱谦益、吴伟业、龚鼎孳的诗文。王紫稼是明清之际最负盛名的艺人,因容貌优美,当时的达官贵人纷纷为之倾倒。虽然王紫稼同上流社会有所往还,但因为他的职业是最底层的倡优,因此并没有传记、墓志铭、行状或神道碑之类的记载。对他的生平进行考证,只有求之于私家笔记与文人的诗文集。如吴伟业《王郎曲》:"五陵年少豪华子,甘心欲为王郎死。宁失尚书期,恐见王郎迟。宁犯金吾夜,难得王郎暇。"[②]描绘了当时人们对王紫稼着迷的情景。

另外的一篇论文中,孟森运用"以史证诗",澄清民国时期关于清世祖为情所困,出家到五台山的传闻。在《清世祖出家考实》中,孟森以《东华录》《玉林国史年谱》、以及当时曾"守制禁中,凡二十七日"[③]的张宸(字青琱)撰写的杂记等相关史料,考明清世祖是因出痘病逝于宫中,而非传说中因董妃去世出家。在此基础上,孟森对吴伟业涉及清世祖的诸诗进行了新的诠释。

吴伟业涉及清世祖的诸诗作,写得迷离恍惚,使人认为诗中暗含董鄂妃与清世祖情事。孟森指出,吴伟业《清凉山赞佛诗》组诗"第一首先从五台山说起,而以金莲花叶同根映发,引起董妃,喻其承恩缱绻……中间敷陈董妃恩遇,后半忽插入乐极生哀之预言,其事有无不必泥,要以此起董妃之亡,即为第二首之前引,是诗家之笔阵也。第二首入董妃之薨,蟋蟀凉风,其时令亦本不似新秋七夕。妃薨之后,杂焚珍宝,即张琱青所记之小丢纸、大丢纸。其次言上意视小臣能助哀者有赏,否则获谴,用宋孝武殷贵妃丧,刘得愿、羊志等奉诏哀哭事,颇讥世祖。据张琱青记,盖实有此事。"[④]第三首"正叙清凉山灵境为仙佛所往来,宜为礼佛荐亡之地,既命高僧若道安者预备佛坛,忽托言天人传语,帝亦不得久留人世,下即叙长安惨象,是世祖

① 孟森:《心史丛刊·序》,《心史丛刊(外一种)》,第1页。
② 吴伟业著,吴翌凤注:《吴梅村诗集笺注》,上海:世界书局,1936年,第139页。
③ 孟森:《清初三大疑案考实》,第20页。
④ 孟森:《清初三大疑案考实》,第40页。

未出都而崩也。”“第四首用周穆、汉武帝王留情于内宠之事，以明礼佛之由来[①]。”孟森对《清凉山赞佛诗》进行了解析，引用史实，纠正长期以来对这首诗的误读。吴伟业的诗，涉及清初宫廷时事语多隐晦，若不是对于清初史事了然于胸，很难获得确解。对吴伟业《七夕即事》的笺释，孟森联系吴伟业的生平行事，分析考证这组诗的创作时间，并引用历史文献予以佐证，言之凿凿，结论令人信服。

孟森运用“诗史互证”这一研究方法在20世纪20年代，只是考证一些轶事传闻，没有写出像陈寅恪《元白诗笺证稿》《柳如是别传》这样的巨著，因此影响不及陈寅恪。但是，民国清史学研究乃至学术研究，我们不能忽视孟森在研究方法上的创新。

孟森是一位勤奋的史学家，在二十多年的学术生涯中，他研读了卷帙浩繁的史籍，《明实录》2925卷、《清实录》4363卷、《朝鲜李朝实录》1893卷，写出了几百万字的著作，工作量惊人。他是我国清史学的开拓者，他的清史研究代表了第一代清史学者的最高成就。孟森的清史学研究，跨越了20世纪上半叶的近30年。这30年中近代史学逐渐取代传统史学，在史学理论与史学研究上都结出了丰硕的果实。孟森作为一位受过中国传统教育和西方新式教育的史学家，在他身上既能看到传统史学家忠实于历史的高尚史德，也能看到近代史学家学习西方先进方法，与传统史学融会贯通的变通精神。体现在孟森史学思想中的矛盾与变通，是近代史学发展中不可避免的过程，证明了在20世纪20—30年代的史学领域中，虽然新的史学方法、史学思想已经取得了很大进展，但是传统史学仍然是哺育与涵养中国史家学术的根脉。

史学研究是“世界上最难干的职业之一，是最容易犯错误的职业之一……没有无失误的史学著作”[②]，孟森以大师的远见卓识开创了清史研究的方向，他的研究成就即使带有时代的印记，有明显的不足，仍然是一份需要认真分析总结继承的珍贵学术遗产。后代史家对孟森与《清史讲义》的评价可窥见孟森在清史学上的重要地位：“中国近代清史学兴起于20世纪初，早期著作家除先生外，为梁启超、陈怀、刘法曾、汪荣宝、许国英、吴曾祺、萧一山诸人。然梁启超虽为一代史学大师，其清史学成就则为局部性的，限于学术史、史学理论及个别人物。前举辛亥革命前后问世之陈怀、刘法曾、吴曾祺、汪荣宝等诸种清代断代史及华鹏飞《清史》等，表现出襁褓期

① 孟森：《清初三大疑案考实》，第44页。

② 何龄修：《读〈明季滇黔佛教考〉》，《五库斋清史丛稿》，第94页。

中国近代清史学之单弱与幼稚。先生诸种著作完全不同,足以构成完整清史体系。先生多才,学识渊博,考证细密,论析深刻,先生著作出而早期诸清断代史遂废,而先生著作至今仍未失去其科学光华。先生堪推为中国近代清史学之一位杰出奠基人。[①]

第五节 唯物史观下的晚清史——《中国近代史》

20 世纪上半叶的清史学撰述,在 30 年代达到了一个高峰,此后清朝通史的撰述已经逐渐减少,学术界对清史的书写更多转向晚清史。1933 年,署名李鼎声的《中国近代史》用唯物史观指导晚清史写作,开启一代风气。该书初版后曾经再版二十余次,影响广泛。这部书带有鲜明的个人学术特点,无论在叙事风格还是理论结构上,都为民国时期的晚清史书写树立了典范,在马克思主义史学的拓荒事业中留下不可磨灭的印记。

一、李平心与《中国近代史》

李平心(1907—1966),原名循钺,又名圣悦,江西南昌人。曾用笔名李鼎声、平心、邵翰齐、倩之、青之、李悦、邵翰齐、万流等等,发表过近三百篇文章,沿用一生的李平心,是源于邹韬奋的建议。李平心是一位非常有个性的史家与学者,早年积极投身革命以笔为剑,为民主与民族解放事业而斗争,解放后仍然能够保持探索真理的勇气,在“文革”初期,敢于与张春桥、姚文元之流公开抗争,最终含恨而死。李平心一生坚持追求真理,不改初衷的风骨,令人感念不已。他的学术领域涉猎多个学科,在中国近代史、生产力理论、社会学等诸多领域成就斐然,为推进马克思主义学术中国化的发展做出重要而特殊的贡献。

李平心 1925 年 8 月考入上海大学社会学系,在瞿秋白、恽代英等人的影响下,开始系统学习马克思主义理论和社会科学知识。1927 年 2 月加入中国共产党,在上海积极从事党的地下工作。1928 年 4 月因叛徒出卖入狱,半年之后经保释回乡。1930 年重回上海从事党的宣传工作,后到党中央领导的全国苏维埃代表大会准备委员会担任秘书。“苏准会”1931 年遭叛徒出卖,受到严重破坏,李平心从此与党组织失去了联系。

在艰苦的环境下,李平心并未放弃对学术事业的追求。虽然居无定

---

① 杨向奎、何龄修:《孟森学案》,杨向奎等:《百年学案》(上),第 23 页。

所，但是他一直坚持在马克思主义理论指导下从事学术研究。1928 年在《布尔什维克》上发表了《中国土地问题与土地革命》，对中国农村的阶级矛盾进行深刻分析。指出无产阶级与农民阶级，应该结成巩固的联盟，去砸碎资产阶级地主豪绅阶级结成的联合战线，并提出土地革命的原则和具体方案的设想。1930 年 6 月编写出版了《现代社会学理论大纲——唯物史观的社会学的理论基础》，这是他个人撰写的第一部学术著作。书中引用大量马列经典著作，对社会学的性质、研究对象与方法，以及人类社会的特征、结构、发展过程中的内在矛盾运动，阶级、国家、家族等关系，都详细论述并阐明自己的观点，表达了以唯物史观为指导建设现代社会学的学术取向。1933 年出版《中国近代史》，这是我国史学界运用马克思主义观点系统地研究论述中国近代史的第一部学术著作①。

值得一提的是李平心不仅从事历史研究，在目录学方面也颇有成就，1935 年编辑出版《全国总书目》(生活书店)，收录 1921 年到 1935 年间出版的书籍约两万多种。这是我国现代目录学史上较早的，具有影响的全国总书目。1941 年，以毛泽东的新民主主义思想为指导，编著《中国现代史初稿》(原名《中国民主宪政运动史》，进化书局)和《论新中国——中国的现在与未来》(香港书店)，对中国民主运动的若干问题进行分析与解释。系统地论证了新中国成长的道路，并着重论述民族统一战线的新形势。1941 年出版《论鲁迅思想》(长风书店)，这是鲁迅逝世后第一部关于鲁迅思想的系统、精辟的专著。该书运用历史唯物主义的观点，系统地研究鲁迅思想。1945 年与马叙伦等发起组织"中国民主促进会"。1952 年 8 月受聘于华东师范大学，任历史学教授，致力于中国古代史、甲骨文、金文的研究。1955 年，任中国民主促进会中央理事、全国政协委员和上海史学会副会长。"文革"开始，遭到迫害，1966 年 6 月 15 日自杀身亡。

李平心奠定在学界地位的著作，是 1933 年 9 月出版的《中国近代史》。全书分十八章，论述自鸦片战争到 1933 年之间近百年的历史，其中前十三章均为晚清史事。这是李平心最早发表的史著，也是我国现代学者运用唯物史观编写的第一部完整的近代史著②。虽然从 20 世纪 20 年代开始已经有学者不断出版一些晚清史著作或者教材。如李泰棻《新著中国百年史》(商务印书馆，1924 年)、孟世杰《中国最近世史》(华泰印书馆、天成印字馆，1926 年)、颜昌峣《中国最近百年史》(太平洋书店，1929 年)、魏野畴《中

---

① 桂遵义：《马克思主义史学在中国》，济南：山东人民出版社，1992 年，第 261 页。
② 胡逢祥：《李平心与中国近代史研究》，《江西社会科学》2005 年第 4 期。

国近世史》(开明书店,1930年)、高博彦《中国近百年史纲要》(北平文化学社,1930年)等。这些著作,对清代道光朝开始至民国间的重大事件进行梳理,目的是要通过书写历史提高民族自信心与发扬爱国主义精神,“五口通商以后,强邻势力愈逼而愈亟。政府冥顽怯懦、婉转服从、苟偷权位,不惜举土地人民政事之三宝,敝屣弃捐财尽能索,乃复大举外债,专事内争。牺牲民命,增重负担。泚笔及此,不知其为悲耶、愤耶、痛哭耶、流涕耶。”①但是这些著作基本上都是在进化论的指导下的写作,“国家为集合之有机体。政治社会,变化愈烈,文明进步愈速。然变化太剧,往往轶出常规,结生弊害,反为进化障碍。”②同时对于人物与事件的评价,仍然不脱传统史学的束缚,如将太平天国运动、捻军起义、义和团运动多称“乱”,认为“义和团本白莲教之余孽,派别繁多,名称难数。因政府之压迫,变为秘密社会性质。”“义和团初起,利用宗教迷信,以惑愚民:或纠聚党徒,以拒暴吏;或潜图不轨,以成匪患。”③

李平心对上述这些著作颇为不满,“一般新历史学者企图用科学方法重新整理中国近代史”,“中国现代史应当以争求进步的人民大众为主角,这是不可争辩的真理。然而许多囿于传统偏见的历史学者却违背了这一真理。他们把那些企图阻住历史车头的发昏家伙描写成为近百年来中华民族命运的主宰者;虽然他们间或也赞扬中国现代的革命英雄,可是这些英雄,在他们的心目中,又不过是脱离群众的神秘光杆儿。他们蜷伏在旧中国的遗蜕中,永远看不见新中国的生长。”④为了改变这种状况,李平心从1930年开始着手搜集中国近代史资料,他认为“我们是生活在如此伟大的战斗时代里,其中有苦痛的教训,有血渍的经验,有波涛万状的斗争问题,有头绪纷繁的历史矛盾……它们都在环绕着我们,要求我们找出它们的规律,而这无数的规律正是争取民族解放与社会解放所不可少的。”⑤因此李平心决心运用唯物史观的原理,对晚清史进行重新梳理与阐释。

---

① 颜昌峣:《中国最近百年史·自叙》,《中国最近百年史》,上海:太平洋书店,1929年,第1—2页。

② 李泰棻:《新著中国最近百年史·绪言》,《新著中国最近百年史》(第一册),上海:商务印书馆,1924年,第1页。

③ 高博彦:《中国近百年史纲要》(上册),北平:北平文化学社,1931年,第215页。

④ 平心:《中国现代史初编·自序》,《中国现代史初编》,香港:国泰出版公司,1940年,第1页。

⑤ 青之:《开辟我们的新言路(代序)》,《论新中国——中国的现在与未来》,香港:香港书店,1947年,第10页。

二、唯物史观指导下的《中国近代史》

20世纪上半叶唯物史观的异军突起，有其深刻的社会原因。马克思主义的历史观传入中国，稍晚于进化论学说，19世纪末已经出现了对马克思主义的简单介绍。此后的十几年间，马克思主义学说与其他各种社会学说的翻译与介绍持续不断。马君武1903年发表于《译书汇编》的文章，第一次把马克思的社会主义思想与达尔文的进化论思想进行比较。“自达尔文发明天择物竞生物进化之理，直抉世界事物发达之源。马克司之徒，遂指出社会主义与达尔文主义相同之点。谓是二主义实相与有密切之关系。达尔文虽非唯物论者，然其学说实唯物论 Materialism 之类也。马克司者，以唯物论解历史学之人也。马氏尝谓阶级竞争为历史之钥。马氏之徒，遂谓是实与达尔文言物竞之旨合”。“故社会主义者，不惟不与达尔文主义相反对，且益广其界而补其偏。虽谓达氏主义得社会主义而其义乃完可也”[①]。马君武认为社会主义与进化论关系密切，可以补进化论之不足。

1917年俄国“十月革命”，震动全世界，有力推动了马克思主义在中国传播。至1919年“五四运动”时期，唯物史观随着马克思主义传播在中国学界也引起巨大反响，很多知识分子从信奉进化论转而接受唯物史观。1919年出现了四篇介绍唯物史观的文章，李大钊的《我的马克思主义观》(1919年5月，《新青年》第6卷第5期)、日人河上肇(翻译渊泉)《马克思的唯物史观》(1919年5月，《新青年》第6卷第5期)、杨匏安发表了《马克思主义——一称科学社会主义》(1919年11月—12月，《广东中华新报》)、胡汉民的《唯物史观批评之批评》(1919年12月，《建设(上海)》第1卷第5期)。

这四篇文章的侧重点并不一致，但是都介绍了唯物史观，将唯物史观的形成、唯物史观与进化论的关系、唯物史观与科学社会主义的关系进行阐述，并对唯物史观的种种非难进行辨析，为此后唯物史观的广泛传播奠定了基础。“五四运动”之后，唯物史观传播出现“井喷”现象，不仅有系统阐释唯物史观的译文、论文，应用唯物史观进行学术研究与社会分析成为学界的一种风尚，在思想界掀起了一股“唯物史观热”。不仅有马克思主义者李大钊、杨匏安、陈独秀、李达等在《新青年》上广泛推介唯物史观，还有胡汉民、戴季陶、朱执信、廖仲恺等国民党人以《建设》为媒介，在1919—1920年发表约20余篇关于唯物史观的文章。

但是独辟蹊径地将唯物史观应用于历史研究，并且树立起马克思主义

---

① 马君武：《社会主义与进化论比较》，《译书汇编》1902年第11期。

史学理论旗帜的，是李大钊的《史学要论》。1924年，李大钊《史学要论》出版，这部书详细论述唯物史观的根本原理，成为马克思主义史学理论的奠基石。李大钊认为“马克思所以主张以经济为中心考察社会的变革的原故，因为经济关系能如自然科学发见因果律。这样子遂把历史学提到科学的地位。”[①]李大钊是中国最早接受马克思主义唯物史观，并把它系统介绍给中国读者的学人。《史学要论》是第一部从理论上为马克思主义史学开辟道路的专著，有力地鼓动与吸引了大量历史学者，依据唯物史观基本原理进行历史研究工作。在此后的社会史大论战中，显示出唯物史观强大的生命力，并产生了唯物史观指导下的历史学著作。

1927年国共合作破裂，大革命失败，国内各个政治派别都在寻找中国的道路，对中国社会性质的认识是为中国寻找道路的起点，由此在学术界出现了关于中国社会史与中国社会性质的大论战。当时参与论战的不同政治背景的学者在社会性质问题上激烈交锋。在这场论战中，唯物史观成为绝大多数论战观点的理论依据，唯物史观在理论界成功取得了重要地位，这场论战也成为唯物史观广泛传播的一个契机。此前，进化论史观虽然相对于中国古代循环的、退落的历史观，是一大进步，但是阐述中国历史的过程，体现出来的力不从心也是不争的事实，特别是在解释“中国向何处去”的这样的时代课题，进化论史观显然无法对人类历史发展过程，进行更深入透彻的剖析，建立起具有科学性与系统性的理论体系。因此在这场论战中，政治的低潮反而促成了马克思主义学术思想活动的又一个高潮的来临。唯物史观的传播再次兴盛，并在历史学领域结出硕果，马克思主义史家开始崭露头角并迅速形成强大的声势，郭沫若、吕振羽、范文澜、翦伯赞、侯外庐、李达、吴泽、尹达等马克思主义史家，出版了大量关于中国社会史、思想文化史及中国通史著作，使史坛为之振奋。这其中关注晚清史的著作有李鼎声《中国近代史》、范文澜《中国近代史》(上编第1分册)、胡绳《帝国主义与中国政治》、华岗《中国近代史》等。李鼎声的《中国近代史》出版产生于社会史大论战期间，被视为近代用唯物史观对中国现代史的开创性研究[②]。

1933年9月《中国近代史》由光明书局初版，这是李平心(该书署名李鼎声)最早出版的史著，开创运用马克思主义唯物史观研究晚清史的先河。李平心的《中国近代史》是在唯物史观的指导下编著的，他的研究理路主要

① 李大钊：《史学要论》，第7页。

② 胡逢祥：《李平心与中国近代史研究》，《江西社会科学》2005年第4期。

体现在从社会经济结构入手，分析鸦片战争带给中国人民的深重灾难以及社会形态的变化，强调经济基础对于中国历史发展的决定作用。“近代中国的社会、经济、政治、文化等等都在不断的蜕变中。变动的开头，也许是为人所不易觉察到的，可是后来它们就成了重大的历史变动，或因此引起其他的变革。”[①]李平心对于鸦片战争后，中国社会性质的认知与分析非常精准。他指出由于资本主义的入侵改变了中国封建经济独立发展的状况，破坏了农村家庭手工业，但是自然经济破坏后，封建剥削制度依然存在，中国不能建立起新的资本主义经济，帝国主义在中国自由倾销商品，掠夺原料，中国成了资本主义世界市场的一部分。“鸦片战争以来的历史只是展开了国际资本主义对于中国的榨取与掠夺，只是加深了中国民族的奴隶状况，旧有的农业经济虽是为国际资本的铁爪逐次抓破了，而新的资本主义的生产方法却没有支配着全国民经济，这就是说，中国社会的旧的剥削制度并没有从此失势。中国的民族资本主义虽然是局部地兴起来了，而它并没有占着绝对的优势，并且是受着国际资本的桎梏与奴役的。”[②]上述分析，不仅从根本上阐明了鸦片战争后的中国社会形态的变化，即中国沦为半封建半殖民地的社会性质，同时用事实论证了唯物史观提出的社会物质生产方式是社会发展的决定因素。

高度颂扬人民大众反抗帝国主义的斗争，充分肯定人民的主体地位。唯物史观认为，人类社会发展的历史，是生产与生产方式发展的历史。历史首先是从事物质资料生产的劳动人民的历史，人民群众才是历史的创造者，是历史发展的决定因素。因此历史书写，应该摒弃传统史学的英雄史观，帝王将相家谱已经不适应时代的要求和史学发展的趋势，史学的研究对象应该是人民群众。“至于宫廷的变故、官僚的功罪、武人的勋业、英雄的言行，在别的历史书要用繁重的卷帙去描写叙述，而我们在这里却反而不重视了，因为我们的目的并不是要熟悉掌故，亦不是要替少数人作传的。”[③]李平心用“南方贫民与农民最原始的反帝斗争”来概括广东平英团、上海匕首党的斗争，义和团运动是“北方农民、贫民的自发的斗争”。他明确指出：“中国历史上的许多革命运动与农民战争，在统治阶级看来，都是寇贼匪盗的叛乱，太平天国自然亦不能例外。”“然而如果我们不为积重难返的成见与欺蒙所惑，而就雄辩的事实来分析，太平天国运动之历史的社

① 李鼎声：《中国近代史》，上海：光明书局，1935年，第7页。
② 李鼎声：《中国近代史》，第3—4页。
③ 李鼎声：《中国近代史》，第4页。

会的意义,就不难指出太平军战争的革命性,不难认识这一伟大的革命战争,是喘息于残酷的封建剥削下的千百万农民反对封建榨取的集体斗争。"①李平心肯定太平天国运动,在新的历史条件下有其特殊意义,认为太平天国运动是历史上划时代的大事件,揭开了中国近代民主革命的序幕。这一论述有别于此前诸多学者,对于太平天国带有偏见的分析与论断。

重视阶级斗争是阶级社会发展的必然规律。李平心从国际资本进入中国为起点,分析中国经济旧有的制度破坏之后,资本主义制度并未建立,从而导致尖锐的阶级矛盾。他认为阶级斗争的存在,是由生产资料占有关系不同,因而有利益相对立的阶级产生的必然结果。"国际资产阶级运输商品于中国,逐渐破坏中国的农村经济,割断农业与农民手工业的联系,毁坏原有的农业经营,扩大农民的贫困化等——这就使得整个的国民经济屈服于国际资本的铁蹄之下,而日益加深其殖民地化的创痕。结果是国内的社会阶级因此起了分化,受着帝国主义驱策维护旧的生产关系的阶级站在一条战线上,反对帝国主义与封建剥削制度的阶级站在另一条战线上。这样就激起了巨大的社会斗争,由对立发展所引起的突变——革命结局是要否定帝国主义与国内的旧生产关系,这便是中国近代历史发展过程中的必然变化。"②因此要注意从生产关系和生产力的矛盾运动,以及社会阶级斗争和民族革命的角度去理解各种重大经济、政治、军事、文化事件。

对于农民战争,李平心认为"应该从潜伏在社会内部的阶级对立中找寻它们的原因。每一回农民暴动决不是偶然地爆发的,它是当旧的社会生产关系阻碍生产力的发展,农民大众不堪残酷的封建剥削的时候,反抗剥削阶级的战斗;农民暴动多次的失败并不曾绝灭农民斗争的情绪,相反的,叛乱失败后的流血随着帝国主义封建势力对于农民剥削的加紧,就与日后的革命之血浪汇流起来。"③李平心认为革命是阶级矛盾不可调和的最终结果,会导致新的生产关系代替旧的生产关系,这是他站在无产阶级的立场上,努力发现历史的本质过程、发现事实真相与客观规律,是具有独到之处的见解。

对历史重新解释,提出历史学是历史科学。唯物史观认为历史是运动的和有生命的,是"人类生活的行程,是人类生活的联续,是人类生活的变

① 李鼎声:《中国近代史》,第43页。
② 李鼎声:《中国近代史》,第7—8页。
③ 李鼎声:《中国近代史》,第7页。

迁，是人类生活的传演"[①]，而历史学就是研究社会的变革的学问，即是研究在不断的变革中的人生及为其产物的文化的学问。今日的历史学，既是历史科学，亦可称为历史理论。[②] 李平心在《中国近代史》绪论第一节写到："历史学在现今已不能单纯地看作一种记载的科学了。自从新的历史观构成了现代社会科学的基础以来，历史学就担负了一种极重大的任务：它不仅要记述人类在与自然斗争及创造自己的历史的过程中的种种活动，而且要说明此种活动之历史的条件与原因，解释历史上各种重大事变的因果关系，以及指出在何种情况之下，一种旧的社会为新的社会所代替。"[③]

李平心认为历史学成为了科学，超出了进化论指导下要解释人类"公理公论"的范围，是要以科学的态度寻找人类历史发展过程中的规律，同时要解释在人类历史发展过程中发生的，种种大事的原因与成果。在此基础上，李平心认为研究中国历史的主要任务"是要考察中国社会在全人类历史之一般的进展过程中特有的发展路线，同时要解释中国历史上许多重大事变——如民族的分合斗争，社会形态的转变交替。各阶级的分化战斗，各种文化制度与意识形态的递嬗变化等等——发生的原因与其成果，说明中国文化与世界文化的交汇影响。"[④]这些观点说明，李平心编写的近代史完全是在唯物史观的指导下，力图清除以往的唯心主义的历史理论，以科学态度找到研究历史的新途径。

纵观李平心在《中国近代史》中，对马克思主义唯物史观的应用，不仅与以往的进化论史观指导下的史学有本质的区别，且开创以唯物史观为指导，系统而全面地阐释中国历史的先河。他的《中国近代史》对晚清史研究的开拓性贡献为学界所公认，由他制定的研究方法与规范，直到今天仍然值得我们学习与借鉴。

三、《中国近代史》的贡献与局限

《中国近代史》以马克思主义为指导，全面系统地对晚清以来的史实进行梳理，将唯物史观贯穿到晚清史研究，确定了中国近代分期问题，指出了晚清史的研究方法，奠定了"革命史"的研究范式，为马克思主义史学体系做出开创性的贡献。

该书确定了近代的起点是鸦片战争。历史分期问题关涉到历史进程

---

① 李守常：《史学要论》，第 1 页。
② 李守常：《史学要论》，第 16、19 页。
③ 李鼎声：《中国近代史》，第 1 页。
④ 李鼎声：《中国近代史》，第 1—2 页。

与史学体系的构建,是历史学家不可回避且需要重点关注的大问题。中国近代从哪里开始,这个分期问题关涉到一系列与分期有关的问题的理解与认识,是史学界经久不衰讨论的重要问题。李平心对中国近代史的分期问题长期关注,并进行研究与探索,提出了自己的见解:"之所以不以明末清初为近代史的开头,而将近代史发端于鸦片战争,理由是很简单的:明末清初不过为两个朝代的交替期,不能代表一个历史的大转变期;而鸦片战争却是中国开始为国际资本主义的浪涛所袭击,引起社会内部变化的一个重大关键。"[①]李平心率先提出了以鸦片战争作为近代史的分期,不是以中国历史此前的时间、空间、性质乃至民族的标准来区分,不以王朝兴替与政权变化作为历史分期,而是以唯物史观作为指导,通过经济变动、阶级阵线以及思想文化的变动来作为历史分期的依据,这是马克思主义与中国历史研究相结合的系统研究,这个分期的论断是正确且科学的。至今虽然经过多位学者提出不同的分期方法,但是学界基本已经达成共识,以1840年鸦片战争为中国近代史的开端,由此清朝后四分之一的历史归入近代。

李平心的《中国近代史》是近代史学史第一部构建"革命史范式"的专著。20世纪20年代初,虽然李大钊、陈独秀为代表的马克思主义者对于"革命史范式"进行了初步构建,但是尚未有形成体系的专著出现。一种新型史学的建立,需要两个条件:一是形成新的史学理论,二是具有依照新理论撰成的历史著作[②]。李平心的《中国近代史》用相对完整的专著形式,在唯物史观的指导下,对中国近代史进行了较为系统的研究。不仅对近代史研究的指导思想有了深入的认识,并能贯彻到近代史研究的全过程。

李平心认为,只有在历史研究中贯彻唯物史观,才能解释说明历史上各种重大变故的因果关系,才能分析近代社会的矛盾,提出反帝反封建的目标。此外对于中国近代社会性质的认识,有了明确而系统的阐述,对中国近代史的开端有了确定而科学的论断。李平心强调,研究中国近代史的主要任务,就是说明中国是如何被迫走上半殖民地化的过程,以及在这个过程中,社会各阶级的分化及革命斗争的发展。中国的近代史是一部帝国主义侵略史,"完全不能与资本主义国家的近代史相提并论,后者是一部资本主义的发达史,而前者却是一部中国民族沦为半殖民地及国民经济受着帝国主义破坏的历史,这部编年史是用血与火来写成的。"[③]

① 李鼎声:《中国近代史》,第3页。
② 乔治忠:《中国史学史》,第279页。
③ 李鼎声:《中国近代史》,第5页。

《中国近代史》在编写体例上有了突破，既未采取李泰棻《新著中国近百年史》以各个朝代为考察的框架，也不像孟世杰《中国最近世史》那种按政治体制变动划分时段，而是“重视史事发生之社会、国际背景与经济基础，每一重大事变之因果与过程必多方阐明。”[①]采用混合式编写法，叙述中国近代由传统社会逐步沦为半封建半殖民地社会的发展历程，从中梳理出对于中国近代社会具有重大影响的历史事件，依照这些事件相互递嬗的演变过程展开论述。由此可以看出，不论是理论体系，还是著述体例，乃至逻辑框架等方面，李平心对“革命史范式”构建的努力，为此后的书写者奠定了基础。

李平心在《中国近代史》的开篇，即从方法论上为晚清史研究规定了基本原则，共有四条：(1)须将历史看作对立物相互转变的过程，即是矛盾不断发生与解决的过程。(2)须以变化的观点去追踪观察历史现象。(3)须从历史上各方面的联系去研究一切事变的过程与关系，不能将它们当作彼此孤立的事情看待。(4)须从具体情况出发研究问题，考察每一种历史事件或事变的特质与其特殊原因，分析它与其他历史事件在内容、意义和发生条件上的不同点。[②]

李平心提出的这四种研究方法，实践于他的著作。这些方法的应用，使《中国近代史》形成了与其他近代史书写迥然不同的独特风格。他对于历史的认识，侧重于把握社会形态演变的宏观脉络：鸦片战争后中国的巨变，并未把中国直接引向一般的资本主义形态，而“只是展开了国际资本主义对于中国的榨取与掠夺，只是加深了中国民族的奴隶状况……所以中国的近代史……是一部中国民族沦为半殖民地及国民经济受着帝国主义破坏的历史。”[③]

李平心在分析具体问题时，应用辩证唯物主义方法，注重史论结合，对于晚清史上重大的历史事件，能够结合中国社会的特殊性来分析，形成具有理论深度的新颖的观点。如对于太平天国运动的分析，从鸦片战争后中国社会性质的变化，以及各种矛盾的冲突来讨论爆发的原因，在肯定其反帝、反封建的历史地位的同时，对其失败也做了非常透彻的分析，指出太平天国运动作为一场以农民为主体的革命运动的局限性，“他们缺乏集体的有组织的斗争力量，保持着浓厚的封建私有观念，更没有为创造新社会而

---

① 李鼎声：《编辑凡例》，《中国近代史》，第 1 页。

② 李鼎声：《中国近代史》，第 7—9 页。

③ 李鼎声：《中国近代史》，第 4 页。

战斗之明确的目标,因此容易涣散革命的团结力量,不能忍受反革命的强有力的打击,所以当革命转到了一危急的关头时,就给反革命扑灭了"[①]。这是对太平天国运动实事求是的分析,是建立在科学基础上的客观分析。胡绳在评价李平心的《中国近代史》时指出:"这本书对于中国近代史中间的许多常被误解或恶意歪曲的重要事变都有很有力的说明。它不但积极发挥了天平天国运动的历史意义,而且对于稍后的'捻党叛乱'、'回民暴动',以至'义和团',都从整个社会发展上,做了公正的估价。并且它也并不像有些人那样,盲目地把洪秀全等人捧上'民族英雄'的宝座就算了事,它对于太平天国失败原因的分析,对于义和团被满清政府所利用而残酷地失败的解释……都能给我们很多教训。"[②]

作为第一本用唯物史观指导写就的近代史著作,李平心在1940年也曾经写到"以前我曾用另外一个笔名写过一部《中国近代史》,那差不多是急就章的作品,和当时的著者本人一样幼稚。但是,因为在七八年前,国内还没有一本较新的中国近代史,我从自己贫乏的智识树上摘下来的不成熟果子,竟被读者不顾酸涩,大嚼了一阵。直到现在,那本拙劣的东西仍然被摆出去应市。"[③]作为急就章的专著,在理论指导与问题分析与材料搜集方面都存在一定问题。

作者应用唯物史观作为指导思想,努力克服马克思主义史学初创期公式化的影响,但是在分析具体问题时,还是存在着原则化而削弱了个性化。在分析帝国主义、中国民族资本主义、封建势力之间的关系,仅用几句概念化的表述,不能全面说明它们之间的复杂而微妙的关系以及发展过程与动向。另外,在论述中也只关注政治、军事、思想、文化的范围,对一般社会经济生活情况并未做进一步深入描述。在一些理论与概念问题上认识不清,比如不能明确区别"五四"运动前后,中国人民反帝反封建运动的新、旧民主主义的不同。直到1940年李平心阅读了《新民主主义论》后,才将这一思想融入《中国现代史初编》,把"五四"运动作为新民主主义革命的标志写入近代史。因为时代的局限性,对于近代史的资料搜集并不全面,缺乏档案等第一手资料的运用。

虽然《中国近代史》存在局限性,但是瑕不掩瑜,作为第一部运用唯物史观指导写就的晚清史专著,在马克思主义史学的拓荒事业中堪称表率。

---

① 李鼎声:《中国近代史》,第69页。

② 胡绳:《〈中国近代史〉评介》,《胡绳全书》第七卷,北京:人民出版社,2003年,第354页。

③ 平心:《中国现代史初编·自序》,《中国现代史初编》,香港:国泰出版公司,1940年,第2页。

正如李平心自己所说:“在新中国与旧中国的痛苦的交替过程中,我是愿意献出棉薄的力量,来传播历史的语言与真理的声音的。我不会歌唱,但只知道运用一点学来的历史解剖知识,来剖析横在我们面前的一些关系民族生死存亡的历史问题”[①],这是李平心以及和他同时代的很多史家的愿望,正是因为有这种强烈的责任感与现实参与意识,使李平心的《中国近代史》拥有了鲜明的时代特色与个人学术风格。

中国近代史学转型过程中,历史观的进步,被学者认为是中国史学发展过程中具有根本性质的变革。历史观的变化,在民国清史学的撰述中清晰体现出近代史学转型的特点:新旧杂陈,传承与创新并举,恰反映出近代史学转型过程的曲折与复杂。此外,随着史学学科的专业化、科学化进程,“通”与“专”之间的矛盾逐渐突显。孟森、萧一山表现出来的由功力而通义例的通史大家气度和风范,或可弥补王家俭提出的“国内的历史学者大体可谓从事于专题研究者多,留意于通史研究者少。如果沿此方向发展下去,将来很可能会造成许多学有专长的人材,却很难培养出几位究天人之际,通古今之变的大史学家,这也许是史学界的一大隐忧。”[②]时至今日,“通”与“专”的矛盾仍然未能很好解决,在某些方面这一“隐忧”已经变成了事实。

① 青之:《开辟我们的新言路(代序)》,《论新中国——中国的现在与未来》,第11页。

② 王家俭:《萧一山先生对于清史研究的贡献》,萧一山文集编辑委员会编:《萧一山先生文集》(下册),第739页。

第六章　新载体的应用与清史学术建设

中国史学与近代报刊在学术史上有着很深的渊源。19 世纪初报刊传入中国，无论是学还是术都未臻成熟，必然要向中国传统学术吸取养分，且近代报人多有史学学术背景，由此形成近代报刊“史家办报”的特点。史学的经世致用思想、史论及良史等优秀的历史遗产对近代报刊影响深远。

20 世纪初，一些留学日本的爱国人士兴起创办报刊热潮。这些报刊虽然多数有鲜明政治色彩，但是却给新史学的发展提供了阵地。当时较著名的杂志有《译书汇编》(后改名《政治学报》)《政艺通报》《湖北学生界》《浙江潮》《江苏》《新民丛报》等，梁启超关于新史学纲领性的文章——《新史学》刊登于 1902 年《新民丛报》第一期。创办报刊风潮迅速席卷国内，1904 年《东方杂志》创刊，影响广泛。这些报刊给早期清史论文提供了公开发表的阵地。但焘撰《黄梨洲》一文，发表在 1903 年 1 月《湖北学生界》创刊号，是目前所知的中国第一篇近代性质清史论文。章士钊的《大革命家孙中山》1903 年发表，可能是最早的近代性质的清史人物专著。①

20 世纪 20 年代，专业的史学期刊以国学、史学地学、史学语言学等名目创办，如《国学论丛》《国学丛刊》《国学月报》《北京大学研究所国学门周刊》《北京大学研究所国学门月刊》《史地学报》《史地丛刊》等。20 世纪 30 年代，史学期刊以独立的姿态出现，这一时期以史学命名的期刊就有十几种，如《史学杂志》《史学年报》《史学》《现代史学》《史学专刊》《史学论丛》《史学集刊》《史学季刊》等等。此外还有《益世报》《大公报》的史学副刊，也是发表史学论文的阵地。同时，一些并不以史学称名的综合类杂志，如《东方杂志》等也发表史学论文。专业性论文发表在近代报刊与专业期刊杂志，通过一种全新的传播模式使论文的受众更广泛，大大提高了专业性论文的普及性。这些以论文形式出现的研究成就，部分结集出版，但大多数湮没在故纸堆中。民国时期清史研究论文数量庞大，特别是关于清代政

① 何龄修：《清史研究的世纪回顾与展望》，《中国史研究动态》2002 年第 1 期。

治、军事、文化等方面的研究成果斐然，指不胜屈。本书原计划用更多章节进行介绍，资料搜集工作也做了一部分，但是由于论文数量众多，且内容庞杂，加之个人学识水平有限，因此只能分两节以点带面概述，俟今后再作详细分析与总结。

清史学的产生与发展同近代报刊的关系至为密切。近代报刊是培育清史学发轫的土壤，是推动清史学发展的重要力量。自但焘发表第一篇近代性质的清史论文之后，报刊成为清史学学术成果展示的重要媒介，为清史学的迅速发展提供有力支撑。早期的清史论文深受新史学思潮影响，以进化观阐释中国历史，反映了时代需求。1911 年前后，清史论文多密切结合资产阶级现实斗争，宣传革命，为推翻满清统治服务。如历史人物传记，《江苏》杂志刊登有署名亚卢的《郑成功传》(《江苏》1903 年第 4 期)、署名汉儿的《为民族流血史可法传》(《江苏》1903 年第 6 期)等都是借古喻今，寄托作者反清革命的志向。再如利用宣扬国粹与国学达到反满的目的，《国粹学报》上发表众多表彰明末清初遗民气节的文章：象邓实《明末四先生》(《国粹学报》1905 年 1 册 15—17 期)、刘光汉《全祖望传》(《国粹学报》1905 年 3 册第 11 期)、《孙兰传》(《国粹学报》1905 年 3 册第 9 期)等都是这样的文章。

从上世纪 20 年代后期，清史学研究范围扩展到清先世、学术史、经济史、外交史、宗教史等方向。这一时期各类期刊与清史研究相互促进，共同发展。众多期刊与清史学研究的分支学科相互促进。如《国粹学报》被认为是最早发表现代论文的期刊[①]，对清代学术史研究的贡献很大。《逸经》从办刊宗旨、编辑和撰稿人、栏目设置等方面，都突出体现了该杂志对太平天国史的重视，刊发大量关于太平天国的史料和研究性文章。很多史料是从国外介绍过来的，有较高的学术价值。故宫博物院文献馆的《文献论丛》《文献专刊》《文献特刊》，是国内最早专门刊登清代档案研究文章的刊物。《掌故丛编》《文献论丛》《史料旬刊》，是文献馆专门刊登清代史料的定期刊物，内容涵盖清朝内政、外交、经济、文化、宗教、革命等诸多方面。文献馆对于每一辑史料都有简短的案语，这些案语多出自名家之手，介绍史料的内容，考订史料所涉及的事实，与他书记载详略互异情况，及补证价值等，因此可以视为考证性的论文。此外《中国近代经济史研究集刊》创刊之初，就明确专门刊登清代经济史的论文。1932 年创刊号上刊登的四篇论文，

① 贺昌群：《一个对比》，《贺昌群史学论著选》，北京：中国社会科学出版社，1985 年，第 534 页。

全都涉及清代经济问题①。

清史学研究成果通过期刊的宣传得到更多重视。通过期刊的"新书介绍"、"书评"、"广告"等栏目介绍，让更多普通读者了解这些作品。例如萧一山的《清代通史》出版后，很多杂志都给予关注，《图书评论》《燕京学报》都撰文进行推介。萧一山与陈恭禄以《大公报》文学副刊为基地，进行激烈论战，大大提高萧一山及《清代通史》的知名度。1932 年，陈恭禄率先撰文评论《清代通史》下卷(《大公报·文学副刊》第 248 期，1932 年 10 月 3 日)，列举《清代通史》中的史实错误。萧一山起而辩解，先后撰文《答陈恭禄君评拙作〈清代通史〉》(《大公报·文学副刊》第 252 期，1932 年 11 月 3 日)、《为〈清代通史〉卷下第一二册批评事再致大公报文学副刊编者吴宓君》(《大公报·图书副刊》第 34—37 期，1934 年 7 月 7、14、21、28 日)，陈恭禄又有《为〈清代通史〉下卷答萧一山君》(《大公报·文学副刊》第 269 期，1933 年 2 月 7 日)。双方唇枪舌剑，你来我往，成为轰动一时的学案。这场论战无形中起到宣传《清代通史》的作用，更多普通读者因为读到报纸上的文章而去阅读《清代通史》。在近代史学转型过程中，报刊以其速度迅捷、受众广泛的优势，为史学的发展发挥了巨大的舆论导向与思想传播作用。

第一节　史学对近代报刊的影响

中国史学与近代报刊在学术史上，像孪生兄弟一样如影随形。19 世纪后半叶传入中国的新闻学是一门全新的学科，早期新闻学必不可免的要向中国传统学术吸取养分，其中史学对近代报刊的影响尤为突出。近代报刊呈现出独特的"史家办报"特点，与中国拥有几千年的史学传统有密不可分的联系。报刊经常被视为史学的延续，"日报之录，近承乎邸钞，远乃与史官编年系日者等"②；新闻记者也被视为古代的史官，"夫报章者，诚史官之支与余裔"③。晚清到民国初年几乎所有知名的史家都有报刊编辑出版经验，其中不乏史学大家，如王韬、康有为、梁启超、谭嗣同、章太炎、夏曾佑、刘师培等等，他们的史学思想与报刊思想交相呼应。在某种意义上，可

① 这四篇论文分别是罗玉东《釐金制度之起源及其理论》，周益湘《道光以后中琉贸易的统计》，陈文进《清代之总理衙门及其经费》《胡夏米货船来华经过及其影响》。

② 章太炎：《新纪元报发刊辞》，汤志钧编：《章太炎政论选集》(下册)，北京：中华书局，1977 年，第 600 页。

③ 章太炎：《实学报叙》，汤志钧编：《章太炎政论选集》(上册)，第 30 页。

以说史学思想是孕育近代报刊思想的温床。因此,不探讨中国史学对近代报刊的影响,就不能明了"史家办报"的真正内涵,就不能真正把握中国近代报刊发展的特点和规律。

一、史学经世致用思想对报刊的影响

探讨史学对近代报刊的影响,首先应该注意到中国传统史学经世致用思想对报刊的影响。经世致用思想是中国史学的优良传统,指史学应以社会服务为宗旨,开拓史学的社会功能,充分发挥借鉴和训诲的作用,力争对现实有所作为。经世致用思想出现于春秋之末,成熟于明清时期,贯穿于中国史学发展的始终。特别是到了19世纪中后期,史学的经世致用思想随着民族危机的加剧被赋予更深刻的内容。由原来主要为王权统治者提供"资治"转变为洞悉夷情、唤醒国人和抵御外辱的手段,以实现拯救国家和民族的目的。19世纪初传入中国的报刊作为"史之流裔"[①]、"活的现代的历史"[②],在中国面临严重的民族危机、亡国灭种的困境前,传承了史学经世致用的优良传统,成为近代知识分子启发民智、救亡图存、鼓吹革命的工具。

第二次鸦片战争后,中国的先进知识分子不断探索救国的理论和方法。一部分先进的知识分子接触西方近代科学文化和政治思想之后,主张向西方学习,实行君主立宪制。他们认为"中国病根在于上下不通,症成关格,所以发为痿痹,一蹶不振"[③],而"欲通之达之,则莫如广设日报矣"[④]。报馆与报刊的作用被比作古代太史,成为"通上下之情,通中外之故"[⑤]的有力工具。这一时期资产阶级改良派知识分子在报刊上通过介绍外国历史,积极探索西方国家的经验。如1870年王韬撰写的《普法战纪》连载于香港《中外新闻七日报》[⑥],详细记述普法战争经过,探寻曾经强盛的法国在战争中一蹶不振的原因。王韬创办的《循环日报》是"第一份被资产阶级

---

① 蔡元培:《新闻学·序》,徐宝璜:《新闻学》,北京:中国人民大学出版社,1994年,第5页。

② 陈布雷:《新闻纸之本质与任务》,陈建云主编:《中外新闻学名著导读》,杭州:浙江大学出版社,2005年,第108页。

③ 郑观应:《盛世危言·答某当道设议院论》,夏东元编:《郑观应集》(上册),上海:上海人民出版社,1982年,第322页。

④ 郑观应:《盛世危言·日报上》,夏东元编:《郑观应集》(上册),第345页。

⑤ 严复:《〈国闻报〉缘起》,周振甫选注:《严复诗文选》,北京:人民文学出版社,1959年,第107页。

⑥ 《中外新闻七日报》1872年1月13日,转引自[新加坡]卓南生:《中国近代报业发展史:1815—1874》,北京:中国社会科学出版社,2002年,第182页。

改良派利用来传播他们的思想的报刊”[①],发表了王韬、郑观应等改良派的大量文章,以“取西制之合于我者,讽清廷以改革”[②]。

甲午战争之后,救亡图存成为最急迫的需要。一些有识之士“知政治之有待改革,而又无柄可操,则不得不借报纸以发抒其意见”[③],创办了大量报刊,形成近代中国第一次资产阶级办报高潮。《时务报》主笔梁启超认为报馆“有助耳目喉舌之用,而起天下之废疾”[④]。《湘学报》主笔唐才常认为“泰西不立史馆,盖报馆即其史馆也”[⑤]。《时务报》《湘学报》《知新报》《国闻报》《清议报》等多为鼓吹维新变法服务,介绍国外先进的历史观、世界各国的政治制度、重要历史事件、历史人物、学术文化等内容。《湘学报》设立“史学”专栏,介绍达尔文的生物进化论和斯宾塞的社会进化论思想,研究中外各国历史,探讨政治、制度、学术的关系及变革。《国闻报》是维新派在北方的第一家报纸,主编严复、总编辑夏曾佑。该报仿照英国《泰晤士报》体例,是继《时务报》后唯一“精深完粹”者[⑥],同年12月出版旬刊《国闻汇编》。《国闻汇编》刊载严复翻译的《天演论》《群学肄言》部分译文,将进化论史观传播到中国,彻底打碎循环论史观的桎梏,为知识界提供全新的观察历史的角度。进化论史观为彻底否定旧传统、旧制度创造了条件,并成为资产阶级革命派推翻清朝统治的思想武器。

在进化论史观指导下,维新派报人率先提出“民史”思想,并以此指导办报。1897年梁启超提出史书“有君史,有国史,有民史”,而中国只有君史,“若二十四史,则只能谓之廿四家谱耳!”[⑦]谭嗣同赞赏梁启超的观点,提出“报纸即民史也。彼夫二十四家之撰述,宁不烂焉,极其指归,要不过一姓之谱牒焉耳。”他认为“不有报纸以彰民史,其将长此汶汶暗暗以穷天,而终古为喑哑之民乎?”[⑧]维新派报人将报刊视为“政本之本”、“教师之师”[⑨],

---

① 方汉奇:《中国近代报刊史》(上册),太原:山西人民出版社,1981年,第66页。
② 戈公振:《中国报学史》,北京:中国新闻出版社,1985年,第100页。
③ 戈公振:《中国报学史》,第146页。
④ 梁启超:《论报馆有益于国事》,《时务报》1896年第1期。
⑤ 唐才常:《史学论略》,湖南省哲学社会科学研究所编:《唐才常集》,北京:中华书局,1980年,第41页。
⑥ 梁启超:《清议报一百册祝辞并论报馆之责任及本馆之经历》,《清议报》1901年第100期。
⑦ 湖南时务学堂编:《湖南时务学堂遗编》,长沙:湖南大学出版社,2017年,第185页。
⑧ 谭嗣同:《〈湘报〉后叙下》,《谭嗣同全集》,北京:生活·读书·新知三联书店,1954年,第139页。
⑨ 梁启超:《清议报一百册祝辞并论报馆之责任及本馆之经历》,《清议报》1901年第100期。

指出报纸“不可不有史家之精神。史家之精神何，鉴既往，示将来，导国民以进化之途径者也。”[①]创办《清议报》《新民丛报》等刊物，以“教育为主脑，以政论为附从”[②]，开设“政治学案”、“学说”、“史传”等专栏，大量介绍西方政治史、学术史和思想史，传播先进的进化论史观，译介西方史学著作，将西方社会理论输入到国内，对知识界的启蒙做出了有益贡献。这一时期，维新派报人还明确指出报馆是舆论机关，“舆论之所自出，虽不一途，而报馆则其造之之机关之最有力者也。”[③]认为报馆可“代表国民发公意以为公言”，是“摧陷专制之戈矛，防卫国民之甲胄”[④]。

真正使报刊“摧陷专制”舆论作用得到充分发挥的，是资产阶级革命派报人。资产阶级革命派以推翻清朝统治为目的，充分利用报刊的舆论功能为革命服务。从1900年《中国日报》创办到辛亥革命前后，革命派在国内外创办的报刊达一百多种。革命派报刊“以历史养其爱国之心”[⑤]为宗旨，以策动舆论为己任。利用报刊的舆论功能，掀起爱国主义历史教育与民族民主革命的热潮。《译书汇编》《湖北学生界》《浙江潮》《江苏》《新湖南》《云南》《民报》《苏报》等报刊，或设立历史专栏，或设立翻译专栏，大量刊登东西方国家的亡国史、独立史和革命史，特别是印度、波兰、埃及、朝鲜、越南等民族国家的惨痛历史教训，以为中国的历史借鉴。对于美国独立史、法国大革命史的介绍，则为中国革命提供思想武器和历史依据。为中国历史上汉民族的民族英雄岳飞、文天祥、夏完淳、郑成功、史可法等人作传，钩稽晚明史事，介绍太平天国革命史，是为激发民众的民族感情，为反清排满作舆论上的准备。革命派报刊以历史素材为排满革命制造舆论的策略，收到了良好效果。报刊成为反清革命的另一种武器，为辛亥革命的成功立下汗马功劳。孙中山总结辛亥革命成功的原因曾说“此次民国成立，舆论之势力与军队之势力相辅而行，故曾不数月，遂竟全功。”[⑥]

纵观19世纪末20世纪初的报刊，无论传播西学、启发民智还是制造舆论、参与革命都能出色完成任务。无论作为上下通达的工具，还是耳目喉舌、舆论机关，皆为史学经世致用功能的延伸。这一时期的报人尚未全面掌握西方新闻学理念，而是以中国史学思想阐释报刊、指导报刊事业，同

---

① 梁启超：《敬告我同业诸君》，《新民丛报》1902年第17期。

② 梁启超：《本馆告白》，《新民丛报》1902年第1期。

③ 梁启超：《国风报叙例》，《国风报》1910年第1卷第1号。

④ 梁启超：《敬告我同业诸君》，《新民丛报》1902年第17期。

⑤ 东京同志来稿：《与日本东京朝日新闻记者书》，《民报》第二十六号，1910年2月1日。

⑥ 孙中山：《致武汉报界联合会函》，中国社会科学院近代史研究所中华民国研究室等编：《孙中山全集》(第2卷)，北京：中华书局，1982年，第336页。

时比赋于传统史学以扩大报刊的影响。由此可见,在中国近代,史学对报刊事业的促进作用实不可低估。

二、史论对报刊文体的影响

中国近代报刊最引人注目的文体是政论体。重视政论写作与中国古代史家重视史论的传统密不可分。中国古代史学,史论占有重要地位。史论,是指史家对于自己或他人记述的历史所发表的评论[①]。史论在中国古代不仅受到史家的重视,也受到最高统治者的重视,成为科举考试的题目。清高宗在乾隆元年的博学鸿词特科第二场,亲拟的试题就是“史论问”[②]。史论大多是评史与论证相结合,评论历史人物、历史事件与当时政治形势相结合,如贾谊的《过秦论》、柳宗元的《封建论》、王夫之的《读通鉴论》等,无不是古代史家对所处时代进行思考的结晶。近代报人将史论的写作形式应用于报刊,指陈时事,针砭时弊,笔力纵横,淋漓尽致,创造了最具中国特色的报刊文体——政论体。政论体由王韬创制,到谭嗣同、梁启超、唐才常、汪康年等维新派报人手中基本确立,成为维新变法和辛亥革命时期著名的报刊文体,形成近代报刊史上“文人论政”的特色,对此后的报刊文体影响深远。

中国近代报刊重视政论由王韬始。他在《循环日报》创办后的十年之中,写作了大量时政评论,借以倡导洋务,推动变法思想,在当时的报界独树一帜。《循环日报》也因此成为“第一份完全由中国人管理而取得成功的报纸”[③],王韬则被誉为“中国新闻记者之父”[④]。因版面需要,王韬将政论体文章的字数控制在1000至1200字左右的格式,也形成了近代报刊政论体文章短小精悍的特色,为后世报刊所效仿。

继承王韬政论体衣钵,并将这种文体发扬光大,取得空前成功的是维新派报人。他们提出“时务报章体”的理论,并使这种文章在维新变法前后发挥了重要舆论作用,产生巨大社会反响。近代报刊政论重要地位的确立,从维新派报刊开始。这也是“报章文体”又称“时务文体”的重要原因。

---

① 瞿林东:《中国古代史学批评纵横》,第102页。

② 故宫博物馆编:《清高宗御制文》卷十四,海口:海南出版社,2000年,第10页。

③ [美]柯文著,雷颐、罗检秋译:《在传统与现代性之间——王韬与晚清革命》,南京:江苏人民出版社2006年,第44页。

④ 林语堂:《中国出版与公众舆论史》,转引自岳峰:《架设东西的桥梁——英国汉学家理雅各研究》,福州:福建人民出版社,2004年,第196页。

率先提出“时务报章体”之说的是维新派报人谭嗣同。谭嗣同对这一报刊文体进行了理论上的探讨，他的这一建树“远远超过了同时代的梁启超”[①]。谭嗣同撰写了《报章文体说》，以“冲决俗学若考据、若词章之网罗”[②]。该文从理论上论证报章文体是范围最广泛、内容最丰富的文体，“若夫皋牢百代，卢牟六合，贯穴古今，笼罩中外，宏史官之益，而昭其义法，都选家之长，而匡其阙漏，求之斯今，其惟报章乎？”[③]谭嗣同的文体观，可视为戊戌时期新闻文体变革的理论基础。

将谭嗣同“报章体”理论落实于报纸，并取得巨大成就的是梁启超。谭嗣同曾将梁启超比作贾谊[④]，梁氏在主笔《时务报》时就创造了非常有特点的“时务报章文体”，在主办《新民丛报》时将这种文体发展到成熟，并固定下来，实现了“近代中国报界的第一次新闻文体变革”[⑤]。梁启超“幼年为文，学晚汉魏晋，颇尚矜炼，至是自解放，务为平易畅达，时杂以俚语韵语及外国语法，纵笔所至不检束，学者竞效之，号新文体。”这种“条理明晰，笔锋常带情感”[⑥]的政论文体，成为梁启超独具一格的标志性文体，得到时人的肯定和赞扬。黄遵宪称赞“《清议报》胜《时务报》远矣，今之《新民丛报》又胜《清议报》百倍矣。惊心动魄，一字千金……从古至今文字之力之大，无过于此者矣。”[⑦]梁启超的文章在当时万马齐喑的中国，成为很多人的指路明灯，一些优秀报人正是受到梁启超报刊文章的“洗礼”，才决定投身于新闻事业。邹韬奋曾说是梁启超报章文体的巨大感染力，增强了他“要做个新闻记者的动机”[⑧]。“时务报章体”作为“五四”运动前后出现的现代白话新闻文体的过渡，对中国报刊业产生的影响十分深远。

三、良史与新闻记者的道德

中国自古以来史学极其发达，涌现出层出不穷、灿若群星的史学家。他们视治史为名山事业、不畏强权、据事直书，不仅留下了浩如烟海的史书，更留下诸多优良史学传统。史家是史学的主体，唐代史学家刘知几曾

---

① 胡太春：《中国近代新闻思想史》，太原：山西教育出版社，1987年，第81页。
② 谭嗣同：《仁学自叙》，《谭嗣同全集》，第4页。
③ 谭嗣同：《报章文体说》，《谭嗣同全集》，第117页。
④ 谭嗣同：《致汪康年梁启超书》，《谭嗣同全集》，第371页。
⑤ 胡太春：《中国近代新闻思想史》，第87页。
⑥ 梁启超：《清代学术概论》，第142页。
⑦ 丁文江、赵丰田编：《梁启超年谱长编》，上海：上海人民出版社，1983年，第274页。
⑧ 邹韬奋：《二十年来的经历》，《韬奋文集》（第3卷），北京：生活·读书·新知三联书店，1955年，第20页。

提出著名的“史学三才”论，即史学家要有“史才、史学、史识”①。这三点中，史识最为重要，而史识的核心是忠于历史事实，秉笔直书。近代报刊被视为“现代之史记”，新闻记者被视为古代秉笔直书的史官，因此“不可不有史家之精神”②。

第一，秉笔直书，书法不隐。自孔子称赞“董狐，古之良史也，书法不隐”③，中国历代史家都将“直书”作为衡量“良史”的重要标准。古代史家秉笔直书的传统被近代报人应用于报刊活动，并不断巩固和深化。王韬提出主笔“其立论一秉公平，其居心务期诚正”④，郑观应主张“执笔者尤须毫无私曲……胸中不染一尘”⑤。章太炎则强调“史官”之德对新闻记者的重要性，“今史官既废不行，代以日报，复有与秽史同迹者，则贻害于国家滋大。”他认为记者的写作“事不可诬，论不可宕，近妇言者不可听，长乱略者不可从，毋以肤表形相而昧内情，毋以法理虚言而蔽事实，毋以众情踊动而失鉴裁”⑥。要求“诸新闻记者，其当不务谄媚，不造夸辞，正色端容，以存天下之直道。”⑦秉笔直书的职业道德至“五四”以后得到进一步发扬光大，直到1932年，著名报人史量才仍然认为“日报负直系通史之任务”，“同人则以史自役。”⑧

第二，超然独立，不畏强权。中国古代史官之所以为后人所景仰，在于他们“宁为兰摧玉折，不作瓦砾长存”、“仗气直书，不避强御”⑨的牺牲精神。《左传·襄公二十五年》记载：齐国的大臣崔杼杀了国君齐庄公，“太史书曰：‘崔杼弑其君。’崔子杀之。其弟嗣书，而死者二人。其弟又书，乃舍之。”⑩史家对待事实，不仅有如实记录的责任，还要有杀身成仁的精神。近代报人深受良史精神的浸润，对于办报同样抱定牺牲精神。认为“欲以身救国者不可不牺牲其性命，欲以言救国者不可不牺牲其名誉。甘以一

① 《旧唐书》卷一百二《刘子玄传》，北京：中华书局，1975年标点本，第3173页。
② 梁启超：《敬告我同业诸君》，《新民丛报》1902年第17期。
③ 杨伯峻编著：《春秋左传注》(第2册)，北京：中华书局，2005年，第663页。
④ 王韬：《论日报渐行于中土》，《弢园文录外编》(卷七)，北京：中华书局，1959年，第206页。
⑤ 郑观应：《盛世危言·日报上》，夏东元编：《郑观应集》(上册)，第347页。
⑥ 章太炎：《新纪元报发刊辞》，汤志均编：《章太炎政论选集》(下册)，第600—601页。
⑦ 章太炎：《敬告同职业者》，汤志均偏：《章太炎政论选集》(下册)，第543页。
⑧ 史量才：《申报六十周年发行年鉴之旨趣》，陈建云主编：《中外新闻学名著导读》，第114—115页。
⑨ (唐)刘知几：《史通》，沈阳：辽宁教育出版社，1997年，第59页。
⑩ 杨伯峻编著：《春秋左传注》(第3册)，第1099页。

身，为万矢的，曾不于悔，然后所志所事，乃庶有济。”[①]新闻记者要有“春秋之笔褒贬从心，南、董之风斧钺不惧”[②]的品格。章太炎因《苏报》案被捕入狱，写下“吾辈书生，未有寸刃尺匕足与抗衡，相延入狱，志在流血”[③]，表达捍卫言论自由的决心。章太炎为中国的新闻记者作出了榜样，此后，邵飘萍、林白水、史量才等杰出的新闻记者为维护新闻真实、言论自由付出了生命的代价，可称为现代董狐。

第三，才识兼备，汇通古今。史家的才识表现在史书中对历史事件、历史人物的评价。新闻记者撰写新闻也要有思想，没有思想的新闻犹如没有灵魂的躯壳。特别是近代报刊最重要的政论，基本都是品评时政、臧否人物的史论，尤其需要写作者有较高的才识。王韬认为“秉笔之人，不可不慎加遴选。其间或非通材，未免识小而遗大，然犹其细焉者也；至其狭私讦人，自快其忿，则品斯下矣，士君子当摈之而不齿。”[④]作为新闻记者不仅要有通才的学识，还要有独立的见解。史书包含着史家的历史认识和评价，皆为“究天人之际，通古今之变，成一家之言”[⑤]，新闻记者同样要具有才识。梁启超对此有极精辟的论述：“史家必有主观客观二界，作报者亦然。政府人民所演之近事，本国外国所发之现象，报之客观也；比近事，察现象，而思所以抽绎之发明之，以利国民，报之主观也。有客观而无主观，不可谓之报。主观之所怀抱，万有不齐，而要之以向导国民为目的者，则在史家谓之良史，在报界谓之良报。”[⑥]

19世纪70年代到20世纪初期，是中国近代报刊发展史上的重要阶段，针对这一时期“史家办报”的特点进行深入探讨，将近代报人的史学思想与报刊思想进行比较分析，可以看出近代报刊深受中国史学影响，史学与新闻学这两个貌似毫无关系的学科实际存在着千丝万缕的内在联系。这是由于中国古代士大夫对于史学的执着，使“中国于各种学问中，惟史学为最发达。史学在世界各国中，惟中国为最发达。”[⑦]史学在中国传统学术中的重要地位，是史学对报刊产生影响的基础。中国古代史学的求真精神，与“新闻的生命是真实”理论有异曲同工之处。史量才将报刊与史学做过比较，认为“历史本为人类进化之写真”，而报刊“写真之程度，且更超于

① 梁启超：《敬告我同业诸君》，《新民丛报》1902年第17期。
② 郑观应：《盛世危言·日报下》，夏东元编：《郑观应集》（上册），第351页。
③ 章太炎：《狱中答新闻报》，《章太炎政论选集》（上册），第234页。
④ 王韬：《论日报渐行于中土》，《弢园文录外编》（卷7），第207页。
⑤ 《汉书》卷六十二《司马迁传》，第2735页。
⑥ 梁启超：《敬告我同业诸君》，《新民丛报》1902年第17期。
⑦ 梁启超：《中国历史研究法》，《中国历史研究法（外二种）》，第16页。

陈史之上,而其所以纪载行迹,留范后人者,又与陈史相同。"因此报刊"属于史部,而更为超于史部之刊物也"①。史学与报刊均具有全面记载和传承民族历史与文化的特点。中国历史藉由不间断的史书记录得以完整保存,报刊同样肩负"对民族生命与文化历史之责任"②,"一旦政治清明,朝失而求之与野,此戋戋报纸,或将为修史者所取材乎?"③

综上,史学对近代报刊的理论构建与新闻实践发挥了重要作用,中国近代报刊业也因此走出了一条具有中国特色的发展道路。史学与新闻学在上世纪水乳交融,互相促进,共同发展的经验,可以为今天史学及新闻学的研究与发展提供良好的借鉴。清史学的发轫与中国近代报刊的出现几乎同步,因此这一先进的载体成为清史学研究的重要阵地。史学期刊与史学发展之间的良性互动,在清史学的发展过程中体现的尤为突出。

第二节　专业学术期刊对清史学科的贡献——以《中国近代经济史研究集刊》为例

20世纪二三十年代,中国近代报刊的发展逐渐进入成熟阶段,此时各种带有专业性质的学术刊物大量出现,史学期刊也正是在此时创办和发展,并且在此时取得了较为广泛的社会影响。史学期刊的创办与发展是报刊发展本身的专业性与学术性相结合的产物。专业性报刊出现较早,在19世纪末已经有农业、数学等专业性报刊。至民国初年,以学术为主要内容的报刊已经多达18种④。这种逐步专业化、学术化的趋向,最终导致了20世纪20年代初期史学专业期刊的产生。最早产生的史学期刊是史地类期刊——1920年由北京高等师范学校历史地理学会创办的《史地丛刊》。随着史地类期刊的创办与史学研究不断深化,史学的学科意识不断加强。以史学为名的期刊在20世纪20年代末期产生,如《史学年报》《史学杂志》等,纯史学类期刊的发展以及历史学本身的发展,推动了专门史学

① 史量才:《申报六十周年发行年鉴之旨趣》,陈建云编:《中外新闻学名著导读》,第113页。

② 史量才:《申报六十周年发行年鉴之旨趣》,陈建云编:《中外新闻学名著导读》,第113页。

③ 史量才:《申报发行二万号之纪念》,《申报》1928年11月19日。

④ 戈公振:《中国报学史》,第153—155页。

术刊物的出现。1932 年创刊的清代经济史专门期刊——《中国近代经济史研究集刊》既是近代中国第一本经济史专业期刊，也是近代史学史上第一本专门史学术期刊。

《中国近代经济史研究集刊》由北平社会调查所创办，1934 年北平社会调查所合并至中央研究院社会科学研究所，该刊于 1937 年更名为《中国社会经济史集刊》。这是中国近代学术史上第一份经济史专业期刊，对中国近代经济史学科的创建与发展起到奠基性作用，被学界誉为中国经济史学发展新阶段的起点的标志[①]。虽然对这本刊物的赞誉颇多[②]，但是目前尚未有从史学史角度论述该刊对清代经济史研究贡献的成果，更为吊诡的是迄今为止学界对该刊出版的期数仍有误记，且被广泛采用。本节对《中国近代经济史研究集刊》进行系统梳理，对其在清代经济史研究做出的贡献及原因进行分析，并予以评述和表彰。

一、《中国近代经济史研究集刊》出版期数纠谬

《中国近代经济史研究集刊》是北平社会调查所创办于 1932 年的近代经济史专业期刊。北平社会调查所是中国近代经济史研究的重镇[③]，其前身是 1926 年 7 月设立的中华教育文化基金董事会社会调查部，1929 年中华教育文化基金董事会自办社会调查部并扩大改组为北平社会调查所，由陶孟和任所长。1934 年 7 月，社会调查所合并到中央研究院社会科学研究所[④]，有学者将两所合并时间记为 1935 年[⑤]，当属误记。《中国近代经济史研究集刊》1932 年 11 月出版第 1 卷第 1 期，1937 年 3 月更名为《中国社会经济史集刊》，1949 年 1 月出版第 8 卷第 1 期之后停刊，总计出版 8 卷 14 期。目前学界关于这份刊物的出版卷数均记录为 8 卷，但是出版刊物

① 李伯重：《回顾与展望：中国社会经济史百年沧桑》，《文史哲》2008 年第 1 期。

② 相关论文有李伯重《回顾与展望：中国社会经济史学百年沧桑》（《文史哲》2008 年第 1 期），吴敏超《筚路蓝缕启山林：20 世纪上半期的中国近代经济史研究》（《兰州学刊》2014 年第 11 期），陈峰《两极之间的新史学：关于史学研究会的学术史考察》，（《近代史研究》2006 年第 1 期），王亚奇《北平社会调查所研究（1926 - 1936）》（硕士学位论文，华中师范大学 2016 年），李自强《中国经济史研究的“学院派”——以民国中央研究院社会科学所为中心的考察》（硕士学位论文，山东大学 2015 年）。

③ 吴敏超：《筚路蓝缕启山林：20 世纪上半期的中国近代经济史研究》，《兰州学刊》2014 年第 11 期。

④ 《国立中央研究院社会科学研究所二十三年度报告》，《国立中央研究院二十三年度总报告》1934 年。

⑤ 吴敏超：《筚路蓝缕启山林：20 世纪上半期的中国近代经济史研究》，《兰州学刊》2014 年第 11 期。

期数却为16期①,事实上这份刊物的总期数并未达到16期。

1932年11月出版第1卷第1期,原计划每半年刊行一次②,由于1934年北京社会调查所合并入中央研究院社会科学研究所,因此1936年5月出至第4卷第1期,即作为满卷③。1937年3月更名为《中国社会经济史集刊》作为《中国近代经济史研究集刊》的接续,出版第5卷第1期。原计划每年刊行4次,分三、六、九、十二月各月一日出版④。但是第5卷第1期、第2期出版之后,由于全面抗战爆发,中央研究院社会科学研究所一再迁移,因此停刊两年。第6卷第1期一直到1939年6月出版,而非有些文章中指出的抗战胜利之后才复刊⑤,由原定每年出版4期改为每年出版2期。

第7卷第1期出版于1944年6月,第2期出版于1946年7月。第7卷第2期有两张封面,第一张封面上的出版时间是1946年7月,中央研究院社会科学研究所的地址为南京鸡鸣寺,独立出版社印行;第二张封面上是1944年12月出版,社会科学研究所的地址为四川南溪李庄,独立出版社总经售。这一期原定出版时间为1944年12月,第7卷第1期的《本刊启示》中已经刊登第7卷第2期的要目。可能由于战事的变化以及战后回迁,直到1946年社会科学研究所迁回南京,第7卷第2期才正式出版。第8卷第1期的《本刊启示》中第7卷第2期的出版时间为1946年7月⑥。第8卷仅于1949年1月出版第1期,之后便停刊。综上可知《中国近代经济史研究集刊》(后更名为《中国社会经济史集刊》)共出版8卷14期。此外,《中国近代经济史研究集刊》具体的卷数与期数还可参见第7卷第2期《本刊历年各卷所载论文要目》⑦,该要目刊登了第1卷第1期至第7卷第1期发表的论文目录,共7卷12期,加上第7卷第2期和第8卷第1期,也可得出该刊共出版8卷14期。

《中国近代经济史研究集刊》出版的期数有误记发生的原因,当与这本期刊的出版历程曲折有关。从1932年到1949年,该刊四迁编辑部地址,

---

① 比较有代表性的如王亚奇《北平社会调查所研究(1926—1937)》(硕士学位论文,华中师范大学,第56页),李自强《中国经济史研究的"学院派"——以民国中央研究院社会科学所为中心的考察》,(硕士学位论文,山东大学,第32页),吴敏超《筚路蓝缕启山林:20世纪上半期的中国近代经济史研究》(《兰州学刊》2014年第11期)。

② 社会调查所编:《社会调查所概况》,第10页。

③ 《本刊启示》,《中国社会经济史集刊》1937第5卷第1期。

④ 《本刊启示》,《中国社会经济史集刊》1937年第5卷第1期。

⑤ 李自强:《中国经济史研究的"学院派"——以民国中央研究院社会科学所为中心的考察》,硕士学位论文,山东大学,2015年,第31—32页。

⑥ 《本刊启示》,《中国社会经济史集刊》1949年第8卷第1期。

⑦ 《本刊历年各卷所载论文要目》,《中国社会经济史集刊》1946年第7卷第2期。

五易主编，能够一直坚持出版到第8卷，实属不易。从各卷封面刊登的地址大致可知，1932年至1934年在北京，1934年之后迁至南京，1937年全面抗战爆发之后迁到昆明，1940年又迁至四川南溪李庄，1946年抗战胜利之后回迁南京。《中国近代经济史研究集刊》先后有五任主编：第1卷至第4卷主编由陶孟和、汤象龙担任；第5卷第1期更名之后，由梁方仲、朱庆永担任第二任主编；第三任主编梁方仲、张荫麟负责编辑了第5卷第2期；第四任主编汤象龙、吴晗负责编辑了第6卷1、2期；第五任主编陶孟和、梁方仲负责编辑了第7、8卷共3期。从第5卷开始成立编辑委员会，由朱庆永、谷霁光、吴晗、吴铎、夏鼐、孙毓棠、张荫麟、梁方仲、汤象龙、刘隽、罗尔纲担任，但是张荫麟1942年去世，加之抗战期间委员分处各地，编委会基本形同虚设，编辑事宜暂由社会科学研究所同仁负责[①]。虽然编辑工作由社会科学研究所的学者担任，《中国近代经济史研究集刊》却一直保持专业化水准，成为中国经济史学科的标志性刊物。从《中国近代经济史研究集刊》编辑部的迁移、主编的更迭乃至编委会成员的变化，折射出20世纪上半叶烽火连天的战时，一本学术期刊的创办与维系的艰辛，同时也能体会到当时的学者们虽面临国破家亡仍对学术的执着与坚守。

二、《中国近代经济史研究集刊》对清代经济史的贡献

有学者认为“当代学术期刊是当代学术的晴雨表。当代学术期刊的成就决定了当代学术的成就，无一流的学术期刊，断然无一流的学术。”[②]《中国近代经济史研究集刊》作为中国近代第一本经济史专业期刊，在中国近代经济史的发展历程上具有重要学术地位。率先对清代经济史料进行系统的搜集整理与推介，发表了一系列对清代经济史学具有开创性意义的学术文章，其作者群成为清代经济史研究的中坚力量，有力推动了清代经济史学科乃至近代经济史学科的建立与发展。《中国近代经济史研究集刊》的出现作为中国经济史学科形成时期的标志当之无愧[③]。

清代经济史的研究是建立在大量清代经济史档案的发掘与整理的基础之上。在搜集史料的过程中，北平社会调查所的学者们发现了故宫博物院文献馆藏的军机处档案，其中有大量关于清代经济史的史料。这批档案得到了北平社会调查所所长陶孟和的重视，他“认为经济史的研究工作是

① 《本刊启示》，《中国社会经济史集刊》1946年第7卷第2期。

② 龙协涛：《当代学术与当代学术期刊》，《云梦学刊》2005年第4期。

③ 赵德馨：《汤象龙——中国经济史学科的主要奠基人》，汤象龙研究室编：《中国经济史学科主要奠基人——汤象龙先生百年诞辰文集》，第14页。

社会科学中一门新兴的学科,应该大力发展……认为这种工作是研究中国近代财政经济史工作中的'开金矿'"[①]。在陶孟和的支持下,北平社会调查所投入大量人力物力进行清代经济档案的抄录工作。从1930年开始10月至1937年,已经抄录道光、咸丰、同治、光绪、宣统等五朝各督抚折片约12万件。与抄录档案同时进行的工作,是在《中国近代经济史研究集刊》上积极刊登推介档案原件,使这些经济史档案可以为更多的学界同行了解和使用。在集刊开设专门栏目《史料参考》,"本刊特辟史料一栏,登载各种与前面论著有关而为外间未曾发表的史料。"[②]为了能"引起读者的兴趣,去作同样的研求"[③],《中国近代经济史研究集刊》第2卷第2期专门开辟明清档案专号,介绍史语所、北京大学、清华大学、故宫博物院文献馆四个存放档案的学术机构所藏档案,特别是有关经济方面的档案。

围绕《中国近代经济史研究集刊》形成了一个专门研究近代经济史的作者群,这些年轻的学者主要是北平社会调查所的研究人员,如汤象龙、罗玉东、刘隽、梁方仲、千家驹、吴铎、刘心铨、巫宝三等。他们大致生于20世纪第一个十年,具有良好的国学基础又受到欧美学术规范的训练,均为北平社会调查所招收的研究生,被陶孟和延揽到社会调查所培养。这些研究生在社会调查所接受的教育以实践为主,由指导教师指定研究题目,一年之内在参加调查所的实际调查研究中完成题目,经过结业考察之后成绩优异的研究生毕业后留在调查所工作。这种培养模式,不仅可以有效扩充社会调查所的研究人才,同时为具有潜质的年轻学者提供了参与研究工作和崭露头角的机会。这批年轻学者的学术道路从开始就有明确的方向,《中国近代经济史研究集刊》是他们走向学术的第一步。他们以集刊为阵地,发表了一系列对近代经济史研究具有奠基性意义的文章。

《中国近代经济史研究集刊》初步探索了清代经济史的研究范畴与方向,"在题目的性质方面专限于经济的,在时间方面专限于近代的,即过去三四百年以内的历史"[④],并尝试将社会科学方法引入经济史研究的模式。在变更刊名之前的4卷7期,共发表论文23篇,文章题目与发表卷期见下表。

---

① 汤象龙、罗尔纲、谷霁光:《中国近代海关税收和分配统计(1861—1910)序言三篇》,《财经科学》1992年第4期。

② 《史料参考》,《中国近代经济史研究集刊》1932年第1卷第1期。

③ 《史料参考》,《中国近代经济史研究集刊》1932年第1卷第1期。

④ 《明清档案专号・导言》,《中国近代经济史研究集刊》1934年第2卷第2期。

《中国近代经济史研究集刊》第一卷至第四卷发表文章列表

	题目	作者	卷、期
1	厘金制度之起源及其理论	罗玉东	第一卷第一期
2	道光以后中琉贸易的统计	周益湘	第一卷第一期
3	清代之总理衙门及其经费	陈文进	第一卷第一期
4	胡夏米货船来华经过及其影响	张德昌	第一卷第一期
5	道光朝两淮废引改票始末	刘隽	第一卷第二期
6	光绪朝补救财政之方策	罗玉东	第一卷第二期
7	清季出使各国使领经费	陈文进	第一卷第二期
8	咸丰朝的货币	汤象龙	第二卷第一期
9	清代云南的盐务	刘隽	第二卷第一期
11	咸丰以后两淮之票法	刘隽	第二卷第一期
12	中央研究研究历史语言研究所所藏档案的分析	徐中舒	第二卷第二期
13	北京大学所藏档案的分析	赵泉澄	第二卷第二期
14	清华大学所藏档案的分析	吴晗	第二卷第二期
15	故宫博物院文献馆所藏档案的分析	单士元	第二卷第二期
16	民国以前关税担保之外债	汤象龙	第三卷第一期
17	明代“两税”税目	梁方仲	第三卷第一期
18	光绪三十年粤海关的改革	汤象龙	第三卷第一期
19	明代户口田地及田赋统计	梁方仲	第三卷第一期
20	川盐官运之始末	吴铎	第三卷第二期
21	民国以前的赔款是如何偿付的	汤象龙	第三卷第二期
22	一条鞭法	梁方仲	第四卷第一期
23	津通铁路的争议	吴铎	第四卷第一期

纵观这23篇文章，其中3篇关于明代税法田赋，4篇关于清代档案，其余16篇均为清代经济史的文章，主要围绕清代关税、厘金、盐务、货币、铁路等关系重大的问题，在清代档案基础上展开研究。从这些发表的论文中可以明显看出，这些文章在利用档案等第一手经济史材料的基础之上，通过分析档案材料和实证研究，以阐释历史事件发生发展的原因与规律，

这批文章的出现,初步奠定了清代经济史研究的学术规范与研究方法,也为清代经济史学科发展奠定基础,其中有一些文章至今仍被公认为具有国际水平作。如汤象龙的《民国以前关税担保之外债》《光绪三十年粤海关的改革》,罗玉东的《厘金制度之起源及其理论》《光绪朝补救财政之方策》;刘隽的《道光朝两淮废引改票始末》《清代云南的盐务》《咸丰以后两淮之票法》等文章无不是广征博引、考证精当,不仅利用历史学的研究方法,同时采用了经济学、统计学等其他社会科学的方法,通过对档案进行分类与归纳,运用大量的统计报表,对清代财政史上的诸多问题进行梳理与定量分析,最后得出令人信服的结论。这种模式使清代经济史研究不再止步于现象描述,而成长为西方经济学、统计学等社会科学影响下的新式学科[①]。虽然《中国近代经济史研究集刊》更名为《中国社会经济史集刊》之后,关注的范围扩展到中国古代经济史,但是仍然发表了大量清代经济史的文章,保持《中国近代经济史研究集刊》一贯的学术水准。

三、《中国近代经济史研究集刊》的办刊特色

《中国近代经济史研究集刊》是中国第一份以经济史命名的学术刊物,被誉为中国经济史学发展史上一件划时代的大事。《中国近代经济史集刊》能够成为中国经济史学发展第一阶段的起点的标志,与该刊有下面几大特色密不可分。

首先这是一本具有鲜明学术特色的学术期刊,可以视为近代经济史研究的一面学术旗帜。《中国近代经济史研究集刊》的发刊词可以视为一篇近代经济史学科建设的宣言,这篇发刊词首先明确经济史的重要性,“在以前历史的范围仅限于政治的时候,英国的有名的历史学家 Freeman 说过‘历史是过去的政治’。在我们认识经济在人类生活上的支配力并且现代经济生活占据个人,民族,国际的重要地位的时候,我们便不得不说历史的大部分应该为经济史的领域。”[②]接着探讨如何研究经济史,指出经济史的研究需要从量化的资料入手。“一般的特殊历史所用的资料只要得到叙述的记载,便可认为满意;实在说,有许多的历史事实如国际的关系,制度的变革,思想的变迁不能用量的方法计量的,也不能用量的方法表示的,独有经济事实是具体的可以用量计的,如财富,生产,消费,户口,租税,都可以

---

① 吴敏超:《筚路蓝缕启山林:20 世纪上半期的中国近代经济史研究》,《兰州学刊》2014 年第 11 期。

② 《发刊词》,《中国近代经济史研究集刊》1932 年第 1 卷第 1 期。

一定的单位与一定的数目表示。所以经济史所运用的资料必求精确的量的记载。”由此该刊创办的目的，“希望就着所能得的资料，无论题目大小，都陆续的整理发表，以就正于经济史的同志，本集刊便是披露整理结果的定期刊物。”①提出了近代经济史的研究方法，“一切经济史的叙述必须根据事实，不可凭空臆度，所采用的方法应与研究其他的严格的科学无异。”②有学者评价《中国近代经济史研究集刊》的发刊词提出了研究中国经济史的宗旨、目标、理论、方法与实践，是建设经济史学的第一个比较全面的方案③，足见这本期刊对于中国经济史学科的发展影响是全面而深远的④。

其次，这是一本能够贯彻主编的治学风貌与学术个性的期刊。《中国近代经济史研究集刊》第1卷至第4卷主编为陶孟和、汤象龙，第5卷第1期改为《中国社会经济史集刊》之后虽然换过四任主编，但是均由中研院社会科学研究所的学者担任，基本延续了前4卷的办刊方针与学术理念。陶孟和作为近代社会学的奠基人⑤，长期担任北平社会调查所所长之职，大力支持社会调查所的近代经济史研究工作。但是实际担任《中国近代经济史研究集刊》主编工作的是汤象龙，汤象龙是历任主编中任职时间最长的一位。汤象龙的学术特色，对《中国近代经济史研究集刊》的办刊风格与编辑方针均有重要的影响。

汤象龙认为研究经济史最应注意的是两点“一是方法，二是资料。”⑥他认为研究经济史应该采用与其他学科相同的严谨的方法，并且应用原始的档案史料。汤象龙身体力行撰写中国近代经济史文章，在《中国近代经济史集刊》发表的文章，均从档案入手，广泛运用历史学、统计学、经济学的方法分析与整理史料，最后得出结论。这种研究方法，基本奠定了经济史研究的范式。汤象龙认为，经济史研究“不能图急功近效，因为这种研究的第一步仍然是一种开荒的工作”，需要每位研究者“一点一滴蒐集，一个一个小题目研究的办法”⑦。因此《中国近代经济史研究集刊》重点发

① 《发刊词》，《中国近代经济史研究集刊》1932年第1卷第1期。
② 《史料参考》，《中国近代经济史研究集刊》1932年第1卷第1期。
③ 赵德馨：《汤象龙——中国经济史学科的主要奠基人》，汤象龙研究室编：《中国经济史学科主要奠基人——汤象龙先生百年诞辰文集》，第16页。
④ 杨祖义、赵德馨：《特殊的贡献，特殊的地位——纪念汤象龙先生100周年诞辰》，汤象龙研究室编：《中国经济史学科主要奠基人——汤象龙先生百年诞辰文集》，第52页。
⑤ 参见闫明《中国社会学的开拓者》（《中国社会导刊》2007年第22期），智效民《中国社会学的奠基者——陶孟和》（《文史月刊》2015年第10—11期）等文。
⑥ 《史料参考》，《中国近代经济史集刊》1932年第1卷第1期。
⑦ 汤象龙：《对于研究中国经济史的一点认识》，《食货半月刊》1935年第1卷第5期。

表专题性论文,希望通过这些文章力矫此前社会史论战理论大而无当的弊病。

第三,这是一本依靠主办单位的学科优势与人员优势创办的期刊。《中国近代经济史研究集刊》由北平社会调查所创办,此后《中国社会经济史集刊》是中央研究院社会科学研究所主持的学术期刊。不论是北平社会调查所还是中央研究院社会科学调查所,均为著名学术机构,在学科与人员方面为学术期刊提供助力。社会调查所从1930年开始组织人员,抄录故宫博物院文献馆的清代档案,到1937年共抄录了12000件档案,为近代经济史研究提供了坚实的资料基础。社会调查所从1930年开始招收研究生,至1933年大约招收近30名研究生。这些研究生里涌现出汤象龙、罗玉东、刘隽、梁方仲、千家驹、吴铎、刘心铨、巫宝三、严仁赓等经济史研究的年轻学者,并迅速成长为具有独立研究能力的青年学者,他们的学术之路的起点大多是《中国近代经济史集刊》,并以此为阵地为中国近代经济史开拓出一片崭新的研究领域。

在中国近代史学转型的过程中,史学专门期刊的出现对于近代史学转型发展至关重要。《近代经济史研究集刊》的创建举起了一面学术旗帜,团结了一批学人,倡导了一种学风,有力推动社会史论战后中国近代经济史研究学术上的大转向①。《中国近代经济史研究集刊》与清代经济史学的互相促进,对当下处在困境中的一些学术期刊具有借镜意义。同时,《近代经济史研究集刊》在20世纪上半叶艰难发展的历程,以及集刊的诸位主编与作者们在战火纷飞中对学术的执着也值得我们敬佩与学习。研究近代学术史,学术期刊与学术发展的作用值得进一步深挖与潜心研究。

① 杨祖义、赵德馨:《特殊的贡献,特殊的地位——纪念汤象龙先生100周年诞辰》,汤象龙研究室编:《中国经济史学科主要奠基人——汤象龙先生百年诞辰文集》,第52页。

结　语

民国时期清史学，作为百年清史学的第一步，虽然与其他年代的断代史相比，并非显学，但“清史研究就是历史学科出现的一种新趋向”[①]，能够代表近代史学转型的发展方向。民国清史学大致可以分为两个时期，第一个时期是上世纪的一、二十年代，第二时期是三、四十年代。

第一个时期的研究成果，主要集中于通论性清史著作的完成。最初的清史研究“与其说是受历朝都有为前朝修史的传统之影响，毋宁说是辛亥革命以来排满思潮在学术上的反映，以及清朝统治的‘僵尸’依然存在并有外国侵略势力企图借尸还魂这一严重现实对学术界产生的一种刺激。故民初以来，学者几乎人人喜谈清朝掌故。”[②]这一时期的清史研究论文数量相对较少，辛亥革命前后多围绕反清排满的革命，以史实揭露清朝的残酷统治，赞扬明末清初抗清的事迹。这些研究成果多数受时代的局限，立论有失偏颇，一部分肯定清朝，对其文治武功大加赞赏甚至文过饰非，另一部分则全面否定清朝，将反对清朝专制同反对满族混淆。除民族史观外，天命观、英雄史观仍然有一定代表性。此外，一些耳食之谈仍然对清史研究有影响，早期的清史著作甚至将传闻写入严肃的正史。传统体裁的史书仍然比新型章节体的史书流行，大量的档案史料还没有受到重视，得到有效的保护和整理，发生了“八千麻袋”事件。

这一时期突出的代表是《清史稿》与《清代通史》，在此后的半个世纪里，这两部著作屡经校勘改订，成为20世纪清史的代表作。同一时期还有19部清史出现，呈现出多种清史编写、多种体裁、多种史观并存的态势。这些著作中有一个突出的特点，就是均把清朝当作一个有机整体来研究，认为鸦片战争是道光间的重大事实，而非清史研究的前后分野。

到上世纪三、四十年代，在二、三十年代清史研究的不足，得到了不同

① 王钟翰：《清心集》，北京：新世界出版社，2002年，第42页。

② 王钟翰：《清心集》，第42页。

程度的改观。首先出现了整理清代档案的高潮，新兴的学术机构在档案整理这样需要多人合作的学术活动中起到重要作用。故宫博物院文献馆、中央研究院史语所、北京大学的整理工作在二十年代已经开始，这一时期得到学术界广泛注意，更多学术机构加入整理档案的工作。文献馆对档案整理出版的工作成就最大，初步整理了故宫博物院藏清代档案，出版了大量档案史料丛编。从1929年开始，文献馆先后出版《掌故丛编》《文献丛编》《史料旬刊》《清代文字狱档》《筹办夷务始末》(道光、咸丰、同治朝)、《清代外交史料》(嘉庆、道光)等各类清代档案及目录50余种。中央研究院史语所从1931年《明清史料》甲编出版，到1947年已经整理完丁编。清代档案的发现和整理，直接推动了30年代清史研究的发展，为清代经济史、宗教史、外交史提供了大量研究史料。例如蒋廷黻的《近代中国外交史资料辑要》大部分资料来自于故宫博物院文献馆藏档案。由于大量档案的公布，纠正了前一时期关于清室的许多不实传闻，使清史研究朝着扎实稳健的研究方向推进。特别是孟森在长期积累的基础上，撰写了《明元清系通纪》《明清史讲义》等著作，孟森说："'清史'一科，固以纠正清代官书之讳饰，但亦非以摘发清世所讳为本意……总使史书为徵信而作，不容造言生事之小说家破坏历史大防。"[①]可见，严谨的清史学的建立与发展，是在官书与私记(尤其是私记中的委巷传闻)、清代官方对于自身历史之隐晦、与清亡之后民间流言传闻对于清代史事歪曲污蔑的高度紧张中逐渐展开的。孟森的著作考证翔实，否定传闻，代表了民国时期清史学的高峰。

这一时期虽然没有重要的清史专著，但是比较突出的特征是晚清史著述的崛起。晚清史直到现在也是一个具有独特性的学科，既是中国近代史的一个基本组成部分，又是断代清史的一个自然组成部分。20世纪三十年代开始，随着唯物史观的传播，不同史观不同观点在晚清史研究中展开争鸣。晚清史学科此时开始初具规模，出现了几部对后世影响颇为深刻的著作。比如李鼎声的《中国近代史》、陈恭禄的《中国近代史》，分别代表了晚清史的两种话语体系，此后蒋廷黻的《中国近代史》以及四十年代范文澜的《中国近代史》(上编第1分册)，使晚清史的两种不同研究范式得到巩固，形成了两个影响深远的学派。但是也应该看到，此时学术界将研究重点开始放到清朝后期，近代史研究开始以鸦片战争为起点，将晚清史研究逐渐从清史研究中独立出来的分期方式，直接导致了1949年后将清史割裂的状况。晚清史本是清史的一部分，如果忽视了从清史整体这一视角进

① 孟森：《清朝前纪·叙言》，《清朝前纪》，第3页。

行研究，研究结论可能会出现偏颇。

这一时期，各种学术论文和专题研究得到了充分重视，出现一批重要成果。象清代学术史、清代社会经济史、清代先世、以及清代中外关系史、清代宗教史等，都以新的资料为基础，研究成果较为丰硕。随着近代史学逐渐走向学院化、独立化、专业化，现代史学的学科独立意识日益确立。20世纪20年代以来各个大学相继设置历史系，同时涌现出一些专门从事学术研究的研究机构。这些大学的历史系开始设置通史、断代史/国别史、区域史/专史、专题等课程群组[①]，在断代史的课程设置里，清史开始出现。孟森可能是最早讲授清史的大学教授，1931年开始在北大史学系讲授《满洲开国史》，此后又在北京大学讲授清史。此外，清代专题工具书的编纂与出版也给清史研究提供了参考，如谢国桢的《清开国史料考》、孟森的《清史传目通检》、杜连喆、房兆楹编《三十三种清代传记综合引得》、王重民等编《清代文集篇目分类索引》等。这些基础性的工作，为此后的清史学发展奠定了良好基础。

通过对上述清史学成果的梳理可以看出，民国时期的清史学发展与中国近代史学的转型发展息息相关。对清史的研讨和撰写，既经受史学近代化的洗礼，也保存许多传统史学的思想遗留和方法传承。随着时代的变化，清史的撰述从最初的带有或褒或贬的感情性评议，逐步趋向学术性探讨，理性精神逐渐张扬，清史学科的意识逐渐清晰，学科建设也逐渐展开。

回望20世纪中国史学的转型过程，求"新"是一种潮流也是一种学术追求。自梁启超竖起"新史学"的大旗，此后中国史学的面貌随之发生变化。1940年张荫麟对史学的变化有所总结："就中国史学的发展上看，过去的十来年可算是一新纪元中的一小段落；在这十来年间，严格的考证的崇尚，科学的发掘的开始，湮沉的旧文献的新发现，新研究范围的垦辟，比较材料的增加和种种输入的史观的流播，使得司马迁和司马光的时代顿成过去，同时史界的新风气也结了不少新的，虽然有一部分还是未成熟的果。"[②]这是对近代史学转型变化的精辟概括。清史学在20世纪上半期的发展理路与近代史学转型的过程高度契合，是由新史料、新问题、新史观、新方法、新载体等共同推动创建并发展起来的学科。

近代史学发展史上，每一次大规模的史料发展，随之而来的必然是史学的发展。但是新史料的发现如何影响和推动史学的发展？民国时期清

① 刘龙心：《学术与制度——学科体制与现代中国史学的建立》，第315页。

② 张荫麟：《中国史纲·自序一》，《中国史纲》，北京：商务印书馆，2003年，第1页。

代内阁大库档案的整理与研究可以作为探讨新史料与近代史学转型关系的典型实例。因内阁大库档案的发现与研究，既冲击了传统的史料观，又奠定了近代史学重视史料，乃至“史学即史料学”观点的基础；同时清代档案的发掘整理是故宫博物院文献馆成立的前提，几乎所有新型学术机构都参与了档案的整理与研究工作，新史料的发现与新型学术机构的创建与发展形成良性互动。在整理与研究档案的过程中形成了与传统史学迥异的集众式工作模式和研究方法，这种模式是近代史学走向组织化、制度化、专业化趋向的重要表现；清代档案为清史学提供了大量第一手资料，清史研究方法因此有了重大突破和进展，率先出现以档证史的研究方法，这种严谨扎实的学风对此后的史学研究影响深远。随着清代档案的整理，清史学的领域不断被拓宽，清先世研究、清代外交史、经济史、宗教史等得到大量第一手资料，结出了累累硕果。清代档案的整理与研究无论从史学理论还是从史学实践，都成为推动清史学发展的直接因素。

“近代史著与古代史书最大不同的是历史观点上的变化”①，历史观也是影响史学家学术生命的关键。通过梳理这一时期的清史专著，即可以发现从传统循环论史观、到进化论史观再到唯物史观这一条近代史学不断嬗变的轨迹。奠定了清史学基础的三本清史——《清史稿》《清代通史》《清史讲义》，以及晚清史的几本同名为《中国近代史》的奠基性著述，可以看到不同的史家从不同方面、不同角度寻求更为科学的历史观的探索。证明了近代史学转型是复杂的过程，但是在诸多史家的共同努力下，在不断探索中逐渐走向成熟，不仅构建了新的史学理论，还出现了在新理论指导下撰写的史著。

民国时期清史学的学术建设，与近代史学的学术建设基本同步。在清史学学科建设中报刊的宣传、呐喊与讨论，为清史学的发展形成推波助澜之势。不仅清史学的第一篇学术成果发表在报刊上，还出现了专业性的史学期刊。清史学的创建与发展与近代报刊的关系最为密切，这是清史学与其他断代史学显著的区别。全新的传播模式，带来更多的受众，在报刊上发表学术成果进行学术问题的辩论，报刊作为推动学术进步的一大平台在客观上扩大了清史学的影响。

但作为新兴的断代史，清史学同其他断代史相比较成果相对薄弱，局限性也是不可避免的。与其他断代史相比较，从事清史研究的学者相对较少，成果相对不够精彩纷呈。这是由于清史学在史学界被视为不古不今之

① 吴怀祺：《史学理论与史学史研究》，福州：福建人民出版社，2006年，第14页。

学,使清史研究容易受到冷落。再加上清代浩如烟海的历史资料,也使部分学者产生了畏难情绪。20 世纪 30 年代之后,随着民族矛盾的加深,一些本来研究清史的学者,将注意力转移到近百年的晚清史研究上。这一转变反映了史学与民族、国家命运的密切关系,但客观上将清史学者为分成两部分,不仅损害了清史研究的完整性,也使本来就不多的清史研究学者分流。

此外,在基本学术理论上,唯心史观限制了清史学的深入发展。萧一山对唯物史观公开反对,影响了其后的一些清史学者。20 世纪 20—30 年代史学界流行的科学史观,导致民国清史学者高度重视史料的搜集和整理,注意科学的推理和论证。但是理论的局限,束缚了一些学者的视野,使学术研究过于集中在一些具体事件的考述,而对隐藏于历史表象之后的历史规律探求不深。传统的天命观、英雄史观也影响一些学者对历史事实的正确判断。在研究领域方面,帝王将相与文人名士仍然是民国时期清史学的主要研究对象。而对于在历史发展中起着重要作用的生产方式、阶级关系、农民问题等,则较少涉猎,相关专题研究成果较少。在研究定位上,清史学的研究者很少将清朝置于世界历史的演进过程中研究。清朝所处的时代正是世界经济、政治、文化大变动的时代,因此清朝是中国历史中最应当置于世界历史的演进过程中研究的朝代。但是民国时期,一些学者受清末民初反清排满的思想影响,将清朝视为“满清”;另外一些清朝遗老学者,则站在清朝统治者的立场上,认为清朝是“胜朝”。这两种态度下,学者们都不能对清朝历史进行客观评价,何谈以世界眼光研究清朝历史。

民国时期的清史学经历了半个世纪的发展,虽然局限性与取得的成就一样明显,但它却是百年清史学坚实的第一步。中国传统史学有几千年的历史,与西方史学在不同的发展道路上并存,绵延数千年之久的中、西史学传统,都有特殊的经验与传统。因此在近代史学转型过程中诸多史家都在努力寻找一条会通中西的道路,近代史学转型过程中出现的史著也能看到这些史家在探索中的困惑、求索与成就。民国时期的清史学,正处于传统与现代并立,中学与西学互动的学术背景下,自诞生之时就打上了时代的烙印。在指导思想、研究方法、编纂体例上都出现了新旧杂陈,诸家之说,各执一端的时代特色。诸如《清史稿》被视为传统史学的殿军之作,仍然会出现一些细微的变革倾向,例如抛弃陈腐的夷狄观念,平等看待西方国家,重视西方的物质文明,外交志、交通志的设置,都反映了时代的特点。另一方面,中国传统史学的秉笔直书、求真务实的史学思想被传承下来。民国时期优秀的清史学者,无不秉承传统史学的优良传统。即使激进如萧一山,他的《清代通史》也是建立在翔实细密的考据之上。从传统的《清史稿》到新史学的成功典范《清代通史》,这中间的变化反映出 20 世纪初期中国传统史学转向的轨迹。

清史学的出现同任何一个学科的形成、建立一样,在初期总是有一个或几个代表性人物进行创造性劳动,“他或他们用自己的卓越的文化成果,为整个学科、流派创制和规定了主要的内容、特点、风格,而成为该学科、流派的无可争辩的奠基人。”[①]20 世纪上半叶的清史学,汇集了几位开创性的代表史家,他们都对清史进行了广泛而深刻的研究,并且各自创造了具有鲜明个性的清史体系,从而为中国近代清史学奠定了坚实基础。他们走出的是一条以不失去传统史学精髓,又能融合西方史学思想的博通的治史道路。在西学奔涌的 20 世纪初期,如何以中国为出发点,构建中国史学的理论与方法框架,而不是仅仅为西方新史学的追随者,孟森、萧一山、蒋廷黻、陈恭禄、李鼎声、范文澜等都对这个问题做了有益的探索。无论是细密的考证,还是才华横溢的议论,他们能从不同的方向实现同一种博大。将西学的挑战,融入本国学术传统的脉络,既不顽固地拒绝,也不被外来文化所消解,这样的治史道路也许对于今天面临同样境地的中国史学有一定的启迪与借鉴意义。

站在 21 世纪的第二个十年,回望 20 世纪初萌生的清史学,一个多世纪过去之后,清史学园地已经百花吐艳硕果盈枝。但是我们不能忘记的是栉风沐雨、筚路蓝缕,为清史学的繁荣开疆拓土的各位前辈学者,没有他们具有创新精神的开拓性成果作为基础,不可能有今天的清史学的繁盛。我们在前辈学者的基础上继续推动中国史学的繁荣发展,更应该清醒地认识“中西史学虽各具特色,但绝非一方独占、特有,而是双方多少各具,只是在呈现的方法上、风格上以及思想上有所差异。即使彼我皆备,深浅仍不一,正可以深补浅;若详略有异,正可以详补略;若彼我虽同,表达不一,正可互通以增益其事。”[②]因此研究中国史学不能仅以西方史学为坐标,但是必须以西方史学为参照系,这样才不至于厚此薄彼,轻重失当。新时代的史学研究需要重新建立坐标轴,站在中西方交汇的坐标轴上,参照西方史学的

---

① 何龄修:《中国近代清史学科的一位杰出奠基人——试论孟森的清史研究成就,为纪念他的诞辰一百二十周年而作》,《五库斋清史丛稿》,第 24 页。

② 汪荣祖:《赋中国传统史学以生命力》,《史学思想研究与中国史学的风格》编委会编:《史学思想研究与中国史学的风格:吴怀祺教授八十华诞贺寿文集》,福州:福建人民出版社,2017 年,第 8 页。

发展，批判地重新整理中国传统史学的遗产，不断丰富当代中国史学的内涵，而后可望补西方史学之不足，建立起具有中国特色、中国风格、中国气派的史学体系。这是中国近代史学转型留给我们的珍贵遗产，也是民国时期清史学留下的宝贵经验。

参考文献

专著

(清)戴震:《戴东原集》,上海:商务印书馆,1929 年

(清)江藩:《汉学师承记》,上海:上海书店,1983 年

(清)梁章钜纂辑,朱智增补:《枢垣记略》,光绪朝刻本

(清)阮葵生:《茶余客话》,上海:商务印书馆,1936 年

(清)汪景祺:《读书堂西征随笔》,北平:国立故宫博物院图书馆掌故部,1928 年

(清)王彦威,王亮辑:《清季外交史料》,北京:外交史料编纂处,1935 年

(清)王正功:《中书典故汇纪》卷六,嘉业堂刊刻本,1916 年

(清)章学诚著,仓修良编:《文史通义新编》,上海:上海古籍出版社,1993 年

白寿彝主编,陈其泰著:《中国史学史》(第 6 卷),上海:上海人民出版社,2006 年

钞晓鸿:《明清史研究》,福州:福建人民出版社,2007 年

陈恭禄:《中国近代史资料概述》,北京:中华书局,1982 年

陈怀:《清史要略》,上海:中华书局,1931 年

陈其泰:《中国近代史学的历程》,郑州:河南人民出版社,1994 年

陈清泉等编:《中国史学家评传》(上、中、下),郑州:中州古籍出版社,1985 年

陈生玺、杜家骥:《清史研究概说》,天津:天津教育出版社,1991 年

陈以爱:《中国现代学术研究机构的兴起——以北大研究所国学门为中心》,南昌:江西教育出版社,2002 年

陈寅恪:《陈寅恪集·书信集》,北京:生活·读书·新知三联书店,2001 年

陈寅恪:《金明馆丛稿二编》,北京:生活·读书·新知三联书店,2001 年

陈垣:《陈垣学术论文集》,北京:中华书局,1982 年

陈智超编:《陈垣来往书信集》,上海:上海古籍出版社,1990 年

单士元:《我在故宫七十年》,北京:北京师范大学出版社,1997 年

单士元:《总理各国通商事务衙门大臣年表》(自刊),上海图书馆藏

方甦生:《清内阁库贮旧档辑刊》,北平:北平故宫博物院文献馆,1935 年

冯尔康:《清史史料学》,沈阳:沈阳出版社,2004 年

葛益信、朱家溍编:《沈兼士先生诞生一百周年纪念论文集》,北京:紫禁城出版社,1990 年
顾颉刚:《当代中国史学》,沈阳,辽宁教育出版社,1998 年
郭沫若:《中国古代社会研究》,上海:新新书店,1930 年
何龄修:《五库斋清史丛稿》,北京:学苑出版社,2004 年
侯外庐:《近代中国思想学说史》(上、下),上海:生活书店,1947 年
胡逢祥:《中国近代史学思潮与流派》,上海:商务印书馆,2019 年
胡适:《中国哲学史大纲》卷上,上海:商务印书馆,1919 年
华鹏飞:《清史》,上海:中华书局,1912 年
黄鸿寿:《清史纪事本末》,上海:文明书局,1914 年
黄兴涛、夏明方、杨念群主编:《百年清史研究史》,北京:中国人民大学出版社,2020 年
黄兆强:《章学诚研究述评(1920—1985)》,台北:学生书局,2015 年
姜胜利:《清人明史学探研》,天津:南开大学出版社,1997 年
蒋廷黻:《近代中国外交史资料辑要》(上卷),上海:商务印书馆,1931 年
蒋廷黻:《中国近代史》,长沙:商务印书馆,1938 年
金毓黻:《静晤室日记》,沈阳,辽沈书社,1993 年
金毓黻:《中国史学史》,石家庄:河北教育出版社,2000 年
李伯通:《清鉴易知录》,上海:广益书局,1936 年
李鼎声:《中国近代史》,上海:光明书局,1935 年
李光涛:《明清档案论文集》,台北:联经出版事业公司,1986 年
李守常:《史学要论》,上海:商务印书馆,1924 年
梁启超:《清代学术概论》,上海:商务印书馆,1921 年
梁启超:《中国近三百年学术史》,上海:中华书局,1936 年
梁启超:《中国历史研究法(外二种)》,石家庄:河北教育出版社,2000 年
刘法曾编:《清史纂要》,上海:中华书局,1914 年
刘海峰:《百年清史纂修史》,合肥:安徽人民出版社,2014 年
刘俐娜:《由传统走向现代——论中国史学的转型》,北京:社会科学文献出版社,2006 年
刘龙心:《学术与制度——学科体制与现代中国史学的建立》,北京:新星出版社,2007 年
刘龙心:《知识生产与传播——近代中国史学的转型》,台北:三民书局,2019 年
刘乃和、周少川、王明泽、邓瑞全编:《陈垣年谱配图长编》(上、下),沈阳:辽海出版社,2000 年
刘乃和编:《陈垣年谱》,北京:北京师范大学出版社,2002 年
刘芹:《王树枏史学研究》,天津:天津人民出版社,2012 年
伦明:《辛亥以来藏书纪事诗》,上海:上海古籍出版社,1990 年
罗继祖:《蜉寄留痕》,上海:上海古籍出版社,1999 年

罗继祖:《鲁诗堂谈往录》,上海:上海书店出版社,2001年
罗继祖撰,萧义立编校:《雪堂类稿》,沈阳:辽宁教育出版社,2003年
罗振玉:《史料丛刊初编》,东方学会,1924年
罗振玉:《雪堂自述》,南京:江苏人民出版社,1999年
罗志田主编:《20世纪的中国:学术与社会》(史学卷),济南:山东人民出版社,2001年
孟森:《满洲开国史讲义》,北京:中华书局,2006年
孟森:《明元清系通纪》,北京:北京大学出版部,1934年
孟森:《清朝前纪》,上海:商务印书馆,1930年
孟森:《清史讲义》,上海:中国文化服务社,1947年
孟森:《心史丛刊(外一种)》,长沙:岳麓书社,1986年
孟森:《明清史论著集刊》(上、下),北京:中华书局,1959年
孟森:《明清史论著集刊续编》,北京:中华书局,1986年
孟森:《清初三大疑案考实》,成都,巴蜀书社,2002年
那志良:《故宫四十年》,台北:商务印书馆,1980年
倪道善编著:《明清档案概论》,成都:四川大学出版社,1992年
欧阳哲生主编:《傅斯年全集》(1—7卷),长沙:湖南教育出版社,2003年
欧阳哲生编:《胡适文集》(1—12卷),北京:北京大学出版社,1998年
钱穆:《中国近三百年学术史》(上、下),北京:商务印书馆,1997年
钱遹朋:《清史纪事本末》,上海:国学社,1923年
乔治忠、姜胜利编著,杨翼骧审定:《中国史学史研究述要》,天津:天津教育出版社,1996年
乔治忠、朱洪斌编著:《增订中国史学史资料编年》清代卷,北京:商务印书馆,2013年
乔治忠:《清代官方史学研究》,台北:文津出版社,1994年
乔治忠:《中国官方史学与私家史学》,北京:北京图书馆出版社,2008年
乔治忠:《中国史学史》,北京:中国人民大学出版社,2011年
瞿林东:《中国古代史学批评纵横》,北京:中华书局,1994年
桑兵:《清末新知识界的社团与活动》,北京:生活·读书·新知三联书店,1995年
桑兵:《晚清民国的国学研究》,上海:上海古籍出版社,2001年
上海文明书局编:《清鉴辑览》,上海:文明书局,1923年
沈兼士:《沈兼士学术论文集》,北京:中华书局,1986年
四川联合大学历史系编:《徐中舒先生百年诞辰纪念文集》,成都:巴蜀书社,1998年
汤象龙研究室编:《中国经济史学科主要奠基人——汤象龙先生百年诞辰文集》,成都:西南财经大学出版社,2010年
汪荣宝、许国英编纂:《清史讲义》,上海:商务印书馆,1913年
王汎森:《傅斯年:中国近代历史与政治中的个体生命》,北京:生活·读书·新知三联书店,2012年
王汎森:《中国近代思想与学术的系谱》,石家庄:河北教育出版社,2001年

王国维:《王国维遗书》(1—16),上海:上海古籍书店影印,1983 年
王锺翰:《清史补考》,沈阳:辽宁大学出版社,2004 年
王钟翰:《清心集》,北京:新世界出版社,2002 年
文明书局编著:《清鉴辑览》,上海:文明书局,1923 年
吴怀祺:《史学理论与史学史研究》,福州:福建人民出版社,2006 年
吴怀祺主编:《中国史学思想会通》,福州:福建人民出版社,2018 年
吴景洲:《故宫五年记》,上海:上海书店出版社,2000 年
吴十洲:《紫禁城的黎明》,北京:文物出版社,1998 年
吴相湘:《民国百人传》第 1 册,台北:传记文学出版社,1982 年
吴泽主编:《中国近代史学史》,南京:江苏古籍出版社,1989 年
吴增祺等编:《清史纲要》,上海:商务印书馆,1913 年
武学易:《清史讲义》,北京:高等师范学校图书馆,1922 年
萧一山:《非宇馆文存》,北平:经世学社,1948 年
萧一山:《清代通史》(上、中),北京:中华印刷局,1923/1925 年
萧一山:《清代通史》(1—5 卷),上海:华东师范大学出版社,2006 年
萧一山:《清代通史卷下讲稿辨论集》,北京:中华印书局,1934 年
萧一山:《清史大纲》,重庆:经世学社,1944 年
萧一山:《太平天国丛书》,北平:国立编译馆,1935 年
萧一山文集编辑委员会编:《萧一山先生文集》(上、下),台北:经世书局,1979 年
萧公权:《中国政治思想史》,上海:商务印书馆,1935 年
谢保成:《民国史学述论稿(1912—1949)》,上海:上海人民出版社,2011 年
谢维扬、房鑫亮主编:《王国维全集》(1—20 卷),杭州,浙江教育出版社,2009 年
许国英:《清鉴易知录》,藻思堂刊本,1917 年
杨小红编著:《中国档案史》,沈阳:辽宁大学出版社,2002 年
杨翼骧讲授、姜胜利整理:《杨翼骧中国史学史讲义》,天津:天津古籍出版社,2006 年
印鸾章:《清鉴纲目》,上海:世界书局,1936 年
岳玉玺、李泉、马亮宽:《傅斯年——大气磅礴的一代学人》,天津:天津人民出版社,1994 年
张会超:《民国时期明清档案整理研究》,上海:世界图书出版公司,2011 年
张越:《五四时期中国史坛的学术论辩》,南昌:百花洲文艺出版社,2004 年
张越:《新旧中西之间:五四时期的中国史学》,北京:北京图书馆出版社,2007 年
赵尔巽等:《清史稿》,北京:中华书局,1977 年点校本
郑天挺:《清史探微》,北京:北京大学出版社,1999 年
郑天挺主编:《清史》(上、下),天津:天津人民出版社,1989 年
郑天挺:《郑天挺西南联大日记》,北京:中华书局,2018 年
中国蔡元培研究会编:《蔡元培全集》,(1—18 卷),杭州:浙江教育出版社,1998 年
朱发建:《中国近代史学"科学化"进程研究(1902—1949)》,长沙:湖南师范大学出版

社,2005 年
朱家溍:《故宫退食录》(上、下),北京:北京出版社,1999 年
朱师辙:《清史述闻》,北京:生活·读书·新知三联书店,1957 年
邹家炜、董俭、周雪恒编著:《中国档案事业简史》,北京:中国人民大学出版社,1985 年

史料汇编与报告

《国立北平故宫博物院理事会常务理事会议纪录》(1934—1936)(内部编印),上海图书馆藏
《国立北平故宫博物院理事会会议记录》(1934—1936)(内部编印),上海图书馆藏
《国立北平故宫博物院理事会会议记录》(1942)(内部编印),上海图书馆藏
《国立中央研究院民国二十六年度至二十八年度总报告》(1937—1939)
《国立中央研究院年度总报告》(1928—1934)
《国立中央研究院院务月报》(1929—1930)
《中华书局图书总目(1912—1949)》,北京:中华书局,1987 年
北京大学研究所国学门编:《国立北京大学研究所国学门概略》,1927 年
故宫博物院编:《北平故宫博物院报告》(1929—1937)
故宫博物院编:《国立北平故宫博物院工作报告》1946 年
故宫博物院文献馆编:《北平故宫博物院文献馆南迁档案文物清册》,北平:国立故宫博物院,1933 年,第一历史档案馆藏
故宫博物院文献馆编:《北平故宫博物院文献馆一览》,北平:故宫博物院,1932 年
故宫博物院文献馆编:《故宫博物院文献馆年度工作报告及将来计划》(1933—1934)
故宫博物院文献馆编:《国立北平故宫博物院文献馆整理档案规程》,北平:国立北平故宫博物院,1936 年
故宫博物院文献馆编:《交泰殿宝谱》,北平:故宫博物院拓印,1927 年
故宫博物院文献馆编:《清代帝后像》,北平:京华印书局,1929—1931 年,
故宫博物院文献馆编:《清代文字狱档》(1—9 辑),北平:国立北平研究院,1931 年—1934 年
故宫博物院文献馆编:《清军机处档案目录》,北平:国故宫博物院,1930 年
故宫博物院文献馆编:《清太祖武皇帝努儿哈赤实录》,北平:京华印书局,1931 年
故宫博物院文献馆编:《清太祖武皇帝弩儿哈奇实录》,北平:故宫博物院,1932 年
故宫博物院文献馆编:《掌故丛编》(1—10 辑),北平:和济印刷局,1928 年—1929 年
国立北平故宫博物院编:《国立北平故宫博物院出版物总目》,北平:国立北平故宫博物院,1936 年
国立北平故宫博物院文献馆编:《史料旬刊》(1—40 辑),北平:京华印书局,1930 年—1931 年
国立北平故宫博物院文献馆编:《文献丛编》(1—36 辑),北平:和济印刷局、新新印书局,1930 年—1936 年
国立故宫博物院编:《国立北平故宫博物院章制汇编》,北平:国立故宫博物院,1936 年

国立中央研究院历史语言研究所明清史料编刊会编:《明清史料》,甲编(1—10 册),1930—1931 年

黄爱平编:《清史书目(1911—2011)》,北京:中国人民大学,2014 年

李德启编译:《阿济格略明事件之满文木牌》,北平:国立北平故宫博物院文献馆,1935 年

许师慎辑:《有关清史稿编印经过及各方意见汇编》,台北:"中华民国史料研究中心",1979 年

张伟仁主编:《明清档案》,台北:联经出版事业公司,1986 年

中国第一历史档案馆编著:《中国第一历史档案馆馆藏档案概述》,北京:档案出版社,1985 年

中国第二历史档案馆编:《中华民国史档案资料汇编》,南京:江苏古籍出版社,1991 年

中国社会科学院历史研究所编:《八十年来史学书目》,北京:中国社会科学出版社,1984 年

中国社会科学院历史研究所清史研究室、中国人民大学清史研究所合编:《清史论文索引》,北京:中华书局,1984 年

附表一

全国清代档案史料出版书目表①

序号	出版物名称	册数	编著者	出版者	出版时间	字(万)
1	交泰殿宝谱	1	故宫博物院	故宫印刷所	1929	全二十五万印谱
2	历代帝后像	4	故宫博物院	京华印书局	1929	120 幅
3	雍正朱批谕旨不录奏折总目	1	故宫文献馆	故宫印刷所	1930	0.8
4	掌故丛编	10	故宫文献馆	和济印刷局	1930	28.5
5	史料丛钞(即史料旬刊)	40	故宫文献馆	京华印书局	1930 年开始出版	115
6	筹办夷务始末	130	故宫博物院	故宫抄本影印	1930	220
7	清三藩史料	6	故宫博物院		1931	46
8	朝鲜迎接都监都厅仪轨	1	故宫博物院	故宫抄本影印	1932	72.5
9	清光绪朝中日交涉史料	44	故宫博物院		1932	150
10	康熙与罗马使节关系文书	1	故宫博物院		1932	1.5
11	故宫博物院文献馆一览	1	故宫文献馆	故宫印刷所	1933	1.8

① 邹爱莲、胡忠良、刘兰青编，国家清史编纂委员会档案组整理，摘自中华文史网(2004 年)。

续　表

序号	出版物名称	册数	编著者	出版者	出版时间	字(万)
12	清太祖努尔哈赤实录	1	故宫文献馆	京华印书局	1933	6.5
13	重整内阁大库残本书影	1	故宫文献馆	故宫印刷所	1933	2.3
14	朝鲜国王来书	1	故宫博物院	故宫抄本影印	1933	3.2
15	清代外交史料(嘉庆、道光朝)	10	故宫博物院		1933	28
16	清宣统朝中日交涉史料	3	故宫博物院		1933	6
17	太平天国文书	1	故宫博物院	故宫印刷所	1933	0.8
18	清光绪朝中法交涉史料	11	故宫文献馆	故宫印刷所	1933	73.5
19	文献馆南迁文物清册	1	故宫文献馆	故宫印刷所	1933	3
20	文献馆现存清代实录总目	1	故宫文献馆	故宫印刷所	1934	2
21	清太祖武皇帝努尔哈赤实录	1	故宫文献馆	故宫印刷所	1934	
22	清军机处档案目录	1	故宫文献馆	故宫印刷所	1934	2.8
23	广西沿边各营驻防中越交界对汛法屯距界远近图	1	故宫文献馆	故宫印刷所	1934	1轴
24	清内阁库贮旧档辑刊	6	故宫文献馆	故宫印刷所	1935	30
25	文献特刊	1	故宫博物馆	故宫印刷所	1935	9

续 表

序号	出版物名称	册数	编著者	出版者	出版时间	字(万)
26	多尔衮摄政日记(附:司道职名册)	1	故宫文献馆	故宫印刷所	1935	1.5
27	名教罪人	1	故宫文献馆	故宫印刷所	1935	3.5
28	碎金	1	故宫文献馆	故宫印刷所	1935	2
29	升平署岔曲	1	故宫博物院	故宫印刷所	1935	2.5
30	清乾隆内府舆图(铜板地图)	1	故宫文献馆	故宫印刷所	1935	108 页
31	历代功臣像	1	故宫文献馆	故宫印刷所	1935	21(幅)
32	清季各国照会目录	4	故宫文献馆	故宫文献馆和记印刷所文雅社	1936	10
33	清代文字狱档	9	故宫文献馆	北平研究院	1936	30
34	阿济格略明事件之满文木牌	1	故宫文献馆李德启	故宫印刷所	1936	(图 16 页)1
35	读书堂西征随笔	1	故宫文献馆	京城印书局	1936	3.4
36	文献论丛	1	故宫博物院	故宫印刷所	1936	18
37	清内务府造办处舆图房图目初编	1	故宫文献馆	故宫印刷所	1936	3.5
38	故宫俄文史料	1	故宫文献馆、北大文科研究所、中研院史语所	北大法商学院印刷部	1936	
39	乾隆朝京城全图坊巷宫殿考	1	故宫文献馆、北大文科研究所、中研院史语所	北大法商学院印刷部	1936	

续 表

序号	出版物名称	册数	编著者	出版者	出版时间	字(万)
40	苏州织造李煦奏折	1	故宫文献馆、北大文科研究所、中研院史语所	北大法商学院印刷部	1936	6
41	升平署月令承应戏	1	故宫文献馆	北大法商学院印刷部	1936	8.2
42	升平署剧本选刊	1	故宫文献馆			
43	印玺明信片	1	故宫博物院			
44	台湾风俗明信片	1	故宫博物院			
45	内阁大库现存清代汉文黄册目录	1	故宫文献馆	故宫印刷所	1936	22
46	清季教案史料(一)	1	故宫文献馆、北大文科研究所、中研院史语所	故宫印刷所	1937	9.3
47	文献丛编	46	故宫文献馆	故宫印刷所	1930—1943	175
48	文献专刊	1	故宫文献馆	和记印书馆	1944	6
49	文献专刊	1	故宫文献馆	天华印书馆	1945	5
50	清代汉文黄册联合目录	1	故宫文献馆、北大文科研究所、中研院史语所	北京大学印刷所 撷华永记印书局	1947	70
51	文献论丛	1	故宫博物院	故宫印刷所	1948	6
52	清季教案史料(二)	1	故宫文献馆、北大文科研究所、中研院史语所	故宫印刷所	1948	16.2

附表二

文献馆时期编辑出版情况一览表①

序号	出版物名称	册数	编著者	出版者	出版时间	字(千)
1	历代帝后像	4	故宫博物院	京华印书局	1929年	120幅
2	交泰殿宝谱	1	故宫博物院	故宫印刷所	1929年	金25印谱
3	雍正朱批谕旨不录奏折总目	1	故宫文献馆	故宫印刷所	1930年	8
4	筹办夷务始末	130	故宫博物院	故宫抄本影印	1930年	2200
5	掌故丛编	10	故宫文献馆	和济印刷局	1930年	285
6	史料旬刊	40	故宫文献馆	京华印书局	1930年起	1150
7	文献丛编	46	故宫文献馆	故宫印刷所	1930年—1943年	1750
8	清三藩史料	6	故宫博物院		1931年	460
9	朝鲜迎接都监都厅仪轨	1	故宫博物院	故宫抄本影印	1932年	725
10	清光绪朝中日交涉史料	44	故宫博物院		1932年	1500
11	康熙与罗马使节关系文书	1	故宫博物院		1932年	15
12	故宫博物院文献馆一览	1	故宫文献馆	故宫印刷所	1933年	18
13	清太祖努尔哈赤实录	1	故宫文献馆	京华印书局	1933年	65

① 中国第一历史档案馆编著:《中国第一历史档案馆馆藏档案概述》,第11—12页。

续 表

序号	出版物名称	册数	编著者	出版者	出版时间	字(千)
14	朝鲜国王来书	1	故宫博物院	故宫抄本影印	1933年	32
15	清代外交史料(嘉庆、道光朝)	10	故宫博物院		1933年	280
16	清宣统朝中日交涉史料	3	故宫博物院		1933年	约6万字
17	太平天国文书	1	故宫博物院	故宫印刷所	1933年	8
18	重整内阁大库残本书影	1	故宫文献馆	故宫印刷所	1933年	23
19	清光绪朝中法交涉史料	11	故宫文献馆	故宫印刷所	1933年	735
20	文献馆南迁文物清册	1	故宫文献馆	故宫印刷所	1933年	30
21	文献馆22年度工作报告及将来计划	1	故宫文献馆	故宫印刷所	1933年	10
22	文献馆现存清代实录总目	1	故宫文献馆	故宫印刷所	1934年	19.5
23	清太祖武皇帝努尔哈赤实录	1	故宫文献馆	故宫印刷所		
24	清军机处档案目录	1	故宫文献馆	故宫印刷所		28
25	广西沿边各营驻防中越交界对汛法屯距界远近图	1轴	故宫文献馆	故宫印刷所	1934年	
26	多尔衮摄政日记附：司道职名册	6	故宫文献馆	故宫印刷所	1935年	15
27	名教罪人	1	故宫文献馆	故宫印刷所	1935年	35
28	清内阁库贮旧档辑刊	1	故宫文献馆	故宫印刷所	1935年	30
29	碎金	1	故宫文献馆	故宫影印	1935年	20
30	文献特刊	1	故宫文献馆	故宫印刷所	1935年	90

续 表

序号	出版物名称	册数	编著者	出版者	出版时间	字(千)
31	升平署岔曲	1	故宫文献馆	故宫印刷所	1935 年	25
32	清乾隆内府舆图(铜板地图)	1 匣 108 页	故宫文献馆	故宫影印		
33	历代功臣像		故宫文献馆	故宫印刷所	1935 年	21(幅)
34	内阁大库现存清代汉文黄册目录	1	故宫文献馆	故宫印刷所	1936 年	220
35	清季各国照会目录	4	故宫文献馆	和记印书局 故宫印刷所 文雅社	1936 年	100
36	清内务府造办处舆图房图目初编	1	故宫文献馆	故宫印刷所	1936 年	35
37	清代文字狱档	9	故宫文献馆	北平研究院	1936 年	300
38	阿济格略明事件之满文木牌	1	故宫文献馆李德启	故宫印刷所	1936 年	图 16 页 汉文 10
39	读书堂西征随笔	1	故宫文献馆	京城印书局	1936 年	34
40	文献论丛	1	故宫文献馆	故宫印刷所	1936 年	180
41	故宫俄文史料	1	故宫文献馆、北大文科研究所、中研院史语所	北大法商学院印刷部	1936 年	
42	整理档案规程	1	故宫文献馆	故宫印刷所	1936 年	5
43	乾隆朝京城全图坊巷宫殿考	1	故宫文献馆、北大文科研究所、中研院史语所	北大法商学院印刷部	1936 年	
44	清季教案史料(一)	1	故宫文献馆、北大文科研究所、中研院史语所	故宫印刷所	1937 年	93
45	苏州织造李煦奏折	1	故宫文献馆、北大文科研究所、中研院史语所	北大法商学院印刷部	1937 年	60
46	升平署月令承应戏	1	故宫文献馆	故宫印刷所	1937 年	82

续　表

序号	出版物名称	册数	编著者	出版者	出版时间	字(千)
47	文献专刊	1	故宫文献馆	和记印书馆	1944 年	60
48	文献专刊	1	故宫文献馆	天华印书馆	1945 年	50
49	清代汉文黄册联合目录	1	故宫文献馆、北大文科研究所、中研院史语所	北京大学印刷所、撷华永记印书局	1947 年	700
50	清季教案史料(二)	1	故宫文献馆、北大文科研究所、中研院史语所	故宫印刷所	1948 年	162
51	文献论丛	1		故宫印刷所	1948 年	60

附表三

民国时期清史著述列表①

	书名	作者/编者	出版社	时间
1	清史	华鹏飞	中华书局	1912
2	清史讲义	汪荣宝、许国英	商务印书馆	1913
3	清史纲要	吴增祺等	商务印书馆 商务印书馆	1913 1925
4	清史纂要	刘法曾	中华书局 中华书局	1914 1931
5	清史辑要	诸葛汝	不详	1914
6	清史纪事本末	黄鸿寿	文明书局	1915
7	清鉴易知录	许国英	藻思堂刊本 石印本	1917 1923
8	清史要略	陈怀	北京大学出版部 中华书局	1920 1931
9	清史讲义	武学易	高等师范学校图书馆	1922
10	清史纪事本末	钱通朋	上海国学社	1923
11	清鉴辑览	上海文明书局	上海文明书局	1923
12	清史稿	赵尔巽等编	清史馆	1927
13	清代通史(上、中、下)	萧一山	北京中华印刷局	1923/1925/19××②

① 据中华书局编辑部编:《中华书局图书总书目(1912—1949)》(北京:中华书局 1987 年),《中国历史文献总库·民国图书数据库》、大学数字图书馆合作计划(cadal·edu.cn)。

② 此处下卷,应为萧一山在 1926 年前写就的下卷讲义,曾印发给北大、北师大及北平文史政治学院诸生习读,民间乃渐有"盗版"流传(中华印刷局借机偷印)。直至 1963 年,该书下卷方正式定稿,完璧面世,由台湾商务印书馆发行,三卷五册。参见王家范:《萧一山与〈清代通史〉》,《历史研究》2006 年第 2 期,第 156 页。

续　表

	书名	作者/编者	出版社	时间
14	清史讲义	孟森	北平国立北京大学 中国文化服务社	1934① 1947
15	清史大纲	金兆丰	开明书店	1935
16	清鉴纲目	印鸾章	世界书局	1936
17	清鉴易知录	李伯通	广益书局	1936
18	清史大纲	萧一山	重庆经世学社	1944
19	清代史	萧一山	重庆商务印书馆	1945

① 该书出版日期为1934年，相关考证详见第五章第四节。

附表四 《清史讲义》书影

清史講義目錄

清史 目次 一

清史　目次　二

清史講義

第一編　總論

第一章　清史在史學上之位置

清未有史也。而有史稿。史稿爲革命後政府所修。若以革命爲易代之限。則清史稿與史有同等效力。然革命後同爲民國。而政府之遞嬗。意義有不盡同。故前一期政府之所修。又爲後一期政府之所暫禁。今猶在審查中。卒蒙弛禁與否未可知。要之吾輩今日之講清史。猶未能認清史稿爲勒定之正史也。則於史學上。無一定之史書。可作根據。但論史之原理。一朝之經過。是否有爲修正史之價值。能統一國土。能治理人民。能行使政權。能綿歷年歲。則能占一朝正史之位置。意義全矣。政府之意。亦非謂清不當有史。但未認清史稿即爲清史。然則於清一代史料之正確者。懸設一正史之位置處之。史料極富。清史稿爲排比已有具體之一大件。亦應在懸設正史之位置中。參加史料之一席。眞正史料。皆出於史中某一朝之本身所構成。謏聞野記。間資參考。非作史之所應專據也。

清之於史。自代明以來。未嘗一日不踐有史之系統。中國史之系統。乃國家將行一事。其動機已入史。決不待事成之後。乃由史家描寫之。描寫已成之事。任何公正之人。必有主觀。若在發動之初。由需要而動議。由動議而取決。由取決而施行。歷史上有此一事。其甫動至確定。一一留其蛻化之痕跡。則雖欲不公

被臣殺傷無算。令率後藏軍民前往剿捕。乞援。帝命陝西各路及四川雲南。各派兵馬候調。既知康濟鼐被戕。由西藏噶布倫彼此不睦。準噶爾策妄阿勒布坦。尚未有窺伺之意。命撤備。十月。諭遣學士班第傳示岳鍾琪。令擇員入藏。密告駐藏之瑪拉僧格二臣。聽頗羅鼐征剿阿爾布巴。毋爲阿爾布巴所惑。從中講和。轉致頗羅鼐受害。十一月。乃命四川陝西雲南各遣兵進藏。以左都御史查郎阿。副都統邁祿。經理一應軍務。頗羅鼐知有援兵。藏中人心已震動厭亂。於六年五月。率部至前藏界。藏斥候兵皆從之。鼓行而前。駐藏大臣瑪拉僧格。卽往布達拉地。守護達賴喇嘛。頗羅鼐兵圍布達拉。越日。各廟喇嘛自擒獻阿爾布巴隆布鼐・札爾鼐等。查郎阿抵藏。會同瑪拉僧格及頗羅鼐。鞫阿爾布巴等罪俱實。誅之。藏地平。奏令頗羅鼐總理後藏事。其先康濟鼐所舉其兄喀錫鼐色布登喇什。於阿爾布巴來侵後藏時。已戰歿。至是由頗羅鼐代。而令舉二人理前藏。暫由頗羅鼐兼轄前後藏。俟達賴喇嘛移居裏塘事畢。乃回後藏。達賴至裏塘。建噶達寺居之。蓋將討準噶爾。防其襲殺篡取達賴爲奇貨也。當是時。朝廷威德已足震懾西藏。達賴喇嘛私其父。於噶卜倫有所親疏。致相殘害而爲亂。其實未敢叛中朝。駐藏大臣居其間亦無恙。帝先敕二臣勿居間妨頗羅鼐事。卽足平亂。出兵乃助頗羅鼐聲勢。便早集事耳。活佛之取信藏中。益知其無謂。中朝設官常駐治藏。與元明時之敬仰番僧者大異矣。

第五節　武功之繼續三　取準噶爾

【孟森】

致　谢

校对完最后一个字，这本书终于要付梓。一时间各种滋味，不知该从何说起。从开始选择《民国时期的清史学》作为博士论文题目，至今已经过了 15 年。回首来路，首先感到的是惭愧，师门中著作等身的比比皆是，而这本小书是我的第一本专著，怠惰因循至此，实在汗颜；其次是深深的感谢，南开大学 6 年、华东师范大学 3 年，我的学术之路上遇到了太多良师益友，如果这本小书还能算是学术著作的话，那它的成书有赖于一路上各位师长对我的不断鼓励与鞭策。

带我进入史学理论及史学史专业领域的是业师乔治忠先生。犹记 2005 年秋，先生从日本回到南开，与我这素未谋面的学生第一次见面，是在校园里漫步闲谈，这让惴惴不安的我顿觉轻松许多。先生善于因人施教，对愚钝如我者并未提出更高要求，而是指引我从阅读史料入手，从读书中发现问题并深入开掘。博士期间我发表的第一篇文章《陈垣为故宫文献馆购入端方档案时间考》（《历史档案》2007 年第 2 期），就是在查阅故宫博物院文献馆相关史料时发现的一个小问题，先生鼓励我将这个发现写成论文。这篇文章反复修改了近一年，先生不厌其烦为我三改其稿，每一稿都用铅笔标注出需要改动的地方，至今看到这些手稿，仍感念先生对于学生培养倾注的心血。先生于我，亦师亦父。对我的教诲不仅局限于课堂，在校园漫步中，在乒乓球桌旁，乃至在每一次聚会中，先生的渊博与风趣、敏锐与宽容、智慧与童心，都让我在学术之外学到更多做人的道理。师恩如海，得遇先生，是我学术生涯中的至幸！

姜胜利、汤勤福、孙卫国诸先生都出自杨翼骧先生门下，在学术之路乃至人生之路上对我多有助力。姜先生曾为我手书推荐信助我到上海找工作；孙先生曾积极帮我联系海外访学的学校；到上海之后，仰仗汤先生倾力提携与扶持，我才得以在人地两生的上海落地生根。在此对各位师叔表示深深的谢意！

南开大学史学理论及史学史专业同华东师范大学史学理论及史学史

专业之间颇有历史渊源。两校都是上世纪 80 年代首批史学理论及史学史专业博士学位授予权单位，与北京师范大学、中国社会科学院一起被誉为该专业“四大重镇”。两校史学理论及史学史学科带头人杨翼骧先生与吴泽先生亦有深厚的学术友谊。因为有两位前辈学人的引领，及业师乔治忠先生与华师大朱政惠、胡逢祥诸先生亲密的学术交谊，我得以成为第一个到华东师范大学历史系博士后流动站从事博士后研究工作的南开史学史专业博士，也得以在丽娃河畔与胡逢祥先生有了 3 年师生情谊。

胡先生温文尔雅，总使人想起君子如玉。2008 年的华师大闵行校区还是“闵大荒”，胡师每次到闵行上课，会召我及他的博士小聚。胡师不仅助我在学术上沿着既有的方向进一步深化，同时为我择业指点迷津。拙作出版，胡师虽远在大洋彼岸的美国，仍然为我作序。此外，邬国义、王东、陈勇等先生不仅在学业上对我多有指点，且在我出站找工作的过程中给予大力支持。陈勇先生主办多次学术会议均邀请我参加，让我体会到南开与华师大史学史专业之间的深厚情谊，在此也一并感谢诸位先生！

北京师范大学史学理论与史学史研究中心的瞿林东先生与陈其泰先生是我的博士论文答辩委员会委员，感谢两位先生的肯定与鼓励，博士论文是这本小书最初的基础。陈其泰先生是我的答辩委员会主席，从博士答辩至今，陈先生对我的学业持续关注，展现了前辈学人不遗余力奖掖后学的大家风范。

最后，还要向海峡对岸东吴大学的黄兆强先生与辅仁大学的戴晋新先生表示谢意！黄先生不仅促成我到东吴访学，助我在东吴查资料、开讲座，中秋之夜还邀我至家中赏月，黄师母精妙绝伦的厨艺缓解了我的思乡之情。戴先生开车载我穿过阳明山，到金山海边看海喝咖啡。两位先生的为人为学，使我感受到中华文脉共传承与两岸学人割不断的文缘。

一路上走来，还有很多前辈学者对我的成长倾注心力，在此不能一一列举，谨以此小书向各位师长表示最诚挚的谢意！同时也感谢数十年来一直支持我的家人！

庚向芳
2021 年末于上海

图书在版编目(CIP)数据

近代史学转型视野下的民国清史学：1912—1949/庚向芳著.—上海：上海三联书店，2021.12
ISBN 978-7-5426-7478-4

Ⅰ.①近… Ⅱ.①庚… Ⅲ.①中国历史-近代史-研究-1912—1949 Ⅳ.①K250.7

中国版本图书馆 CIP 数据核字(2021)第 128804 号

近代史学转型视野下的民国清史学(1912—1949)

著　　者 / 庚向芳

责任编辑 / 郑秀艳
装帧设计 / 一本好书
监　　制 / 姚　军
责任校对 / 王凌霄

出版发行 / 上海三联书店
(200030)中国上海市漕溪北路 331 号 A 座 6 楼
邮　　箱 / sdxsanlian@sina.com
邮购电话 / 021-22895540
印　　刷 / 上海惠敦印务科技有限公司

版　　次 / 2021 年 12 月第 1 版
印　　次 / 2021 年 12 月第 1 次印刷
开　　本 / 710 mm × 1000 mm　1/16
字　　数 / 450 千字
印　　张 / 25
书　　号 / ISBN 978-7-5426-7478-4/K·650
定　　价 / 88.00 元